Das Gebot politischer Neutralität für Amtsträger – eine kritische Betrachtung

Schriften zum Staats-, Verwaltungs- und Europarecht

Herausgegeben von Andreas Haratsch

Band 6

Niema Movassat

Das Gebot politischer Neutralität für Amtsträger – eine kritische Betrachtung

PETER LANG

Lausanne - Berlin - Bruxelles - Chennai - New York - Oxford

Bibliografische Information der Deutschen Nationalbibliothek
Die Deutsche Nationalbibliothek verzeichnet diese Publikation in der Deutschen Nationalbibliografie; detaillierte bibliografische Daten sind im Internet über http://dnb.d-nb.de abrufbar.

Zugl.: Hagen, Fernuniv., Diss., 2023

D708
ISSN 2193-1143
ISBN 978-3-631-90736-8 (Print)
E-ISBN 978-3-631-90738-2 (E-Book)
E-ISBN 978-3-631-90739-9 (EPUB)
DOI 10.3726/b21112

Verlegt durch:
Peter Lang GmbH, Berlin, Deutschland

info@peterlang.com - www.peterlang.com

Vorwort

Die vorliegende Arbeit wurde im Sommersemester 2023 von der Juristischen Fakultät der FernUniversität in Hagen als Dissertation angenommen. Ihr liegt der Stand von Rechtsprechung und Literatur bis Juni 2022 zugrunde. Die bundesverfassungsgerichtliche Entscheidung in der Causa *Merkel*, die am 15. Juni 2022 erging, wurde für die Veröffentlichung einbezogen. Das Urteil belegt die Aktualität der Frage politischer Neutralität für Inhaber staatlicher Führungsämter. Zugleich erging die Entscheidung nur knapp, mit 5:3 Stimmen. Dies und das Sondervotum der Richterin Astrid Wallrabenstein zeigen, dass das politische Neutralitätsgebot auch in Karlsruhe zunehmend auf dem Prüfstand steht.

Ich danke Herrn Prof. Dr. Andreas Haratsch für die Betreuung dieser Arbeit. Sein stets offenes Ohr, seine wertvollen Hinweise und konstruktive Kritik trugen zum Gelingen meines Promotionsverfahrens bei. Ferner bedanke ich mich herzlich bei Frau Junior-Prof. Dr. Hannah Ruschemeier für die zügige Erstellung des Zweitgutachtens.

Ich danke meiner Familie für die jederzeitige Unterstützung, Geduld und Motivation während der Promotionszeit.

Berlin, im Juni 2023
Niema Movassat

Inhaltsverzeichnis

Abkürzungsverzeichnis

Die hier verwendeten Abkürzungen orientieren sich grundsätzlich an *Hildebert Kirchner*, Abkürzungsverzeichnis der deutschen Rechtssprache, 10. Aufl., Berlin 2021.

Überdies werden folgende Abkürzungen gebraucht:

AfD	Alternative für Deutschland
AK	Alternativkommentar
bzw.	beziehungsweise
CDU	Christlich Demokratische Union Deutschlands
CSU	Christlich Soziale Union in Bayern e. V.
ders.	derselbe
HdbVerfR	Handbuch des Verfassungsrechts der Bundesrepublik Deutschland
HGR	Handbuch der Grundrechte in Deutschland und Europa
HStR	Handbuch des Staatsrechts der Bundesrepublik Deutschland
NPD	Nationaldemokratische Partei Deutschlands
sog.	sogenanntes
Sp.	Spalte
SPD	Sozialdemokratische Partei Deutschlands
u. a.	und anderem
v.	vom, von, vor

„Die Demokratie reicht so weit,
wie die Stimme des Herolds trägt“[1].

Aristoteles (384 – 322 v. Chr.), griechischer Gelehrter

---

1 *Aristoteles*, Politik, Siebentes Buch, 4. Kapitel, nach 1326b.

1. Teil: Ausgangslage

A. Äußerungen politischer Amtsträger als aktuelles Problem

In einer Demokratie ist das „Schwert" der Auseinandersetzung das Wort. Anders als in undemokratisch verfassten Gesellschaften soll nicht der Stärkste, Wohlhabendste oder Tyrannischste herrschen, sondern derjenige, der aufgrund eines fairen Wahlverfahrens durch die Mehrheit der Wählerinnen und Wähler legitimiert worden ist. Deshalb fordert Art. 38 Abs. 1 S. 1 GG, dass die Mitglieder des Deutschen Bundestages aus einer allgemeinen, unmittelbaren, freien, gleichen und geheimen Wahl hervorgehen. Dies soll gewährleisten, dass die Bürgerschaft sich freiwillig hinter den Kandidierenden versammelt. Es soll kein Druck oder Zwang auf die Wählerschaft ausgeübt werden[2].

Scheiden Zwang und Gewalt als Mittel der Wahlbeeinflussung aus, so bleibt das *Wort* übrig, um Mehrheiten hinter sich zu versammeln. Die verbale Artikulation der eigenen Auffassung mündet in den politischen Meinungskampf, in welchem divergierende Gemeinwohlkonzepte aufeinandertreffen. Der politische Meinungskampf ist die Voraussetzung dafür, in einer Demokratie Mehrheiten erringen zu können. Im (Wahl-)Wettbewerb[3] zwischen den politischen Parteien entscheidet sich, wer das Vertrauen der Mehrheit der Wählerschaft gewinnen kann und somit die Möglichkeit erhält, die Regierung zu stellen. Um sich in diesem Meinungskampf artikulieren zu können, ist die Freiheit des Wortes, der verbalen Artikulation, notwendige Bedingung. Nicht ohne Grund erachtet das Bundesverfassungsgericht seit der Lüth-Entscheidung die Meinungsfreiheit als „schlechthin konstituierend" für die Demokratie[4]. Denn die Demokratie „lebt von der ständigen geistigen Auseinandersetzung, vom Kampf der Meinungen"[5].

---

2 BVerfGE 7, 63 (69); 15, 165 (166); 44, 125 (139); 79, 161 (165 f.); 95, 335 (350); 103, 111 (130 f.); *Schneider*, in: AK-GG, Art. 38, Rn. 65; *Frowein*, AöR 99 (1974), S. 72 (104); Beispiele für rechtswidrige Beeinflussungen der Wahl finden sich z. B. in den §§ 108, 108a und 108b StGB, siehe dazu *Oppermann*, JuS 1985, S. 519 ff.

3 Zum Wettbewerbsbegriff in der Demokratie siehe *Benz*, in: ders. et al (Hrsg.), Handbuch Governance, S. 54 ff.; *Hatje*, VVDStRL 69 (2010), S. 135 (139 ff.); *Morlok*, in: FS Tsatsos, 2003, S. 408 ff.; *Müller-Franken*, DVBl 2009, S. 1072 ff.

4 BVerfGE 7, 198 (208); siehe auch BVerfGE 12, 113 (125); 20, 56 (97); 28, 36 (48); 35, 202 (222); 93, 266 (292 f.); 97, 391 (398).

5 *Muckel*, NVwZ 1997, S. 223 (227).

Indes sollen laut der Judikatur des Bundesverfassungsgerichts wie auch zahlreicher Landesverfassungs- und Verwaltungsgerichte bestimmte Personen in ihrer Äußerungsbefugnis eingeschränkt sein, nämlich solche, die ein staatliches Amt innehaben[6]. Sie dürfen nicht sagen, was sie wollen und wie sie es wollen. Vielmehr gilt für sie bei Äußerungen über politische Parteien das Gebot parteipolitischer Neutralität[7]. In der Folge sollen Amtsträger weder zugunsten noch zulasten politischer Parteien Einfluss auf den parteipolitischen Wettbewerb nehmen dürfen[8]. Bei amtlichen Äußerungen gegenüber Vereinigungen ohne Parteienstatus oder natürlichen Personen soll ein striktes Sachlichkeitsgebot gelten, welches de facto ein Neutralitätsgebot darstellt[9].

Seit einiger Zeit ist eine Tendenz in der Rechtsprechung zu erkennen, die Äußerungsbefugnisse von Amtsträgern immer stärker zu limitieren[10]. In den letzten Jahren ergingen dutzende Entscheidungen, welche sich mit der Äußerungsbefugnis des Bundespräsidenten[11], von Regierungsmitgliedern[12] und (Ober-)Bürgermeistern befasst haben[13]. Zu Recht ist die Rede von einer „Konjunktur" der

6 BVerfGE 138, 102; 148, 11; 154, 320; BVerfG, NVwZ 2022, 1113; VfGH RP, NVwZ-RR 2014, S. 665; SaarlVGH, Urt. v. 08.07.2014, Az. Lv 5/14; VfGH TH, ThürVBl. 2015, S. 295; VfGH, ThürVBl. 2016, S. 273; VfGH, ThürVBl. 2016, S. 281; VfGH BE, Urt. v. 14.07.2018 – Az. 79/17 (juris); VfGH BE, LKV 2019, S. 120; StGH NDS, Urt. v. 24.11.2020 – Az. 6/19 (juris); BVerwGE 159, 327; VGH Hessen, NVwZ-RR 2013, S. 815; VGH Hessen, NVwZ-RR 2015, S. 508; VGH Hessen, Beschl. v. 11.07.2017 – 8 B 1144/17; VG Stuttgart, NVwZ-RR 2011, S. 615; VG Gera, KommJur 2011, S. 138; VG BE Urt. v. 23.09.2013 – Az. 1 K 280.12 (juris); VG Trier, Urt. v. 20.01.2015 – Az. 1 K 1591/14.TR (juris); VG München, MMR 2016, S. 71; VG Göttingen, Beschl. v. 29.08.2018 – Az. 1 B 462/18 (juris); VG Münster, Urt. v. 08.02. 2019 – Az. 1 K 3306/17 (juris).

7 BVerfGE 44, 125 (160 f.); 138, 102 (115); 148, 11 (25, 31).

8 BVerfGE 44, 125 (144, 146); 136, 323 (333); 138, 102 (109).

9 Siehe BVerwGE 159, 327 (336, Rn. 29).

10 So auch *Putzer*, DVBl 2017, S. 136.

11 BVerfGE 136, 323.

12 Zur Äußerungsbefugnis der Mitglieder der Bundesregierung siehe BVerfGE 138, 102; 148, 11; 154, 320; BVerfG, NVwZ 2022, 1113; zur Äußerungsbefugnis der Mitglieder von Landesregierungen siehe VfGH RP, NVwZ-RR 2014, S. 665; SaarlVGH, Urt. v. 08.07.2014, Az. Lv 5/14; VfGH TH, ThürVBl. 2015, S. 295; VfGH, ThürVBl. 2016, S. 273; VfGH, ThürVBl. 2016, S. 281; VfGH BE, Urt. v. 14.07.2018 – Az. 79/17 (juris); VfGH BE, LKV 2019, S. 120; StGH NDS, Urt. v. 24.11.2020 – Az. 6/19 (juris).

13 BVerwGE 159, 327; VGH Hessen, NVwZ-RR 2013, S. 815; VGH Hessen, NVwZ-RR 2015, S. 508; VGH Hessen, Beschl. v. 11.07.2017 – 8 B 1144/17; VG Stuttgart, NVwZ-RR 2011, S. 615; VG Gera, KommJur 2011, S. 138; VG BE Urt. v. 23.09.2013 – Az. 1 K 280.12 (juris); VG Trier, Urt. v. 20.01.2015 – Az. 1 K 1591/14.TR (juris); VG München,

Äußerungsrechtsfälle[14]. Die praktisch relevante Grundkonstellation ist nahezu immer identisch: Ein Regierungsmitglied oder ein (Ober-)Bürgermeister äußert sich in der Öffentlichkeit kritisch über eine rechtsextreme[15] bzw. rechtspopulistische[16] Partei oder Vereinigung, etwa indem es bzw. er deren Versammlung kritisiert. Die betroffene politische Partei erblickt hierin einen Eingriff in ihr Recht auf chancengleiche Teilnahme am politischen Wettbewerb (Art. 21 Abs. 1 S. 1 GG) und die politische Gruppierung ohne Parteienstatus oder Privatperson einen Eingriff in ihre Grundrechte; sie gehen sodann gerichtlich gegen die amtliche Äußerung vor.

Besondere Aufmerksamkeit erlangte hierbei zuletzt ein von der AfD angestrengtes Organstreitverfahren vor dem Bundesverfassungsgericht gegen die ehemalige Bundeskanzlerin *Angela Merkel*[17]. Streitgegenständlich war eine Äußerung, welche sie während einer Pressekonferenz bei einem Staatsbesuch in Südafrika im Februar 2020 tätigte. Anlass der Äußerung war die Wahl *Thomas Kemmerichs* zum thüringischen Ministerpräsidenten. Diese war nur

---

MMR 2016, S. 71; VG Göttingen, Beschl. v. 29.08.2018 – Az. 1 B 462/18; VG Münster, Urt. v. 08.02. 2019 – Az. 1 K 3306/17 (juris).

14 *Krüper*, JZ 2015, S. 414; zustimmend *Muckel*, JA 2015, S. 717; *Gundling*, ZLVR 2017, S. 12; ähnlich („Legion") *Ferreau*, NVwZ 2017, S. 1259.

15 „Rechtsextrem" sind „jene Gruppierungen und Personen, die aus rassistischen (Nationalsozialisten) oder nationalistischen (Nationalisten, Neue Rechte) Gründen bestimmten Teilen der Bevölkerung, vor allem Ausländern und Staatsbürgern ausländischer Abstammung, keine oder nur stark eingeschränkte Rechte zubilligen und/oder diese aus dem Land treiben wollen. Bei den einen steht die ‚Volksgemeinschaft' im Mittelpunkt ihrer Gedankenwelt, bei den anderen die Nation. Allen Rechtsextremisten, den Nationalisten wie den Rassisten, ist das Streben nach einer ethnisch homogenen Gemeinschaft eigen. Politische Gewalttaten aus diesem Spektrum richten sich in erster Linie gegen Angehörige ethnischer Minderheiten. Im Vordergrund steht der Gegensatz zur Demokratie", *Kailitz*, Politischer Extremismus in der Bundesrepublik Deutschland, S. 23

16 Rechtspopulismus bedeutet, einen Gegensatz zwischen „Volk und Elite" zu erzeugen, wobei das Volk für Rechtspopulisten nicht die Bürgerschaft eines Staates, sondern jene Personen meint, welche eine gemeinsame Abstammung und Kultur aufweisen. Das Volk ist für Rechtspopulisten mithin eine homogene Gemeinschaft. Nicht nur die (vermeintliche) Elite wird von Rechtspopulisten als Gegner markiert, sondern auch Migranten, weshalb Fremdenfeindlichkeit und Rassismus Teil des Rechtspopulismus sind. Zu den „weiteren Eigenschaften des Rechtspopulismus zählen eine euroskeptische bis eurofeindliche Einstellung, Ethnopluralismus, ein überhöhtes Sicherheitsbedürfnis und Wirtschafts- und Sozialprotektionismus", *Wolf*, Rechtspopulismus, S. 12 ff.

17 BVerfG, NVwZ 2022, 1113.

durch die Stimmen der AfD im Landtag möglich. Die damalige Bundeskanzlerin sagte: „Die Wahl dieses Ministerpräsidenten war ein einzigartiger Vorgang, der mit einer Grundüberzeugung für die CDU und auch für mich gebrochen hat, dass nämlich keine Mehrheiten mit Hilfe der AfD gewonnen werden sollen", und forderte, „das Ergebnis rückgängig" zu machen[18]. Das Bundesverfassungsgericht erblickte in dieser Äußerung einen Verstoß gegen das Gebot politischer Neutralität[19].

Zuvor hatte das Bundesverfassungsgericht eine Verletzung des Gebots parteipolitischer Neutralität durch den damaligen Bundesminister des Innern, für Bau und Heimat, *Horst Seehofer*, bejaht[20]. Dieser hatte in einem Interview die AfD als „staatszersetzend" bezeichnet; das Bundesverfassungsgericht erblickte hierin eine Verletzung des Art. 21 Abs. 1 S. 1 GG, also des Rechts auf Chancengleichheit der politischen Parteien[21]. In dem anderen Fall urteilte das Bundesverwaltungsgericht, dass der ehemalige Düsseldorfer Oberbürgermeisters *Thomas Geisel* rechtswidrig gehandelt habe, als er auf der städtischen Website zu einer „Lichter-aus"-Aktion gegen die rechtsgerichtete Vereinigung „Dügida" aufrief[22].

Die Forderung der Rechtsprechung und von Teilen des Schrifttums, dass Inhaber staatlicher Führungsämter im Rahmen ihrer Äußerungen (partei-)politische Neutralität zu wahren haben, stützt sich nicht auf den Wortlaut einer Verfassungsnorm. Das Grundgesetz fordert an keiner Stelle explizit (partei-)politische Neutralität. Die durch das Neutralitätsgebot bedingten, weitreichenden äußerungsrechtlichen Einschränkungen für Inhaber staatlicher Führungsämter begegnen Bedenken, da sowohl Regierungsmitglieder als auch kommunale Amtsträger eine dezidiert politische Funktion haben: Sie sollen das Gemeinwesen gestalten. Vor diesem Hintergrund wird in dieser Untersuchung der Frage nachgegangen, ob zur politischen Kommunikation staatlicher Amtsträger auch abgrenzende Äußerungen über die (partei-)politische Konkurrenz gehören. Wenn dem so ist, stellt das Gebot (partei-)politischer Neutralität eine Entpolitisierung derjenigen Amtsträger dar, deren Ämter inhärent politischer

---

18 *Rath, Christian,* BVerfG verhandelte über AfD-Klage. Hat Merkel ihr Amt missbraucht?, Legal Tribune Online, 21.07.2021, https://www.lto.de/recht/hintergruende/h/bverfg-2bve420-2bve520-aeusserungsbefugnis-bundeskanzlerin-merkel-afd-thueringen-wahl.html (zuletzt abgerufen am 20.05.2022).

19 BVerfG, NVwZ 2022, 1113 (1119 ff.).

20 BVerfGE 154, 320 f.

21 BVerfGE 154, 320 f.

22 BVerwGE 159, 327 ff.

Natur sind[23]. Letztlich ist die Kernfrage dieser Untersuchung damit folgende: Ist es die Aufgabe des Rechts, amtliche Äußerungen im politischen Wettbewerb restriktiv durch Neutralitätsforderungen einzuschränken, oder ist Kommunikation und damit Auseinandersetzung im Kern ein nicht-justiziabler Bereich des freien Spiels der politischen Kräfte? Dieser Ansatz unterscheidet diese Arbeit von anderen Untersuchungen, die das Gebot (partei-)politischer Neutralität hinsichtlich staatlicher Äußerungen begrüßen[24].

B. Ursachen für die Zunahme äußerungsrechtlicher Fälle

Zwar verwendete das Bundesverfassungsgericht schon in seiner Entscheidung zur regierungsamtlichen Öffentlichkeitsarbeit 1977 den Begriff der Neutralität im politischen Kontext[25]. Indes ist die damalige Fallkonstellation nicht mit den heutigen streitgegenständlichen staatlichen Handlungen vergleichbar. Damals ging es um Wahlwerbung, welche von der damaligen Bundesregierung unter Bundeskanzler *Helmut Schmidt* mittels Steuergelder finanziert worden war. So ließ die Bundesregierung vor der Bundestagswahl 1976 in Tageszeitungen und Zeitschriften Anzeigen drucken, in denen sie ihre Erfolge reklamehaft darstellte und die Kritik der Opposition an der Regierungsarbeit zurückwies. Zudem erstellte sie Publikationen mit Auflagen von bis zu einer Million Exemplaren, in denen sie über ihre Arbeit berichtete[26]. Der Inhalt der Äußerungen bzw. Werbebotschaften spielte in der bundesverfassungsgerichtlichen Entscheidung eine untergeordnete Rolle. Entscheidungsrelevant war der massive Einsatz staatlicher Ressourcen; dieser führte zu der Annahme einer Verletzung des Gebotes parteipolitischer Neutralität[27].

---

23 So auch *Gärditz*, NWVBl. 2015, S. 165 (169 f.); *Gusy*, NVwZ 2015, S. 700 (702); *Krüper*, JZ 2015, S. 414 (416 f.); *Payandeh*, Der Staat 55 (2016), S. 519 (521); *Tannenberger/Nemeczek*, NVwZ 2015, S. 215 (215 f.).

24 Siehe *Dişçi*, Der Grundsatz politischer Neutralität; *Eder*, „Rote Karte“ gegen „Spinner“?; *Growe*, Das Regierungsmitglied im parteipolitischen Diskurs; *Nellesen*, Äußerungsrechte staatlicher Funktionsträger; *Suslin*, Die Pflicht zur politisch neutralen Amtsführung.

25 BVerfGE 44, 125 (144, 156, 160 f.).

26 Kompletter Sachverhalt BVerfGE 44, 125 (127 ff.).

27 BVerfGE 44, 125 (156): „Die Bundesregierung hat dadurch, dass sie im Vorfeld der Wahl unter Einsatz öffentlicher Mittel in einer Größenordnung von 10 Mio. Deutsche Mark eine Reihe großformatiger Anzeigenserien in Tageszeitungen und Zeitschriften veröffentlichen ließ, das Neutralitätsgebot verletzt.“

Viele Jahre spielte dieses Neutralitätsgebot im Rahmen der Entscheidungen des Bundesverfassungsgerichts keine Rolle mehr[28]. Wie gezeigt, ist es jedoch seit Kurzem mit der (gerichtlichen) Ruhe bei diesem Thema vorbei[29]. Das Bundesverfassungsgericht zieht das Gebot parteipolitischer Neutralität nunmehr heran, um Äußerungen staatlicher Amtsträger über politische Parteien zu bewerten[30]. Für das Aufkommen und die Zunahme von Äußerungsrechtsfällen gibt es eine technische und eine politische Ursache. Auf der technischen Ebene hat sich das Kommunikationsverhalten verändert: Spielten im politischen Meinungskampf früher vor allem amtliche Schriftstücke, Broschüren und Flugblätter eine maßgebliche Rolle, so sind es heute mündliche Äußerungen und Verlautbarungen im Internet[31]. Insbesondere die Nutzung sozialer Medien, zu denen unter anderem Facebook, Twitter, Instagram und YouTube gehören, ermöglicht es politischen Amtsträgern, sich häufiger und wahrnehmbarer zu aktuellen Ereignissen öffentlich zu äußern[32]. Je mehr Äußerungen von politischen Amtsträgern öffentlich werden und je höher die Reichweite der Äußerung ist, desto wahrscheinlicher ist es, dass Betroffene darin eine Rechtsverletzung erblicken und gerichtlich gegen die Äußerung vorgehen. Dies hängt damit zusammen, dass durch die sozialen Medien jede Äußerung eines politischen Amtsträgers zugleich öffentlich wird. Waren Regierungsmitglieder oder kommunale Amtsträger früher darauf angewiesen, dass die klassischen Medien wie Zeitungen, Radio oder Fernsehen ihre Äußerungen abdruckten bzw. sendeten, so können Inhaber staatlicher Führungsämter über die diversen sozialen Medien und ihre dortigen Nutzerkonten heutzutage selbst für eine teils erhebliche Verbreitung ihrer Verlautbarung sorgen.

Die genannten technischen Veränderungen sind zwar die Ursache für das geänderte Kommunikationsverhalten von Amtsinhabern. Sie erklären gleichwohl nur bedingt die Zunahme amtlicher Äußerungen im politischen Meinungskampf. Denn

---

28 1983 war der letzte Fall mit BVerfGE 63, 230, bis zur *Schwesig*-Entscheidung 2014, BVerfGE 138, 102.

29 Siehe zuvor unter 1. Teil, A.

30 Siehe die bisher vier entschiedenen Fälle BVerfGE 138, 102; 148, 11; 154, 320; BVerfG, NVwZ 2022, 1113.

31 So auch *Growe*, Das Regierungsmitglied im parteipolitischen Diskurs, S. 13 f.; *Mandelartz*, DÖV 2015, S. 326; *Möstl*, in: Uhle (Hrsg.), Information und Einflussnahme, S. 49 (52).

32 Siehe die Fälle VfGH BE, LKV 2019, S. 120; VfGH TH, ThürVBl. 2016, S. 273; StGH NDS, Urt. v. 24.11.2020 – Az. 6/19, Rn. 51; VGH Hessen, Beschl. v. 11.07.2017 – 8 B 1144/17; VG München, MMR 2016, S. 71. In den genannten Gerichtsentscheidungen spielten bisher „nur" Facebook und Twitter-Äußerungen eine Rolle. Allerdings ist es ohne Weiteres denkbar, dass es auch um Instagram- oder Youtube-Äußerungen von politischen Amtsträgern zu ähnlichen Auseinandersetzungen kommt.

nur weil es technisch möglich ist, existiert kein Zwang für Amtsträger, sich parteiergreifend in den politischen Meinungskampf einzubringen. Die Zunahme solcher Äußerungen lässt sich daher nur mit der aktuellen politischen Situation erklären. Diese ist vor allem gekennzeichnet durch das Aufkommen und Erstarken rechtsgerichteter Parteien und Gruppierungen[33]. So ist allen Fällen der letzten Jahre, in denen die Äußerungen von politischen Amtsträgern Gegenstand gerichtlicher Entscheidungen waren, gemein, dass sich der jeweils Äußernde zu Aktivitäten und Verlautbarungen rechtsgerichteter Parteien und Gruppierungen wie der AfD, NPD und der diversen regionalen Pegida-Ableger einließ[34]. Auch in den Fällen, in denen es keine gerichtlichen Verfahren gab, bezogen sich die Äußerungen von Amtsträgern im politischen Meinungskampf vorwiegend auf rechtsgerichtete Gruppierungen[35]. Das ist ein deutliches Anzeichen dafür, dass sich der politische Meinungskampf in Deutschland in den letzten Jahren verschärft hat. Drastische Äußerungen, die sogar so weit reichen, politische Vertreter „entsorgen“[36] zu wollen, lassen vermuten, dass Gegenreaktionen politischer Amtsträger auch in Zukunft nicht ausbleiben werden. Somit dürfte der Aufstieg rechtsgerichteter Kräfte die Polarisierung des politischen Diskurses weiter vorantreiben[37]. Inhaber staatlicher Führungsämter wollen in Anbetracht des wachsenden Einflusses nationalistischen, rassistischen und antisemitischen Gedankengutes durch ihre Äußerungen Haltung zeigen und demokratische Grundwerte verteidigen. Diese Motivation steht in einem Spannungsverhältnis zu der von der Judikatur und Teilen des Schrifttums geforderten (partei-)politischen Neutralität.

---

33 *Krüger*, JZ 2015, S. 414; *Payandeh*, Der Staat 55 (2016), S. 519.

34 Siehe nur BVerfG 136, 323 (Äußerung über die NPD); 138, 102 (Äußerung über die NPD); 148, 11 (Äußerung über die AfD); 154, 320 (Äußerung über die AfD); BVerfG, NVwZ 2022, 1113 (Äußerung über die AfD); BVerwGE 159, 320 (Äußerung über Dügida, ein Düsseldorfer Ableger von Pegida).

35 Z. B.: *Roßmann, Robert,* Bundesjustizminister Maas: „Pegida ist eine Schande für Deutschland“, Süddeutsche Zeitung, 15.12.20214, https://www.sueddeutsche.de/politik/bundesjustizminister-maas-pegida-ist-eine-schande-fuer-deutschland-1.2266503 (zuletzt abgerufen am 20.05.2022); o. V., Angela Merkel zu Pegida in Neujahrsansprache „Folgen Sie denen nicht!“, Der Tagesspiegel, 01.01.2015, https://www.tagesspiegel.de/politik/angela-merkel-zu-pegida-in-neujahrsansprache-folgen-sie-denen-nicht/11174784.html (zuletzt abgerufen am 20.05.2022).

36 *Bender, Justus*, Gauland: Özoguz in Anatolien entsorgen, FAZ, 28.08.2017, http://www.faz.net/aktuell/politik/bundestagswahl/afd-alexander-gauland-traeumt-von-entsorgung-aydan-oezoguz-15171141.html (zuletzt abgerufen am 20.05.2022).

37 *Barczak*, NVwZ 2015, S. 1014 (1015); *Gärditz*, NWVBl. 2015, S. 165 (165 f.); *Putzer*, DÖV 2015, S. 417.

C. Aufbau der Untersuchung

Zunächst werden im nachfolgenden 2. Teil die für den Gegenstand dieser Untersuchung relevanten Grundlagen behandelt. Dabei geht es vor allem um diejenigen Annahmen, die Forderungen nach (partei-)politischer Neutralität zugrunde liegen, ohne dass sie im Regelfall in Gerichtsentscheidungen thematisiert werden. Dies betrifft insbesondere die Frage, was das staatliche Amt ausmacht, welche Bedeutung der Begriff der Neutralität hat, wie staatliche Äußerungen im politischen Meinungskampf zu qualifizieren sind und welche Erscheinungsformen sie aufweisen.

Im anschließenden 3. Teil geht es darum zu zeigen, wie in Judikatur und Schrifttum die Frage der (partei-)politischen Neutralität diskutiert wird. In diesem Teil der Untersuchung wird daher der Forschungs- bzw. Meinungsstand dargelegt, und zwar im Wege einer systematischen Zuordnung: Zunächst werden die unterschiedlichen Varianten der verfassungsrechtlichen Herleitung des Gebotes (partei-)politischer Neutralität dargestellt. Sodann wird auf die Frage eingegangen, welche staatlichen Amtsträger Adressaten von Forderungen nach politischer Neutralität sind. Hierbei werden nicht alle Spezifika der jeweiligen Ämter erläutert. Vielmehr werden nur diejenigen Aspekte thematisiert, die für die Frage der Neutralitätsbindung relevant sind. Sodann werden die Voraussetzungen politischer Neutralität dargelegt; insbesondere wird die Frage erörtert, wann eine Äußerung amtlicher Natur ist. Zuletzt wird auf die in Judikatur und Literatur diskutierten Möglichkeiten der Rechtfertigung für den Fall eingegangen, dass eine staatliche Äußerung Neutralitätspflichten verletzt.

Im darauffolgenden 4. Teil wird das Gebot (partei-)politischer Neutralität kritisch beleuchtet. Zum einen wird die verfassungsrechtliche Herleitung einer kritischen Prüfung unterzogen, zum anderen geht es um die Fragen, ob der Begriff der staatlichen Ressourcen überdehnt wird und inwieweit eine Trennung des staatlichen Amtes von der parteipolitischen Funktion überhaupt möglich ist. Der kritischen Bewertung schließt sich ein Ländervergleich zwischen Deutschland und Österreich an. Im 5. Teil wird dargestellt, welche äußerungsrechtlichen Grenzen jenseits des Gebotes politischer Neutralität bestehen, namentlich das Willkürverbot und das Sachlichkeitsgebot. Vorgeschlagen wird zudem, ein neues Kriterium des „asymmetrischen staatlichen Ressourceneinsatzes“ einzuführen. In der Schlussbetrachtung im 6. Teil werden die Ergebnisse der Arbeit zusammengefasst.

2. Teil: Grundlagen

Zu den Grundlagen von Forderungen nach (partei-)politischer Neutralität gehören der Amtsträgerbegriff[38] und der Begriff der Neutralität[39]. Das Neutralitätsgebot stellt eine Einschränkung des Äußerungsrechts staatlicher Amtsträger dar, weshalb dieses Recht in seinen Grundzügen erläutert wird[40]. Zudem werden die möglichen Inhalte und Formen wertender Äußerungen staatlicher Amtsträger im politischen Meinungskampf beschrieben[41].

A. Das staatliche Amt

Neutralitätsforderungen beziehen sich auf Inhaber staatlicher Ämter. Daher ist ein näherer Blick darauf erforderlich, was das öffentliche Amt kennzeichnet.

I. Grundrechtliche Dimension

Privatpersonen können äußerungsrechtlich nicht zur Neutralität verpflichtet sein[42]. Denn sowohl natürliche als auch juristische Personen des Privatrechts (Art. 19 Abs. 3 GG) können sich auf die Meinungsfreiheit des Art. 5 Abs. 1 S. 1 GG berufen. Im Gegensatz dazu sind Inhaber staatlicher Ämter bei der Ausübung ihres Amtes gegenüber der Bürgerschaft keine Grundrechtsberechtigten; ganz im Gegenteil sind sie aufgrund des Art. 1 Abs. 3 GG an die Grundrechte gebunden[43]. Hoheitsträger können im Regelfall[44] nicht gleichzeitig Adressat und Berechtigter von Grundrechten sein (sog. „Konfusionsargument")[45]. Dies folgt aus der (vorrangigen) Stellung der Grundrechte als Abwehrrechte des Bürgers

---

38 Siehe A.

39 Siehe B.

40 Siehe C.

41 Siehe D.

42 Siehe hierzu auch *Dişçi*, Der Grundsatz politischer Neutralität, S. 20.

43 Bei Art. 1 Abs. 3 GG handelt es sich um die „Leitnorm" des deutschen Verfassungsrechts, BVerfGE 31, 58 (72 f.); bzw. „Schlüsselnorm", *Stern*, Staatsrecht, Bd. III/1, S. 1178.

44 Ausnahmen existieren für öffentlich-rechtliche Rundfunkanstalten, für Kirchen und Religionsgemeinschaft, die als Körperschaften öffentlichen Rechts anerkannt sowie für staatliche Universitäten, siehe zusammenfassend BVerfGE 143, 246 (314) m. W. N.

45 BVerfGE 21, 362 (370); 68, 193 (205 ff.); 75, 192 (200); 143, 246 (315, Rn. 192); BVerwG, NZA 2020, S. 677 (680); *Grabenwarter*, in: Dürig/Herzog/Scholz, GG, Art. 5, Rn. 38.

gegen den Staat[46]. Wären Amtsträger bei der Amtsausübung gegenüber der Bürgerschaft grundrechtsberechtigt, würde es zu einer Abwägung zwischen den Grundrechten von Amtsträgern und Bürgern kommen, wie dies bei der Drittwirkung der Grundrechte zwischen Bürgern der Fall ist[47]. Dadurch würde die Freiheitssphäre der Bürgerschaft eingeschränkt werden und würden die Grundrechte ihre Relevanz als Rechte zum Schutz der Freiheitssphäre der Bürgerschaft einbüßen[48]. Daher hat der Staat keine Freiheiten, sondern nur diejenigen Rechte, die ihm qua Verfassung zugebilligt werden[49].

II. Erfüllung von Staatsaufgaben

Zu unterscheiden ist folglich zwischen grundrechtsberechtigten Bürgern und grundrechtsverpflichteten staatlichen Amtsträgern. Der Begriff „Amt" wird vielfältig verwendet, z. B. wenn von „Parteiamt" oder „Kirchenamt" die Rede ist. Derartige gesellschaftliche „Amtsträger" unterscheiden sich grundlegend von staatlichen Amtsträgern. Während Erstere innerhalb gesellschaftlicher Institutionen ihre Grundrechte ausüben, sind Letztere in die Staatsorganisation eingebunden und vollziehen Staatsaufgaben[50].

Personen, die ein staatlichen Amt innehaben, werden synonym als Amtsträger, Amtswalter oder Hoheitsträger bezeichnet. Das Grundgesetz setzt den Begriff und die Idee des Amtes bzw. Amtsträgers voraus. So ist an verschiedenen Stellen im Grundgesetz von „Amt" die Rede, u. a. in Art. 33 Abs. 2 GG, Art. 34 S. GG, Art. 48 Abs. 2 S. 1 GG, Art. 54 Abs. 2 S. 1 GG, Art. 66 und 69 Abs. 2 GG. Im demokratisch-sozialen Gemeinwesen hat der Staat vielfältige Aufgaben. Er

---

46 BVerfGE 7, 198 (204 f.); 21, 362 (369 ff.); VfGH BY, NVwZ 1995, S. 502 (503); *Dreier*, in: ders. (Hrsg.), GG, Bd. I, Vorb., Rn. 84; *Kingreen/Poscher*, Grundrechte, Rn. 118; *Vitzthum*, in: Merten/Papier Hrsg.), HGR, Bd. II, § 48, Rn. 58.

47 Siehe zur Abwägung von Grundrechten zwischen Privaten BVerfGE 7, 198 (210 ff.); eingehend zur Drittwirkung der Grundrechte *Papier*, in: Merten/Papier (Hrsg.), HGR, Bd. II, § 55, Rn. 23 ff.; ergänzend sei darauf hingewiesen, dass Beamte sich gegenüber ihrem Dienstherrn auf Grundrechte berufen können, sofern ihre persönliche Rechtsstellung betroffen ist, siehe hierzu *Battis*, BBG, § 4, Rn. 29 m. w. N.

48 Siehe *v. Arnim*, Staatslehre, S. 174; *Böckenförde*, FG Hefermehl, S. 11 ff.; *Forsthoff*, Der Staat der Industriegesellschaft, S. 21; *Karpen*, JA 1986, 299 ff.; *Rupp*, in: Isensee/Kirchhof (Hrsg.), HStR, Bd. II, § 31, Rn. 27 f.; *Schmitt Glaeser*, Der freiheitliche Staat des Grundgesetzes, S. 137.

49 *Rupp*, in: Isensee/Kirchhof (Hrsg.), HStR, Bd. II, § 31, Rn. 30 f.

50 *Depenheuer*, in: Isensee/Kirchhof (Hrsg.), HStR, Bd. III, § 36, Rn. 12; Gärditz, JöR 64 (2016), S. 1 (3); *Isensee*, in: Benda/Maihofer/Vogel (Hrsg.), HdbVerfR, § 32, Rn. 2.

muss sich z. B. um die Infrastruktur kümmern, das Bildungswesen organisieren, im Bedarfsfall soziale Hilfen zur Verfügung stellen, politische Entscheidungen treffen, Gesetze verabschieden und die Sicherheit gewährleisten. Der Staat bedarf zur Erledigung seiner Aufgaben und zur Herstellung seiner Handlungsfähigkeit Amtsträger[51]. Der Staat kann nur mittels Amtsträgern Staatsgewalt ausüben[52]. Dies ist der funktionale Zweck des staatlichen Amtes. Jede Person, die für den Staat eine Aufgabe erledigt, ist Amtsträger[53]. Dies reicht vom Bundespräsidenten, über Bundes- und Landesregierungen bis hin zu kommunalen Amtsträgern und Beamten und Angestellten des öffentlichen Dienstes. Der Begriff des öffentlichen Amtes in Art. 33 Abs. 2 und 3 GG ist folglich nicht der Maßstab, da er zu kurz greift[54]. Denn er erfasst z. B. nicht Inhaber staatlicher Wahlämter[55], da bei diesen kein Zugangsrecht zum Amt nach „Eignung, Befähigung und fachliche[r] Leistung" (Art. 33 Abs. 2 GG) besteht, sondern sie vielmehr durch die Bürgerschaft gewählt werden.

Die Staatsaufgabe besteht unabhängig vom Inhaber des Amtes. Insofern stellt das Amt eine „organisationsrechtliche Hülle" dar, die durch eine Person ausgefüllt werden muss. Scheidet eine Person aus, übernimmt eine andere Person das Amt[56]. Dem Einzelnen wird somit durch das Amt eine bestimmte Staatsaufgabe zur treuhänderischen Wahrnehmung anvertraut[57]. Dies zeigt sich darin, dass das Handeln des Amtsträgers dem Staat zugerechnet wird[58], denn der Inhaber des Amtes ist in Ausübung seiner Aufgaben der Staat[59]. Dies lässt sich aus Art. 34 S. 1 GG ableiten, wonach der Staat haftet, wenn jemand „in Ausübung eines ihm anvertrauten öffentlichen Amtes die ihm einem Dritten gegenüber obliegende Amtspflicht" verletzt. Nicht der Amtsträger haftet, sondern derjenige, der ihn bestellt hat: der Staat.

---

51 BVerfGE 153, 1 (37 f., Rn. 89); *Depenheuer*, in: Isensee/Kirchhof (Hrsg.), HStR, Bd. III, § 36, Rn. 1; *Gärditz*, JöR 64 (2016), S. 1 (3 f.); *Krüger*, Allgemeine Staatslehre, S. 253 f.

52 *Henke*, Das Recht der politischen Parteien, S. 12.

53 *Depenheuer*, in: Isensee/Kirchhof (Hrsg.), HStR, Bd. III, § 36, Rn. 8; *Detterbeck*, Allgemeines Verwaltungsrecht, Rn. 204.

54 *Nellesen*, Äußerungsrechte staatlicher Funktionsträger, S. 67.

55 *Höfling*, BK-GG, Art. 33 Abs. 1 bis 3, Rn. 75, 109; *Jachmann*, in: v. Mangoldt/Klein/Starck, GG, Bd. 2, Art. 33, Rn. 15; *Kunig*, v. Münch/Kunig, GG, Bd. 1, Art. 33, Rn. 21.

56 *Gärditz*, JöR 64 (2016), S. 1 (3 f.).

57 *Krüger*, Allgemeine Staatslehre, S. 253 ff.; *Loschelder*, Vom besonderen Gewaltverhältnis zur öffentlich-rechtlichen Sonderbindung, S. 228 ff.

58 *Gärditz*, JöR 64 (2016), S. 1 (3).

59 *Depenheuer*, in: Isensee/Kirchhof (Hrsg.), HStR, Bd. III, § 36, Rn. 1.

III. Republikanische Gemeinwohlbindung

Neben dem funktionalen Element der hoheitlichen Aufgabenwahrnehmung beinhaltet das staatliche Amt ein materielles Element: Der Amtsträger soll dem Gemeinwohl dienen[60]. Die Gemeinwohlorientierung staatlicher Amtsträger wird als Amtsprinzip verstanden[61]. Sie ist eine Folge des in Art. 20 Abs. 1 GG verankerten Republikprinzips.

1. Das Republikprinzip im Sinne des Grundgesetzes

Gemäß Art. 1 S. 1 WRV war das Deutsche Reich „eine Republik". Derart explizit hebt das Grundgesetz das Republikprinzip nicht hervor. Vielmehr spricht Art. 20 Abs. 1 GG von der „Bundesrepublik Deutschland"[62]. Dass es sich dabei aber nicht um einen bloßen Namen handelt, ergibt sich aus der Zusammenschau mit Art. 28 Abs. 1 GG. Dort wird der Begriff „republikanisch" als eines von mehreren normativen Prinzipien festgeschrieben, denen die verfassungsmäßige Ordnung in den Bundesländern entsprechen muss. Bei Art. 28 Abs. 1 GG handelt es sich um eine Homogenitätsklausel, die sicherstellen soll, dass in den Ländern die gleichen normativen Prinzipen gelten, wie sie für den Bund in Art. 20 Abs. 1 GG festgeschrieben sind[63]. Daraus lässt sich schließen, dass mit der Bezeichnung „Bundesrepublik" in Art. 20 Abs. 1 GG auch das Republikprinzip verankert worden ist[64]. Dies entspricht auch dem Willen im Parlamentarischen Rat[65].

Zudem lässt sich nur durch das Republikprinzip Art. 33 Abs. 2 GG erklären, wonach jeder Deutsche „nach seiner Eignung, Befähigung und fachlichen

---

60 *Anderheiden*, Gemeinwohl in der Republik und Union, S. 493 ff.; *Depenheuer*, in: Isensee/Kirchhof (Hrsg.), HStR, Bd. III, § 36, Rn. 6; *Detjen*, Die Werteordnung des Grundgesetzes, S. 153; *Gröschner*, in: Isensee/Kirchhof (Hrsg.), HStR, Bd. II, § 23, Rn. 62 ff.; *Isensee*, Öffentlicher Dienst, in: Benda/Maihofer/Vogel (Hrsg.), HdbVerfR, § 32, Rn. 16 ff.

61 *Gröschner*, Isensee/Kirchhof (Hrsg.), HStR, Bd. II, § 23, Rn. 15, 21, 53 ff.

62 Hervorhebung durch Autor.

63 *Anderheiden*, Gemeinwohl in Republik und Union, S. 231; *Mehde*, in: Dürig/Herzog/Scholz, GG, Art. 28, Rn. 16 ff.; *Jarass*, in: ders./Pieroth (Hrsg.); GG, Art. 28, Rn. 5; *Nierhaus/Engels*, in: Sachs (Hrsg.), GG, Art. 28, Rn. 7.

64 BVerfGE 144, 20 (206, Rn. 537); *Badura*, Staatsrecht, Rn. D 27; *Kloepfer*, Verfassungsrecht, Bd. I, § 8, Rn. 4; *Grzeszick*, in: Dürig/Herzog/Scholz, GG, Art. 20 III, Rn. 1; *Henke*, JZ 1981, S. 249 (250); *Hofmann*, in: Schmidt-Bleibtreu/Hofmann/Henneke (Hrsg.), GG, Art. 20, Rn. 2; *Stern*, Staatsrecht, Bd. I, S. 580 f.

65 Siehe *Heuss*, in: Der Parlamentarische Rat, Bd. 5, S. 281; siehe hierzu auch *Anderheiden*, Gemeinwohl in Republik und Union, S. 225 ff.

Leistung gleichen Zugang zu jedem öffentlichen Amte" hat. Die staatliche Ämterbesetzung findet folglich – abseits staatlicher Führungsämter – weder willkürlich noch nach dem demokratischen Mehrheitsprinzip statt. Vielmehr hat jedes Mitglied der Bürgerschaft gemäß seiner Qualifikation ein Recht darauf, Amtsträger zu werden[66]. Art. 33 Abs. 2 GG ist insofern Ausdruck des republikanischen Prinzips[67]. Das Republikprinzip beinhaltet nach einhelliger Auffassung die Absage an die Monarchie[68]. Dies drückt sich in der Bundesrepublik Deutschland dadurch aus, dass das Staatsoberhaupt ein auf Zeit gewählter Bundespräsident ist[69].

2. *Republikprinzip als Gemeinwohlbindung*

Darüber hinaus entnimmt ein großer Teil des Schrifttums dem Republikprinzip – in Anlehnung an die antike Tradition der aristotelischen politeia und der ciceronischen res publica[70] – auch das Gebot einer am Gemeinwohl orientierten politischen Ordnung (salus publica)[71]. Von *Cicero* stammt der Satz „res publica res populi"[72]. Die Bedeutung der Sentenz geht über seine wortwörtliche Bedeutung („Der Staat ist Sache des Volkes") hinaus. Er beinhaltet eine „gute innere und äußere Verfassung" des Staates[73]. Dies knüpft an die griechische Tradition

---

66 *Gröschner*, in: Isensee/Kirchhof (Hrsg.), HStR, Bd. II, § 23, Rn. 58.

67 *Gröschner*, in: Isensee/Kirchhof (Hrsg.), HStR, Bd. II, § 23, Rn. 58.

68 *Battis/Edenharter*, Einführung in das Verfassungsrecht, Rn. 44; *Dreier*, in: ders. (Hrsg.), GG, Bd. II, Art. 20, Rn. 17; *v. Münch/Mager*, Staatsrecht I, Rn. 69; *Kersten*, DÖV 1993, S. 896 (899); *Maurer*, Staatsrecht I, § 7, Rn. 10, 16; *Pieroth*, JuS 2010, 473 (475); *Robbers*, in: BK-GG, Art. 20 I, Rn. 196 ff.; *Stern*, Staatsrecht I, S. 581 f.

69 *Hofmann*, in: Schmidt-Bleibtreu/Hofmann/Henneke (Hrsg.), GG, Art. 20, Rn. 6.

70 Hierzu prägnant *Isensee*, in: ders./Kirchhof (Hrsg.), HStR, Bd. IV, § 71, Rn. 22.

71 *Battis/Edenharter*, Einführung in das Verfassungsrecht, Rn. 44; *Frankenberg*, AK-GG, Art. 20 Abs. 1–3 I, Rn. 22 ff.; *Hesse*, Grundzüge des Verfassungsrechts, Rn. 118 ff.; *Gröschner*, in: Isensee/Kirchhof (Hrsg.), HStR, Bd. II, § 23, Rn. 10, 16 ff., 42; *Huster/Rux*, in: Epping/Hillgruber (Hrsg.), GG, Art. 20, Rn. 203; *Isensee*, in: ders./Kirchhof (Hrsg.), HStR, Bd. IV, § 71, Rn. 23; *Klein*, DÖV 2009, S. 741 (744 ff.); *Maihofer*, in: Benda/Maihofer/Vogel (Hrsg.), HdbVerfR, § 12, Rn. 48 ff.; v. Münch/*Mager*, Staatsrecht I, Rn. 69; *Nowrot*, Das Republikprinzip in der Rechtsordnungengemeinschaft, S. 361 ff.; *Schliesky*, in: FS Schmidt-Jortzig, S. 311 (323); *Sommermann*, in: v. Mangoldt/Klein/Starck, GG, Bd. 2, Rn. 14.

72 *Cicero*, De re publica 1, 25 (39)

73 *Mager*, in: Brunner/Conze/Koselleck (Hrsg.), Geschichtliche Grundbegriffe, Bd. 4, S. 549 (553 f.).

der „besten Verfassung“ an[74]. Danach muss die staatliche Herrschaftsgewalt im Interesse des Volkes ausgeübt werden (res populi).

Nach historischem Verständnis ist es hierbei gleichgültig, ob die Herrschaftsform demokratisch ist[75]. Nach heutigem Verständnis gehen Demokratie und Republik Hand in Hand[76]. Dies ist konsequent, da abseits theoretischer Staatsvorstellungen nur die Demokratie als Herrschaft des Volkes die Gewähr dafür bietet, dass Herrschaftsgewalt im Interesse der Bürgerschaft ausgeübt wird. Daher ist die gemeinsame Grundlage von Demokratie und Republik die Idee freier und gleicher Bürgerinnen und Bürger[77].

Teilweise wird jedoch jede über das Monarchieverbot hinausgehende Auslegung des Republikprinzips abgelehnt[78]. Bemängelt wird, dass der Grundsatz „guter Ordnung“ keinen Mehrwert für die Rechtsklarheit bringe[79]. Dem ist zu entgegnen, dass der Republikbegriff nicht losgelöst von seinem antiken Ursprung und seiner Entwicklung in der amerikanischen und französischen Revolution sowie seiner Rezeption insbesondere durch *Rousseau*[80] und *Kant*[81]

---

74 *Stern*, Staatsrecht, Bd. I, S. 429; dies ist konsequent, da die res publica eine Übersetzung der griechischen politeia ist, siehe *Gröschner*, in: Isensee/ Kirchhof (Hrsg.), HStR, Bd. II, § 23, Rn. 13 ff.

75 *Isensee*, JZ 1981, S. 1 (3).

76 *Anderheiden*, Gemeinwohl in Republik und Union, S. 293.

77 *Anderheiden*, Gemeinwohl in Republik und Union, S. 293; mit Blick auf das Demokratieprinzip siehe BVerfGE 2, 1 (12 f.); 44, 125 (142); 123, 267 (341); 144, 20 (203, Rn. 531); *Böckenförde*, in: Isensee/Kirchhof (Hrsg.), HStR, Bd. II, § 24, Rn. 3

78 *Böckenförde*, in: Isensee/Kirchhof (Hrsg.), HStR, Bd. II, § 24, Rn. 95 f.; *Dreier*, in: ders. (Hrsg.), GG, Bd. II, Art. 20, Rn. 21 f.; *Pieroth*, JuS 2010, 473 (475); *Roellecke*, in: Umbach/Clemens (Hrsg.), GG, Art. 20, Rn. 12 f.; *Stern*, Staatsrecht I/2, S. 581 f.; *Volkmann*, in: Friauf/Höfling (Hrsg.), GG, Art. 20, Rn. 14 f.

79 *Dreier*, in: ders. (Hrsg.), GG, Bd. 2, Art. 20, Rn. 21

80 Siehe die Darstellung bei *Correll*, Politisches Denken 25 (2015), S. 81 (91 ff.), wonach bei Rousseau die Republik sich durch den „Contract social“ ausdrückt: Die Bürgerschaft schließt miteinander diesen Gesellschaftsvertrag ab und ein jeder gibt dafür seine natürliche Freiheit auf. Im Gegenzug sichert die Gemeinschaft die bürgerlichen Rechte eines jeden. Es gilt die Herrschaft des Gesetzes, das Gesetz drückt den Gemeinwillen aus, ist somit das Gemeinwohl. Der Bürger ist Untertan und Souverän in einer Person.

81 *Schweidler*, Der gute Staat, S. 229: „‚Republikanisch‘ ist nach Kant die Verfassung, die, was ihre Begründung angeht, dem Recht und nicht der Macht entspringt (…). Despotisch ist hingegen die Herrschaft, bei der die Regierenden ihre Stellung nicht aus dem Willen der Regierten ableiten. Republikanismus besagt: Es gibt nicht zwei Lager, die Regierenden und die zu Regierenden, die dann in Form der staatlichen Gesetzgebung

betrachtet werden kann. Würde es sich um ein bloßes Monarchieverbot handeln, wäre eine Verankerung des Republikbegriffs 1949 kaum nötig gewesen, da die Abkehr von der Monarchie längst – seit dem 9. November 1918 – vollzogen war[82]. Wäre es den Vätern und Müttern des Grundgesetzes um die „Sicherung" dieses Zustandes gegangen, hätte ein explizites Verbot monarchistischer Herrschaft ausgereicht. Dieses wäre sogar präziser, da sowohl Cicero als auch Rousseau eine monarchistische Republik für möglich hielten (res republica regia) und vor allem die Tyrannei als Widerspruch zur Republik betrachteten[83]. Mit Blick auf die Rechtsklarheit ist daher festzustellen, dass die Begriffe Demokratieprinzip und Republikprinzip gerade nicht deckungsgleich sind. Das Demokratieprinzip beinhaltet eine prozedurale Vorgabe (Mehrheitsprinzip[84]), jedoch keine inhaltliche. Demokratisch ist jede Entscheidung, die von einer Mehrheit getroffen wird, gleich welchen Inhaltes diese ist. Das Republikprinzip hingegen enthält mit seinem Anspruch an eine „gute Ordnung" eine qualitative Anforderung. Somit fordert das Republikprinzip eine Herrschaft für das Volk, während das Demokratieprinzip Herrschaft durch das Volk verlangt[85].

Freilich muss inhaltlich bestimmt werden, was der Inhalt des Gemeinwohls ist. Das Grundgesetz gibt diesbezüglich nur einen gewissen Rahmen vor, indem es z. B. den Schutz natürlicher Lebensgrundlagen in Art. 20a GG anordnet, die öffentliche Gewalt auf die Grundrechte verpflichtet (Art. 1 Abs. 3 GG) und durch Art. 79 Abs. 3 GG unter anderem die Unantastbarkeit der Menschenwürde (Art. 1 Abs. 1 GG) und das Sozialstaatsprinzip (Art. 20 Abs. 1 GG) für unveränderbar erklärt[86]. Hierbei handelt es sich um relativ weite Rahmenbedingungen, nicht dagegen um dezidierte Konkretisierungen des Gemeinwohlbegriffs[87]. Aus

---

miteinander auskommen müssen, sondern die Regierenden werden auf der Grundlage der Gesetzgebung von den Menschen eingesetzt, um die gemeinsamen Angelegenheiten verantwortlich zu verwalten."

82 *Isensee*, JZ 1981, S. 1 (2); ähnlich wurde schon im Parlamentarischen Rat argumentiert, siehe *Bergsträsser*, Der Parlamentarische Rat, Bd. 5, S. 488.

83 Siehe zu Cicero *Isensee*, JZ 1981, S. 1 (3); siehe zu Rousseau *Gröschner*, Isensee/Kirchhof (Hrsg.), HStR, Bd. II, § 23, Rn. 33; mindestens bis zur Französischen Revolution galten Republik und Monarchie als vereinbar, siehe *Anderheiden*, Gemeinwohl in Republik und Union, S. 234 f. m. w. N.

84 Siehe dazu BVerfGE 112, 118 (140); *Hofmann*, in: Schmidt-Bleibtreu/Hofmann/Henneke (Hrsg.), GG, Art. 20, Rn. 43.

85 *Isensee*, in: ders./Kirchhof (Hrsg.), HStR, Bd. IV, § 71, Rn. 22.

86 Siehe dazu *Growe*, Das Regierungsmitglied im parteipolitischen Diskurs, S. 28 ff.

87 *Isensee*, in: ders./Kirchhof (Hrsg.), HStR, Bd. IV, § 71, Rn. 71.

dem Republikprinzip folgt daher kein fest definiertes Gemeinwohlkonzept[88]. Es handelt sich vielmehr um ein Optimierungsgebot[89]. Die vom Republikprinzip geforderte Verwirklichung des Gemeinwohls ist daher als Staatsziel zu begreifen[90], als „Ziel der Ziele“[91].

Die Konkretisierung des Gemeinwohls vollzieht sich im Rahmen des demokratisch-politischen Willensbildungsprozesses stets von Neuem[92]. Insofern kann das Republikprinzip (nur) ein Leitprinzip staatlicher Entscheidungsfindung[93] bzw. ein „Untermaßverbot“[94] darstellen. Das Republikprinzip beinhaltet folglich das Ob der Gemeinwohlbindung und lässt sich vor allem negativ definieren als Verbot des Verfolgens von Partikularinteressen[95]. Dies zeigt sich z. B. durch das Korruptionsstrafrecht. Das *Wie* des Gemeinwohls ist hingegen Sache plural-demokratischer Entscheidungen und somit Teil des Demokratieprinzips in Art. 20 Abs. 1 und Abs. 2 GG.

3. *Die Gemeinwohlbindung der Amtsträger*

Die Übernahme eines staatlichen Amtes transformiert seinen Inhaber vom Grundrechtsträger zu einem grundrechtsgebundenen, gemeinwohlverpflichteten und der objektiven Amtlichkeit verpflichteten Funktionsträger[96]. Amtsträger sind im Amt zur Unparteilichkeit aufgerufen, denn nur so können sie ihren

---

88 So auch *Gärditz*, JöR 64 (2016), S. 1 (8); *Klein*, DÖV 2009, S. 741 (745).

89 *Isensee*, in: ders./Kirchhof (Hrsg.), HStR, Bd. IV, § 71, Rn. 17; näher *v. Arnim*, Gemeinwohl und Gruppeninteressen, S. 54 ff.

90 Zur Einordnung des Republikprinzips als Staatsziel siehe *Anderheiden*, Gemeinwohl in Republik und Union, S. 279 ff.

91 *Isensee*, in: ders./Kirchhof (Hrsg.), HStR, Bd. IV, § 71, Rn. 2.

92 *Gärditz*, JöR 64 (2016), S. 1 (8 f.); *Gröschner*, JZ 1996, 637 (644 ff.); *Klafki*, in: v. Münch/Kunig (Hrsg.), GG, Bd. 1, Art. 21, Rn. 36; *Klein*, DÖV 2009, S. 741 (745); *Kotzur*, Demokratie als Wettbewerbsordnung, VVDStRL 69 (2010), 173 (183 ff.); *Sommermann*, Staatsziele und Staatszielbestimmungen, S. 305 f.

93 *Sommermann*, Staatsziele und Staatszielbestimmungen, S. 199 ff., 305 f.; *Kirchhof*, Die Allgemeinheit des Gesetzes, 2009, S. 271 ff.

94 *Anderheiden*, Gemeinwohl in Republik und Union, S. 302 f.

95 *Towfigh*, Das Parteien-Paradox, S. 48 f.; siehe auch *Isensee*, in: ders./Kirchhof (Hrsg.), HStR, Bd. IV, § 71, Rn. 17, wonach die „negative Bedeutung“ des Gemeinwohls „in der Lebenswelt klarer erkennbar als die positive“ ist.

96 *Anderheiden*, Gemeinwohl in Republik und Union, S. 494 f.; *Gärditz* JöR 64 (2016), S. 1 (3 ff.); *Groß*, Das Kollegialprinzip in der Verwaltungsorganisation, S. 253 f.; *Voßkuhle* in Hoffmann-Riem/Schmidt-Aßmann/Voßkuhle (Hrsg.), Grundlagen des Verwaltungsrechts, Bd. III, § 43, Rn. 2 f.; *Uerpmann*, Das öffentliche Interesse, 1999, S. 47 ff.

Dienst für die Allgemeinheit leisten[97]. Es ist gerade ihre Amtspflicht, dem öffentlichen Wohl zu dienen[98]. Amtsträger dürfen ihr Amt daher nicht zum eigenen Vorteil nutzen[99]. Es handelt sich um ein Amtsethos[100] bzw. Amtsprinzip[101], das einfachgesetzlich in § 60 Abs. 1 S. 2 BBG und § 33 Abs. 1 S. 2 BeamtStG zum Ausdruck kommt. Danach sollen Beamte ihre „Aufgaben unparteiisch" erfüllen und ihr „Amt zum Wohl der Allgemeinheit" ausüben.

Auf der Verfassungsebene zeigt sich die Gemeinwohlbindung von Amtsträgern z. B. in Art. 38 Abs. 1 S. 2 GG, wonach Abgeordnete Vertreter des „ganzen Volkes" sind. Dies beinhaltet, dass sie keine privaten Interessen verfolgen dürfen, sondern im öffentlichen Interesse zu handeln haben[102]. Eine Verletzung dieses Grundsatzes hat im Einzelfall nicht nur strafrechtliche Folgen, sondern führt auch zu einem Vertrauensverlust in der Bürgerschaft; ein Beispiel hierfür ist die Corona-„Maskenaffäre"[103]. Eine Allgemeinwohlbindung existiert auch für den Bundespräsidenten und die Bundesregierung[104]. Sie manifestiert sich symbolisch in der Eidesformel, laut welcher der Bundespräsident und die Mitglieder der Bundesregierung sich dazu verpflichten, dem „Wohle des deutschen Volkes" zu dienen[105].

---

97 *Depenheuer*, in: Isensee/Kirchhof (Hrsg.), HStR, Bd. III, § 36, Rn. 4 ff.; *Henke*, JZ 1981, S. 249 (250); *Isensee*, JZ 1981, S. 1 (8).

98 *Henke*, Das Recht der politischen Parteien, S. 15.

99 *Anderheiden*, Gemeinwohl in der Republik und Union, S. 494 f.; *Henke*, Das Recht der politischen Parteien, S. 15; *Isensee*, JZ 1981, S. 1 (8); *ders.*, in: ders./Kirchhof (Hrsg.), HStR, Bd. IV, § 71, Rn. 12, 24.

100 *Isensee*, JZ 1981, S. 1 (8); *ders.*, in: ders./Kirchhof (Hrsg.), HStR, Bd. IV, § 71, Rn. 12.

101 *Gröschner*, Isensee/Kirchhof (Hrsg.), HStR, Bd. II, § 23, Rn. 15, 21, 53 ff.

102 *Klein*, DÖV 2009, S. 741 (745); *Morlok* in ders./Schliesky/Wiefelspütz (Hrsg.), Parlamentsrecht, § 3, Rn. 48.

103 Zur „Maskenaffäre" siehe allgemein *Kreder, Christiane*, Was Sie über die Maskenaffäre wissen müssen, in: Capital, 20.03.2021, https://www.capital.de/wirtschaft-politik/was-sie-ueber-die-maskenaffaere-wissen-muessen (zuletzt abgerufen am 20.05.2022); beispielhaft für den Druck im Zuge einer derartigen Affäre siehe o. V., CDU-Generalsekretär drängt Abgeordnete zu sofortigem Rücktritt, in: Zeit Online, 8.03.2021, https://www.zeit.de/politik/2021-03/cdu-maskenaffaere-paul-ziemiak-georg-nuesslein-nikolaus-loebel-ruecktrittsforderung-lars-klingbeil (zuletzt abgerufen am 20.05.2022).

104 BVerfGE 12, 354 (364); 44, 125 (141 f.); 49, 89 (132); 120, 82 (113); 124, 235 (247); *Streinz*, in: v. Mangoldt/Klein/Starck, GG, Bd. 2, Art. 21, Rn. 88.

105 Für die Bundesregierung: Art. 64 Abs. GG i. V. m. Art. 56 GG; für den Bundespräsident: Art. 56 GG.

Sedes materiae der Gemeinwohlbindung ist das Rechtsstaatsprinzip: Der Amtsträger soll gesetzestreu handeln und das Recht unparteilich gegenüber jedermann ausüben[106]. Das Recht ist das durch den politischen Willensbildungsprozess gewonnene Gemeinwohl. Dem Amtsträger ist es verwehrt, seine persönlichen politischen Vorstellungen an die Stelle dieses rechtlich verankerten Gemeinwohls zu stellen[107]. Auch sind Amtlichkeit und Privatheit strikt zu trennen[108]. Denn die Gemeinwohlbindung des Amtsträgers findet dort ihre Grenze, wo er außerhalb seines Amtes agiert. Als Bürger kann sich der Amtsträger uneingeschränkt auf Grundrechte berufen und seine Meinung artikulieren[109]. Im Beamtenverhältnis hingegen finden Grundrechte zwar Anwendung und erlangen Bedeutung vor allem bei statusbildenden oder statusberührenden Eingriffen seines Dienstherrn[110], zugleich ist aber eine Einschränkung der Grundrechte aufgrund der hergebrachten Grundsätze des Berufsbeamtentums nach Art. 33 Abs. 5 GG einfacher zu rechtfertigen[111]. Das Recht des Amtsträgers, sich gegenüber seinem Dienstherrn auf Grundrechte zu berufen – etwa dann, wenn er versetzt werden soll –, ist strikt zu trennen von der Konstellation, in welcher der Amtsträger als solcher dem Bürger gegenübertritt. Diesem gegenüber kann er sich nicht auf Grundrechte berufen, sondern er hat ihm gegenüber Unparteilichkeit zu wahren.

B. Neutralität

Die Auseinandersetzung mit der Frage des Gebotes (partei-)politischer Neutralität macht es erforderlich, sich mit den Grundlagen des Neutralitätsbegriffes zu befassen. Dies ermöglicht eine Einordnung des politischen Neutralitätsbegriffs in den rechtlichen Gesamtkomplex der Neutralität. Im Grundgesetz findet sich keine explizite Neutralitätsregel. Gleichwohl ist im Recht an vielen Stellen die Rede von „Neutralität", z. B. im Völkerrecht[112], im

---

106 *Depenheuer*, in: Isensee/Kirchhof (Hrsg.), HStR, Bd. III, § 36, Rn. 3; *Gärditz*, JöR 64 (2016), S. 1 (10); *Hesse*, Grundzüge des Verfassungsrechts, Rn. 196; *Stolleis*, VVDStRL 44 (1986), S. 7 (25); *Towfigh*, Das Parteien-Paradox, S. 45.

107 Ähnlich *Gärditz*, JöR 64 (2016), S. 1 (10 f.).

108 *Gärditz*, JöR 64 (2016), S. 1 (7).

109 *Isensee*, Öffentlicher Dienst, in: Benda/Maihofer/Vogel (Hrsg.), HdBVerfR, § 32, Rn. 18, 28; *Masuch*, NVwZ 2021, S. 520 (521); *Reich*, BeamtStG, § 33, Rn. 3.

110 BVerfGE 139, 19 (48 f., Rn. 58; 52 f., Rn. 68 f.); BVerwGE 160, 370 (380, Rn. 38).

111 *Masuch*, NVwZ, 2021, S. 520 (521); *Schröder*, JA 2016, S. 641 (644).

112 Siehe sogleich 2. Teil, B. II. 1.

Verfassungsrecht[113], im Beamtenrecht[114], im Wettbewerbsrecht[115] oder bei der Neutralität gegenüber Vereinigungen i. S. d. Art. 9 Abs. 3 GG[116]. Nicht ohne Grund ist die Rede von der „notorischen Vieldeutigkeit des Neutralitätsbegriffes“[117]. Nachfolgend wird der Neutralitätsbegriff zunächst etymologisch betrachtet[118], sodann wird bei der Bestimmung des Begriffs nach außer- und innerstaatlicher Neutralität unterschieden[119], und schließlich werden der innerstaatliche Neutralitätsbegriff in eine positive und negative Variante unterteilt und einige innerstaatliche Neutralitätsvarianten dargelegt, die für die weitere Untersuchung relevant sind[120].

I. Etymologie

Etymologisch leitet sich das Wort „neutral“ aus dem lateinischen „neuter“ ab[121]. „Neuter“ wurde als grammatischer Terminus mit der Bedeutung „sächlich“ verwendet und bezog sich darauf, dass jemand weder dem weiblichen noch dem männlichen Geschlecht angehörte[122]; daher wird „neuter“ als „keiner von beidem“ übersetzt[123]. Im Mittellateinischen hatte „Neutralis“ die Bedeutung „keiner Partei angehörend“[124]. Unter dem Einfluss des französischen „neutre“ wurde das Adjektiv „neutral“ als „keiner Krieg führenden Partei angehörend“ verstanden[125]. Ursprünglich bedeutet Neutralität also im rechtlichen Kontext die Nichtbeteiligung eines Staates an einem bewaffneten Konflikt[126]. Im heutigen, allgemeinen Sprachgebrauch meint Neutralität eine

---

113 Etwa die religiös-weltanschauliche Neutralität des Staates, siehe sogleich 2. Teil, B. 2. a).

114 Siehe sogleich 2. Teil, B. II. 2. c).

115 So müssen amtliche Empfehlungen über die Leistungen eines privaten Anbieters objektiv, sachgerecht und neutral sein, siehe BGH, NJW 1956, S. 339 (340).

116 BAGE 1, 291 (308); 14, 52 (59).

117 *Kuch*, AöR 2017, S. 491 (492); ähnlich schon *Schmitt*, Der Hüter der Verfassung, S. 111.

118 Siehe I.

119 Siehe II.

120 Siehe II. 2.

121 Dudenredaktion (Hrsg.), Das Herkunftswörterbuch, Stichwort: „neutral“.

122 Dudenredaktion (Hrsg.), Das Herkunftswörterbuch, Stichwort: „neutral“.

123 Dudenredaktion (Hrsg.), Das Herkunftswörterbuch, Stichwort: „neutral“; *Schweitzer/Steiger*, in: Brunner/Conze/Koselleck (Hrsg.), Geschichtliche Grundbegriffe, Bd. 4, S. 315 f. (320 f.).

124 Dudenredaktion (Hrsg.), Das Herkunftswörterbuch, Stichwort: „neutral“.

125 Dudenredaktion (Hrsg.), Das Herkunftswörterbuch, Stichwort: „neutral“.

126 Dudenredaktion (Hrsg.), Das Fremdwörterbuch, Stichwort: „Neutralität“.

unparteiliche Haltung, Nichteinmischung, Nichtbeteiligung[127] bzw. Parteilosigkeit[128]. Als Wortsynonyme zu „neutral“ werden u. a. „nicht festgelegt“, „parteilos“, „unbefangen“ und „unvoreingenommen“ genannt[129].

Diese Begriffsbedeutungen zeigen, dass man sich zwar etwas unter dem Begriff der Neutralität vorstellen kann, er aber nur schwer fassbar ist, weil er nahezu durchgehend negativ definiert wird[130]. Es existiert keine allgemeingültige positive Definition. Neutralität ist somit ein relativer Begriff, der vom jeweiligen Standpunkt und Maßstab her bestimmt wird[131]; sein Inhalt ist vom jeweiligen Zusammenhang abhängig[132]. Deshalb ist es stets notwendig, den konkreten Kontext zu bestimmen, in dem der Begriff der Neutralität verwendet wird. Nur so ist erkennbar, was mit Neutralität jeweils gemeint ist. Denn Neutralität ist in nahezu jedem Bereich des Gemeinwesens vorstellbar. Man denke etwa an die Neutralität des Schiedsrichters bei einem Fußballspiel oder an die Neutralität einer Person bei einem privaten Streit zwischen anderen Personen. Diese Varianten gesellschaftlicher Neutralität sind allerdings für diese Untersuchung irrelevant. Von Bedeutung ist allein die politische Neutralität. Da die politische Neutralität eine bestimmte Verhaltensweise von Amtsträgern[133] fordert, handelt es sich bei ihr um eine Variante staatlicher Neutralität. Diese ist somit näher zu untersuchen.

II. Staatliche Neutralität

Bei der staatlichen Neutralität ist nach inner- und außerstaatlicher Neutralität zu differenzieren[134].

---

127 *Droege*, in: Evangelisches Staatslexikon, Sp. 1620; Brockhaus Enzyklopädie, Bd. 19, S. 603; Dudenredaktion (Hrsg.), Das Fremdwörterbuch, Stichwort: „neutral“.

128 *Wahrig-Burfeind*, Wörterbuch, Stichwort: Neutralität.

129 Dudenredaktion (Hrsg.), Das Synonymwörterbuch, Stichwort: „neutral“.

130 *Schlaich*, Neutralität als verfassungsrechtliches Prinzip, S. 222.

131 *Schlaich*, Neutralität als verfassungsrechtliches Prinzip, S. 49.

132 *Schlaich*, Neutralität als verfassungsrechtliches Prinzip, S. 213, 222; *Schlaich*, in: Evangelisches Staatslexikon, Bd. II, Sp. 2239 (2242 f.); siehe auch *Droege*, in: Evangelisches Staatslexikon, Sp. 1620; *Huster*, Die ethische Neutralität des Staates, S. 31 ff.

133 Zum Begriff siehe 2. Teil, A.

134 Terminologie nach *Schweitzer/Steiger*, in: Brunner/Conze/Koselleck (Hrsg.), Geschichtliche Grundbegriffe, Bd. 4, S. 315 (316).

1. *Außerstaatliche Neutralität*

Außerstaatliche Neutralität meint das Verhältnis zwischen Staaten und findet sich vornehmlich im Völkerrecht. Die völkerrechtliche Neutralität gilt als ursprünglichste Form rechtlicher Neutralität[135]. Unterschieden wird zwischen dauernder und gewöhnlicher völkerrechtlicher Neutralität. Dauernde Neutralität meint, dass ein Staat sich dauerhaft verpflichtet, neutral zu sein, unabhängig vom Bestehen eines bewaffneten Konflikts[136]. Die Schweiz ist ein Beispiel für dauernde Neutralität[137]. Die gewöhnliche Neutralität bildet den Schwerpunkt des völkerrechtlichen Neutralitätsbegriffs. Sie bedeutet, dass während eines bewaffneten Konflikts ein Drittstaat nicht an diesem Konflikt teilnimmt[138].

2. *Innerstaatliche Neutralität*

Die innerstaatliche Neutralität bezieht sich auf die staatliche Haltung gegenüber bestimmten gesellschaftlichen Gruppierungen, Interessen, Meinungen und Vorgängen im eigenen Land[139]. Bezugspunkt der innerstaatlichen Neutralität somit das Verhältnis zwischen Staat und Gesellschaft. Auch das Gebot (partei-)politischer Neutralität betrifft dieses Verhältnis: Es fordert vom Staat und seinen Amtsträgern, sich gegenüber bestimmten innerstaatlichen Gruppierungen wie Parteien neutral zu verhalten, und bildet insofern eine Variante der innerstaatlichen Neutralität.

Die innerstaatliche Neutralität lässt sich in einen negativen und positiven Neutralitätsbegriff unterteilen. *Schmitt* schuf 1931 für dieses Verständnis die Grundlage. Laut ihm existiert einerseits die „negative, d. h., von politischen Entscheidungen wegführende Bedeutung" der Neutralität im Sinne von Nicht-Intervention[140], Uninteressiertheit und Chancengleichheit bei der staatlichen Willensbildung[141]. Auch die Forderung *Krügers* nach staatlicher Nichtidentifikation gegenüber gesellschaftlichen Gruppierungen ist eine Variante negativer

---

135 *Schlaich*, Neutralität als verfassungsrechtliches Prinzip, S. 7; dies hängt auch mit der etymologischen Herkunft des Neutralitätsbegriffes zusammen, siehe zuvor 2. Teil, B. I.

136 *Bindschedler*, ZaöRV 17 (1956), S. 1 (3 ff.); *Folscheid*, Forum 257 (2006), S. 25 (26).

137 Ausführlich *Riklin/Hafen*, JöR 40 (1991/1992), S. 1 ff.

138 BVerwG, NJW 2006, S. 77 (96); *v. Arnauld*, Völkerrecht, Rn. 1267.

139 *Schweitzer/Steiger*, in: Brunner/Conze/Koselleck (Hrsg.), Geschichtliche Grundbegriffe, Bd. 4, S. 315 (316).

140 Auch *Dagtoglou*, in: FS Forsthoff, S. 65 (66) beschreibt die Neutralität im politischen Zusammenhang mit der Nicht-Intervention.

141 *Schmitt*, Der Hüter der Verfassung, S. 111 ff.

Neutralität[142]. Andererseits existiert die „positive, d. h., zu einer Entscheidung hinführende Bedeutung" der Neutralität, wozu u. a. Sachlichkeit, Objektivität oder die Entscheidung durch einen außenstehenden Dritten gehören[143].

Somit verlangt die negative Neutralität, dass der Staat keine Entscheidung trifft, und die positive Neutralität, dass der Staat eine Entscheidung trifft. Bei Letzterem soll der Prozess, der zur Entscheidung hinführt, objektiv verlaufen; der Entscheider soll unvoreingenommen[144] und unparteilich[145] handeln. Hierbei soll derjenige, der entscheidet, einen eigenen Maßstab zugrunde legen und nicht den Maßstab einer der (Konflikt-)Parteien[146]. Mit Blick auf Amtsträger meint „eigener Maßstab" nicht deren persönliche Anschauungen – dies würde gegen das Amtsprinzip verstoßen[147] –, sondern den Maßstab des Rechts und des Gemeinwohls[148]. Ein klassisches Beispiel für die Variante der positiven Neutralität ist der Richter, der unvoreingenommen beide Seiten anhören und sodann eine Entscheidung treffen soll[149]. Beim Richter ist es das Recht, das einen eigenständigen, nicht-parteilichen Maßstab garantiert[150]. Sowohl für die positive als auch für die negative innerstaatliche Neutralität existieren Beispiele. Einige Varianten werden im Folgenden dargestellt, um die Vorstellung davon, was Neutralität im demokratischen Rechtsstaat bedeutet, zu konkretisieren. Die verfassungsrechtlich hergeleitete (partei-)politische Neutralität bleibt hierbei zunächst außen vor. Deren Begründung und Inhalte werden eingehend in einem eigenen Teil dargestellt[151].

---

142 Siehe hierzu *Krüger*, Allgemeine Staatslehre, S. 178 ff.

143 *Schmitt*, Der Hüter der Verfassung, S. 114 f.

144 *Eder*, „Rote Karte" gegen „Spinner"?, S. 33.

145 *Schweitzer/Steiger*, in: Brunner/Conze/Koselleck (Hrsg.), Geschichtliche Grundbegriffe, Bd. 4, S. 315 (366).

146 *Eder*, „Rote Karte" gegen „Spinner"?, S. 33; *Schlaich*, Neutralität als verfassungsrechtliches Prinzip, S. 42.

147 Siehe 2. Teil, A. III. 3.

148 Siehe 2. Teil, A. III. 3.

149 Siehe zur Neutralität des Richters auch BVerfGE 3, 377 (381 (346); 103, 111 (140); *Classen*, in: v. Mangoldt/Klein/Stark, GG III, Art. 97, Rn. 31.

150 *Schlaich*, Neutralität als verfassungsrechtliches Prinzip, S. 61.

151 Siehe 3. Teil.

a) *Die religiös-weltanschauliche Neutralität*

Die religiös-weltanschauliche Neutralität[152] stellt den originären Anwendungsbereich innerstaatlicher Neutralität dar[153]. Sie wird Art. 4 Abs. 1, Art. 3 Abs. 3, Art. 33 Abs. 3, Art. 140 GG i. V. m. Art. 136 Abs. 1 und 4, Art. 137 Abs. 1 WRV entnommen[154]. Das Gebot religiös-weltanschaulicher Neutralität fordert vom Staat, Privilegierungen bestimmter Bekenntnisse zu unterlassen[155]. Dem Staat ist es verwehrt, den (Nicht-)Glauben seiner Bürgerinnen und Bürger zu bewerten[156]. Deshalb sollen sich Hoheitsträger nicht mit bestimmten Religionen und Weltanschauungen identifizieren[157]. Der Zweck des Neutralitätsgebotes ist es, das friedliche Miteinander unterschiedlicher religiöser und weltanschaulicher Überzeugungen zu gewährleisten[158]. Es handelt sich um einen Fall negativer Neutralität.

Obwohl die Existenz religiös-weltanschaulicher Neutralität nahezu unumstritten ist[159], werden Einzelfragen kontrovers diskutiert. Der Ausdruck

---

152 Eingehend *Bornemann*, Die religiös-weltanschauliche Neutralität des Staates.

153 Im 19. Jahrhundert wurde der Begriff der Neutralität auf das staatliche Verhältnis zu religiösen Gemeinschaften übertragen, siehe hierzu *Schlaich*, in: Evangelisches Staatslexikon, Bd. II, Sp. 2239 (2241); *Schweitzer/Steiger*, in: Brunner/Conze/Koselleck (Hrsg.), Geschichtliche Grundbegriffe, S. 315 (352 ff.).

154 BVerfGE 19, 206 (216); 33, 23 (28); 93, 1 (17); 105, 279 (294); 108, 282 (299); 123, 148 (178); 138, 296 (338 f.); 143, 161 (192); *Mückl*, in: BK-GG, Art. 4, Rn. 151; *Stern/Sachs/Dietlein*, in: Stern, Staatrecht IV/2, S. 1217; siehe auch *Germann*, in: Epping/Hillgruber, GG, Art. 140, Rn. 18.; *Huster*, Die ethische Neutralität des Staates, S. 12 ff.; *Magen*, in: Umbach/Clemens (Hrsg.), GG, Bd. II, Art. 140 GG Rn. 23 ff.; *Morlok*, in: Dreier (Hrsg.), GG, Bd. I, Art. 4, Rn. 146; *Mückl*, in: Isensee/Kirchhof (Hrsg.), HStR, Bd. VII, § 159 Rn. 67 ff.; *Unruh*, Religionsverfassungsrecht, Rn. 90.

155 BVerfGE 19, 206 (216); 93, 1 (17); 123, 148 (178); 138, 296 (338 f.).

156 BVerfGE 12, 1 (4).

157 BVerfGE 93, 1 (17); 108, 282 (299 f.); 123, 148 (178); *Böckenförde*, VVDStRL 28 (1970), S. 33 (55 f.); *v. Campenhausen*, in: v. Mangoldt/Klein/Starck, GG, Bd. III, Art. 140, Rn. 20; *Dreier*, Staat ohne Gott, S. 98 f.; *Korioth*, in: Dürig/Herzog/Scholz, GG, Art. 140, Art. 137 WRV, Rn. 9; *Muckel*, Religiöse Freiheit und staatliche Letztentscheidung, S. 73; *Schlaich*, Neutralität als verfassungsrechtliches Prinzip, S. 21; grundlegend zur „Nichtidentifikation" als Staatsprinzip *Krüger*, Allgemeine Staatslehre, S. 178 ff.

158 BVerfGE, 93, 1 (16); 105, 279 (295); *Korioth*, in Dürig/Herzog/Scholz, GG, Art. 140, Rn. 31.

159 Eine Ausnahme bildet hier etwa *Holzke*, NVwZ 2002, S. 903 ff., der die religiös-weltanschauliche Neutralität kritisch sieht mit der Begründung, dass in der Verfassung eine fördernde Haltung des Staates gegenüber der Religion angelegt sei.

„Neutralität" weist gerade hier „ganz unterschiedliche Bedeutungsgehalte"[160] auf, weil er „unscharf"[161] ist. Zu den Streitpunkten gehört z. B. die Frage, ob es mit der religiös-weltanschaulichen Neutralität vereinbar ist, wenn in Schulklassen Kreuze oder Kruzifixe aufgehängt werden[162]. Während die Mehrheit im ersten Senat des Bundesverfassungsgerichts einen Verstoß gegen die religiös-weltanschauliche Neutralitätspflicht des Staates annahm[163], verneinten zwei Richter und eine Richterin eine Neutralitätsverletzung. Sie wendeten ein, dass der Staat aufgrund der Verweisung des Art. 140 GG auf die Kirchenartikel in der Weimarer Reichsverfassung Religionsgemeinschaften fördern solle[164]. Das Land Bayern, das die streitgegenständliche Regelung beschlossen hatte, akzeptierte die Entscheidung de facto nicht. Vom Landesgesetzeber wurde weiterhin – mit Verweis auf die kulturelle Prägung Bayerns – die Anbringung von Kreuzen in Klassenzimmern angeordnet (Art. 7 Abs. 4 S. 1 BayEUG)[165]. Im Schrifttum hat die Entscheidung des Bundesverfassungsgerichts sowohl Unterstützung[166] als auch Ablehnung[167] erfahren.

Auch bei der Frage des Verhältnisses zwischen der religiös-weltanschaulichen Neutralität des Staates und der individuellen Religionsfreiheit besteht Streit. Gemeint sind Fälle, in denen Lehrerinnen, Referendarinnen oder Richterinnen während der Ausübung des Dienstes ein Kopftuch tragen wollen. Das Bundesverfassungsgericht hat entschieden, dass ein Kopftuchverbot für Lehrerinnen nur dann verfassungsgemäß ist, wenn eine konkrete Gefahr für die staatliche Neutralität oder den Schulfrieden vorliegt[168].

---

160 *Holzke*, NVwZ 2002, S. 903 (905).

161 *Muckel*, in: Friauf/Höfling (Hrsg.), GG, Art. 140, Rn. 31; Überblick zu den unterschiedlichen Deutungen bei *Morlok*, in: Masing/Jouanjan (Hrsg.), Weltanschauliche Neutralität, Meinungsfreiheit, Sicherungsverwahrung, S. 3 (12 ff.).

162 Siehe BVerfGE 93, 1; zur Problematik von Kruzifixen in Gerichtssälen siehe BVerfGE 35, 366.

163 BVerfGE 93, 1 (15 ff.).

164 BVerfGE 93, 1 (29) – Sondervotum der Richter Seidl und Söllner und der Richterin Haas.

165 Der Bayrische Verfassungsgerichtshof erblickte in dieser Regelung keinen Verstoß gegen die bayrische Verfassung, VfGH BY, NJW 1997, S. 3157.

166 Siehe etwa *Czermak*, NJW 1995, S. 3348; *Goerlich*, NVwZ 1995, S. 1184; *Neumann*, ZRP 1995, S. 381; *Renck*, ZRP 1996, S 16.

167 Siehe etwa *Camphausen*, AöR 121 (1996), S. 448; *Link*, NJW 1995, S. 3353; *Isensee*, ZRP 1996, S. 10; *Starck*, in: v. Mangoldt/Klein/Starck, GG, Bd. I, Art. 4, Rn. 28 f.

168 BVerfGE 138, 296 (335 ff.).

Kritisiert wird an der Entscheidung u. a., dass das Tragen eines Kopftuches im Unterricht als symbolische Missachtung des Gleichberechtigungsgebotes verstanden werden könne[169]. Mit Blick auf kopftuchtragende Referendarinnen, denen verboten wird, auf der Richterbank Platz zu nehmen und Sitzungsvertretungen für die Staatsanwaltschaft zu übernehmen[170], hat das Bundesverfassungsgericht wiederum entschieden, dass eine solche Regelung zum Schutz der Funktionsfähigkeit der Rechtspflege verfassungsgemäß sei[171]. Auch diese Entscheidung ist auf Kritik gestoßen[172]. Die Streitfälle zeigen, wie schwierig es im Einzelfall ist, aus einer abstrakten Neutralitätspflicht konkrete Schlüsse für staatliches Handeln zu ziehen.

b) Die Neutralität der Verwaltung

Während die religiös-weltanschauliche Neutralität ein Beispiel für eine verfassungsrechtlich hergeleitete Neutralitätsvariante ist, ist die Neutralität der Verwaltung nicht nur verfassungsrechtlich fundiert, sondern auch einfachgesetzlich ausgestaltet.

aa) Inhalt

Das Erfordernis eines fairen staatlichen Verfahrens bezieht sich nicht nur auf gerichtliche[173], sondern auch auf behördliche Verfahren[174]. Die Verwaltung soll unparteiisch und neutral sein, um abgewogene Entscheidungen treffen zu können[175]. Diese Forderung folgt aus dem Republikprinzip[176], dem Rechtsstaatsprinzip[177] und den Grundrechten[178]. Der Umsetzung der Verwaltungsneutralität dienen die Befangenheitsregelungen der §§ 20, 21

---

169 *Kokott*, in: Sachs (Hrsg.), GG, Art. 4, Rn. 69.

170 Siehe § 45 HBG i. V. m. dem Erlass des Hessischen Ministeriums der Justiz vom 28. Juni 2007 - 2220-V/A3-2007/6920-V.

171 BVerfGE 153, 1 (50, Rn. 110).

172 *Samour*, verfasssungsblog.de; kritisch auch *Leitmeier*, NJW 2020, S. 1036.

173 Zum Begriff des „fairen Verfahrens" und seinem konkreten Inhalt siehe *Degenhart*, in: Sachs (Hrsg.), GG, Art. 103, Rn. 42.

174 BVerfGE 52, 380 (389 f.); BVerwGE 75, 214 (230); 70, 143 (151); 55, 355 (360).

175 BVerwGE 75, 214 (230); *Schmitz*, in: Stelkens/Bonk/Sachs, VwVfG, § 20, Rn. 2 f.; *Gusy*, NVwZ 2015, S. 700.

176 Siehe 2. Teil, A. III.

177 *Kopp/Ramsauer*, VwVfG, § 20, Rn. 1b; *Schmitz*, in: Stelkens/Bonk/Sachs, VwVfG, § 20, Rn. 1.

178 BVerfGE 52, 380 (389 f.) m. w. N.

VwVfG[179]. Diese sind Ausdruck rechtsstaatlicher Grundsätze, um ein faires Verwaltungsverfahren zu gewährleisten[180]. § 20 VwVfG[181] benennt eine Reihe von Personenkreisen, die in einem Verwaltungsverfahren nicht für eine Behörde tätig werden dürfen, um den „bösen Schein der Voreingenommenheit" zu vermeiden[182]. § 21 Abs. 1 VwVfG, als Auffangtatbestand[183] für die nicht erfassten Fälle potenzieller Parteilichkeit, legt fest, dass derjenige Behördenmitarbeiter befangen ist, bei welchem Misstrauensgründe gegen eine unparteiische Amtsausübung vorliegen[184]. Die §§ 20, 21 VwVfG sind Ausdruck des republikanischen Prinzips, weil sie eine eigennützige Amtsführung des Amtsträgers verhindern sowie sicherstellen sollen, dass dieser zum allgemeinen Wohl handelt. In grundrechtlicher Hinsicht wird Art. 3 Abs. 1 GG Genüge getan, wonach niemand ohne sachlichen Grund bevorzugt oder benachteiligt werden darf[185]. Es handelt sich um eine positive Neutralitätsvariante, da vom Handelnden ein unvoreingenommenes Verfahren erwartet wird, das in eine Entscheidung mündet. Die Verfahrensneutralität hat den Zweck, die Akzeptanz von Verwaltungsentscheidungen zu erhöhen[186] und das Vertrauen der Bevölkerung in die staatliche Verwaltung zu sichern[187].

bb) Adressaten

Adressat der §§ 20, 21 VwVfG ist jeder, der gemäß § 1 VwVfG eine Verwaltungstätigkeit in einer Behörde ausübt. Erfasst ist sowohl die Verwaltung im formellen

---

179 Auf Landesebene existieren deckungsgleiche Regelungen, etwa §§ 20, 21 VwVfG NRW, §§ 20, 21 BayVwVfG oder sie verweisen wie § 1 NVwVfG auf das Bundes-Verwaltungsverfahrensgesetz.

180 *Ritgen*, in: Knack/Henneke, VwVfG, § 20, Rn. 6; *Wollenschläger*, Verteilungsverfahren, S. 595.

181 Die Landesverfahrensgesetze enthalten deckungsgleiche Regelungen.

182 *Ritgen*, in: Knack/Henneke (Hrsg.), VwVfG, § 20, Rn. 6.

183 *Fehling*, Verwaltung zwischen Unparteilichkeit und Gestaltungsaufgabe, S. 203; *Kopp/Ramsauer*, VwVfG, § 21, Rn. 1; *Ritgen*, in: Knack/Henneke (Hrsg.), VwVfG, § 21, Rn. 3.

184 Siehe *Hufen/Siegel*, Fehler im Verwaltungsverfahren, Rn. 154; *Kuntze/Beichel-Benedetti*, in: Obermayer/Funke-Kaiser (Hrsg.), VwVfG, § 21, Rn. 34.

185 BVerfGE 116, 135 (153 f.); 73, 280 (299 f.); 111, 54 (108); BVerwGE 35, 159 (161 f.); 148, 48 (74); *Boysen*, in: v. Münch/Kunig (Hrsg.), GG, Bd. I, Art. 3, Rn. 76 ff.

186 *Fehling*, Verwaltung zwischen Unparteilichkeit und Gestaltungsaufgabe, S. 200; *Kopp/Ramsauer*, VwVfG, § 20, Rn. 1, 6.

187 *Kuntze/Beichel-Benedetti*, in: Obermayer/Funke-Kaiser (Hrsg.), VwVfG, § 20, Rn. 11; *Ritgen*, in: Knack/Henneke (Hrsg.), VwVfG, § 20, Rn. 7.

wie auch materiellen Sinne[188]. Daher gelten die §§ 20, 21 VwVfG für jede Tätigkeit einer Verwaltungsbehörde[189]. Der Begriff der materiellen Verwaltung wird nach der Subtraktionsdefinition negativ definiert. Danach ist Verwaltung „die Tätigkeit außerhalb von Rechtsetzung und Rechtsprechung"[190]. Soweit der Bundestag und die Landtage gesetzgeberisch tätig sind, sind sie nicht an die verwaltungsrechtliche Neutralität gebunden[191]. Hingegen sind sie dort, wo sie verwaltend tätig werden – etwa der Bundestagspräsident als Inhaber des Hausrechts und der Polizeigewalt (Art. 40 Abs. 2 S. 1 GG) – an die verwaltungsrechtliche Neutralität gebunden[192].

Mit Blick auf Gemeinderäte muss dasselbe gelten wie für den Bundestag und die Landtage. Zwar sind kommunale Räte keine Legislativ-, sondern Selbstverwaltungsorgane; die von ihnen erlassenen Satzungen sind exekutiver Natur[193]. Jedoch sind Mitglieder von Gemeinderäten (partei-)politisch gewählt, mithin demokratisch legitimiert und zur politischen Gestaltung des örtlichen Gemeinwesens aufgerufen[194]. So sind Satzungen, die durch sie beschlossen werden, in der Regel Akte politischer Gestaltung[195]. Art. 28 Abs. 2 GG ermöglicht es kommunalen Räten, Angelegenheiten der örtlichen Gemeinschaft gemäß politischen Zielen zu regeln[196]. Kommunale Räte weisen somit, obwohl sie keine Legislative sind, eine große Ähnlichkeit mit Parlamenten auf; sie sind quasi-legislativ tätig[197]. So benötigen die Mitglieder kommunaler Räte das Vertrauen der Wählerschaft

---

188 *Schmitz*, in: Stelkens/Bonk/Sachs (Hrsg.), VwVfG, § 1, Rn. 164.

189 *Schmitz*, in: Stelkens/Bonk/Sachs (Hrsg.), VwVfG, § 1, Rn. 159; zur Definition der Behörde siehe § 1 Abs. 4 VwVfG.

190 *Mayer*, Dt. Verwaltungsrecht I, S. 7; *Jellinek*, Verwaltungsrecht, § 1 I; siehe auch BVerwGE 141, 122 (125, Rn. 13).

191 *Kuntze/Beichel-Benedetti*, in: Obermayer/Funke-Kaiser (Hrsg.), VwVfG, § 20, Rn. 16; *Schliesky*, in: Knack/Henneke, VwVfG, § 1, Rn. 29; *Schmitz*, in: Stelkens/Bonk/Sachs, VwVfG, § 1, Rn. 174.

192 Siehe hierzu *Gärditz*, JöR 64 (2016), S. 1 (19), der zudem als Beispiel den Vollzug des Parteiengesetzes durch den Bundestagspräsidenten gemäß §§ 23–23b PartG nennt.

193 BVerfGE 65, 283 (289).

194 *Schmidt-Aßmann*, AöR 116 (1991), S. 329 (356 f.); *Ott*, Parlamentcharakter der Gemeindevertretung, S. 86 ff.; *Fehling*, Verwaltung zwischen Unparteilichkeit und Gestaltungsaufgabe, S. 145.

195 *Fehling*, Verwaltung zwischen Unparteilichkeit und Gestaltungsaufgabe, S. 145.

196 *Gern/Brüning*, Deutsches Kommunalrecht, Rn, 250; ähnlich *Schoch*, NVwZ 1990, S. 801 (803).

197 BVerfGE 32, 346 (361); *Fehling*, Verwaltung zwischen Unparteilichkeit und Gestaltungsaufgabe, S. 146 f.; *Hager*, VBlBW 1994, S. 263 (264).

und sind an Weisungen nicht gebunden[198]. Daher sind Mitglieder kommunaler Räte ebenfalls nicht an die verwaltungsrechtliche Neutralität gebunden[199].

c) Die beamtenrechtliche Neutralität

Die beamtenrechtliche Neutralitätspflicht ist Teil der hergebrachten Grundsätze des Berufsbeamtentums (Art. 33 Abs. 5 GG[200])[201]. Einfachgesetzlich ist sie für Bundesbeamte in § 60 Abs. 1, S. 1, 2 BBG und für alle übrigen Beamten in § 33 Abs. 1 S. 1, 2 BeamtStG statuiert.

aa) Inhalt

In der Demokratie kommt es aufgrund von Wahlen regelmäßig zu personellen Änderungen in der Staatsleitung. Die Grundidee beamtenrechtlicher Neutralität ist daher, dass das Beamtentum sich diesen Wechseln gegenüber neutral verhalten soll[202]. Hierdurch soll verhindert werden, dass demokratisch-politische Wechsel an der Regierungsspitze blockiert werden. Der Beamte soll nicht zur „antiparlamentarischen Obstruktionsgewalt" werden[203]; deshalb darf er nicht als verlängerter Arm einer politischen Partei agieren[204]. Die Neutralitätspflicht

198 *Fehling*, Verwaltung zwischen Unparteilichkeit und Gestaltungsaufgabe, S. 217.

199 *Fehling*, Verwaltung zwischen Unparteilichkeit und Gestaltungsaufgabe, S. 146 f.

200 Der Wortlaut spricht zwar von „Recht des öffentlichen Dienstes", gemeint sind aber ausschließlich die Dienstverhältnisse der Beamten, siehe dazu BVerfGE 16, 94 (110 f.); *Lecheler*, in: Friauf/Höfling (Hrsg.), GG, Art. 33, Rn. 64.

201 BVerfGE 7, 155 (163); 9, 268 (286); BVerwGE 84, 292 (294 ff.); 90, 104 (110); *Baltes*, Neutralität des Berufsbeamten, S. 48 ff.; *Battis*, in: Sachs (Hrsg.), GG, Art. 33, Rn. 71, 73; *Barczak*, NVwZ 2015, S. 1014 (1015); *Brosius-Gersdorf*, in: Dreier (Hrsg.), GG, Bd. II, Art. 33, Rn. 186; *Gusy*, NVwZ 2015, S. 700 (701); *zu Hohenlohe*, VerwArch 2016, 62 (65); *Jachmann-Michel/Kaiser*, in: v. Mangoldt/Klein/Starck, GG, Bd. 2, Art. 33, Rn. 47; *Kirchhof*, VerwArch 66 (1975), S. 370 (374); *Ley*, Ministerbefangenheit, S. 57 f.;); *Merten*, in: ders./Papier (Hrsg.), HGR, Bd. V, § 114, Rn. 79, 123; *Schlaich*, Neutralität als verfassungsrechtliches Prinzip, S. 45; *Schmitz*, in: Stelkens/Bonk/Sachs, VwVfG, § 9, Rn. 62, § 20, Rn. 2.

202 BVerfGE 39, 196 (201); 119, 247 (261 f.); *Battis*, BBG, § 60, Rn. 7; *Kenntner*, DVBl 2007, S. 1321 (1326 ff.); *Püttner*, in: FS Ule, S. 383 ff.; *Merten*, ZBR 1999, S. 1 (7).

203 *Isensee*, in: Benda/Maihofer/Vogel (Hrsg.), HdbVerfR, § 32, Rn. 27.

204 *Hailbronner*, ZaöRV 2009, S. 276 (274); siehe auch *Barczak*, NVwZ 2015, S. 1014 (1015); *Schlaich*, Neutralität als verfassungsrechtliches Prinzip, S. 46.

soll sicherstellen, dass der Beamte jeder demokratisch gewählten Regierung gegenüber loyal ist[205].

§ 33 Abs. 1 S. 2 BeamtStG fordert von Berufsbeamten in ihrer Amtsführung[206] dem Allgemeinwohl zu dienen, und ist eine Folge der Gemeinwohlbindung staatlicher Amtsträger[207]. Daher muss der Beamte gegenüber allen gesellschaftlichen Interessen und Gruppierungen Neutralität wahren[208]. Dies soll das Vertrauen der Öffentlichkeit in die Verwaltung des freiheitlichen Rechtsstaates gewährleisten[209]. Denn durch die Neutralitätspflicht wird verhindert, dass der Eindruck entsteht, Entscheidungen würden eher nach parteipolitischen Gesichtspunkten als nach Recht und Gesetz getroffen[210]. Ihre Grenze findet die Neutralitätspflicht in § 60 Abs. 1 S. 2 BBG und § 33 Abs. 1 S. 2 BeamtStG: Gegenüber der Verfassung darf der Beamte nicht neutral sein; gefordert wird vielmehr das Bekenntnis zur freiheitlichen demokratischen Grundordnung[211]. Auch das Prinzip der Bestenauslese zur Personalrekrutierung (Art. 33 Abs. 2 GG) ist ein bedeutender Beitrag zur Sicherstellung der beamtenrechtlichen Neutralität. Denn nicht die politische Übereinstimmung mit dem Dienstherrn führt zur Einstellung, sondern das Interesse an einer funktionstüchtigen Verwaltung[212]. Die beamtenrechtliche Neutralität ist eine negative Variante der Neutralität, da es sich um ein Verbot der Identifikation mit Parteien und politischen Ansichten handelt.

bb) Adressaten

Dem Wortlaut nach gilt die Neutralitätspflicht für alle Beamten, auch für Beamte auf Zeit (§ 6 BeamtStG, § 6 Abs. 2 S. 2 BBG). Sie findet keine Anwendung auf nicht verbeamtete Angestellte des öffentlichen Dienstes[213]. Auch

---

205 *Grigoleit*, in: Battis (Hrsg.), BBG, § 60, Rn. 7; *Isensee*, in: Benda/Maihofer/Vogel (Hrsg.), HdbVerfR, § 32, Rn. 27; *Masuch*, NVwZ 2021, S. 520 (521).

206 Zu den konkreten Auswirkungen auf einzelne Fallkonstellationen siehe *Masuch*, NVwZ 2021, S. 520 (522 ff.).

207 Siehe 2. Teil, A. III. 3.

208 *Dişçi*, Der Grundsatz politischer Neutralität, S. 72; *Grigoleit*, in: Battis (Hrsg.), BBG, § 60, Rn. 7; *Lindner*, ZBR 2013, S. 145 (151); *Reich*, BeamtStG, § 33, Rn. 3.

209 BVerwGE 84, 292 (294); OVG Koblenz, NVwZ-RR 2013, S. 853 (854); *Barczak*, NVwZ 2015, S. 1014 (1015); *Masuch*, NVwZ 2021, S. 520 (521).

210 *zu Hohenlohe*, VerwArch 2016, S. 62 (72); *Püttner*, in: FS Ule, S. 383 (394, 396).

211 *Schlaich*, Neutralität als verfassungsrechtliches Prinzip, S. 50; siehe auch *Kugele*, in: ders (Hrsg.)., BBG, § 60, Rn. 8; *Grigoleit*, in: Battis (Hrsg.), BBG, § 60, Rn. 8.

212 *Growe*, Das Regierungsmitglied im parteipolitischen Diskurs, S. 38.

213 *Brosius-Gersdorf*, in: Dreier (Hrsg.), GG, Bd. II, Art. 33, Rn. 172.

Regierungsmitglieder unterfallen schon tatbestandlich nicht dem personellen Anwendungsbereich der beamtenrechtlichen Neutralitätspflicht[214]. Dies folgt daraus, dass sie statusrechtlich keine Beamten sind, sondern gemäß § 1 BMinG in einem öffentlich-rechtlichen Amtsverhältnis stehen.

(1) Erste Ausnahme: kommunale Amtsträger

Kommunale Amtsträger wie (Ober-)Bürgermeister und Landräte werden nicht auf Lebenszeit zu Beamten ernannt, sondern sie gelangen durch Wahlen in ihr Amt. Sie sind Beamte auf Zeit. Für sie gilt aufgrund des § 6 BeamtStG ebenfalls § 33 BeamtStG und damit die Neutralitätspflicht. Allerdings kommt hier zum Tragen, dass es sich bei § 33 BeamtStG um eine einfachgesetzliche Umsetzung der hergebrachten Grundsätze des Berufsbeamtentums handelt. Daher sind bei der Auslegung des § 33 BeamtStG auch dessen verfassungsrechtliche Grundlagen zu berücksichtigen. Hieraus folgt, dass für Beamte auf Zeit eine größere (politische) Freiheit der Gestaltung des Amtes möglich ist[215].

Dafür sprechen drei Punkte: Erstens rechtfertigt sich die geforderte Neutralität der Berufsbeamten aus dem Lebenszeitprinzip[216]. Der Staat verlangt von seinen Beamten Neutralität und stattet sie im Gegenzug mit lebenslanger materieller Sicherheit aus. Beamten auf Zeit wird diese lebenslange materielle Sicherheit dagegen nicht geboten; dies rechtfertigt andere, mit Blick auf die (partei-) politische Neutralität geringere Anforderungen. Zweitens spricht für eine andere Behandlung kommunaler Amtsträger die Tatsache, dass sie nicht durch Ernennung, sondern durch Wahlen in ihr Amt gelangen. Folglich spielen Kriterien wie Sachwissen und fachliche Leistung, anders als bei Lebenszeitbeamten, keine rechtliche Rolle für die Erlangung des Beamtenstatus[217]. Drittens kommt kommunalen Amtsträgern „eine besondere Stellung" zu, da sie die Gemeinde unmittelbar vertreten, sie die kommunalen Aufgaben „frei und schöpferisch" gestalten und der Gemeindeverwaltung ihr „persönliches Gepräge geben"[218]. Zur politischen Gestaltung gehört immanent – außer in Fällen, in denen die Thematik strikt verrechtlicht ist –, sich politisch zu artikulieren und zu positionieren[219].

---

214 BVerfGE 6, 376 (385); BVerfGE 76, 256 (344); *Barczak*, NVwZ 2015, S. 1014 (1015).

215 BVerfGE 7, 155 (163 f.).

216 *Grigoleit, in:* Battis (Hrsg.), BBG, § 60, Rn. 8.

217 *Gärditz*, NWVBl. 2015, S. 165 (168).

218 BVerfGE 7, 155 (164).

219 *Gärditz*, NWVBl. 2015, S. 165 (167); *zu Hohenlohe*, VerwArch 2016, S. 62 (73); *Suslin*, KommJur 2020, S. 5 (6).

Die Teilnahme am politischen Diskurs ist Teil des Rechts- und Pflichtenkreises eines kommunalen Amtsträgers und ergibt sich aus Art. 28 Abs. 2 S. 1, 2 GG i. V. m. den landesrechtlich geregelten Organkompetenzen[220]. Die Stellung des (Ober-)Bürgermeisters als auch des Landrates ähnelt derjenigen der Regierung im parlamentarischen System[221]. Denn sie sollen gestalten und Gemeinwohl entwickeln. Diese Stellung hat zur Folge, dass sie im Bereich politischer Gestaltung nicht der beamtenrechtlichen Neutralitätspflicht unterworfen sind[222].

(2) Zweite Ausnahme: politische Beamte

Eine weitere Ausnahme stellen politische Beamte dar. Diese zeichnen sich gemäß 30 Abs. 1 S. 1 BeamtStG und § 54 Abs. 1 BBG durch eine politische Übereinstimmung mit den Ansichten der jeweiligen Bundes- oder Landesregierung aus und werden von dieser zumeist ernannt, um innerhalb des Ministerialapparates als Schnittstelle zwischen Regierung und Verwaltung zu fungieren[223]. Sofern eine Übereinstimmung mit der Regierungspolitik nicht mehr gewährleistet erscheint, dürfen sie laut § 54 Abs. 1 BBG und § 30 Abs. 1 BeamtStG jederzeit in den einstweiligen Ruhestand versetzt werden, obwohl politische Beamte häufig Beamte auf Lebenszeit sind. Weil sie die Politik der Regierung aktiv unterstützen sollen, kann das beamtenrechtliche Neutralitätsgebot auf sie keine Anwendung finden[224]. Denn sie unterstützen die Gemeinwohlfindung der Regierung und müssen hierfür politisch handeln können. Mit Blick auf die Loyalität der Beamtenschaft gegenüber neuen Regierungen, welche durch die beamtenrechtliche Neutralitätspflicht erreicht werden soll[225], ist somit zu berücksichtigen, dass eine neu gewählte Regierung die von der Vorgängerregierung ernannten politischen Beamten in den einstweiligen Ruhestand versetzen kann. Das heißt, deren Loyalität wird für den Fall eines demokratischen Wechsels nicht mittels Neutralitätsforderungen, sondern durch Ruhestandsregelungen sichergestellt. Da politische Beamte im Widerspruch zum Leitbild des politisch neutralen Beamten stehen, ist ihr Einsatzbereich auf den engsten Kreis unmittelbarer Berater der

---

220 *Suslin*, KommJur 2020, S. 5 (6).

221 BVerfGE 7, 155 (164 f.).

222 So auch *Barczak*, NVwZ 2015, S. 1014 (1015).

223 BVerfGE 7, 155 (166); 121, 205, (223, 232); 149, 1 (20 f., Rn. 42); BVerwGE 19, 332 (336); *Schröder*, in: Merten/Papier (Hrsg.), HGR, Bd. V, § 119, Rn. 30; zur Kritik am Institut der politischen Beamten, weil sie mit Blick auf die hergebrachten Grundsätze des Berufsbeamtentums problematisch sind *Lindner*, ZBR 2011, S. 150 ff.

224 *Werres*, in: Schütz/Maiwald (Hrsg.), Beamtenrecht, 2.3.1., Rn. 40.

225 Siehe 2. Teil, B. II. 2. c) aa).

Träger politischer Ämter beschränkt[226]. Zu den politischen Beamten gehören u. a. Staatssekretäre[227], persönliche Referenten der Minister[228] sowie Ministerialdirektoren oberster Bundesbehörden[229].

III. Fazit

„Neutralität" ist ein vielschichtiger Begriff, der je nach Kontext Unterschiedliches meinen kann. Nur unter Berücksichtigung der konkreten Begleitumstände kann jeweils erschlossen werden, was Neutralität im Einzelfall meint. Im staatlichen Bereich ist die außerstaatliche von der innerstaatlichen Neutralität zu unterscheiden. Die innerstaatliche Neutralität – zu der auch die politische Neutralität zählt – lässt sich in zwei grundlegende Neutralitätsformen unterteilen. Die erste Form ist die positive Neutralität i. S. v. Unparteilichkeit: Der Staat soll die existierenden unterschiedlichen Sichtweisen unvoreingenommen anhören und dann eine Entscheidung treffen. Dies ist die Variante der Neutralität, die sich unter anderem im Gerichts- und Verwaltungsverfahren findet. Die zweite Form der Neutralität ist die negative Neutralität i. S. v. Nichtidentifikation: Der Staat soll keine Entscheidung treffen und sich auf keine Seite stellen. Diese Neutralitätsform findet sich im Beamtenrecht und in der Forderung nach religiösweltanschaulicher Neutralität des Staates. Vor allem Letztere ist ein Beispiel dafür, dass die konkreten Folgerungen aus einem Neutralitätsgebot umstritten sein können.

In Bezug auf Regierungsmitglieder, politische Beamte und kommunale Amtsträger sind Besonderheiten zu berücksichtigen: Sie fallen nicht unter die beamtenrechtliche Neutralitätspflicht; eine Bindung an die verwaltungsrechtliche Neutralitätspflicht besteht nur dann, wenn der genannte Personenkreis verwaltend tätig wird, d. h., Gesetze anwendet und vollzieht. Im Rahmen der politischen Gestaltung, der Gesetzgebung durch die Parlamente und des Satzungserlasses durch kommunale Räte findet die verwaltungsrechtliche Neutralität hingegen keine Anwendung. Somit gelten für die politische Gestaltungstätigkeit von Regierungsmitgliedern und kommunalen Amtsträgern weder

---

226 BVerfGE 121, 205 (232); 149, 1 (46 f, Rn. 84); *Schröder*, in: Isensee/Kirchhof (Hrsg.), HStR, Bd. V, § 106, Rn. 39; *Werres*, in: Schütz/Maiwald (Hrsg.), Beamtenrecht, 2.3.1., Rn. 40; zur Kritik, dass die politische Praxis eine andere sei siehe *v. Arnim*, DVBl 2021, S. 481 ff. m. w. N.

227 Siehe § 54 Abs. 1 Nr. 1 BBG

228 *Reich*, BeamtStG, § 30, Rn. 6.

229 BVerfGE 149, 1 (46 f, Rn. 84); siehe auch § 54 Abs. 1 Nr. 1 BBG.

die beamten- noch die verwaltungsrechtliche Neutralitätspflicht. Dies wirft die Frage auf, ob ein allgemeines Gebot (partei-)politischer Neutralität aus verfassungsrechtlichen Gründen notwendig ist[230].

C. Das Äußerungsrecht staatlicher Amtsträger im politischen Meinungskampf

Staatlichen Führungsämtern ist immanent, dass sich deren Inhaber öffentlich äußern. Ganz gleich ob Bundespräsident, Regierungsmitglied oder (Ober-)Bürgermeister – sie alle nehmen Stellung zu aktuellen politischen Themen, machen Vorschläge, erklären ihre Vorhaben, weisen auf Herausforderungen hin und sprechen Warnungen vor Gefahren aus. Staatliche Kommunikation findet in vielfältigen Formen statt[231] und kann sich auf fast alle gesellschaftlichen Fragen beziehen[232]. Die Rechtsprechung erachtet staatliche Kommunikation als „notwendig"[233]. Frühliberale Meinungen, die davon ausgingen, dass die Meinungsbildung und -äußerung ausschließlich von den Bürgern zum Staat verlaufe und der Staat sich daher vollständig aus der öffentlichen Meinungsbildung herauszuhalten habe, sind heute obsolet[234]. Folglich bilden Forderungen nach (partei-)politischer Neutralität keine rechtliche Grundlage staatlicher Äußerungen, sondern sie stellen eine normative Grenze dar[235].

Wenn in dieser Untersuchung von staatlicher Kommunikation die Rede ist, sind damit eigene aktive Äußerungen von Amtsträgern gemeint[236]. In der

---

230 Siehe 3. und 4. Teil.

231 *Hill*, JZ 1993, S. 330 (331) nennt Öffentlichkeitsarbeit, Information, Aufklärung, Marketing staatlicher Entscheidungen, Politikverkündung, Politikvermittlung.

232 BVerfGE 105, 279 (304); *Gramm*, Der Staat 30 (1991), S. 51.

233 BVerfGE 44, 125 (147); 63, 230 (242 f.); 138, 102 (114, Rn. 40); 148, 11 (27 f., Rn. 51); VfGH RP, NVwZ-RR 2014, S. 665 (666).

234 Darstellung und Kritik bei *Heller*, Staatslehre, S. 177 ff.

235 *Gusy*, NVwZ 2015, S. 700 (702); *ders.*, KritV 2018, S. 210 (216); *Häbelere*, JZ 1977, S. 361 (366); siehe auch BVerfGE 148, 11 (27, Rn. 50): „Auch wenn die Bundesregierung von ihrer Befugnis zur Informations- und Öffentlichkeitsarbeit Gebrauch macht, entbindet sie dies nicht von der Beachtung des Neutralitätsgebots."

236 Daneben existiert die passive Publikumsinformation, welche in der Informationsfreiheitsgesetzgebung niedergelegt ist; auf Bundesebene sind es das IFG, IWG, VIG, UIG; dazu kommen Regelungen auf Landesebene. Im Rahmen der passiven Publikumsinformation gewährt der Staat auf Antrag des Einzelnen im Rahmen eines Verwaltungsverfahrens Zugang zu Informationen. Diese Art staatlicher Kommunikation ist für

Rechtswissenschaft werden insoweit zwei staatliche Kommunikationsarten diskutiert: die Öffentlichkeitsarbeit und das Informationshandeln. Im Folgenden werden daher in einem ersten Schritt die Grundlagen der staatlichen Öffentlichkeitsarbeit[237] und des staatlichen Informationshandelns[238] dargestellt. Im Anschluss werden die Kennzeichen amtlicher Äußerungen im politischen Meinungskampf thematisiert[239]. Sodann wird dargelegt, warum amtliche Äußerungen im politischen Meinungskampf eine eigenständige Form staatlicher Kommunikation darstellen, die weder unter die staatliche Öffentlichkeits- noch unter die Informationsarbeit fällt[240].

I. Staatliche Öffentlichkeitsarbeit

Das Bundesverfassungsgericht definiert staatliche Öffentlichkeitsarbeit als aus öffentlichen Mitteln finanzierte Kommunikation von Staatsorganen, mit der Maßnahmen, Vorhaben und Zusammenhänge sowie künftig zu lösende Fragen dargelegt werden und um Verständnis für Maßnahmen geworben wird[241]. Es handelt sich folglich um sachliche Informationen über vergangene, gegenwärtige und künftige staatliche Tätigkeiten[242]. Die regierungsamtliche Öffentlichkeitsarbeit ist aufgrund von § 25 Abs. 1 und Abs. 4 GGO eine Aufgabe sowohl des Presse- und Informationsamtes der Bundesregierung als auch jedes Bundesministeriums. Danach hat die Regierung über ihre Ziele und Vorhaben zu informieren[243]. Im Rahmen der Öffentlichkeitsarbeit spricht die Regierung folglich über sich selbst[244]. Die staatliche Öffentlichkeitsarbeit ist als notwendige

---

die Frage der äußerungsrechtlichen Grenze (partei-)politischer Neutralität irrelevant und wird daher nicht thematisiert.

237 Siehe unter I.

238 Siehe unter II.

239 Siehe unter III.

240 Siehe unter IV.

241 BVerfGE 44, 125 (147, 151).

242 VfGH RP, NVwZ 2003, S. 75 (77); *Barczak*, NVwZ 2015, S. 1014 (1015); *Kempen*, Grundgesetz, amtliche Öffentlichkeitsarbeit und politische Willensbildung, S. 106 ff.; 177 ff.; *Leisner*, Öffentlichkeitsarbeit der Regierung, S. 67 ff.; *Mandelartz*, DÖV 2009, S. 509 (513); *Schürmann*, Öffentlichkeitsarbeit der Bundesregierung, S. 54 f.

243 Grundlegend zur staatlichen Öffentlichkeitsarbeit *Schürmann*, Öffentlichkeitsarbeit der Bundesregierung, S. 53 ff.

244 BVerfGE 44, 125 (147 f.); 63, 230 (242 f.); *Eder*, „Rote Karte" gegen „Spinner?", S. 150; *Mandelartz*, DÖV 2009, S. 509 (513); *Müller-Franken*, AfP 2016, S. 301 (302); *Nellesen*, Äußerungsrechte staatlicher Funktionsträger, S. 18; *Schoch*, in: Isensee/Kirchhof (Hrsg.), HStR, Bd. III, § 37, Rn. 76.

Staatsaufgabe anerkannt[245] und wurzelt im Demokratieprinzip[246]. Denn ein demokratischer Staat bedarf einer informierten, am Staatsleben teilhabenden Bürgerschaft[247]. Politische Teilhabe und Willensbildung sind nur dann möglich, wenn die Bevölkerung weiß, was der Staat macht[248]. Daher besteht eine Pflicht für Inhaber staatlicher Führungsämter, ihre Maßnahmen und Vorhaben darzulegen[249]. Nur so ist die Bürgerschaft in der Lage, ihre politischen Mitwirkungsrechte effektiv wahrzunehmen und staatliche Entscheidungen zu bewerten[250]. Sie erwartet deshalb zu Recht vom Staat, dass er sein Handeln erklärt[251]. Staatliche Öffentlichkeitsarbeit bedeutet mithin, staatliches Handeln transparent zu machen[252]. Hierdurch wird ein Beitrag zur Fundierung und Erhaltung eines gesellschaftlichen „Grundkonsenses" geleistet, um ein weitgehendes Einverständnis der Bürgerschaft mit der vom Grundgesetz geschaffenen Staatsordnung

---

245 BVerfGE 44, 125 (147); 63, 230 (242 f.); 138, 102 (114, Rn. 40); 148, 11 (27 f., Rn. 51); so auch *Stern/Sachs/Dietlein*, Staatsrecht IV/2, S. 11; mittlerweile findet sie sich auch in neueren Gesetzen als explizite Behördenaufgabe, etwa in § 27 Abs. 3 Nr. 1 AGG, § 138 Abs. 1 Satz 2 Nr. 2 SGB VI und § 6 HilfetelefonG.

246 *Drefs*, Die Öffentlichkeitsarbeit des Staates, S. 54 f. *Engel*, in: Isensee/Kirchhof (Hrsg.), HStR, Bd. IV, § 80, Rn. 5; *Gusy*, NJW 2000, S. 977 (978); *Hill*, JZ 1993, S. 330 (331); *Engelbert/Kutscha*, NJW 1993, S. 1233 (1234); *Growe*, Das Regierungsmitglied im parteipolitischen Diskurs, S. 62 ff.; *Schürmann*, NJW 1992, S. 1072 (1074); *Schoch*, in: Isensee/Kirchhof (Hrsg.), HStR, Bd. III, § 37, Rn. 80.

247 *Hesse*, Grundzüge des Verfassungsrechts, Rn. 393; *Kirchhof*, JZ 1989, S. 453 (455); *Löwer*, JZ 1981, 730 (735); *Stern*, Staatsrecht I, S. 615; ähnliches gilt auch für die Öffentlichkeitsarbeit der EU, siehe *Mast*, ZaöRV 2021, S. 443 (456 ff.).

248 BVerfGE 44, 125 (147); *Drefs*, Die Öffentlichkeitsarbeit des Staates, S. 54; *Engel*, in: Isensee/Kirchhof (Hrsg.), HStR, Bd. IV, § 80, Rn. 5; *Kloepfer*, in: Isensee/Kirchhof (Hrsg.), HStR, Bd. III, § 42, Rn. 20; siehe auch *Horn*, VVDStRL 68 (2009), 413 (418), welcher die Öffentlichkeit als „Lebensgesetz der Demokratie" bewertet.

249 *Kotzur*, in: v. Münch/Kunig (Hrsg.), GG, Bd. 1, Art. 20, Rn. 71; *Schürmann*, Öffentlichkeitsarbeit der Bundesregierung, S. 130 ff.; *Zeh*, in: Schneider/Zeh (Hrsg.), Parlamentsrecht und Parlamentspraxis, § 32, Rn. 8.

250 BVerfGE 44, 125 (147 f.); *Growe*, Das Regierungsmitglied im parteipolitischen Diskurs, S. 64.

251 BVerfGE 105, 252 (268); *Hill*, JZ 1993, S. 330 (332).

252 *Bumke*, Die Verwaltung 37 (2004), S. 3 (9); *Häbelere*, JZ 1977, S. 361 (366); *Schürmann*, NJW 1992, S. 1072 (1074); das Bundesverfassungsgericht nimmt daher auch eine verfassungsrechtliche Kommunikationspflicht der Regierung an, siehe BVerfGE 65, 1 (50, 59).

zu sichern[253]. Daher ist staatliche Öffentlichkeitsarbeit ein konstitutives Element moderner Demokratien[254].

II. Staatliches Informationshandeln

1. Tatsächliche Ausprägung

Staatliches Informationshandeln bedeutet, dass der Staat über Dritte informiert oder Ereignisse und Umstände thematisiert, die nicht unmittelbar in seinem Verantwortungsbereich liegen. Letzteres meint zum Beispiel die Fälle, dass der Staat im Rahmen einer drohenden Hochwasserkatastrophe die Betroffenen aufruft, ein bestimmtes Gefahrengebiet zu verlassen, oder dass er über eine drohende Pandemie informiert. Aus rechtlicher Sicht sind vor allem staatliche Warnungen relevant[255]. So kann der Staat vor gesundheitsschädigenden Produkten[256] oder vor einer religiösen Gruppe[257] warnen. Neben Warnungen existieren auch staatliche Hinweise, etwa in Form von Arzneimitteltransparenzlisten[258] und Ergebnissen von Warentests[259]. In all diesen Fällen informiert der Staat einen offenen Personenkreis über das Verhalten oder die Produkte Dritter. Das Motiv ist zumeist, möglichem Marktversagen entgegenzuwirken und die Bürgerschaft zu schützen[260]. Weil im Regelfall vermutet wird, dass staatliche Informationen richtig sind,[261] und der Staat daher einen Vertrauensvorschuss genießt[262], ist die Wahrscheinlichkeit hoch, dass seine Mitteilungen ernst genommen werden. Das

---

253 BVerfGE 44, 125 (147 f.); 63, 230 (242f.); *Böckenförde*, in: Isensee/Kirchhof (Hrsg.), HStR, Bd. II, § 24, Rn. 63; *Hill*, JZ 1993, S. 330 (331 f.); zur Zulässigkeit der Öffentlichkeitsarbeit durch die Landesregierung siehe VfGH RP, NVwZ 2008, S. 897 (898); zur Zulässigkeit kommunaler Öffentlichkeitsarbeit siehe OVG NRW, NVwZ 2017, S. 1316 (1317).

254 *Hill*, JZ 1993, S. 330 (331); *Mandelartz*, DÖV 2009, S. 509 (512); *Oberreuter*, Bewährung und Herausforderung, S. 136 ff.; *Kocks/Raupp*, Publizistik 2014, S. 269 (278).

255 Allgemein zu staatlichen Warnungen siehe *Klopfer*, Informationsrecht, S. 430 ff.

256 Siehe den Glykol-Fall BVerfGE 105, 252.

257 Siehe den Osho-Fall BVerfGE 105, 279.

258 Siehe BVerwGE 71, 183.

259 Siehe BVerwGE 101, 73.

260 *Martini/Kühl*, JA 2014, S. 1221 (1222); zur Schutzpflicht bei Warnungen vor Sekten *Heintzen*, VerwArch 81 (1990), S. 532 (553).

261 *Gusy*, NVwZ 2015, S. 700 (702); *Martini/Kühl*, JA 2014, S. 1221; siehe auch *Ossenbühl*, NVwZ 2011, S. 1357 (1358).

262 *Gramm*, Der Staat 30 (1991), S. 51(52); *Schoch*, in: Isensee/Kirchhof (Hrsg.), HStR, Bd. III, § 37, Rn. 56.

Ziel der staatlichen Information ist die Einflussnahme auf die Bevölkerung[263]; bei Produktwarnungen etwa, dass die Bürger vom Kauf des inkriminierten Produktes Abstand nehmen.

2. Normative Begründung

Normativ stützt sich staatliches Informationshandeln auf das Demokratieprinzip. In einer Demokratie ist es die Aufgabe der Regierung, die Bürgerschaft über wichtige Vorgänge auch außerhalb ihrer eigenen Tätigkeit zu informieren[264]. Gerade bei Vorgängen, die öffentlich diskutiert werden, erwartet die Bevölkerung, dass die Regierung ihre Erkenntnisse offenlegt; dieses Erfordernis ergibt sich auch aus der Gemeinwohlverantwortung des Staates[265].

Hinzu kommt die Pflicht des Staates zum Grundrechtsschutz (Art. 1 Abs. 3 GG). Grundrechte sind nicht nur Abwehrrechte gegen die öffentliche Gewalt[266], sondern sie beinhalten auch eine Schutzpflicht des Staates gegen Verletzungen und Gefährdungen grundrechtlich geschützter Güter durch Private[267]. Der Staat kann bei der Abwehr von Gefahren durch Private nicht nur durch Gesetze, Prävention oder Sanktionierung handeln, sondern auch mittels Informationen[268]. Liegen ihm somit Erkenntnisse vor, die auf eine Gefahr für Rechtsgüter des Einzelnen schließen lassen, hat der Staat die Pflicht zur Information[269]. Anders als staatlicher Zwang zielt das Informationshandeln auf die gesellschaftliche

---

263 *Remmert*, in: Ehlers/Pünder (Hrsg.), Allgemeines Verwaltungsrecht, § 37, Rn. 1.

264 BVerfGE 105, 252 (269); 105, 279 (301 f.); BVerwGE 82, 76 (80 f.).

265 BVerwGE 82, 76 (80 f.); zur Gemeinwohlverantwortung siehe 2. Teil, A. III. 2.

266 BVerfGE 7, 198 (204 f.); 21, 362 (369 ff.); VfGH BY, NVwZ 1995, S. 502 (503); *Dreier*, in: ders. (Hrsg.), GG, Bd. I, Vorb., Rn. 84; *Kingreen/Poscher*, Grundrechte, Rn. 118; *Vitzthum*, in: Merten/Papier Hrsg.), HGR, Bd. II, § 48, Rn. 58.

267 Zur Menschenwürde BVerfGE 49, 89 (142); zum Recht auf Leben und körperliche Unversehrtheit BVerfGE 39, 1 (42); 46, 160 (164); 53, 30 (57); 56, 54 (73); 77, 170 (214); zum Kindeswohl BVerfGE 99, 216 (234); zur Berufsfreiheit BVerfGE 92, 26 (46); 97, 169 (176 f.); siehe auch *Alexy*, Theorie der Grundrechte, S. 410; *Epping*, Grundrechte, Rn. 123; *Herdegen*, in: Dürig/Herzog/Scholz, GG, Art. 1 Abs. 3, Rn. 23 ff.; *Hesse*, Grundzüge des Verfassungsrechts, Rn. 349 f.; eingehend *Isensee*, in: ders./Kirchhof (Hrsg.), HStR, Bd. IX, § 191; *Dietlein*, Die Lehre von den grundrechtlichen Schutzpflichten.

268 BVerfG (K), NJW 1989, S. 3269 (3270); BVerwGE 82, 76 (80 f.); *Bumke*, Die Verwaltung 37 (2004), S. 3 (9); siehe auch EGMR, NVwZ 1999, S. 57, wonach Art. 8 EMRK verletzt sein kann, wenn der Staat seinen Informationspflichten nicht nachkommt.

269 *Di Fabio*, JZ 1993, S. 689 (692).

Selbstregulierung, da die Bürger selbst entscheiden, ob und wie sie aufgrund der Information handeln[270]. Denn der Staat erlässt mit einer Information kein Gebot oder Verbot, sondern er erfüllt seine Aufgabe in entformalisierter Form[271]. Deshalb können staatliche Informationen weitgehend fruchtlos sein[272]; sie können aber auch die Wirkung eines staatlichen Eingriffs aufweisen[273].

3. *Abgrenzung des Informationshandelns von der Öffentlichkeitsarbeit*

In weiten Teilen des Schrifttums wird staatliches Informationshandeln von regierungsamtlicher Öffentlichkeitsarbeit abgegrenzt[274]. Zwar handelt es sich in beiden Fällen um informales Staatshandeln[275]. Doch finden sich Unterschiede. Die erste Divergenz zeigt sich bei den Betroffenen der jeweiligen Kommunikationsart: Während der Staat bei der Öffentlichkeitsarbeit über sich selbst informiert, informiert er beim Informationshandeln über Dritte. Zudem gründen in normativer Hinsicht zwar beide staatliche Kommunikationsarten auf dem Demokratieprinzip. Beim Informationshandeln kommt aber die Erfüllung grundrechtlicher Schutzpflichten hinzu. Auch geht es in beiden Fällen zwar um die Erledigung staatlicher Aufgaben. Während es sich jedoch bei der staatlichen Öffentlichkeitsarbeit um die Information darüber handelt, dass eine staatliche Aufgabe erledigt worden ist, dient die staatliche Informationsarbeit dazu, eine

---

270 *Bumke*, Die Verwaltung 37 (2004), S. 3 (9); treffend ist die Bezeichnung als „weiches" Staatshandeln, siehe *Gramm*, Der Staat 30 (1991), S. 51 (52 f.).

271 BVerfGE 105, 252 (268); *Dişçi*, Der Grundsatz politischer Neutralität, S. 23; *Heintzen*, VerwArch 81 (1990), S. 532; *Remmert*, in: Ehlers/Pünder (Hrsg.), Allgemeines Verwaltungsrecht, § 36, Rn. 1; *Schoch*, in: Isensee/Kirchhof (Hrsg.), HStR, Bd. III, § 37, Rn. 56; *Schoch*, NVwZ 2011, S. 193; *Voßkuhle/Kaiser*, JuS 2018, S. 343.

272 *Bumke*, Die Verwaltung 37 (2004), S. 3 (8) und *Eggers*, ZLR 2010, 145 (159) nennen als Beispiel die relative Wirkungslosigkeit der Warnhinweise für Tabakwaren.

273 BVerwGE 71, 183 (195) zur Veröffentlichung von Arzneimittel-Transparenzlisten.

274 *Bumke*, Die Verwaltung 37 (2004), S. 3 (12); *Degenhart*, AfP 2010, S. 324 (327); *Gersdorf*, AfP 2016, S. 293 (294); *Gröschner*, DVBl 1990, S. 619 (620); *Heintzen*, VerwArch 81 (1990), S. 532 (551 f.); *Schoch*, in: Isensee/Kirchhof (Hrsg.), HStR, Bd. III, § 37, Rn. 72 ff.; *Zott*, Aktive Informationen des Staates im Internet, S. 79 ff.; eine Mindermeinung hingegen sieht das staatliche Informationshandeln als Teil der staatlichen Öffentlichkeitsarbeit, siehe etwa *Schürmann*, Öffentlichkeitsarbeit der Bundesregierung, S. 74; *Engel*, in: Isensee/Kirchhof (Hrsg.), HStR, Bd. IV, § 80, Rn. 3.

275 Siehe zum Begriff *Schoch*, in: Isensee/Kirchhof (Hrsg.), HStR, Bd. III, § 37, Rn. 22 ff.; *Schulze-Fielitz*, Der informale Verfassungsstaat, S. 12.

Aufgabe wahrzunehmen, u. a. die Bevölkerung zu schützen[276]. Hinzu kommt, dass bei der Information über eigenes Handeln (Öffentlichkeitsarbeit) eine Verletzung von Grundrechten Dritter unwahrscheinlicher ist, während durch die Information über das Verhalten Dritter häufig Grundechte beeinträchtigt werden[277]. Beispielsweise können staatliche Warnungen zu Umsatzeinbußen bei denjenigen Unternehmen führen, vor deren Produkt gewarnt wird[278].

III. Wertender Charakter als Kennzeichen staatlicher Äußerungen im politischen Meinungskampf

Nachdem festgestellt worden ist, dass zwischen staatlicher Öffentlichkeits- und Informationsarbeit zu differenzieren ist, sind nun die Spezifika staatlicher Äußerungen im politischen Meinungskampf zu untersuchen. Hierzu ist es zunächst aufschlussreich, Beispiele für staatliche Äußerungen in den Blick zu nehmen. So bezeichnete der ehemalige Bundespräsident *Gauck* die Mitglieder der NPD als „Spinner", „Ideologen" und „Fanatiker"[279]. Die ehemalige Bundesministerin *Schwesig* sagte „Ziel Nummer 1 muss sein, dass die NPD nicht in den Landtag kommt"[280]. Die damalige Bundesministerin *Wanka* forderte die „Rote Karte" für die AfD[281]. Der Bundesminister a. D. *Horst Seehofer* bezeichnete die AfD als „staatszersetzend"[282]. Der damalige Oberbürgermeister der Stadt Frankfurt a. M. *Feldmann* erklärte anlässlich einer geplanten Demonstration der NPD, dass kein Platz für Nazis in seiner Stadt sei[283]. Die Ministerpräsidentin von Rheinland-Pfalz *Dreyer* sagte, dass „alles daran gesetzt werden" müsse, „um den Wiedereinzug der rechtsextremen NPD in den Stadtrat zu verhindern"[284]. Der saarländische Bildungsminister a. D. *Commerçon* bezeichnete die NPD als „Mob" und „braune Brut"[285], der thüringische Ministerpräsident *Ramelow* nannte die

---

276 *Bumke*, Die Verwaltung 37 (2004), S. 3 (12).

277 Siehe hierzu *Schoch*, in: Isensee/Kirchhof (Hrsg.), HStR, Bd. III, § 37, Rn. 73.

278 *Martini/Kühl*, JA 2014, S. 1221; *Spitzlei*, JuS 2018, S. 856 (857); im „Glykol-Fall" führte die Warnliste zu erheblichen, existenzbedrohenden Umsatzeinbußen der genannten Weinproduzenten, siehe BVerfGE 105, 252 (262); weitere Beispiele für intensive Folgen staatlichen Informationshandelns bei *Di Fabio*, JZ 1993, S. 689 f.

279 BVerfGE 136, 323 (324, Rn. 2).

280 BVerfGE 138, 102 (104, Rn. 3).

281 BVerfGE 148, 11 (12, Rn. 3).

282 BVerfGE 154, 320 (322, Rn. 5).

283 VGH Hessen, NVwZ-RR 2015, S. 508.

284 VfGH RP, NVwZ-RR 2014, S. 665.

285 SaarlVGH, Urt. v. 08.07.2014, Az. Lv 5/14, S. 3 f. (juris).

NPD „Nazis“[286]. Der damalige Düsseldorfer Oberbürgermeister *Geisel* sprach anlässlich einer Dügida-Versammlung davon, dass in „Düsseldorf kein Platz für das Schüren dumpfer Ängste und Ressentiments“ sei[287].

Eine Gemeinsamkeit der Äußerungen ist, dass sie sich auf Dritte beziehen. Daraus könnte man folgern, ein Kennzeichen staatlicher Äußerungen im politischen Meinungskampf sei der Drittbezug. Diese Annahme wird durch den Umstand gestützt, dass nur solche amtlichen Äußerungen vor Gericht thematisiert werden können, bei denen eine Klagebefugnis (§ 42 Abs. 2 VwGO[288]) bzw. Antragsbefugnis (§ 123 Abs. 1 VwGO[289]; § 64 Abs. 1 BVerfGG[290]) besteht: Der Kläger oder Antragsteller hat für die Zulässigkeit seiner Klage bzw. seines Antrags darzulegen, dass er möglicherweise in einem subjektiven Recht[291] bzw. in einem durch das Grundgesetz übertragenen Recht[292] verletzt ist. Sofern sich eine amtliche Äußerung nicht auf eine politische Partei, sonstige Vereinigung oder Privatperson bezieht, fehlt es daher an der Zulässigkeit der Klage- bzw. des Antrags. Der Fall wird damit nicht unter materiellrechtlichen Gesichtspunkten vor Gericht verhandelt und auch in der Öffentlichkeit kaum wahrgenommen. Äußerungen im politischen Meinungskampf können aber auch ohne Drittbezug vorliegen; z. B. wenn allgemein vor Klimawandel-Leugnern oder rechtsextremen Ideologien gewarnt wird. Der Drittbezug ist somit kein Kennzeichen amtlicher Äußerungen im politischen Meinungskampf, sondern nur für die Frage der Zulässigkeit einer Klage relevant.

Eine weitere Gemeinsamkeit aller dargestellten Äußerungen ist, dass Bewertungen im Mittelpunkt stehen. Es handelt sich vornehmlich um Werturteile und nicht um Tatsachenbehauptungen. Tatsachenbehauptungen sind durch die objektive Beziehung zwischen Äußerung und Wirklichkeit charakterisiert[293]. Sie

---

286 VfGH TH, ThürVBl. 2016, S. 273 f.

287 BVerwGE 159, 327 (328, Rn. 2).

288 Zu den Voraussetzungen siehe *Wahl/Schütz* in: Schoch/Schneider (Hrsg.), VwGO, § 42 Abs. 2, Rn. 21 ff.

289 Zu den Voraussetzungen siehe *Schoch*, in: Schoch/Schneider (Hrsg.), VwGO, § 123, Rn. 107 ff.

290 Zu den Voraussetzungen siehe *Lechner/Zuck*, BVerfGG, § 64, Rn. 1 ff.

291 BVerwG NVwZ 1993, 884 f.; *Wahl/Schütz* in: Schoch/Schneider/Bier (Hrsg.), VwGO, § 42 Abs. 2, Rn. 67.

292 BVerfGE 60, 319 (324); 62,194 (201); 70, 324 (350).

293 BVerfGE 90, 241 (247); 94, 1 (8).

sind dem Wahrheitsbeweis zugänglich[294]. Werturteile hingegen sind durch die subjektive Beziehung des Äußernden zum Inhalt seiner Aussage gekennzeichnet[295]; sie sind geprägt durch das Element der Stellungnahme, des Dafürhaltens, des Meinens im Rahmen einer geistigen Auseinandersetzung[296]. Werturteile sind keinem empirischen Beweis als wahr oder unwahr zugänglich[297]. Auch wenn die Äußerungen der jeweiligen Amtsträger in den zuvor dargestellten Beispielen zum Teil auf einem bestimmten Tatsachenkern beruhen, so steht doch in ihrem Mittelpunkt, dass der jeweilige Amtsinhaber seine „Meinung" über eine politische Partei oder Vereinigung ohne Parteienstatus verkündet.

Zwar können sich Inhaber staatlicher Ämter nicht auf die grundrechtlich garantierte Meinungsfreiheit des Art. 5 Abs. 1 S. 1 GG berufen[298]. Gleichwohl ist das Charakteristische des Meinungsbegriffs auf Äußerungen von Inhabern staatlicher Ämter übertragbar. Denn ein Amtsträger, der z. B. die Bevölkerung dazu aufruft, nicht an einer rechtsextremen Versammlung teilzunehmen, fällt ein Werturteil über diese Versammlung und will auf diese Weise seine „Meinung" kundtun. Das zentrale Kennzeichnen amtlicher Äußerungen im politischen Meinungskampf ist daher ebenfalls, dass sie einen wertenden Charakter aufweisen[299]. Durch derartige wertende Äußerungen bringt sich der Amtsinhaber in politische Diskussionen ein und macht innerhalb des politischen Meinungskampfes seine eigene Position sichtbar.

---

294 BVerfGE 90, 241 (247); 94, 1 (8); *v. d. Decken*, in: Schmidt-Bleibtreu/Hofmann/Henneke (Hrsg.), GG, Art. 5 Rn. 3a; *Fechner*, in: Stern/Becker (Hrsg.), Grundrechte-Kommentar, Art. 5, Rn. 92.

295 BVerfGE 33, 1 (14); 90, 241 (247); 94, 1 (8).

296 BVerfGE 7, 198 (210); 61, 1 (8); 65, 1 (41); 71, 162 (179); 90, 241 (247); 124, 300 (320).

297 BVerfGE 33, 1 (14); 90, 241 (247).

298 BVerwGE 131, 171 (185, Rn. 42); 159, 327 (335, Rn. 28); BVerwG, NVwZ-RR 2000, S. 598 (599); VfGH, ThürVBl. 2016, S. 273 (276); OVG Münster, NVwZ-RR 2006, S. 273 (274); *Butzer*, in: Kluth (Hrsg.), „Das wird man ja wohl noch sagen dürfen", S. 37 (41); *Di Fabio*, JuS 1997, S. 1 (6); *Schemmer*, in: Epping/Hillgruber, GG, Art. 5, Rn. 3, 137; *Schmidt-Jortzig*, in: Isensee/Kirchhof (Hrsg.), HStR, Bd. VII, § 162, Rn. 18; *Starck/Paulus*, in: v. Mangoldt/Klein/Starck, GG, Art. 5, Rn. 9, 101; *Vitzthum*, in: Merten/Papier (Hrsg.), HGR, Bd. II, § 48, Rn. 58; siehe zur Begründung 2. Teil, A. I.

299 Im Ergebnis auch *Nellesen*, Äußerungsrechte staatlicher Funktionsträger, S. 13.

IV. Abgrenzung wertender amtlicher Äußerungen zur Informations- und Öffentlichkeitsarbeit

Teilweise wird argumentiert, wertende amtliche Äußerungen seien Teil der amtlichen Öffentlichkeits- und Informationsarbeit, da die Grenzen zwischen den unterschiedlichen staatlichen Kommunikationsarten fließend seien und daher eine einheitliche Betrachtung notwendig sei[300]. Eine solche Sichtweise überzeugt nicht. Zwar kann ein und dieselbe Äußerung unterschiedliche Kommunikationsarten betreffen, sodass sich Schwierigkeiten bei der Abgrenzung ergeben können. So ist es denkbar, dass ein Regierungsmitglied zunächst sein Konzept für die Lösung eines Problems darstellt (Öffentlichkeitsarbeit) und anschließend die Opposition kritisiert (wertende Stellungnahme).

In solch einem Fall muss man die Gesamtäußerung analysieren und rechtlich zuordnen. Dass ein und dasselbe Verhalten normativ verschieden zu bewerten ist, ist nichts Ungewöhnliches und aus rechtlicher Perspektive eine alltägliche Aufgabe[301]. So ist es zum Beispiel im Strafrecht üblich, dass bei Äußerungsdelikten die jeweilige Verlautbarung im Detail betrachtet und strafrechtlich zugeordnet wird. Hierbei kann zum Beispiel ein Teil der Gesamtäußerung eine Bedrohung nach § 241 StGB darstellen, ein anderer Teil eine Verleumdung i. S. d. § 187 StGB enthalten. Jenseits des Äußerungsrechts führt beispielsweise die Unterscheidung zwischen Verwaltungsakt und Realakt sowie zwischen Allgemeinverfügung und Rechtsnorm ebenfalls zu Schwierigkeiten. Gleichwohl sind nach allgemeiner Auffassung diese Unterscheidungen nicht entbehrlich. Es ist gerade die Funktion des Rechts, sachgemäß zu differenzieren, auch und gerade dort, wo sich Komplexität zeigt. Daher kann daraus, dass die Abgrenzung von Kommunikationsarten im Einzelfall Schwierigkeiten bereitet, nicht der Schluss gezogen werden, alles sei rechtlich gleich zu behandeln.

Angezeigt ist vielmehr eine normative Betrachtung. Hierbei ist zunächst zu berücksichtigen, dass mit jeder der drei Kommunikationsarten eigene Ziele verfolgt werden: Die staatliche Öffentlichkeitsarbeit hat den Zweck, Akzeptanz für politische Entscheidungen zu generieren[302]. Staatliches Informationshandeln dient vor allem dem Verbraucherschutz[303]. Wertende Äußerungen im

---

300 *Growe*, Das Regierungsmitglied im parteipolitischen Diskurs, S. 59 ff.

301 *Schoch*, in: Isensee/Kirchhof (Hrsg.), HStR, Bd. III, § 37, Rn. 75.

302 *Hill*, JZ 1993, S. 330 (334); siehe auch 2. Teil, C. I.

303 Siehe etwa den Fall bei BVerfGE 105, 252, wo seitens des damaligen Bundesgesundheitsministers vor glykolhaltigen Weinen gewarnt wurde; siehe auch 2. Teil, C. II. 1. und 2; eingehend *Ossenbühl*, NVwZ 2011, S. 1357 ff.

politischen Meinungskampf sollen die politische Auffassung und Haltung des Amtsträgers darlegen[304]. Im Übrigen zeigt die Praxis, dass zumeist ein eindeutiger Schwerpunkt der amtlichen Äußerung erkennbar ist. So waren alle jüngeren amtlichen Äußerungen, die Anlass für die gerichtlichen Entscheidungen zum Gebot parteipolitischer Neutralität waren[305], erkennbar darauf ausgerichtet, auf den öffentlichen Meinungskampf einzuwirken. Betrachtet man amtliche wertende Äußerungen genauer, um sie von den Kommunikationsvarianten Öffentlichkeitsarbeit und Informationshandeln abzugrenzen, wird die Notwendigkeit einer differenzierten Betrachtungsweise deutlich.

1. Abgrenzung zur staatlichen Öffentlichkeitsarbeit

Im Rahmen der staatlichen Öffentlichkeitsarbeit redet der Staat über sich selbst[306]. Dem Begriff „Öffentlichkeitsarbeit" haftet bereits ein werbender Aspekt an[307]. Dadurch unterscheidet er sich von amtlichen Äußerungen im politischen Meinungskampf. Denn hierbei reden Amtsträger nicht über sich selbst, sondern sie artikulieren eine politische Haltung zu Dritten oder zu politisch-gesellschaftlichen Problemen. Daher erfasst der Begriff der staatlichen Öffentlichkeitsarbeit keine wertenden amtlichen Äußerungen im politischen Meinungskampf[308]. Zwar könnte sich mit Blick auf die normativen Grundlagen eine Parallele ergeben. Denn genauso, wie die Bürgerschaft erwartet, dass politische Entscheidungsträger über ihre Maßnahmen und Vorhaben berichten[309], erwartet sie, dass diese sich politisch positionieren[310]. Allerdings ist – anders als die Information über das eigene staatliche Handeln – eine politische

304 Siehe dazu auch 2. Teil, III. 1. und 3.

305 Siehe etwa BVerfGE 138, 102; 148, 11; 154, 320.

306 Siehe 2. Teil, C. II. 3.

307 Auch wenn es sich um Informationen und nicht um Werbung oder gar Propaganda handeln soll, dazu *Fuchs*, VBlBW, S. 401 (402).

308 So auch *Nellesen*, Äußerungsrechte staatlicher Funktionsträger, S. 18.

309 Siehe 2. Teil, C. I.

310 So finden laut Umfrage des Meinungsforschungsinstituts Civey z. B. 61,7 Prozent der Befragten, dass die Bundesregierung zu wenig gegen gewaltbereite Rechtsextremisten unternimmt. Daraus lässt sich ableiten, dass die Mehrheit der Bevölkerung ein stärkeres Engagement in diesem Bereich erwartet, was sich u. a. auch durch wertende politische Äußerungen der Bundesregierung umsetzen lässt, siehe *Reuter, Benjamin*, Bürger stellen Regierung schlechtes Zeugnis aus, in: Der Tagesspiegel, 07.05.2019, https://www.tagesspiegel.de/politik/kampf-gegen-rechts-buerger-stellen-regierung-schlechtes-zeugnis-aus/24312350.html (zuletzt abgerufen am 20.05.2022).

Positionierung nicht verpflichtend. Die Nichtartikulation der eigenen politischen Haltung stellt keinen Verstoß gegen das Demokratieprinzip dar. Die Bürgerschaft hat durch Wahlen die Möglichkeit, diejenigen Amtsträger abzuwählen, die sich aus ihrer Sicht zu wenig politisch artikulieren.

2. *Abgrenzung zum staatlichen Informationshandeln*

Beim Vergleich zwischen Informationshandeln und wertenden Äußerungen im politischen Meinungskampf ergibt sich zunächst eine Parallele: In beiden Fällen redet der Staat (auch) über Dritte[311]. In der einen Variante warnt der Staat beispielsweise vor einer religiösen Gruppe[312], im anderen Fall vor einer politischen Partei[313]. In beiden Konstellationen zielt der Amtsträger darauf ab, durch seine Äußerung die Bevölkerung zu einem bestimmten Handeln zu bewegen, etwa einer religiösen Gruppe nicht beizutreten oder eine politische Partei nicht zu wählen. Trotz dieser Parallelität ist eine Unterscheidung notwendig. Staatliches Informationshandeln muss sich auf eine Tatsachengrundlage stützen[314]. Deshalb muss die staatliche Information, die verbreitet wird, richtig sein[315]. Auch wenn der Staat aufgrund der ihm bekannten Tatsachen den Sachverhalt bewertet, bildet die Tatsachenbeschreibung immer den erkennbaren Schwerpunkt des Äußerungsinhalts. Bei wertenden Äußerungen im politischen Meinungskampf hingegen stehen nicht Tatsachenbeschreibungen im Vordergrund, sondern Bewertungen. Es wird eine politische Haltung und mithin Meinung artikuliert[316].

Ein zweiter Unterschied ergibt sich mit Blick auf die Aufgabenerfüllung. Während Amtsträger mittels Informationshandeln bestrebt sind, ihre Schutzpflichten und mithin staatlichen Aufgaben zu erfüllen[317], zielen Äußerungen im politischen Meinungskampf im Regelfall nicht auf eine Erfüllung staatlicher

---

311 Zum Informationshandeln siehe 2. Teil, C. II. 1. und 3; zu wertenden Äußerungen siehe 2. Teil, C. III. 1 und 2.

312 Siehe den Fall BVerfGE 105, 279.

313 Siehe den Fall BVerfGE 148, 11.

314 BVerfGE 105, 279 (299).

315 BVerfGE 105, 252 (272); BVerwGE 82, 76 (84); VGH BW, NVwZ 1989, S. 878 (879); *Gusy*, NVwZ 2015, S. 700 (701); *Martina/Kühl*, DÖV 2013, S. 573 (575); *Schoch*, in: Isensee/Kirchhof (Hrsg.), HStR, Bd. III, § 37, Rn. 142 ff.

316 Siehe hierzu 2.Teil, C. III. 3.

317 *Heintzen*, VerwArch 81 (1990), S. 532 (553); siehe auch 2. Teil, C. II 2.

Aufgaben[318]. Eine dritte Divergenz ergibt sich hinsichtlich des Betroffenen der Äußerung. Häufig betreffen wertende Äußerungen im politischen Meinungskampf die zur Regierung kritisch stehende politische Konkurrenz[319]. Insbesondere im Fall der Äußerung über politische Parteien sind andere verfassungsrechtliche Wertungen zu berücksichtigen als im Falle des Informationshandelns. Denn während bei Äußerungen über Privatrechtssubjekte die Grundrechte, vor allem die Freiheitsgrundrechte und Gleichheitsrechte betroffen sein können[320], ist im Fall von Äußerungen über politische Parteien die verfassungsrechtliche Garantie[321] des Art. 21 Abs. 1 S. 1 GG betroffen[322].

Bei wertenden Äußerungen über politische Vereinigungen ohne Parteienstatus sind zwar wie bei Betroffenen staatlichen Informationshandelns möglicherweise Grundrechte beeinträchtigt; allerdings sind dies im Regelfall diejenigen Grundrechte, welche die politische Teilhabe der Bürgerschaft absichern. Anders als Unternehmen oder religiös-weltanschauliche Gruppierungen wollen politische Vereinigungen ohne Parteienstatus auf die politische Meinungs- und Willensbildung einwirken. Die Grundrechte, die durch wertende, staatliche Äußerungen betroffen sein können, sind vor allem die Kommunikationsgrundrechte des Art. 5 Abs. 1 S. 1 und Art. 8 Abs. 1 GG[323]. Dies ist ein Unterschied zu Grundrechten, die durch staatliches Informationshandeln betroffen sind; dort sind bei staatlichen Äußerungen über religiöse Gruppen vor allem Art. 4 Abs. 1 und 2 GG[324] und bei staatlichen Äußerungen zu Unternehmen und ihren Produkten Art. 12 Abs. 1 GG[325] relevant. Die Kommunikationsgrundrechte des Art. 5 Abs. 1 S. 1 und des Art. 8 Abs. 1 GG haben eine herausragende Bedeutung für den demokratischen Prozess,

---

318 Eine relevante Ausnahme bildet die Pflicht zur Veröffentlichung von Verfassungsschutzberichten; in diesen äußert sich der Staat zu politischen Parteien oder Vereinigungen ohne Parteienstatus, siehe für den Bund § 16 Abs. 2 i. V. m. § 3 Abs. 1 BVerfSchG; hierzu eingehend im 3. Teil, D. II. 1. a).

319 *Spitzlei*, JuS 2018, S. 856 (857).

320 *Milker*, JA 2017, S. 647 (649 f.); *Gusy*, NVwZ 2015, S. 700 (701).

321 Siehe *Ipsen/Koch*, in: Sachs (Hrsg.), Art. 21, Rn. 7; *Jarass*, in: ders./Pieroth (Hrsg.), GG, Art. 21, Rn. 2.

322 Siehe BVerfGE 136, 323; 138, 102; 148, 11; BVerfG, NVwZ 2022, 1113.

323 *Spitzlei*, JuS 2018, S. 856 (859).

324 Siehe z. B. BVerfGE 105, 279 (294); BVerwGE 82, 76 (78 f.).

325 Siehe z. B. BVerfGE 105, 252 (265); BVerwG, NJW 1996, S. 3161; siehe auch *Di Fabio*, JZ 1993, S. 689 (693 f.), der zudem darlegt, warum Art. 14 Abs. 1 GG im Regelfall nicht betroffen ist.

weshalb das Bundesverfassungsgericht sie als „konstituierend“ für die bundesrepublikanische Staatsordnung ansieht[326]. Diese besondere Bedeutung der Kommunikationsgrundrechte spricht ebenfalls für eine eigenständige Kategorisierung wertender staatlicher Äußerungen als amtliche Kommunikation sui generis.

V. Die Frage der Verbandskompetenz- und Befugnisnorm

Da es sich bei wertenden Äußerungen staatlicher Amtsträger um Äußerungen sui generis handelt, ist es notwendig, die Frage zu beantworten, ob Amtsträger für ihre wertenden Äußerungen einer Verbandskompetenz- oder Befugnisnorm bedürfen. Während die Verbandskompetenz die Zuständigkeit des Bundes, der Länder, Kommunen oder anderer Verbände für die Regelung einer bestimmten Thematik betrifft[327], bezieht sich die Frage der Befugnisnorm darauf, ob eine gesetzliche Grundlage für staatliches Handeln notwendig ist[328]. Hierbei gilt, dass der Staat für Eingriffe in Grundrechte aufgrund des Vorbehalts des Gesetzes nach Art. 20 Abs. 3 GG einer solchen Befugnis, also einer Ermächtigungsgrundlage, bedarf[329]. Mit Blick auf staatliche Äußerungen ist zu betonen, dass die Meinungsfreiheit keine Kompetenz hierfür verleiht[330], da Amtsträger sich im Regelfall nicht auf Grundrechte berufen können[331].

---

326 Zu Art. 5 Abs. 1 GG siehe BVerfGE 7, 198 (208); 12, 113 (125); 20, 56 (97); 28, 36 (48); 35, 202 (222); 62, 230 (247); 93, 266 (292 f.); 97, 391 (398); zu Art. 8 Abs. 1 GG siehe BVerfGE 69, 315 (343 ff.); BVerfGE 128, 226 (250).

327 *Gröpl*, Staatsrecht I, S. 23.

328 *Wittern/Baßlsperger*, Verwaltungs- und Verwaltungsprozessrecht, Rn. 32.

329 BVerfGE 40, 237 (248).

330 Allgemeine Auffassung, siehe BVerwGE 104, 323 (326); 131, 171 (185, Rn. 42); 159, 327 (335, Rn. 28); VfGH TH, ThürVBl. 2016, S. 273 (276); OVG Münster, NVwZ-RR 2006, S. 273 (274); OVG HB, NJW 2016, S. 823; *Butzer*, in: Kluth (Hrsg.), „Das wird man ja wohl noch sagen dürfen“, S. 37 (41); *Bethge*, in: Sachs (Hrsg.), GG, Art. 5, Rn. 39 f.; *Di Fabio*, JuS 1997, S. 1 (6); *Kalscheuer*, KommJur 2018, S. 121 (122); *Schemmer*, in: Epping/Hillgruber, GG, Art. 5, Rn. 3, 137; *Schmidt-Jortzig*, in: Isensee/Kirchhof (Hrsg.), HStR, Bd. VII, § 162, Rn. 18; *Schulze-Fielitz*, in: Dreier (Hrsg.), GG, Bd. I, Art. 5 Abs. 1–2, Rn. 119; *Vitzthum*, in: Merten/Papier (Hrsg.), HGR, Bd. II, § 48, Rn. 58.

331 Siehe 2. Teil, A. I.

1. Situation beim staatlichen Informationshandeln

Auch wenn wertende Äußerungen im politischen Meinungskampf kein staatliches Informationshandeln darstellen[332], ist ein Vergleich mit der rechtlichen Situation beim informatorischen Handeln hilfreich, da es sich in beiden Fällen um staatliche Kommunikation handelt. Das Bundesverfassungsgericht verneint die Notwendigkeit einer expliziten Befugnisnorm für staatliches Informationshandeln[333]. Vielmehr soll aus der Staatsleitungsfunktion der Regierung eine Kompetenz für informatorische Verlautbarungen folgen[334]. Staatsleitungsbefugnis bedeutet, dass der Regierung qua Grundgesetz ein politischer Leitungsauftrag für die innere und äußere Politik zukommt[335]. Da Landesregierungen ebenfalls eine (landespolitische) Staatsleitungskompetenz haben, gilt für sie dasselbe[336]. Im Regelfall ist daher bereits die Zuweisung einer Aufgabe für die Befugnis zum informatorischen Handeln ausreichend[337].

Damit wird der Grundsatz durchbrochen, dass Aufgabenzuweisungsnormen keine Befugnisnormen darstellen[338]. Das Bundesverfassungsgericht fordert nur

---

332 Siehe 2. Teil, IV. 2.

333 BVerfGE 105, 252 (268); 105, 279 (301 ff.); BVerfG (K), NJW 1989, S. 3269 (3270); BVerfG (K), NVwZ-RR 2002, S. 801; BVerfG (K), NJW 2002, S. 3458 (3459); der Verzicht auf eine Ermächtigungsgrundlage ist auf Kritik gestoßen, siehe *Dreier*, Die Verwaltung 36 (2003), S. 105 (129 ff.); *Murswiek*, NVwZ 2003, S. 1 ff.; *Huber*, JZ 2003, S. 290 ff.; *Schoch*, NVwZ 2011, S. 193 (196); die praktische Bedeutung der Streitfrage ist in den Hintergrund getreten, da mittlerweile zahlreiche Befugnisnormen für das staatliche Informationshandeln existieren, z. B. § 10 Abs. 1 UIG, § 2 Abs. 1 Nr. 12 BfRG, § 3 IfSG, § 46a BImSchG, § 40 I und Ia LFGB, § 26 II Nr. 9 ProdSG, § 6 I 3 VIG.

334 BVerfGE 105, 252 (268 ff.); 105, 279 (301 ff.); BVerfGE 138, 102 (114, Rn. 40); BVerfG (K), NVwZ-RR 2002, S. 801; BVerfG (K), NJW 2002, S. 3458 (3459); BVerfG (K), NJW 2011, S. 511 (512, Rn. 23); siehe auch BVerwGE 82, 76 (80); *Bumke*, Die Verwaltung 37 (2004), S. 3 (13); *Degenhart*, AfP 2010, S. 324 (327); zur Kritik – Staatsleitung als „holistische Wunderwaffe“ – siehe *Schoch*, in: Isensee/Kirchhof (Hrsg.), HStR, Bd. III, § 37, Rn. 113; der EGMR, NVwZ 2010, S. 177 (180) hat die Auffassung des BVerfG nicht gemäß Art. 9 EMRK beanstandet, obwohl danach der Eingriff „gesetzlich vorgesehen“ sein muss. Der EGMR begründet dies damit, dass es schwierig sein könne, Gesetze zu staatlichem Informationshandeln bestimmt genug zu fassen.

335 BVerfGE 105, 279 (301); 138, 102 (114, Rn. 39).

336 StGH NDS, Urt. v. 24.11.2020 – Az. 6/19, Rn. 56 (juris).

337 BVerfGE 105, 252 (268); BVerwGE 166, 303 (314, Rn. 28).

338 Siehe zu diesem Grundsatz BVerwG, NJW 1996, S. 3161 (3162); BFHE, NJW 2002, S. 2340 (2341); OVG Lüneburg, NJW 1992, S. 192 (194); OVG Lüneburg, NJW 2006, S. 391 (393); *Hellmann*, NVwZ 2005, S. 163 (165).

dann eine Befugnisnorm, wenn das staatliche Informationshandeln die Wirkung eines Grundrechtseingriffs hat, also ein funktionales Äquivalent zum rechtsförmlichen staatlichen Handeln ist[339]. Nur dann wird aus Sicht des Bundesverfassungsgerichts der Vorbehalt des Gesetzes, Art. 20 Abs. 3 GG, ausgelöst. So wird beispielsweise für die Erstellung von Verfassungsschutzberichten eine Ermächtigungsgrundlage gefordert, da darin erwähnte Gruppierungen schwerwiegende Nachteile erleiden können[340]. Sofern keine Eingriffsäquivalenz anzunehmen ist, gilt, dass das staatliche Informationshandeln ein Annex zur Erfüllung derjenigen Aufgaben ist, die den Amtsträgern qua Gesetz zugeordnet sind[341]. Daraus folgt, dass die Befugnis zum Informationshandeln nur so weit reicht wie die Zuständigkeit des jeweiligen Amtsträgers[342].

2. *Befugnis zu wertenden Äußerungen qua politischen Wettbewerbsprinzips*

Wertende amtliche Äußerungen sind Realität[343]. Doch sind sie dem Grunde nach auch erlaubt? Das Bundesverfassungsgericht nimmt mit Verweis auf die Staatsleitungsaufgabe eine Befugnis zu wertenden amtlichen Äußerungen an, indem es diese der staatlichen Informations- und Öffentlichkeitsarbeit zuordnet[344]. Da jedoch wertende amtliche Äußerungen eine Form staatlicher Kommunikation sui generis darstellen[345], sind die rechtlichen Grundlagen eigenständig zu bestimmen. Hierbei spielt die Staatsleitungsbefugnis auch deshalb keine Rolle, weil diese immer die Zuordnung einer Aufgabe zu einem Amtsträger beinhaltet, wie dies etwa beim staatlichen Informationshandeln der Fall ist[346]. Eine

---

339 BVerfGE 105, 252 (273); 105, 279 (303); 113, 63 (76); BVerfG (K), NVwZ 2009, S. 1486 (1487).

340 BVerfGE 113, 63 (76); deshalb muss für jede Erwähnung von Gruppen durch Verfassungsschutzbehörden eine Ermächtigungsgrundlage einschlägig sein, siehe VGH BY, Urt. v. 22.10.2015, Az. 10 B 15.1609, Rn. 20 (juris); VG Köln, NVwZ 2019, S. 1060 (1061 f.); VG Düsseldorf, Urt. v. 24.02.2021, Az. 20 K 5100/19, Rn. 43 ff. (juris).

341 BVerwGE 166, 303 (314, Rn. 28); *Gersdorf*, AfP 2016, S. 293 (294); *Gusy*, NVwZ 2015, S. 700 (701); *Schoch*, AfP 2019, S. 93 (95, 99)

342 *Barczak*, NVwZ 2015, S. 1014 (1016 f.); *Milker*, JA 2017, S. 647 (652).

343 Siehe die Beispiele im 2. Teil, C. III. 1.

344 BVerfGE 138, 102 (114, Rn. 40); 148, 11 (27 f., Rn. 51); zur Kritik an der Zuordnung wertender amtlicher Äußerungen zur Informations- und Öffentlichkeitsarbeit siehe 2. Teil, C. IV.

345 Siehe 2. Teil, IV.

346 Siehe hierzu 2. Teil, C. II. 2.

staatliche Aufgabe, sich politisch zu äußern, existiert jedoch nicht[347]. Der Amtsträger kann sich wertend äußern, muss es aber nicht. Beim Informationshandeln muss der Staat sich äußern, wenn er eine Gefahr erkennt.

Wertende Äußerungen im politischen Meinungskampf sind Teil von Politik. Wo Politik betrieben wird, findet Wettbewerb statt. Denn Politik ist zu einem erheblichen Teil Konkurrenz zwischen verschiedenen Überzeugungen und Interessen, stets mit dem Ziel, die eigenen Positionen in staatliche Entscheidungen zu transformieren[348]. Dies erkennt auch das Grundgesetz an: Das politische Wettbewerbsprinzip ist Teil des Demokratieprinzips[349], der Betätigungsfreiheit der politischen Parteien[350] sowie der Wahlrechtsgrundsätze[351]. Auf den Punkt gebracht, benötigt eine funktionierende Wettbewerbsdemokratie die (verbale) politische Auseinandersetzung, damit Gemeinwohlkonzepte in öffentlich wahrnehmbarer Konkurrenz zueinanderstehen und die Bürgerschaft sich zwischen diesen entscheiden kann. Denn Gemeinwohlkonkretisierung findet im politischen Prozess statt[352]. Äußerungen, etwa in Form von Positionierungen, Abgrenzungen, Zustimmung und Ablehnung, sind konstituierend für den politischen Wettbewerb.

In diesem Wettbewerb stehen nicht nur Parteien und Vereinigungen ohne Parteienstatus. Auch Inhaber staatlicher Führungsämter wie Regierungsmitglieder und kommunale Amtsträger sind Teil dieses politischen Wettbewerbs. Ihre Ämter sind dezidiert politischer Natur, denn sie sollen gestalten und im Amt Gemeinwohl konkretisieren[353]. Zudem sind diese Amtsträger in starkem

---

347 Siehe 2. Teil, C. IV. 1.

348 *Morlok*, in: FS Tsatsos, S. 408.

349 StGH HB, NVwZ-RR 2001, S. 1 (2); *Mehde*, in: Dürig/Herzog/Scholz (Hrsg.), GG, Art. 28 Abs. 1, Rn. 54; eingehend *Müller-Franken*, DVBl 2009, S. 1072 ff.

350 BVerfGE 44, 125 (146); 138, 102 (111); 148, 11 (24); *Badura*, Staatsrecht, D, Rn. 20; *Klein*, in: Dürig/Herzog/Scholz (Hrsg.), GG, Art. 21, Rn. 280 f.; *Morlok*, in: FS Tsatsos, S. 408 (410 f.); *Grimm*, in: Benda/Maihofer/Vogel (Hrsg.), HdbVerfR, § 14, Rn. 6 ff., 42 ff.; *Schröder*, Merten/Papier (Hrsg.), HGR, Bd. V, § 119, Rn. 15; eingehend *Lipphardt*, Die Gleichheit der politischen Parteien vor der öffentlichen Gewalt; *Shirvani*, Das Parteienrecht und der Strukturwandel im Parteiensystem, S. 216 ff.

351 BVerfGE 82, 322 (337); *Klein*, in: Dürig/Herzog/Scholz (Hrsg.), GG, Art. 38, Rn. 118; *Morlok*, in: Dreier (Hrsg.), GG, Bd. II, Art. 38, Rn. 54; *Morlok*, in: FS Tsatsos, S. 408 ff.

352 Siehe 2. Teil, A. III. 2.

353 Zur politischen Gestaltungsrolle von kommunalen Wahlbeamten siehe *Burgi*, Kommunalrecht, § 13, Rn. 1; zur politischen Gestaltungsrolle von Regierungsmitgliedern siehe *Ipsen*, Staatsrecht I, Rn. 345; siehe auch 2. Teil, B. II. 2. c. bb.

Maße abhängig von der Zustimmung der Bürgerschaft. So ist die Zufriedenheit mit der Arbeit eines Regierungsmitglieds ein wichtiger Indikator für die Frage, ob die die Regierung tragenden politischen Parteien wiedergewählt werden und die jeweilige Regierung fortbestehen kann. In die Bewertung seitens der Bürgerschaft fließt nicht nur die maßnahmenbezogene Erfolgsbilanz des Amtsträgers ein. Auch seine politische Haltung spielt eine Rolle. Das Vorhandensein unterschiedlicher Positionen in der Gesellschaft ist seinerseits das Ergebnis einer pluralistischen Demokratie, in der eine Vielzahl von Auffassungen um Mehrheiten ringt[354]. Regierungsmitglieder wie auch kommunale Wahlbeamte gehören im Regelfall politischen Parteien an und haben dort nicht selten eine führende Rolle inne[355]. Sie ringen im politischen Meinungskampf um Mehrheiten für ihre Positionen und damit letztlich auch um die eigene Wiederwahl oder die ihrer Partei. Aufgrund des demokratischen Wettbewerbsprinzips muss es daher Inhabern staatlicher Führungsämter im Grundsatz auch erlaubt sein, sich mit wertenden Äußerungen in den politischen Meinungskampf einzubringen.

3. *Verbandskompetenznorm notwendig?*

Zur Wahrnehmung dieses Rechts ist – ebenso wie beim informatorischen Handeln des Staates[356] – keine Befugnisnorm erforderlich[357]. Eine solche Norm wäre dysfunktional, da sie derartig generalklauselartig sein müsste, dass sie keinen rechtlichen Erkenntnismehrwert hätte. Hierfür sind die Äußerungsmöglichkeiten im politischen Meinungskampf zu mannigfaltig. Fraglich ist jedoch, ob für wertende amtliche Äußerungen eine Verbandskompetenz erforderlich ist. Die Verbandskompetenz ergibt sich zunächst aus Art. 30 GG. Dieser ordnet die „Ausübung der staatlichen Befugnisse" den Ländern zu, soweit das Grundgesetz keine andere Regelung trifft. Durch Art. 73 und Art. 74 GG wird die Verbandskompetenz für die überwiegende Zahl der Rechtsgebiete allerdings dem Bund zugeordnet. Für die Kommunen ergibt sich die Kompetenz aus der Zuständigkeit zur Regelung der Angelegenheiten der örtlichen Gemeinschaft gemäß Art. 28 Abs. 2 S. 1 GG[358].

---

354 *Häberle*, Verfassung als öffentlicher Prozeß, S. 134 f.

355 Deshalb ist auch eine Unterscheidung zwischen amtlicher und parteipolitischer Äußerung schwierig, so BVerfGE 138, 102 (118, Rn. 54).

356 Siehe 2. Teil, C. V. 2.

357 BVerfGE 138, 102 (113 f., Rn. 39 f.); 148, 11 (27 f., Rn. 51); 154, 320 (336 f., Rn. 49).

358 BVerfGE 86, 148 (220); BVerwG, NJW 1965, S. 317 (318); *Burgi*, Kommunalrecht, § 6, Rn. 13 f.; *Gärditz*, NWVBl. 2015, S. 165 (167).

a) Auffassungen für die Notwendigkeit einer Verbandskompetenz

Nach der überwiegenden Auffassung sind amtliche Äußerungen nur im Rahmen einer kompetenzrechtlichen Aufgabenzuordnung zulässig, d. h., Amtsträger dürfen sich ausschließlich im Rahmen ihrer Verbandskompetenz äußern[359]. Diese Auffassung hat beispielsweise zur Folge, dass eine Kommune sich nicht gegen Atomwaffen aussprechen darf, da dies den kommunalen Wirkungskreis verlässt[360]. Zugleich legt das Bundesverfassungsgericht keinen allzu strikten Maßstab an. So hat es für die staatliche Informationsarbeit angenommen, dass der Bund sich schon dann äußern dürfe, wenn eine gesamtstaatliche Verantwortung bestehe[361], d. h., der Gegenstand, zu dem der Hoheitsträger informiert, bundespolitische Relevanz hat[362]. Auch für die Landesregierungen sind die Folgen überschaubar. Da diese im Bundesrat und damit in einem bundespolitischen Gremium vertreten sind, können sie hierüber auch bundespolitische Äußerungen rechtfertigen. Praktisch schränkt die Forderung nach einer Verbandskompetenz vor allem kommunale Amtsträger in ihren Äußerungsmöglichkeiten ein. Denn nach dieser Auffassung haben sie nur ein kommunalpolitisches und kein allgemeinpolitisches Mandat, dürfen sich mithin nur zu lokalen Themen äußern[363].

359 Zu wertenden bzw. politischen Äußerungen BVerwGE, 159, 327 (331, Rn. 17); VG Köln, Beschl. v. 30.03.2017 – Az. 4 L 750/17, Rn. 35 (juris); *Barczak*, NVwZ 2015, S. 1014 (1016 f.); *Gärditz*, NWVBl. 2015, S. 165 (166 f.); *Mandelartz*, DÖV 2015, S. 326 f.; zur regierungsamtlichen Öffentlichkeitsarbeit BVerfGE 44, 125 (149); 63, 230 (243 f.); *Bethge*, in: Sachs (Hrsg.), GG, Art. 5, Rn. 40; zum staatlichen Informationshandeln BVerfGE 105, 252 (270); 105, 279 (306); *Lübbe-Wolff*, NJW 1987, S. 2706; *Gusy*, NJW 2000, S. 977 (980); *Remmert*, in: Ehlers/Pünder (Hrsg.), Allgemeines Verwaltungsrecht, § 36, Rn. 3; *Vitzthum*, in: Merten/Papier (Hrsg.), HGR, Bd. II, § 48, Rn. 59.

360 BVerfGE 8, 122 (134 fff.).

361 BVerfGE 105, 252 (270 f.).

362 *Bumke*, Die Verwaltung 37 (2004), S. 3 (15) unter Verweis auf die Argumentation in BVerfGE 105, 252 (275); 279 (308).

363 BVerfGE 8, 122 (134); 79, 127 (147); BVerwGE 87, 228 (231); BVerwG, NVwZ 2006, S. 595 (596); OVG NRW, NVwZ 2017, S. 1316 (1318); *Gärditz*, NWVBl. 2015, 165 (166 f.); *Mann*, in: BK-GG, Art. 28, Rn. 179; *Mehde*, in: Dürig/Herzog/Scholz (Hrsg.), Art. 28, Rn. 54.

b) Auffassungen gegen die Notwendigkeit einer Verbandskompetenz

Nach anderer Auffassung soll keine Verbandskompetenz notwendig sein, wenn der Staat informell handelt und keine spezifischen personellen oder sächlichen Staatsmittel in Anspruch genommen werden[364]. Darunter sollen amtliche Reden des Bundespräsidenten und von Regierungsmitgliedern fallen[365]. Die Auffassung wird damit begründet, dass diese Amtsträger ein allgemeinpolitisches Mandat haben[366]. Die Folge dieser Auffassung ist, dass sich Amtsträger auf Bundes- und Landesebene über ihre eigenen Kompetenzen hinaus äußern dürfen. Zur Frage, ob auch kommunale Amtsträger im Rahmen informellen Handelns, etwa im Rahmen von Reden oder Pressemittelungen, von der Notwendigkeit einer Verbandskompetenz befreit sind, äußert sich diese Auffassung nicht.

c) Stellungnahme

Der Bundesstaat ist durch ein Geflecht von Kompetenzverschränkungen und -verteilungen zwischen den verschiedenen staatlichen Ebenen geprägt. Jede staatliche Aufgabe ist entweder Bund oder Ländern qua grundgesetzlicher Zuständigkeitsnorm zugewiesen. Dies spricht dafür, dass auch wertende amtliche Äußerung im politischen Meinungskampf einer verbandskompetenzrechtlichen Aufgabenzuweisung bedürfen. Allerdings würde dadurch der Zweck der grundgesetzlichen Aufgabenzuweisung verkannt. Denn der Föderalismus als Teil staatlicher Gewaltenteilung hat den Zweck, eine zu starke Stellung eines staatlichen Organs zu vermeiden und damit Macht zu begrenzen[367]. Die Forderung nach einer verbandsrechtlichen Aufgabenzuweisung hat deshalb nur dort Sinn, wo staatliche Aufgaben wahrgenommen und staatliche Macht beschränkt

---

364 *Isensee*, in: Isensee/Kirchhof (Hrsg.), HStR, Bd. VI, § 133, Rn. 112; *Gubelt/Hanschel*, in: v. Münch/Kunig (Hrsg.), GG, Bd. 1, Art. 30, Rn. 34; *Möstl*, in: Uhle (Hrsg.), Information und Einflussnahme, S. 49 (71); *Ruppelt*, in: Umbach/Clemens (Hrsg.), GG, Bd. I, Art. 30, Rn. 15; *Schürmann*, Öffentlichkeitsarbeit der Bundesregierung, S. 242 f.

365 *Isensee*, in: Isensee/Kirchhof (Hrsg.), HStR, Bd. VI, § 133, Rn. 112; zustimmend *Gubelt/Hanschel*, in: v. Münch/Kunig (Hrsg.), GG, Bd. 1, Art. 30, Rn. 34; ähnlich *Möstl*, in: Uhle (Hrsg.), Information und Einflussnahme, S. 49 (71).

366 *Isensee*, in: Isensee/Kirchhof (Hrsg.), HStR, Bd. VI, § 133, Rn. 112; *Möstl*, in: Uhle (Hrsg.), Information und Einflussnahme, S. 49 (71); *Schürmann*, Öffentlichkeitsarbeit der Bundesregierung, S. 242 f.

367 Allgemein zur Gewaltenteilung BVerfGE 3, 225 (247); 9, 268 (279 f.); zur vertikalen Gewaltenteilung zwischen Bund und Ländern BVerfGE 95, 1 (17 f.); *Hain*, in: v. Mangoldt/Klein/Starck, GG, Bd. 2, Art. 79, Rn. 123 f.; *Kirchhof*, in: Dürig/Herzog/Scholz, GG, Art. 83, Rn. 32.

werden soll. Das staatliche Informationshandeln ist ein Beispiel dafür, wie der Staat mittels Kommunikation eine Aufgabe erfüllt[368], sodass eine Verbandskompetenz notwendig ist[369]. Wertende amtliche Äußerungen im politischen Meinungskampf hingegen stellen im Regelfall gerade keine Erfüllung staatlicher Aufgabe dar[370]. Der Verweis auf die Kompetenzordnung ist jedoch nur dort sinnvoll, wo staatliche Zuständigkeits- und Aufgabenbereiche abgegrenzt werden. Auch „Macht" wird durch wertende staatliche Äußerungen nicht ausgeübt. Zwar vermögen Worte Einfluss zu haben, jedoch vollziehen sie keine Gesetze und enthalten keine Gebote. Daher ist für informelle, wertende Äußerungen des Bundespräsidenten und von Mitgliedern von Bundes- und Landesregierungen die Notwendigkeit einer Verbandskompetenz zu verneinen.

Klärungsbedürftig ist noch, ob kommunale Amtsträger wie (Ober-)Bürgermeister und Landräte im Rahmen ihres informellen Handelns einer Verbandskompetenz bedürfen. Gegen die Notwendigkeit einer Verbandskompetenz spricht zunächst, dass der deutsche Bundesstaat nicht dreigliedrig, sondern zweigliedrig aufgebaut ist und die Gemeinden staatsorganisationsrechtlich Teil der Länder sind[371]. Weil demnach für die Länder ein allgemeinpolitisches Mandat gilt, ließe sich folgern, dass dies auch für ihre Selbstverwaltungsorgane, namentlich die Gemeinden, gelten muss.

Für die Notwendigkeit einer Verbandskompetenz hingegen könnten die praktischen Folgen sprechen, die ein Verzicht hierauf zur Folge hätte. Denn dann könnte der Bürgermeiner einer Gemeinde zu einer Demonstration in der Nachbargemeinde aufrufen. Diese Wirkung mag im Einzelfall unerwünscht und ungünstig sein. Die zentrale Frage muss jedoch lauten, welches konkrete (rechtliche) Problem sich hieraus ergeben soll? Zum einen könnte der betreffende Bürgermeister einfach als Bürger sprechen[372] – in den Medien würde er vermutlich dennoch als Bürgermeister dargestellt werden, der zu der betreffenden Demonstration aufruft. Insofern würde es sich nur um einen „Kleiderwechsel" handeln, der an der öffentlichen Wahrnehmung nichts ändert. Der Zweck der äußerungsrechtlichen Einschränkung, Äußerungen des Bürgermeisters über eine außerörtliche Angelegenheit zu verhindern, würde nicht erreicht werden.

---

368 Siehe 2. Teil, C. II.

369 Siehe 2. Teil, C. V. 2.

370 Siehe 2. Teil, C. IV. 2.

371 Siehe hierzu BVerfGE 39, 96 (109); 86, 148 (215); 137, 108 (147, Rn. 90); *Forsthoff*, Lehrbuch des Verwaltungsrechts, S. 479.

372 Als Bürger darf sich der Amtsträger äußern, siehe 2. Teil, A. III. 3.

Hinzukommt, dass der Aufgabenkreis anderer Staatsorgane gar nicht verletzt werden kann, wenn diese ihrerseits nicht die Aufgabe haben, sich wertend zu äußern, sondern es sich bei solchen Äußerungen lediglich um eine Möglichkeit handelt, die im Ermessen jedes einzelnen Inhabers eines staatlichen Führungsamtes liegt. Auch Art. 28 Abs. 2 S. 1 GG ändert hieran nichts. Das Bundesverfassungsgericht hat zwar festgestellt, dass es den Gemeinden untersagt ist, zu politischen Themen Stellung zu nehmen, welche die jeweilige Kommune nicht betreffen[373]. Allerdings ging es in dem entschiedenen Fall um eine vom Gemeinderat beschlossene Resolution, d. h., um einen formalen Akt. Art. 28 Abs. 2 S. 1 GG spricht davon, dass die Gemeinden das Recht haben, alle Angelegenheiten der örtlichen Gemeinschaft eigenverantwortlich zu regeln. Der Begriff „regeln" hat einen spezifisch-rechtsförmigen Charakter, so „regeln" etwa Verwaltungsakte oder Satzungen bestimmte Sachverhalte. Auch eine Resolution vermag man im weitesten Sinne als eine feststellende „Regelung" verstehen, da sie einen formellen Charakter aufweist. Die bloße Äußerung etwa eines Bürgermeisters zu einem politischen Thema hat jedoch keinerlei Regelungscharakter und unterliegt damit schon nicht den Beschränkungen des Art. 28 Abs. 2 S. 1 GG. Aus all dem folgt, dass für (informelle) wertende Äußerungen staatlicher Amtsträger im politischen Meinungskampf keine Verbandskompetenz notwendig ist.

VI. Fazit

Staatliche Kommunikation kann sich auf fast alle Lebensbereiche beziehen. Beim Informationshandeln warnt der Staat vor Gefahren, im Rahmen seiner Öffentlichkeitsarbeit schafft er Transparenz über seine Vorhaben und Maßnahmen, im Rahmen wertender Stellungnahmen wird eine politische Position bezogen. Die „Meinung" des Amtsträgers steht in letzterem Fall im Mittelpunkt; es handelt sich um eine staatliche Kommunikation sui generis. Das grundlegende Recht, sich wertend amtlich zu äußern, folgt aus dem demokratischen Wettbewerbsprinzips. Anders als beim staatlichen Informationshandeln ist das Äußerungsrecht des Amtsträgers bei wertenden Äußerungen im politischen Meinungskampf nicht durch die Notwendigkeit einer Verbandskompetenznorm begrenzt. Inhaber politischer Führungsämter haben vielmehr ein allgemeinpolitisches Mandat und dürfen sich zu jedem politischen Gegenstand äußern.

373 BVerfGE 8, 122 (134).

D. Inhalte und Formen wertender Äußerungen staatlicher Amtsträger im politischen Meinungskampf

Die Äußerungsmöglichkeiten staatlicher Amtsträger im politischen Meinungskampf sind facettenreich. Die Erstellung einer abschließenden Liste ist, auch aufgrund der Digitalisierung und der hierdurch stetig neu entstehenden Kommunikationsformen und -plattformen, kaum möglich. Gleichwohl kann ein Überblick über die bekanntesten Möglichkeiten der Kommunikation gegeben werden.

I. Äußerungsinhalte

Zunächst stellt sich die Frage nach der inhaltlichen Ausprägung von Veröffentlichungen gewählter Amtsträger, d. h., danach, was geäußert wird. Denkbar ist zunächst, dass Amtsträger zur Wahl oder Nichtwahl einer bestimmten Partei oder Person aufrufen. So haben bei der Landratswahl 1994 in Bayern mehrere Bürgermeister kreisangehöriger Gemeinden für die Wiederwahl des amtierenden Landrates geworben[374]. Nicht immer muss die Wahlempfehlung explizit sein. Der amtliche Aufruf kann auch bloß darin bestehen, demokratische Parteien zu wählen, wie dies etwa der Landrat des Wetteraukreises getan hat[375].

Eine häufiger Inhalt von Äußerungen staatlicher Amtsträger ist der Aufruf an die Bevölkerung, an einer Versammlung teilzunehmen, zumeist von Ministern, Landräten oder (Ober-)Bürgermeistern, um gegen einen rechtsextremen Aufmarsch in der eigenen Gemeinde zu protestieren[376]. Der wohl bekannteste Fall ist der Aufruf des damaligen Düsseldorfer Oberbürgermeisters *Thomas Geisel*

---

374 Sachverhalt und Anzeigentext siehe BVerwGE 104, 323 (324); dass amtliche Wahlaufrufe immer wieder mal vorkommen, zeigt u. a. der Fall VG Freiburg, Urt. v. 10.11.2015 - Az. 5 K 1472/15 (juris).

375 VG Gießen, Urt. v. 11.6.2015 – Az. 8 K 2098/13 (BeckRS 2016, 44077).

376 Siehe BVerwGE 159, 327 (Aufruf des Düsseldorfer Oberbürgermeister gegen Dügida-Versammlung); VfGH TH, ThürVBl 2015, 295 (Aufruf einer thüringischen Ministern zum Protesten gegen NPD-Landesparteitag); OVG BE-BB, Beschl. vom 14.09.2012 – OVG 1 S 127.12 (juris; Aufruf der Stadt Potsdam gegen NPD-Aufmarsch); VG Gera, Beschl. v. 6.7.2010, Az. 2 E 465/10 Ge (Jurion; Aufruf des Oberbürgermeisters der Stadt Gera gegen eine NPD-Veranstaltung); VG Stuttgart, NVwZ-RR 2011, S. 615 (Aufruf der Stadt Heilbronn zum Protest gegen eine NPD-Versammlung); VG BE, Urt. v. 23.09.2013 – Az. 1 K 280.12 (juris; Aufruf des Bezirks Berlin-Reinickendorf gegen eine NPD-Versammlung); VG München, MMR 2016, S. 71 (Aufruf des Münchener Oberbürgermeisters gegen eine „Bagida"-Versammlung).

an die lokale Bürgerschaft, sich an einer Gegendemonstration gegen eine Versammlung von „Dügida" („Düsseldorf gegen die Islamisierung des Abendlandes") zu beteiligen[377]. Die andere Variante amtlicher Aufrufe im Zusammenhang mit einer Versammlung ist, dass der Amtsträger dafür wirbt, nicht daran teilzunehmen. So rief der thüringische Minister a. D. *Dieter Lauinger* anlässlich einer AfD-Demonstration in Erfurt die Bevölkerung dazu auf, „genau zu prüfen, ob sie sich für die Ziele der Demonstrationsanmelder einspannen lassen wollen"[378].

Möglich ist auch die Bewertung der politischen Gesinnung einer Organisation oder Person durch den Inhaber des staatlichen Führungsamtes, etwa als „rechtsextrem", wie dies die damalige Bundesministerin *Johanna Wanka* über den Anmelder der „Pegida"-Demonstrationen getan hat[379]. Vor das Bundesverfassungsgericht gelangte auch die Bewertung der NPD als „Spinner" durch den damaligen Bundespräsidenten *Joachim Gauck*[380]. Negative Bewertungen über Personen, Parteien und Gruppen können auch in konkrete öffentliche Aufforderungen münden. So forderte der Oberbürgermeister der Stadt Frankfurt a. M. den Wirtschaftsclub Rhein-Main auf, die damalige AfD-Bundesvorsitzende *Frauke Petry* von einer geplanten Veranstaltung auszuladen[381]. Denkbar ist auch, dass ein Amtsträger administratives Einschreiten und Äußerung vermischt. So geschehen durch den oben erwähnten Düsseldorfer Oberbürgermeister, der nicht nur zur Gegendemonstration aufrief, sondern zugleich die städtische Beleuchtung während der „Dügida"-Versammlung ausschalten ließ[382].

II. Äußerungsformen

Neben der Frage nach den Inhalten von Äußerungen staatlicher Amtsträger stellt sich die Frage, wie sich ein politischer Entscheidungsträger äußern kann. Zu den wichtigsten und öffentlichkeitswirksamsten Instrumenten zählen Reden und Interviews[383]. Auch in rechtlichen Auseinandersetzungen haben diese

377 BVerwGE 159, 327.

378 Vollständiger Wortlaut VfGH TH, ThürVBl. 2016, S. 281 (281 f.).

379 BVerfGE 148, 11 (12).

380 BVerfGE 136, 323 (325).

381 Kompletter Wortlaut seiner Äußerung VGH Hessen, Beschl. v. 11.07.2017 –Az. 8 B 1144/17, Rn. 3 (juris).

382 BVerwGE 159, 327; ähnlicher Fall (Ausschalten der Rathausbeleuchtung während einer Versammlung der AfD) VG Münster, Urt. v. 08.02. 2019 – 1 K 3306/17, Rn. 1 ff. (juris).

383 *Nellesen*, Äußerungsrechte staatlicher Funktionsträger, S. 11; z. B. hielt Bundespräsident *Frank-Walter Steinmeier* während seiner bisherigen Amtszeit als Bundespräsident

Kommunikationsarten schon eine Rolle gespielt. So musste sich das Bundesverfassungsgericht mit einem Interview der damaligen Bundesministerin *Manuela Schwesig* befassen, in welchem sie den aus ihrer Sicht richtigen Umgang mit der NPD im Landtag und auf kommunaler Ebene dargelegt hatte[384]. Der thüringische Ministerpräsident *Bodo Ramelow* appellierte in einem Fernsehinterview mit dem MDR an alle demokratischen Parteien, nicht mit der NPD zusammenzuarbeiten, da sonst die „Nazis (…) damit aufgewertet" würden[385]. Und der Oberbürgermeister von Frankfurt a. M. veröffentlichte auf der städtischen Website einen Auszug aus einer geplanten Rede gegen eine (ausgefallene) NPD-Demonstration[386].

Als weitere Kommunikationsmöglichkeiten sind Pressemitteilungen zu nennen. So artikulierte die damalige Bundesministerin *Johanna Wanka* ihre „Rote Karte" für die AfD via Pressemitteilung[387]. Weitere Instrumente sind Pressekonferenzen[388], Newsletter[389], Grußworte[390], amtliche Publikationen[391] und

---

700 Reden und gab 104 Interviews, https://www.bundespraesident.de/DE/Bundespraesident/Reden-und-Interviews/reden-und-interviews-node.html (zuletzt abgerufen am 24.07.2023); Bundeskanzler *Olaf Scholz* hielt seit dem 19. Januar 2022 insgesamt 129 Reden, https://www.bundeskanzler.de/bk-de/service/rss-feed/1859760-1859760 (zuletzt abgerufen am 24.07.2023).

384 *Sommer, Gerlinde*, Schwesig: „Ziel muss sein, dass die NPD nicht in den Landtag kommt", in: Thüringische Landeszeitung, 25.06.2014, https://www.tlz.de/web/zgt/politik/detail/-/specific/Schwesig-Ziel-muss-sein-dass-die-NPD-nicht-in-den-Landtag-kommt-1783547207 (zuletzt abgerufen am 20.05.2022); siehe auch BVerfGE 138, 102.

385 Zitiert nach VfGH TH, ThürVBl. 2016, S. 273 f.

386 Siehe kompletten Wortlaut VGH Hessen, NVwZ-RR 2015, S. 508.

387 Sachverhalt siehe BVerfGE 148, 11 (12).

388 So finden zum Beispiel regelmäßig Pressekonferenzen der Bundesregierung in der Bundespressekonferenz in Berlin statt, https://www.bundespressekonferenz.de/index.php?option=calendar&id=97 (zuletzt abgerufen am 18.05.2019).

389 Solche Newsletter, in denen sich jede Bürgerin und jeder Bürger mit seiner E-Mail-Adresse eintragen kann, werden von nahezu allen Staatsorganen und politischen Amtsträgern angeboten, siehe etwa bei der Landesregierung NRW unter https://www.land.nrw/de/servicecenter/newsletter (zuletzt abgerufen am 22.05.2022).

390 Hierbei treten politische Amtsträger persönlich bei Unternehmen, Vereinen und Verbänden auf, siehe ein Beispiel für ein Grußwort der damaligen Bundeskanzlerin *Angela Merkel* unter https://www.genossenschaften.de/gru-wort-von-bundeskanzlerin-dr-angela-merkel-0 (zuletzt abgerufen am 22.05.2022).

391 Siehe den Sachverhalt bei BVerfGE 44, 125.

Video-Podcasts[392]. Auch öffentliche Aufrufe wie die des damaligen Düsseldorfer Oberbürgermeisters *Thomas Geisel* gegen die „Dügida"-Versammlung[393] sind Handlungsinstrumente von Amtsträgern im politischen Meinungskampf. Eine klassische Kommunikationsform sind Bürgerversammlungen[394]. Daneben gibt es zunehmend Formate, bei denen Bundespolitiker „Bürgergespräche" durchführen, also im Rahmen einer eigenen Veranstaltung den Kontakt zur Bevölkerung suchen[395]. In diese Kategorie gehört unter anderem die vor dem Bundesverfassungsgericht verhandelte Gesprächsrunde zwischen dem damaligen Bundespräsidenten *Joachim Gauck* und Berliner Berufsschülern[396]. Ein weiterer Klassiker amtlicher Kommunikation sind Amtsblätter[397].

Ein bedeutendes Medium für die amtliche Kommunikation ist das Internet[398]. Alle Formen staatlicher Internetauftritte sind ein Beitrag dazu, staatliches Handeln transparenter zu machen und damit einen Beitrag zu mehr Bürgernähe zu leisten[399]. Sie sorgen zudem für zusätzliche und verbesserte Verbreitungs- und Rückkopplungsmöglichkeiten[400]. Zum einen können über amtliche Webseiten amtliche Äußerungen verbreitet werden[401]. Allein die Website

---

392 Ein Instrument, welches z. B Bundeskanzler Olaf Scholz nutzt, siehe unter https://www.bundesregierung.de/breg-de/mediathek/kanzler-kompakt (zuletzt abgerufen am 24.07.2023).

393 BVerwGE 159, 327.

394 So sieht § 23 Abs. 2 GO NRW Bürgerversammlungen für bedeutsame Angelegenheiten der Gemeinde vor.

395 Bundeskanzler Olaf Scholz führt z. B. derartige Bürgergespräche durch, siehe unter https://www.bundesregierung.de/breg-de/themen/kanzler-gespraech (zuletzt abgerufen am 24.07.2023).

396 BVerfGE 136, 323.

397 Siehe die Fälle VGH München, NVwZ 1992, S. 287 ff.; VGH Mannheim, NVwZ-RR 1996, S. 411; OVG Weimar, Urt. v. 26.2.2009 – Az. 2 KO 238/08 (BeckRS 2009, 38947); VG Stuttgart, NVwZ-RR 2011, S. 615; VG Freiburg, Urt. v. 10.11.2015 – Az. 5 K 1472/15 (BeckRS 2015, 55040).

398 Im Jahr 2019 nutzten 89 Prozent der Bevölkerung, also 62,9 Mio. Menschen in Deutschland, regelmäßig das Internet, siehe https://de.statista.com/themen/2033/internetnutzung-in-deutschland/ (zuletzt abgerufen am 08.07.2020).

399 *Mandelartz/ Grotelüschen*, NVwZ 2004, S. 647 (648).

400 *Jaeger/Bertot*, GIQ 2010, S. 371 ff.

401 So betreibt die Bundesregierung unter www.bundesregierung.de einen Internetauftritt, der Bundeskanzler hat unter www.bundeskanzlerin.de seinen eigenen Auftritt (beide Seiten zuletzt abgerufen am 20.05.2022). Zur äußerungsrechtlichen Relevanz solcher amtlichen Internetauftritte siehe VGH Hessen, NVwZ-RR 2015, S. 508.

der Bundesregierung verzeichnet jeden Monat bis zu 20 Millionen Aufrufe[402]. Häufig besteht auf den amtlichen Internetseiten die Möglichkeit, sich in einen E-Mail-Newsletter einzutragen, um so regelmäßig über aktuelle Äußerungen und Vorhaben des jeweiligen Amtsträgers informiert zu werden[403].

Außerdem nutzt mittlerweile fast jeder Inhaber staatlicher Führungsämter soziale Medien wie Facebook, Twitter, Instagram und Youtube[404]. Diese sozialen Medien haben zu einem „Strukturwandel" der Kommunikation geführt; sie haben für die öffentliche Diskussion eine kardinale Bedeutung[405]. Sie ermöglichen es nicht nur, Botschaften zu senden, sondern auch, Meinungen aus der Bevölkerung zu empfangen. Dies kann zu einer unmittelbaren Kommunikation zwischen Bürger und Amtsträger führen. Soziale Medien können von Amtsträgern auch dazu genutzt werden, die Reichweite staatlicher Äußerungen zu erhöhen, indem z. B. eine Pressemitteilung bei Facebook „geteilt" wird, die so neben der primären Zielgruppe der Presse auch unmittelbar die Bevölkerung erreicht.

Dass staatliche Internetauftritte eine Relevanz für amtliche Äußerungen im politischen Meinungskampf haben können, zeigen verschiedene Beispiele. So nutzte der damalige Oberbürgermeister der Stadt Frankfurt a. M. *Peter Feldmann* seine amtliche Facebook-Seite, um den Wirtschaftsclub Rhein-Main aufzufordern, die damalige AfD-Bundesvorsitzende aus einer Veranstaltung auszuladen[406]. Der ehemalige Regierende Bürgermeister von Berlin *Michael Müller* nutzte den amtlichen Twitter-Account, um eine Versammlung gegen die AfD zu loben[407]; Niedersachsens Ministerpräsident *Stephan Weil* nutzte dieses soziale Medium für Kritik an der NPD[408]. Die klassischen Nachrichtenmedien wie Zeitungen und Fernsehen verlieren durch die sozialen Medien an Bedeutung als Nachrichtenübermittler zwischen Staat und Bürger, ohne jedoch irrelevant

---

402 *Mandelartz/ Grotelüschen,* NVwZ 2004, S. 647 (648).

403 Dazu mit Beispielen *Mandelartz/ Grotelüschen,* NVwZ 2004, S. 647 (648).

404 Eine Übersicht, wie verbreitet Facebook und Twitter in der Bundesregierung und wie erfolgreich (oder nicht) die Instrumente genutzt werden, zeigt *Tretbar, Christian,* Bundesminister und soziale Netzwerke. Nur Heiko Maas nutzt Twitter und Facebook erfolgreich, in: Der Tagesspiegel, 07.11.2016, https://www.tagesspiegel.de/politik/bundesminister-und-soziale-netzwerke-nur-heiko-maas-nutzt-twitter-und-facebook-erfolgreich/14801392.html (zuletzt abgerufen am 20.05.2022).

405 *Wieland,* in: FS Morlok, S. 533.

406 Kompletter Wortlaut seiner Äußerung siehe VGH Hessen, Beschl. v. 11.07.2017 – Az. 8 B 1144/17, Rn. 3 (juris).

407 VfGH BE, LKV 2019, S. 120.

408 StGH ND, Urt. v. 24.11.2020 – StGH 6/19, Rn. 4 ff. (juris).

zu werden[409]. So spielen Fernseh-Talksendungen weiterhin eine große Rolle[410]. Aber auch Podiumsdiskussionen zwischen Kandidierenden sowohl in öffentlichen Einrichtungen als auch bei privaten Vereinen haben im (partei-)politischen Wettbewerb weiterhin eine relevante Funktion.

E. Zusammenfassung des 2. Teils

Das Gebot (partei-)politischer Neutralität richtet sich an Amtsträger. Inhaber staatlicher Ämter sind in ihrer amtlichen Funktion nicht Träger von Grundrechten, sondern aufgrund des Art. 1 Abs. 3 GG grundrechtsverpflichtet. Funktionales Kennzeichen des staatlichen Amtes ist, dass sein Inhaber Staatsaufgaben erfüllt. Bei der Erfüllung der staatlichen Aufgaben haben Amtsträger dem Gemeinwohl zu dienen. Dies folgt aus dem Republikprinzip, welches über ein Monarchieverbot hinaus auch eine Gemeinwohlverpflichtung des Staates beinhaltet. Das Gemeinwohl wird vorwiegend im politischen Prozess konkretisiert, da die Verfassung nur eine Art „Untermaßverbot" für das Gemeinwohl kennt. Dieses „Untermaß" beinhaltet u. a., dass Amtsträger unparteilich ihr Amt ausüben.

Unparteilichkeit ist eine Variante des vielschichtigen Neutralitätsbegriffs, wobei für diese Untersuchung nur die innerstaatlicher Neutralität von Relevanz ist, da das Gebot (partei-)politischer Neutralität vom Staat und seinen Amtsträgern ein bestimmtes Verhalten gegenüber innerstaatlichen Gruppen fordert. Die innerstaatliche Neutralität ist weiter zu differenzieren in eine positive und eine negative Variante. Im Rahmen der positiven Neutralität wird Unparteilichkeit im Verfahren gefordert, an dessen Ende eine Entscheidung gefällt wird. Die positive Neutralität bezieht sich mithin auf das Verfahren. Bei der negativen Neutralität besteht ein vollständiges Identifikationsverbot, d. h., eine staatliche Entscheidung ist untersagt.

Bei der für diese Untersuchung maßgebenden politischen Neutralität handelt es sich um eine Variante der innerstaatlichen Neutralität, da sie Amtsträgern bestimmte Äußerungen gegenüber innerstaatlichen Gruppen verbietet. Weitere

---

409 *Gersdorf*, AfP 2016, S. 293; *Nellesen*, Äußerungsrechte staatlicher Funktionsträger, S. 13.

410 2022 gab es mit „Anne Will", „hart aber fair", „Maischberger", „Maybrit Illner" und „Markus Lanz" fünf politische Talksendungen bei den beiden großen öffentlich-rechtlichen Sendern ARD und ZDF. Hierbei kommt alleine „Anne Will" auf ca. vier Millionen Zuschauer, siehe *Maier, Felix*: „Primetime-Check - Sonntag, 16. Oktober 2022, in: Quotenmeter, 17.10.2022, https://www.quotenmeter.de/n/137573/primetime-check-sonntag-16-oktober-2022 (zuletzt abgerufen am 20.10.2022).

Beispiele für die innerstaatliche Neutralität sind die weltanschaulich-religiöse, die beamten- und die verwaltungsrechtliche Neutralität. Allerdings findet weder das Gebot der beamten- noch das der verwaltungsrechtlichen Neutralität im Bereich der politischen Gestaltung Anwendung: Die beamtenrechtliche Neutralität richtet sich ausschließlich an Statusbeamte und erfasst keine spezifisch politischen Tätigkeiten; die verwaltungsrechtliche Neutralität erfasst nur Verwaltungsverfahren, nicht aber den Bereich politischer Gestaltung.

Im Bereich staatlicher Äußerungen existieren die Öffentlichkeitsarbeit, das Informationshandeln – und, als staatliche Kommunikation sui generis, wertende Äußerungen im politischen Meinungskampf. Mit jeder der drei Kommunikationsarten werden eigene Ziele verfolgt: Bei der Öffentlichkeitsarbeit informiert der Staat über sein eigenes Handeln. Im Rahmen des Informationshandelns warnt der Staat etwa vor Gefahren. Im Rahmen wertender Äußerungen im politischen Meinungskampf artikuliert der Amtsträger seine „Meinung", wobei er sich nicht auf die Meinungsfreiheit im Sinne des Grundgesetzes berufen kann. Vielmehr folgt das Recht zur politischen Meinungsäußerung aus dem demokratischen Wettbewerbsprinzip. Für staatliche wertende Äußerungen im politischen Meinungskampf bedarf es weder einer Befugnisnorm noch einer Verbandskompetenznorm. Die Formen derartiger Äußerungen sind vielfältig. Inhaltlich stehen Wahlempfehlungen, versammlungsbezogene Aufrufe und Werturteile über gesellschaftliche Gruppen im Vordergrund. Mit Blick auf die Wege der Verbreitung amtlicher Werturteile spielen die sozialen Medien eine zentrale Rolle.

3. Teil: Das Gebot (partei-)politischer Neutralität in Judikatur und Schrifttum

Das Bundesverfassungsgericht hat in seiner *Schwesig*[411]-, *Wanka*[412]-, *Seehofer*[413] und *Merkel*[414]-Rechtsprechung das Äußerungsrecht von Regierungsmitgliedern gegenüber politischen Parteien durch das Gebot parteipolitischer Neutralität begrenzt. Landesverfassungsgerichte[415] und Verwaltungsgerichte[416] haben sich dem angeschlossen. Hingegen soll bei wertenden staatlichen Äußerungen, die Vereinigungen ohne Parteienstatus betreffen, laut dem Bundesverwaltungsgericht kein Gebot politischer Neutralität, sondern ein (striktes) Sachlichkeitsgebot gelten[417]. Dieses hat jedoch die Wirkung eines Gebotes politischer Neutralität[418].

Weder bei dem Gebot (partei-)politischer Neutralität noch bei dem strikten Sachlichkeitsgebot geht es um die gesetzlich vergleichsweise klar fundierten verwaltungs- und beamtenrechtlichen Neutralitätsgebote[419]. Vielmehr sind es eigenständige innerstaatliche Neutralitätsanforderungen, die Inhaber staatlicher Führungsämter in ihren Äußerungsmöglichkeiten einschränken. Bei dem Gebot (partei-)politischer Neutralität handelt sich nicht um ein „verfassungstextliches Prinzip“[420], denn im Grundgesetz sind keine expliziten Ausführungen zur politischen Neutralität zu finden. Inhaltlich stellt es ein an Amtsträger gerichtetes Verbot dar, in den politischen Wettbewerb

411 BVerfGE 138, 102 (111 ff.).

412 BVerfGE 148, 11 (25 ff.).

413 BVerfGE 154, 320.

414 BVerfG, NVwZ 2022, 1113.

415 VfGH RP, NVwZ-RR 2014, S. 665 (666); VfGH TH, ThürVBl. 2016, S. 273 (275); VfGH TH, ThürVBl. 2016, S. 281 (282); VfGH BE, LKV 2019, S. 120 (121); StGH ND, Urt. v. 24.11.2020 – StGH 6/19, Rn. 54 f. (juris).

416 VGH Hessen, Beschl. v. 11.07.2017 – 8 B 1144/17, Rn. 30 (juris); VG Göttingen, Beschl. v. 29.08.2018 – 1 B 462/18, Rn. 39 (juris); VG Münster, Urt. v. 08.02. 2019 – 1 K 3306/17, Rn. 41 (juris); VG Weimar, Urt. v. 11.06.2020 – 3 K 1568/19 We, Rn. 130 ff. (juris).

417 BVerwGE 159, 327 (333 ff., Rn. 23 ff.).

418 Siehe 3. Teil, A. IV. b) bb).

419 Siehe 2. Teil, B. II. 2.

420 Begriffsverwendung mit Blick auf die weltanschauliche Neutralität *Krüper*, JöR 53 (2005), S. 79 (80).

einzugreifen. Es entspricht der Neutralität in ihrer Dimension der Nichtidentifikation[421], ist damit ein Fall der negativen Neutralität[422].

Nachfolgend wird zunächst dargestellt, aus welchen verschiedenen Verfassungsnormen das Gebot (partei-)politischer Neutralität und das strikte Sachlichkeitsgebot hergeleitet werden[423], wer die Adressaten sind[424], unter welchen Voraussetzungen die Gebote greifen[425] und in welchen Fällen Verstöße gerechtfertigt sind[426]. Dieser Teil der Untersuchung dient dazu, im Wesentlichen die in Rechtsprechung und Schrifttum diskutierten rechtlichen Grundlagen des Gebotes parteipolitischer Neutralität und des strikten Sachlichkeitsgebotes darzustellen.

A. Verfassungsrechtliche Herleitung des Gebotes (partei-) politischer Neutralität

In Judikatur und Literatur wird das Gebot (partei-)politischer Neutralität auf unterschiedliche Herleitungen gestützt. Zu unterscheiden sind hierbei allgemeine[427] und spezifische Herleitungsnormen, die bestimmten Schutzsubjekten dienen, namentlich politischen Parteien[428], Fraktionen[429] und Vereinigungen ohne Parteienstatus[430].

421 *Kuch*, AöR 142 (2017), S. 491 (495); *Morlok*, in: Dreier (Hrsg.), GG, Bd. II, Art. 21, Rn. 94; *Volkmann*, Friauf/Höfling (Hrsg.), GG, Art. 21, Rn. 51; siehe auch *Shirvani*, Das Parteienrecht und der Strukturwandel im Parteiensystem, S. 166; siehe auch Formulierungen in BVerfGE 138, 102 (115, Rn. 45); 148, 11 (28, Rn. 53); 154, 320 (337, Rn. 51); zur Nichtidentifikation siehe 2. Teil, B. II. 2.

422 Zum Begriff siehe 2. Teil, B. II. 2.

423 Siehe unter A.

424 Siehe unter B.

425 Siehe unter C.

426 Siehe unter D.

427 Siehe unter I.

428 Siehe unter II.

429 Siehe unter III.

430 Siehe unter IV.

I. Verfassungsprinzipien

Der Ausgangspunkt von Forderungen nach politischer Neutralität ist das Demokratieprinzip gemäß Art. 20 Abs. 1 und Abs. 2 S. 2 GG[431]. Auch aus der Freiheit der Wahl gemäß Art. 38 Abs. 1 S. 1 GG werden zum Teil Neutralitätsforderungen abgeleitet[432]. Als weiterer Anknüpfungspunkt für das Gebot politischer Neutralität dient das Republikprinzip[433].

1. *Demokratieprinzip*

Das Demokratieprinzip ist das Fundament jeder Forderung nach politischer Neutralität. Denn alle subjektiv-rechtlichen Anknüpfungspunkte (partei-) politischer Neutralität – dies wird sich noch zeigen[434] – beruhen auf dem Demokratieprinzip.

a) Inhalt des Demokratieprinzips

Art. 20 Abs. 1 GG legt fest, dass die Bundesrepublik Deutschland u. a. ein „demokratischer" Bundesstaat ist. Gemäß der Homogenitätsklausel des Art. 28 Abs. 1 S. 1 GG[435] gilt das Demokratieprinzip auch in den Bundesländern. Aufgrund der „Ewigkeitsklausel" des Art. 79 Abs. 3 GG, welche auch Art. 20 Abs. 1 GG erfasst, gehört das Demokratieprinzip zum Kerngehalt des Grundgesetzes. Demokratie bedeutet dem griechischen Ursprung nach „Volksherrschaft"[436]. Dieses „Prinzip der Volkssouveränität"[437] ist in Art. 20 Abs. 2 S. 1 GG verankert: „Alle Staatsgewalt geht vom Volke aus." Es handelt sich um den „Kernsatz" des Demokratieprinzips[438]. Folglich bedeutet Demokratie, dass das Volk die wesentlichen

---

431 Siehe hierzu BVerfGE 44, 125 (141, 144); 63, 230 (243); 138, 102 (109 f., Rn. 27 f.), Rn. 148, 11 (23, Rn. 40); 154, 320 (334, Rn. 44); BVerwGE 159, 327 (335 f., Rn. 28); BVerfG, NVwZ 2022, 1113 (1114); eingehend unter 1.

432 BVerwGE 118, 101 (107); *Eder*, „Rote Karte" für „Spinner"?, S. 41; *Nellesen*, Äußerungsrechte staatlicher Funktionsträger, S. 61; *Trute*, in: v. Münch/Kunig (Hrsg.), GG, Bd. 1, Art. 38, Rn. 60; eingehend unter 2.

433 Siehe unter 3.

434 Siehe 3. Teil, A. II. 2.; III. 2.; IV. 2. b) bb).

435 Siehe 2. Teil, A. III. 1.

436 *Meier*, Entstehung des Begriffs „Demokratie", S. 8 f.

437 *Badura*, in: Isensee/Kirchhof (Hrsg.), HStR, Bd. II, § 25, Rn. 27.

438 *Böckenförde*, in: Isensee/Kirchhof (Hrsg.), HStR, Bd. II, § 24, Rn. 2; siehe auch *Dreier*, in: ders. (Hrsg.), GG, Bd. II, Art. 20, Rn. 82, der vom „Fundamentalsatz" der Demokratie spricht und *Pieroth*, JuS 2010, S. 473 (476), der in der Formulierung des 20 Abs. 2 S. 1 GG den „Inbegriff von Demokratie" sieht.

Impulse für den staatlichen Apparat setzt[439]. Hinter der verfassungsrechtlichen Verankerung der Volkssouveränität steht der Gedanke, dass die Demokratie eine Herrschaftsform der Freien und Gleichen ist und auf der freien Selbstbestimmung der gesamten Bürgerschaft beruht[440].

Zwar ordnet das Grundgesetz durch Art. 20 Abs. 2 S. 1 GG die Trägerschaft der Staatsgewalt dem Volk zu[441], nicht aber deren Ausübung[442]. Denn gemäß Art. 20 Abs. 2 S. 2 GG übt das Volk die Staatsgewalt durch „Wahlen und Abstimmungen[443]" aus. Das Volk regiert nicht unmittelbar selbst, sondern es wird vertreten. Daher ist die Bundesrepublik Deutschland eine repräsentative Demokratie[444]. Aufgrund der Volkssouveränität vermag nur das Volk eine legitime Grundlage für staatliche Herrschaft zu schaffen[445]. Hierzu bedarf es einer unterbrochenen Legitimationskette vom Volk zu den Staatsorganen hin[446]. Maßgeblich für die Schaffung dieser Legitimationskette ist auf Bundesebene die in Art. 38 Abs. 1 S. 1 GG verankerte Wahl der Abgeordneten des Bundestages. Der Bundestag ist die maßgebliche Institution, um den Volkswillen in staatliche Entscheidungen zu überführen[447]. Denn es handelt sich um das einzige Verfassungsorgan auf Bundesebene, das unmittelbar vom Volk gewählt wird. Erst durch den Bundestag

---

439 *Merten*, JöR 67 (2019), S. 107 (108).

440 BVerfGE 2, 1 (12 f.); 44, 125 (142); 123, 267 (341); 144, 20 (203, Rn. 531); *Böckenförde*, in: Isensee/Kirchhof (Hrsg.), HStR, Bd. II, § 24, Rn. 3; *Voßkuhle*, NJW 2018, S. 3154.

441 BVerfGE 83, 37 (50); *Grzeszick*, in: Dürig/Herzog/Scholz (Hrsg.), GG, Art. 20 II Rn. 59 ff.).

442 *Badura*, Staatsrecht, Rn. D 10; Grimm, in: Benda/Maihofer/Vogel (Hrsg.), HdBVerfR, § 14, Rn. 6; *Böckenförde*, Isensee/Kirchhof (Hrsg.), HStR, Bd. II, § 24, Rn. 5, 8, 11.

443 Abstimmungen als Umsetzung der Staatsgewalt des Volkes spielen auf Bundesebene praktisch keine Rolle, siehe zum überschaubaren Anwendungsbereich *Sommermann*, in: v. Mangoldt/Klein/Starck, GG, Bd. 2, Art. 20, Rn. 161 f.; vor allem auf Landesebene existieren jedoch direktdemokratische Mitwirkungsmöglichkeiten der Bürgerschaft, siehe hierzu *Weber*, DÖV 1985, S. 178 ff.

444 Eingehend zum Begriff und Inhalt repräsentativer Demokratie *Böckenförde*, in: Isensee/Kirchhof (Hrsg.), HStR, Bd. III, § 34, Rn. 26 ff.

445 *Hofmann*, in: Schmidt-Bleibtreu/Hofmann/Henneke (Hrsg.), GG, Art. 20, Rn. 39; *Sachs*, in: ders. (Hrsg.), GG, Art. 20, Rn. 27.

446 BVerfGE 47, 253 (275); 77, 1 (40); 83, 60 (72 f.), 93, 37 (67); *Böckenförde*, in: Isensee/Kirchhof (Hrsg.), HStR, Bd. II, § 24, Rn. 3, 9 f.; *Breuer*, FG BVerwG, S. 223 (252); *Morlok*, Demokratie und Wahlen, in: Badura/Dreier (Hrsg.), FS 50 Jahre Bundesverfassungsgericht, Bd. 2, S. 559 (567 f.); *Müller-Franken*, DVBl 2009, S. 1072, *Stern/Sachs/Dietlein*, Staatsrecht, Bd. IV/2, S. 4.

447 *Morlok*, NVwZ 2012, S. 913.

können die Verfassungsorgane Bundesregierung (Art. 63, 64 Abs. 1 GG), Bundespräsident (Art. 54 Abs. 3 GG) und Bundesverfassungsgericht (Art. 94 Abs. 1 S. 2 GG) demokratisch legitimiert werden[448]. Daher spricht das Bundesverfassungsgericht bei der Wahl der Abgeordneten des Bundestages vom „Grundakt demokratischer Legitimation“[449], denn erst durch diese Wahl wird allen Bundes-Staatsorganen die notwendige demokratische Legitimation verschafft[450].

b) Herleitung des Neutralitätsgebotes aus dem Demokratieprinzip

aa) Schutz des freien Willensbildungsprozesse des Volkes

Aufgrund des Volksherrschaftscharakters der Demokratie muss jede Staatsgewalt auf den Willen des Volkes zurückführbar sein[451]. Demokratische Legitimationswirkung kann nur dann eintreten, wenn von einem Volkswillen gesprochen werden kann[452]. Sind es hingegen staatliche Amtsträger, die eine Meinung vorgeben, ist es nicht mehr das Volk, das über die Herrschaftsgewalt entscheidet, sondern es sind de facto die Amtsträger. Folglich können Wahlen Legitimation i. S. d. Art. 20 Abs. 2 GG nur dann vermitteln, wenn die Willensbildung des Volkes in einem freien und offenen Prozess stattfindet[453]. Dies setzt voraus, dass sich die politische Willensbildung von „unten nach oben“ – vom Volk zu

---

448 Wobei natürlich mit Blick auf den Bundespräsidenten den Landtagen und mit Blick auf das Bundesverfassungsgericht dem Bundesrat die andere Hälfte der Bedeutung für die demokratischen Legitimation dieser beiden Organe zukommt. Hierbei spielt dann wiederum der demokratische Grundakt der Landtagswahlen die tragende Rolle.

449 BVerfGE 44, 125 (140, 142); 102, 370 (397); 122, 304 (307); siehe auch VfGH BY, NVwZ-RR 1994, 529 (530); *Badura*, in: Isensee/Kirchhof (Hrsg.), HStR, Bd. II, § 25, Rn. 30; *Hofmann*, in: Schmidt-Bleibtreu/Hofmann/Henneke (Hrsg.), GG, Art. 20, Rn. 45; *Stern/Sachs/Dietlein*, Staatsrecht, Bd. IV/2, S. 5.

450 Auf Bundesebene ist als einzige Ausnahme der Bundesrat zu nennen, der aus den Vertretern der Landesregierungen besteht, siehe Art. 53 Abs. 1 S. 1 GG; seine Legitimation bedarf demokratischer Wahlen auf Landesebene; hierfür trägt die Vorschrift des Art. 28 Abs. 1 S. 2 GG Sorge.

451 *Nellesen*, Äußerungsrechte staatlicher Funktionsträger, S. 51.

452 *Hofmann*, in: Schmidt-Bleibtreu/Hofmann/Henneke (Hrsg.), GG, Art. 20, Rn. 46.

453 BVerfGE 20, 56 (97); 44, 125 (139); 47, 253 (283); 73, 40 (85); 99, 1 (30); 138, 102 (109, Rn. 27); 148, 11 (23, Rn. 40); 154, 320 (334, Rn. 44); BVerfG, NVwZ 2022, 1113 (1114); BVerwGE 104, 323 (327); 118, 101 (106 f.); *Achterberg/Schulte*, in: v. Mangoldt/Klein/Starck, GG, Bd. 2, Art. 38 GG, Rn. 125 ff.; *Dreier*, in: ders. (Hrsg.), GG, Bd. II, Art. 20 (Demokratie), Rn. 76; *Klein*, in: Dürig/Herzog/Scholz, GG, Art. 38, Rn. 107; *Studenroth*, in: AöR 125 (2000), 257 f.

den Staatsorganen – vollzieht und nicht umgekehrt[454]. Die Bürgerschaft soll die eigene Meinung frei bilden, frei artikulieren und frei wählen können. Dem Staat und seinen Amtsträgern soll eine lenkende Beeinflussung der Willensbildung des Volkes verwehrt sein[455]. Der Staat soll „grundsätzlich kein eigenes Wert- oder Unwerturteil" über bestimmte Gesinnungen fällen[456].

bb) Schutz des Pluralismus durch staatliche Nichtidentifikation

Pluralismus bedeutet, dass in einem Gemeinwesen eine Vielzahl von Verbänden mit unterschiedlichen Interessen und Vorstellungen zugelassen sind, die Einfluss auf den Staat nehmen dürfen[457], wobei die Auffassungen vornehmlich bei der Frage des Gemeinwohlkonzepts divergieren[458]. Der demokratisch-politische Willensbildungsprozess findet also pluralistisch statt[459]. Der Pluralismus ist ein notwendiger Bestandteil einer freiheitlich-demokratischen Gesellschaft[460]. Dabei handelt es sich um ein verfassungstheoretisches Konzept, das sich aus einem Zusammenwirken von Freiheitsrechten (vor allem der Vereinigungs- und Meinungsfreiheit[461]), Gleichheitssätzen, der Mitwirkung politischer Parteien, Mehrheits-entscheidungen und Öffentlichkeitsgarantien ergibt[462]. So ist die Möglichkeit, mannigfaltige Verbände zu gründen, ein Zeichen einer pluralen

---

454 BVerfGE 20, 56 (99); 44, 125 (140); 69, 315 (346); 107, 339 (361); 138; 102 (109, Rn. 28); 148, 11 (28, Rn. 52); 154, 320 (337, Rn. 50); BVerwGE 159, 327 (335, Rn. 28); *Barczak*, NVwZ 2015, S. 1014; *Kuch*, AöR 142 (2017), S. 491 (497); *Dreier*, in: ders. (Hrsg.), GG, Bd. II, Art. 20 (Demokratie), Rn. 77; *Möllers*, Demokratie, S. 17, 78 f.; *Stern/Sachs/Dietlein*, Staatsrecht, Bd. IV/2, S. 116.

455 BVerfGE 44, 125 (140 f.); BVerwGE 118, 101 (106 f); 159, 327 (335, Rn. 28).

456 *Hillgruber*, in: Kluth (Hrsg.), „Das wird man ja wohl noch sagen dürfen", S. 77 (80 f.).

457 *Scheuner*, in: Listl/Rüfner (Hrsg.), Staatstheorie und Staatsrecht, S.135 (145); siehe auch *Dişçi*, Der Grundsatz politischer Neutralität, S. 42; *Häberle*, Verfassung als öffentlicher Prozeß, S. 134 f.; *Henke*, Das Recht der politischen Parteien, S. 9; *Tsatsos*, in: Morlok/Schmidt /Stefanou (Hrsg.); eingehend *Fraenkel*, in: v. Brünneck (Hrsg.), Gesammelte Schriften, Bd. V, S. 256 ff.

458 Dazu *Häberle*, Öffentliches Interesse als juristisches Problem, S. 60 f.; 208 ff.

459 *Fraenkel*, in: v. Brünneck (Hrsg.), Gesammelte Schriften, Bd. V, S. 256.

460 Siehe hierzu BVerfGE 5, 85 (205); 7, 198 (208); 12, 113 (125); 20, 56 (97 f.); 69, 315 (344 f.); 144, 20 (195 f.; Rn. 516); *Pieroth*, in: Jarass/Pieroth (Hrsg.), GG, Art. 20, Rn. 10; *Degenhart*, in: BK-GG, Art. 5, Rn. 86; *Grzeszick*, in: Dürig/Herzog/Scholz, GG, Art. 20 II, Rn. 17.

461 *Scheuner*, in: Listl/Rüfner (Hrsg.), Staatstheorie und Staatsrecht, S.135 (146).

462 *Morlok*, Selbstverständnis als Rechtskriterium, S. 298; ähnlich *Scheuner*, in: Listl/Rüfner (Hrsg.), Staatstheorie und Staatsrecht, S.135 (156 f.)

Gesellschaftsstruktur[463]. Das entscheidende Merkmal des Pluralismus ist, dass der Staat sich öffnet, d. h., es zulässt, dass verschiedene Meinungen und Verbände Einfluss auf ihn nehmen[464].

Aufgrund der pluralistischen Struktur des bundesrepublikanischen Gemeinwesens werden im Schrifttum Neutralitätserwartungen formuliert[465]: Der Staat soll die Vielfalt der Auffassungen in der Gesellschaft ermöglichen und nicht stören[466]. Er soll gegenüber den zahlreichen Interessen und Auffassungen unparteilich sein, da nur so ein gleichberechtigter Diskurs zwischen den vielen Meinungen und Gruppierungen ermöglicht werde[467]. Würde der Staat bestimmten Auffassungen zustimmen oder sie ablehnen, könnte dies den Pluralismus gefährden, da die Bürgerschaft möglicherweise davon abgehalten würde, eigene politische Ideen zu entwickeln[468]. Dieser befürchtete Abschreckungseffekt staatlicher Werturteile hat auch schon in der Rechtsprechung eine Rolle gespielt[469]. Es widerspräche somit dem Pluralismus im demokratischen Gemeinwesen, wenn der Staat sich auf eine bestimmte politische oder weltanschauliche Meinung festlegte[470].

Zur Umsetzung der staatlichen Unparteilichkeit dient das *Krüger'sche* Prinzip der Nichtidentifikation[471]. Hiernach sollen der Staat und seine Amtsträger sich nicht mit gesellschaftlichen Gruppen und Auffassungen identifizieren[472]; hierdurch soll Unfreiheit aufseiten des Bürgers verhindert werden[473]. Auch das Bundesverfassungsgericht fordert explizit die Nichtidentifikation von Amtsträgern

---

463 *Fraenkel*, in: v. Brünneck (Hrsg.), Gesammelte Schriften, Bd. V, S. 256 (258).

464 *Scheuner*, in: Listl/Rüfner (Hrsg.), Staatstheorie und Staatsrecht, S.135 (145 f.).

465 Explizit aus dem Pluralismus staatliche Neutralität folgernd *Dişçi*, Der Grundsatz politischer Neutralität, S. 42 f.; *Scheuner*, in: Listl/Rüfner (Hrsg.), Staatstheorie und Staatsrecht, S.135 (155).

466 *Dişçi*, MIP 2016, S. 101 (102); siehe auch *Grimm*, in: Benda/Maihofer/Vogel (Hrsg.), HdbVerfR, § 14, Rn. 10; *Schmitt Glaeser*, Der freiheitliche Staat des Grundgesetzes, S. 139; *Volkmann*, in: Friauf/Höfling (Hrsg.), GG, Art. 20, Rn. 16 f.; Art. 21, Rn. 51.

467 *Dişçi*, Der Grundsatz politischer Neutralität, S. 42; *Morlok*, Selbstverständnis als Rechtskriterium, S. 298 f.

468 „*Eder*, „Rote Karte" gegen „Spinner"?, S. 37 f.

469 Etwa in VfGH TH, ThürVBl. 2016, S. 281 (283); siehe hierzu auch *Hillgruber*, JZ 2016, S. 495 (499 f.).

470 *Scheuner*, in: Listl/Rüfner (Hrsg.), Staatstheorie und Staatsrecht, S.135 (146).

471 *Krüger*, Allgemeine Staatslehre, S. 178 ff.; siehe schon 2. Teil, B. II. 2.

472 *Krüger*, Allgemeine Staatslehre, S. 178 ff.; *Schmitt Glaeser*, Der freiheitliche Staat des Grundgesetzes, S. 138.

473 *Krüger*, Allgemeine Staatslehre, S. 181.

mit politischen Parteien: „Es ist der Bundesregierung (…) von Verfassungs wegen versagt, sich mit einzelnen Parteien zu identifizieren und die ihr zur Verfügung stehenden staatlichen Mittel und Möglichkeiten zu deren Gunsten oder Lasten einzusetzen“[474]. *Krüger* bezieht seine Forderung nach Nichtidentifikation jedoch nicht nur auf Parteien, sondern auf alle Gruppierungen[475]. Nur dies gewährleiste, dass alle Bürgerinnen und Bürger gleich in der Freiheit seien, eine bestimmte Anschauung zu haben und diese auszuleben[476].

cc) Politischer Minderheitenschutz

Damit ist zugleich der politische Minderheitenschutz angesprochen. Ein tragender Grundsatz der Demokratie ist das Mehrheitsprinzip[477]. Denn nur durch Mehrheitsabstimmungen kann es effektiv zu Entscheidungen kommen[478]. Mehrheitsentscheidungen binden die Minderheit materiell[479]. Die Minderheit ist jedoch nur dann bereit, die Entscheidungen der Mehrheit zu befolgen, wenn sie die Chance auf Korrektur hat[480]. Hierzu muss sie die Möglichkeit haben, zur Mehrheit zu werden[481], denn die „volle demokratische Legitimität“ der Mehrheitsentscheidung entsteht erst dadurch, dass sich Mehrheiten ändern können[482]. Daraus folgt, dass das konstituierende Prinzip der Demokratie die

---

474 BVerfGE 138, 102 (115, Rn. 45); 148, 11 (28, Rn. 53); 154, 320 (337, Rn. 51); BVerfG, NVwZ 2022, 1113 (1119, Rn. 114).

475 *Krüger*, Allgemeine Staatslehre, S. 179.

476 *Morlok*, Selbstverständnis als Rechtskriterium, S. 332.

477 BVerfGE 1, 299 (315); 5, 85 (231 f.); 29, 154 (165); 112, 118 (140); 142, 123 (189, Rn. 124); *Hofmann*, in: Schmidt-Bleibtreu/Hofmann/Henneke (Hrsg.), GG, Art. 20, Rn. 43; *Starck*, in: Isensee/Kirchhof (Hrsg.), HStR, Bd. III, § 33, Rn. 34; eingehend *Scheuner*, Das Mehrheitsprinzip in der Demokratie, S. 46 ff.

478 *Jarass*, in: ders./Pieroth (Hrsg.), GG, Art. 20, Rn. 13; *Maurer*, Staatsrecht I, § 7, Rn. 58; *Pieroth*, JuS 2010, S. 473 (480); *Sachs*, in: ders. (Hrsg.), GG, Art. 20, Rn. 21.

479 BVerfGE 2, 143 (172), das BVerfG betont aber, dass keine Pflicht der Minderheit besteht, die Auffassung der Mehrheit zu übernehmen.

480 *Hofmann*, Legitimität und Rechtsgeltung, S. 88; näher zur Frage der Entscheidungskorrektur *Hofmann/Dreier*, in: Schneider/Zeh (Hrsg.), Parlamentsrecht und Parlamentspraxis, § 5, Rn. 58.

481 BVerfGE 5, 85 (199); 44, 125 (145); 123, 267 (342 f., Rn. 215); 138, 102 (109 f., Rn. 28); *Hesse*, Grundzüge des Verfassungsrechts, Rn. 143; *Müller-Franken*, DVBl 2009, S. 1072 (1073); *Volkmann*, in: Friauf/Höfling (Hrsg.), GG, Art. 21, Rn. 51; *Wieland/Albin*, ZRP 2006, S. 76.

482 *Hesse*, Grundzüge des Verfassungsrechts, Rn. 143; *Badura*, Staatsrecht, D, Rn. 8.

Herrschaft auf Zeit ist[483]. Dies macht Art. 20 Abs. 2 S. 2 GG deutlich, indem er Wahlen anordnet. Diese müssen wiederkehrend stattfinden, nur dann kann von Volkssouveränität die Rede sein[484].

Auch aus dem Minderheitenschutz werden Forderungen nach politischer Neutralität abgeleitet: Weil Politik das „Streben nach Machtanteil" ist[485] und die Inhaberschaft eines politischen Amtes Macht beinhaltet, erstrebt der Inhaber eines staatlichen Führungsamtes im Regelfall, dieses Amt zu behalten. Dieses Streben nach Machterhalt kann zu „Übergriffen und Exzessen" führen[486]. Um dies zu verhindern, soll es Staatsorganen verboten sein, ihre Herrschaft durch Einwirkung auf den demokratischen Prozess zu perpetuieren[487]. Nicht der nachvollziehbare Wille zur Wiederwahl, wohl aber die lenkende Beeinflussung des demokratischen Prozesses wird somit verboten. Hierdurch sollen demokratische Legitimationsverfahren gesichert werden. Wirbt daher die Bundesregierung dafür, wiedergewählt zu werden, und setzt sie hierfür Steuergelder ein, ist dies unzulässig[488]. Regierungen dürfen nicht auf den Willensbildungsprozess der Bürgerschaft dergestalt einwirken, dass sie der politischen Minderheit die Chance nehmen, zur Mehrheit zu werden[489].

2. *Freiheit der Wahl*

Die Ausübung der Staatsgewalt durch das Volk findet gemäß Art. 20 Abs. 2 S. 2 GG durch Wahlen statt; Art. 38 Abs. 1 S. 1 GG bestimmt deren praktische Ausgestaltung[490]. Zwar schützt schon das Demokratieprinzip den gesamten freien

---

483 BVerfGE 79, 311 (343); 119, 247 (261, Rn. 47); 121, 205 (220, Rn. 68); 141, 1 (21, Rn.53) *Böckenförde*, in: Isensee/Kirchhof (Hrsg.), HStR, Bd. II, § 24, Rn. 50; *Dreier*, in: ders. (Hrsg.), GG, Bd. II, Art. 20 (Demokratie), Rn. 73; *Hesse*, Grundzüge des Verfassungsrechts, Rn. 134; *Kloepfer*, Verfassungsrecht, Bd. I, § 7, Rn. 62 ff.; *Morlok*, in: ders./Schliesky/Wiefelspütz, § 3, Rn. 2; *Schröder*, JA 2017, S. 809 (812); *Stern/Sachs/Dietlein*, Staatsrecht IV/2, S. 33; eingehend *Droege*, DÖV 2009, S. 649 ff.

484 *Morlok*, in: FS 50 Jahre Bundesverfassungsgericht, Bd. II, S. 559 ff.; siehe auch *Schröder*, JA 2017, S. 809 (812).

485 *Weber*, in: ders., Gesammelte politische Schriften, S. 505 (506).

486 *Morlok*, DVBl 2017, S. 995.

487 BVerfGE 44, 125 (142 f.); VfGH ST, LKV 1997, S. 63 (65); ähnlich *Nellesen*, Äußerungsrechte staatlicher Funktionsträger, S. 22.

488 BVerfGE 44, 125 (141); siehe auch *Morlok*, NVwZ 2012, S. 913 (915).

489 BVerfGE 44, 125 (142 f.); *Barczak*, NVwZ 2015, S. 1014 (1015).

490 Zum Verhältnis der Wahlrechtsgrundsätze zur Volkssouveränität siehe *Morlok*, in: FS 50 Jahre Bundesverfassungsgericht, Bd. 2, S. 559 (589 f.); zur engen Verbindung von Demokratieprinzip und Wahlrecht siehe *Schreiber*, in: Friauf/Höfling (Hrsg.), GG,

Meinungs- und Willensbildungsprozess des Volkes[491]. Jedoch stellen Wahlen den wichtigsten Akt der politischen Willensbildung dar[492], da durch sie rechtsverbindlich staatliche Herrschaftsmacht legitimiert wird[493]. Deshalb sind Wahlen durch Art. 38 Abs. 1 S. 1 GG besonders geschützt.

In Art. 38 Abs. 1 S. 1 GG ist der Wahlrechtsgrundsatz der Freiheit der Wahl verankert. Dieser schützt vor allem die Wahlbetätigung[494]. Deshalb wird die Wahlfreiheit verletzt, wenn jemand gegen seinen Willen veranlasst wird, nicht zu wählen oder nicht denjenigen zu wählen, den er oder sie wählen wollte[495]. Zur Freiheit der Wahl gehört es auch, dass das Stimmrecht in einem freien und offenen Meinungs- und Willensbildungsprozess ausgeübt werden kann[496]. Für Kommunal- und Landtagswahlen gilt aufgrund des Art. 28 Abs. 1 S. 2 GG dasselbe. Geschützt ist durch die Freiheit der Wahl nicht nur der Akt der Stimmabgabe selbst; andernfalls hätte dieser Wahlrechtsgrundsatz neben der Geheimheit der Wahl keinen eigenständigen Anwendungsbereich[497]. Geschützt ist vielmehr der gesamte Meinungs- und Willensbildungsprozess vor der Stimmabgabe[498].

Art. 38, Rn. 21; die Wahlrechtsgrundsätze der Allgemeinheit, Freiheit, Gleichheit und Geheimheit folgen unmittelbar aus dem Demokratieprinzip, siehe BVerfGE 69, 92 (106); 71, 81 (94); 85, 148 (158).

491 Siehe zuvor 3. Teil, A. I. 1. b) aa).

492 BVerfGE 3, 19 (22); 20, 56 (113); 29, 154 (164 f.); BVerfGE 123, 39 (68); 134, 25 (29); *Butzer*, in: Epping/Hillgruber (Hrsg.), GG, Art. 38, Rn. 43; *Müller*, in: v. Mangoldt/Klein/Starck, GG, Art. 38, Rn. 126.

493 BVerfGE 44, 125 (139); *Badura*, Staatsrecht, D, Rn. 6, 10; *Böckenförde*, in: Isensee/Kirchhof (Hrsg.), HStR, Bd. II, § 24, Rn. 11 ff.; *Gärditz*, NWVBl. 2015, S. 165 (167); *Kißlinger*, Das Recht auf politische Chancengleichheit, S. 62; *Meyer*, in: Isensee/Kirchhof (Hrsg.), HStR, Bd. III, § 45, Rn. 1; *Spitzlei*, JuS 2018, S. 856 (857); siehe auch zuvor 3. Teil, A. I. 1. a).

494 *Magiera*, in: Sachs (Hrsg.), GG, Art. 38, Rn. 91.

495 *Trute*, in: v. Münch/Kunig (Hrsg.), GG, Bd. 1, Art. 38, Rn. 50.

496 BVerfGE 44, 125 (139); 47, 253 (282); 66, 369 (380); 79, 161 (165 f.); 95, 335 (350); 103, 111 (130 f.); *Klein*, in: Dürig/Herzog/Scholz, GG, Art. 38, Rn. 107; *Magiera*, in: Sachs (Hrsg.), GG, Art. 38, Rn. 90; *Schneider*, in: AK-GG, Art. 38, Rn. 65; *Stern/Sachs/Dietlein*, Staatsrecht, Bd. IV/2, S. 197; *Trute*, in: v. Münch/Kunig (Hrsg.), GG, Bd. 1, Art. 38, Rn. 50.

497 *Magiera*, in: Sachs (Hrsg.), GG, Art. 38, Rn. 90; *Trute*, in: v. Münch/Kunig (Hrsg.), GG, Bd. 1, Art. 38, Rn. 51.

498 BVerfGE 20, 56 (97 ff.); 44, 125 (139); 66, 369 (380); 79, 161 (165 f.); 103, 111 (130 f.); 138, 102 (109, Rn. 27); *Bender*, NWVBl. 2016, S. 143 (146); *Müller*, in: v. Mangoldt/Klein/Starck, GG, Bd. 2, Art. 38, Rn. 137; *Trute*, in: v. Münch/Kunig, GG, Bd. I, Art. 38, Rn. 43.

Zum Schutz der Freiheit der Wahl wird gefordert, dass es Amtsträgern verwehrt ist, den Willensbildungsprozess des Volkes zu lenken[499] bzw. sich mit politischen Parteien oder anderen Wahlbewerbern zu identifizieren, sie zu unterstützen oder zu bekämpfen[500]. Hieraus wird auf ein wahlbezogenes Gebot politischer Neutralität geschlossen[501].

Das Bundesverfassungsgericht indes sieht nicht in jedem Verhalten staatlicher Amtsträger eine Verletzung der Freiheit der Wahl. Ein Verstoß wird erst dann angenommen, wenn „staatliche Stellen im Vorfeld der Wahl in mehr als nur unerheblichem Maße auf die Bildung des Wählerwillens eingewirkt haben“[502]. Erfasst sind folglich nur solche Beeinflussungen, die ernstlich geeignet sind, die Wahlfreiheit zu beeinträchtigen. Es muss eine manipulative Wirkung vorliegen[503]. Dass bereits eine einzelne amtliche Äußerung aus bundesverfassungsrechtlicher Sicht einen Eingriff in die Freiheit der Wahl darstellt, wird daher zu verneinen sein. Die Wahlfreiheit ist somit aus der Sicht der Rechtsprechung keine maßgebliche Grundlage dafür, von staatlichen Amtsträgern politische Neutralität zu fordern. Soweit im Schrifttum Neutralitätsforderungen aus der Freiheit der Wahl hergeleitet werden, wird diese Herleitung kaum begründet[504].

3. *Republikprinzip*

Ein weiterer, bisher kaum beachteter Anknüpfungspunkt von Forderungen nach politischer Neutralität ist das Republikprinzip. Dieses verpflichtet den Staat zur Gemeinwohlorientierung sowie Amtsträger dazu, ihre Amtsaufgaben unparteiisch zu erledigen[505]. Aus dieser Verpflichtung wird teilweise ein Gebot

---

499 BVerfGE 44, 125 (138 ff.); *Magiera*, in: Sachs (Hrsg.), GG, Art 38, Rn. 93.

500 BVerwGE 118, 101 (107).

501 BVerwGE 118, 101 (107); *Eder*, „Rote Karte“ für „Spinner“?, S. 41; *Nellesen*, Äußerungsrechte staatlicher Funktionsträger, S. 61; *Trute*, in: v. Münch/Kunig (Hrsg.), GG, Bd. 1, Art. 38, Rn. 60.

502 BVerfGE 103, 111 (132 f.); 122, 304 (315); 124, 1 (20 f.); siehe auch VGH BW, NVwZ 1993, S. 504 (505); *Studenroth*, AöR 125 (2000), S. 257 (258).

503 Siehe hierzu BVerwGE 118, 101 (108).

504 So gehen *Nellesen*, Äußerungsrechte staatlicher Funktionsträger, S. 61 und *Trute*, in: v. Münch/Kunig (Hrsg.), GG, Bd. 1, Art. 38, Rn. 60 gar nicht auf die Rechtsprechung zur Erheblichkeitsschwelle ein; *Eder*, „Rote Karte“ für „Spinner“?, S.41 f., stellt sie zwar die Erheblichkeitsschwelle-Rechtsprechung dar, folgert jedoch daraus ohne weitere Auseinandersetzung, dass jede parteiergreifende Äußerung einen Verstoß gegen die Freiheit der Wahl darstellen soll.

505 Siehe zuvor 2. Teil, A. III.

politischer Neutralität abgeleitet[506]. Dies wird damit begründet, dass die durch den politischen Wettbewerb stattfindende Gemeinwohlkonkretisierung offen und frei stattfinden können muss[507]. Der Staat soll „Hüter des Gemeinwohls gegenüber Gruppeninteressen sein“[508]. Dies soll beinhalten, dass der Staat Distanz zu Gruppeninteressen wahrt; nur so könne er seiner Gemeinwohlaufgabe gerecht werden[509].

Auch das Bundesverfassungsgericht verwendet am Republikprinzip orientierte Argumentationsmuster, ohne auf das Republikprinzip zu verweisen. So wird das Gebot parteipolitischer Neutralität damit begründet, dass dem Staat und seinen Amtsträgern eine „Sachverantwortung gegenüber dem ganzen Volk“ zukommt[510], der Staat „vom ganzen Volk getragen“ wird[511] und daher die Regierung dem gesamten Volk dienen soll[512]. Ähnliche Argumente existieren im Schrifttum: Da der Staat von der gesamten Bürgerschaft getragen werde, dürfe er sich nicht mit einzelnen Gruppen identifizieren[513]. Die Staatsleitung sei eine Repräsentanz des Ganzen und nicht einzelner Gruppeninteressen[514]. Auch oben wurde bereits dargestellt, dass ein wesentlicher Grundsatz des Republikprinzips das Verbot ist, Partikularinteressen zu verfolgen[515]. Hingegen würde nach dem gerade dargelegten Argumentationsmuster eine Regierung, die nur im Interesse derjenigen handelt und sich äußert, die sie gewählt haben, nicht die ganze Bürgerschaft vertreten. Dies würde ihrem republikanischen Auftrag widersprechen, für das Wohl aller zu sorgen.

---

506 *Dişçi,* Der Grundsatz politischer Neutralität, S. 131; *Growe,* Das Regierungsmitglied im parteipolitischen Diskurs, S. 88 f.; ähnlicher Ansatz bei *v. Schwanenflug/Merkl,* KommJur 2021, S. 1 (2).

507 *Dişçi,* Der Grundsatz politischer Neutralität, S. 131.

508 BVerfGE 33, 125 (159).

509 *Dişçi,* Der Grundsatz politischer Neutralität, S. 131; *Isensee,* in: ders./Kirchhof (Hrsg.), HStR, Bd. IV, § 71, Rn. 134; ähnlich *Growe,* Das Regierungsmitglied im parteipolitischen Diskurs, S. 88 f.

510 BVerfGE 44, 125 (149).

511 BVerfGE 44, 125 (142 f.).

512 BVerfGE 44, 125 (144); 138, 102 (111, Rn. 33); 148, 11 (25, Rn. 45); 154, 320 (335, Rn. 47); BVerfG, NVwZ 2022, 1113 (1114); StGH HE, NVwZ 1992, S. 465; VfGH ST, LKV 1997, S. 63 (65).

513 *Häberle,* JZ 1977, S. 361 (364).

514 *Scheuner,* in: Listl/Rüfner (Hrsg.), Staatstheorie und Staatsrecht, S.135 (147).

515 Siehe 2. Teil, A. III. 2 und 3.

Weiterhin verweisen das Bundesverfassungsgericht und Teile des Schrifttums zur Begründung ihrer Neutralitätsforderungen darauf, dass Amtsträgern eine spezifische Amtsautorität zukomme und daher durch ihre parteiergreifenden Äußerungen der demokratische Willensbildungsprozess in besonderem Maße gefährdet werden könne[516]. Es wird also angenommen, dass keine „Augenhöhe“ zwischen Amtsträger und Bürgerschaft existiert. Vielmehr soll Äußerungen von Amtsträgern ein „höheres Gewicht im Meinungskampf“ zukommen[517]. Diese angenommene Autorität staatlicher Amtsträger lässt sich normativ am ehesten auf ihre Gemeinwohlbindung stützen[518]. Wegen dieser Bindung an das allgemeine Wohl ließe sich argumentieren, dass die Bürgerschaft darauf vertraut, dass Amtsträger für das Wohl aller arbeiten und nicht nur für das Wohl eines bestimmten Teils der Gesellschaft. In dieser Logik hätten die Worte eines Amtsträgers ein höheres Gewicht, weil sie als unparteiisch gelten. Parteiergreifende Äußerungen würden einen Missbrauch dieses Vertrauensvorschusses darstellen. Denn der Amtsträger würde mit seinen Äußerungen suggerieren, (unparteiisch) das Gemeinwohl umzusetzen, doch würde er tatsächlich parteiisch handeln.

Auch das Argument, dass Inhaber staatlicher Ämter keine amtlichen Ressourcen im (partei-)politischen Wettbewerb einsetzen dürfen[519], lässt sich auf das Republikprinzip stützen. Denn hinter diesem Verbot steht die Überlegung, dass staatliche Mittel von der gesamten Bürgerschaft aufgebracht werden mit dem Zweck, dass der Staat diese für das allgemeine Wohl einsetzt[520]. Dass der zweckwidrige oder untaugliche Einsatz staatlicher Mittel kritisiert wird, lässt sich immer wieder beobachten[521]. Dies unterstreicht das Vertrauen der Bürgerschaft darauf, dass die von ihr zur Verfügung gestellten staatlichen Mittel zweck- und

---

516 BVerfGE 138, 102 (115, Rn. 45); 148, 11 (28, Rn. 52); 154, 320 (337, Rn. 50); *Hillgruber*, in: Kluth (Hrsg.), „Das wird man ja wohl noch sagen dürfen“, S. 77 (85); *Kuch*, AöR 142 (2017), S. 491 (497); *Wahnschaffe*, NVwZ 2016, S. 1767 (1770).

517 *Hillgruber*, in: Kluth (Hrsg.), „Das wird man ja wohl noch sagen dürfen“, S. 77 (85).

518 Siehe zuvor 2. Teil, A. III.

519 BVerfGE 44, 125 (143); 138, 102 (117 f., Rn. 53); 148, 11 (33, Rn. 64); 154, 320 (339 f., Rn. 56).

520 Siehe die Argumentation VG Köln, Beschl. v. 30.03.2017 – Az. 4 L 750/17, Rn. 39 (juris).

521 Siehe z. B. *Dahlkamp, Jürgen / Röbel, Sven / Traufetter, Gerald*, Rechnungshof kritisiert chaotische Maskenbeschaffung, Der Spiegel, 16.06.2021, https://www.spiegel.de/politik/deutschland/jens-spahn-und-die-masken-bundesrechnungshof-kritisiert-chaotische-beschaffung-a-6b08611d-f542-4a32-a564-dfce605fc3c4 (zuletzt abgerufen am 20.05.2022).

rechtmäßig eingesetzt werden. Setzt der Staat staatliche Mittel jedoch dazu ein, um eine konkurrierende politische Partei zu schwächen, werden die von der Anhängerschaft der benachteiligten Partei aufgebrachten Mittel gegen diese verwendet und damit zweckwidrig eingesetzt. Denn in solch einem Fall werden staatliche Ressourcen nicht für das allgemeine Wohl verwendet, sondern für das Wohl der Regierungspartei(en).

II. Schutz der politischen Parteien

Das Gebot parteipolitischer Neutralität bezweckt den Schutz der Parteien. In der Rechtsprechung wird es aus dem Prinzip der Chancengleichheit der politischen Parteien abgeleitet[522]. In der Bundesrepublik Deutschland sind die Parteien[523] als Bestandteil des politischen Willensbildungsprozesses nicht wegzudenken: Sämtliche Abgeordnete des Bundestages wurden durch Parteien aufgestellt; fast alle Regierungsmitglieder und das Gros der kommunalen Amtsträger entstammt den Parteien. Die Parteien besetzen mit ihren Mitgliedern nahezu alle staatlichen Führungsämter, denn ihnen kommt de facto ein „Rekrutierungsmonopol“ für derartige Ämter zu[524]. Diese Situation ist die praktische Folge des Art. 21 Abs. 1 S. 1 GG, der Parteien eine herausgehobene Stellung in der Staatsordnung zuweist[525]. Die Herleitung des Gebotes parteipolitischer Neutralität aus dem Prinzip der Chancengleichheit der politischen Parteien knüpft an diese spezifische Rolle der politischen Parteien an[526].

1. *Die politischen Parteien*

Politische Parteien sind ein notwendiger Bestandteil der Demokratie[527], sie sind „Faktoren des Verfassungslebens“[528]. Während sie in vorherigen deutschen

---

522 BVerfGE 44, 125 (146); (110 f. Rn. 31; 114, Rn. 43); 148, 11 (25 ff.); BVerfGE 154, 320 (334 f., Rn. 46 f.); BVerfG, NVwZ 2022, 1113 (1114 f.); VfGH RP, NVwZ-RR 2014, S. 665 (667); VfGH TH, ThürVBl. 2015, S. 295 (297); VfGH BE, LKV 2019, S. 120 (121); VGH Hessen, Beschl. v. 11.07.2017 – 8 B 1144/17, Rn. 22 (juris).

523 Zur Definition, Stellung und Funktion politischer Parteien sogleich unter 1.

524 *Jun*, in: Niedermayer (Hrsg.), Handbuch Parteienforschung, S. 119 (121).

525 Siehe 1. b).

526 Siehe 2.

527 *Hesse*, Grundzüge des Verfassungsrechts, Rn. 166; *Tsatsos/Morlok*, Parteienrecht, S. 7 ff.; *Volkmann*, in: Morlok/Schliesky/Wiefelspütz (Hrsg.), Parlamentsrecht, § 4, Rn. 3.

528 BVerfGE 1, 208 (227).

Verfassungen gar nicht oder nur negativ-beiläufig erwähnt wurden[529], weist Art. 21 Abs. 1 S. 1 GG den Parteien ausdrücklich die Aufgabe zu, an der politischen Willensbildung des Volkes mitzuwirken. Notwendig ist daher ein Blick darauf, wann eine Vereinigung zugleich eine politische Partei ist[530], welche Stellung Parteien haben[531] und welche Funktionen sie in der bundesrepublikanischen Demokratie ausüben[532].

a) Definition des Begriffs „politische Partei"

Zwar wird die Existenz politischer Parteien von Art. 21 Abs. 1 S. 1 GG vorausgesetzt, jedoch werden sie in der Verfassung nicht definiert. Dabei ist die Entscheidung relevant, ob eine Vereinigung zugleich eine politische Partei ist. Denn während beispielsweise Vereinigungen ohne Parteienstatus aufgrund des Art. 9 Abs. 2 GG durch ministerielle Verfügung verboten werden können[533], entscheidet bei Parteien das Bundesverfassungsgericht über ein Verbot (Art. 21 Abs. 2, 4 GG)[534]. Dies ist einer der Gründe, warum Art. 21 GG lex specialis gegenüber der Vereinigungsfreiheit ist[535]. In § 2 Abs. 1 S. 1 PartG findet sich eine einfachgesetzliche Definition des Parteienbegriffs. Zwar ist es dem einfachen Gesetzgeber verwehrt, den Inhalt der Verfassung festzulegen, da er sonst durch eine zu stark eingeengte Definition die Sicherungen des Art. 21 GG wirkungslos werden könnten[536]. Allerdings stellt die Definition im Parteiengesetz eine auf Art. 21 Abs. 5 GG gestützte Konkretisierung des Parteibegriffs dar[537].

---

529 So wurden die Parteien in der Weimarer Reichsverfassung nur im Zusammenhang mit den Aufgaben der Beamten erwähnt (Art. 130 Abs. 1 WRV: „Die Beamten sind Diener der Gesamtheit, nicht einer Partei") – laut *Wittmayer*, Die Weimarer Reichsverfassung, S. 64 „eine negative Geste sprödester Abwehr" gegenüber den Parteien; zum Parteienstatus im Kaiserreich und in der Weimarer Republik näher *Grimm*, in: Benda/Maihofer/Vogel (Hrsg.), HdbVerfR, § 14, Rn. 2 ff.

530 Siehe a).

531 Siehe b).

532 Siehe c).

533 § 3 VereinsG stellt hierbei die einfachgesetzliche Ausformung dar.

534 Zum Thema Parteienverbot siehe *Kunig*, in: Isensee/Kirchhof (Hrsg.), HStR, Bd. III, § 40, Rn. 46 ff.

535 BVerfGE 1, 208 (255); 2, 1 (13); 12, 246 (304); 17, 155 (166); 25, 69 (78); *Klafki*, in: v. Münch/Kunig (Hrsg.), GG, Bd. 1, Art. 21, Rn. 14.

536 *Ipsen/Koch*, in: Sachs (Hrsg.), GG, Art. 21, Rn. 16.

537 St. Rspr. BVerfGE 24, 260 (263 f.); 47, 198 (222); 91, 262 (266 f.); 91, 276 (284); 111, 382 (409); *Jäger*, Die Zulassung von Parteien zur Bundestagswahl, S. 58; in der Rspr. ist die Rede von Art. 21 Abs. 3 GG als Konkretisierungsauftrag, mit der Änderung des

§ 2 Abs. 1 PartG lassen sich drei wesentliche Merkmale einer politischen Partei entnehmen: Erstens handelt es sich um eine Vereinigung von Bürgern, zweitens haben politische Parteien den Willen zur Einflussnahme auf die politische Meinungs- und Willensbildung des Volkes, und drittens muss dieser Wille ernsthaft vorhanden sein[538].

Mit Blick darauf, dass Parteien frei aus der Bürgerschaft heraus gegründet werden, ist insbesondere zu berücksichtigen, dass juristische Personen keine Partei gründen dürfen[539]. Hinsichtlich der Einflussnahme auf die Willensbildung des Volkes muss eine politische Partei über ein Gesamtkonzept für das Gemeinwohl verfügen[540], hierzu bedürfen politische Parteien eines schriftlich niedergelegten Programms[541]. Mit Blick auf die Ernsthaftigkeit gilt, dass die Partei schon bei ihrer Gründung eine ständige Mitwirkung an der politischen Willensbildung des Volkes beabsichtigen muss[542]. Zu Beginn der Existenz einer Partei kann dies nur vermutet werden[543], mit fortschreitender Dauer des Bestehens der Partei muss sich die Ernsthaftigkeit jedoch anhand objektiver Kriterien bestätigen[544]. Dazu gehört als „Pflichtaufgabe“[545] die Teilnahme an Bundestags- oder Landtagswahlen[546], insofern sind Parteien

---

Art. 21 GG am 13.07. 2017 (BGBl. I S. 2346) ist der alte Art. 21 Abs. 3 GG nunmehr Art. 21 Abs. 5 GG; strittig ist, ob der Ausschluss von Rathaus- und Europaparteien aus dem Parteienbegriff verfassungsgemäß ist. Während das BVerfG den Ausschluss von reinen Kommunalparteien bejaht – siehe BVerfGE 69, 92 (104) – verweisen u. a. *Gusy*, in: AK-GG, Art. 21, Rn. 56; *Hesse,* Grundzüge des Verfassungsrechts, Rn. 168; *Kunig*, Isensee/Kirchhof (Hrsg.), HStR, Bd. III, Rn. 80 darauf, dass politische Willensbildung auch auf kommunaler Ebene stattfindet und daher reine Kommunalparteien Parteien i. S. d. Art. 21 Abs. 1 GG seien. Auch reine Europaparteien sollen laut h. L. unter den Parteienbegriff fallen, siehe nur *Ipsen/Koch*, in: Sachs (Hrsg.), GG, Art. 21, Rn. 20; *Morlok*, in: Dreier (Hrsg.), GG, Bd. II, Art. 21, Rn. 14; *Wißmamm,* in: Kersten/Rixen (Hrsg.), PartG, § 2, Rn. 39.

538 Siehe auch *Morlok*, PartG, § 2, Rn. 2.

539 *Jäger*, Die Zulassung von Parteien zur Bundestagswahl, S. 59.

540 *Henke*, Das Recht der politischen Parteien, S. 32 f.

541 *Kluth*, in: Epping/Hillgruber (Hrsg.), Art. 21, Rn. 36.

542 BVerfGE 91, 262 (270 ff.); *Kunig*, in: Isensee/Kirchhof (Hrsg.), HStR, Bd. III, § 40, Rn. 7.

543 *Blasche*, VR 2001, S. 407 (410).

544 BVerfGE 91, 262 (270 ff.).

545 *Merten*, JöR 7 (2019), S. 107 (113).

546 Siehe § 2 Abs. 2 S. 1 PartG; der Bundeswahlleiter prüft dieses Kriterium von Amts wegen, siehe hierzu *Jäger*, Die Zulassung von Parteien zur Bundestagswahl, S. 59 f.

„Wahlvorbereitungsorganisationen“[547]. In Bezug auf die Ernsthaftigkeit existieren weitere objektive Kriterien. Zum Beispiel muss eine Partei eine Satzung haben und eine gewisse Mitgliederzahl[548]. Ob eine Partei verfassungsfeindlich ist, ist für den Parteienstatus irrelevant, solange das Bundesverfassungsgericht nicht die Verfassungswidrigkeit festgestellt und die Partei aufgelöst hat (Art. 21 Abs. 2 und 4 GG i. V. m. §§ 43 BVerfGG)[549].

b) *Die Stellung politischer Parteien*

Für die Wirksamkeit der Ausübung der Staatsgewalt durch das Volk[550] ist in modernen parlamentarischen Staatssystemen die Existenz politischer Parteien von kardinaler Bedeutung[551]. Moderne Flächendemokratien sind zu groß, um wie in der attischen Demokratie als Volksversammlung[552] zu funktionieren. Um die Demokratie erfolgreich umzusetzen, setzt das Grundgesetz daher auf Repräsentation[553]. Doch reicht dies allein ist nicht aus, um das Gelingen der Demokratie zu gewährleisten. Notwendig sind in heutigen Massendemokratien organisierte politische Handlungseinheiten der Bürgerschaft; denn diese ist nur so in der Lage, wirksam Einfluss auf staatliche Entscheidungen zu nehmen[554]. Art. 21 Abs. 1 S. 1 GG erkennt dies an mit dem Satz „Die Parteien wirken bei der

547 BVerfGE 8, 51 (63); *Frotscher*, DVBl 1985, S. 917 (918); *Stern*, Staatsrecht, Bd. I, S. 441; siehe auch § 2 Abs. 2 S. 1 PartG, wonach eine politische Partei, die sechs Jahre nicht zu einer Bundestags- oder Landtagwahl antritt, ihren Status als Partei verliert.

548 Eingehend zu diesen und weiteren objektiven Kriterien *Jäger*, Die Zulassung von Parteien zur Bundestagswahl, S. 63 ff.

549 Siehe auch *Klein*, in: Dürig/Herzog/Scholz, GG, Art. 21, Rn. 573; *Henke*, Das Recht der politischen Parteien, S. 35; *Roellecke*, in: Umbach/Clemens (Hrsg.), Art. 21 GG, Rn. 66.

550 Siehe hierzu 3. Teil, A. I. 1. a).

551 BVerfGE 1, 208 (228); 5, 85 (133 f.); 44, 125 (145); 144 (194, Rn. 512); 138, 102 (110, Rn. 29); 148, 11 (23 f., Rn. 41); BVerfGE 154, 320 (334, Rn. 45); *Klafki*, in: v. Münch/Kunig (Hrsg.), GG, Bd. 1, Art. 21, Rn. 2; *Morlok*, in: Dreier (Hrsg.), GG, Bd. II, Art. 21, Rn. 19; *Streinz*, in: v. Mangoldt/Klein/Starck, GG, Bd. 2, Art. 21, Rn. 5.

552 *Dreier*, in: ders. (Hrsg.), GG, Bd. II, Art. 20 (Demokratie), Rn. 1; auch das Demokratiemodell Jean Jaques Rousseaus (1712–1778) ist von der Identität des Bürgers und des Staates geprägt, siehe hierzu *Battis/Edenharter*, Einführung in das Verfassungsrecht, Rn. 53.

553 Siehe 3. Teil, A. I. 1. a).

554 BVerfGE 11, 266 (273); 69, 92 (110); 73, 40 (85); 107, 339 (358 f.); 121, 30 (53 f.); 148, 11 (24, Rn. 41); BVerfGE 154, 320 (334, Rn. 45); *Degenhart*, Staatsrecht I, Rn. 49; *Merten*, JöR 67 (2019), S. 107 (108).

politischen Willensbildung des Volkes mit". Den Parteien wird hierdurch eine konkrete Aufgabe zugewiesen; diese ist zudem durch die Garantie der Gründungs- und Betätigungsfreiheit in Art. 21 Abs. 1 S. 2 abgesichert[555]. Art. 21 GG steht in einem unmittelbaren Zusammenhang mit dem Demokratieprinzip[556]. Dies wird auch durch Art. 21 Abs. 1 S. 3 GG deutlich, der innerparteiliche Demokratie fordert: In einer Demokratie, in der die Parteien eine maßgebliche Rolle spielen, müssen diese demokratisch strukturiert sein[557].

Weil Demokratie Volksherrschaft bedeutet, müssen auch die Gruppierungen, die als Transmissionsriemen zur Verwirklichung des Volkswillens dienen, der Bürgerschaft entstammen. Deshalb können Parteien aufgrund des Art. 21 Abs. 1 S. 2 GG frei von der Bürgerschaft gebildet werden. Sie sind nicht Teil institutionalisierter Staatlichkeit oder gar Staatsorgane[558]. Vor allem in der Anfangszeit der Bundesrepublik Deutschland wurde dies von *Leibholz* bestritten: Das Volk gehe in den Parteien auf, d. h., die Parteien seien „das Volk"[559] bzw. das „Sprachrohr" des Volkes[560] und damit Teil des staatlichen Herrschaftsapparates[561]. Diese Auffassung ist jedoch mit dem Wortlaut des Grundgesetzes nicht in Einklang zu bringen. Wenn Parteien frei von Bürgerinnen und Bürgern gegründet werden können, können sie nicht zugleich Staatsorgane sein. Parteien sind nicht Teil der Staatsorganisation[562]. Im Übrigen macht auch die Formulierung des Art. 21 Abs. 1 S. 1 GG deutlich, dass Parteien nur an der politischen Willensbildung des Volkes *mitwirken*; sie haben also kein Monopol auf die Beeinflussung der Willensbildung[563]. Das Grundgesetz stützt mithin an keiner Stelle

---

555 BVerfGE 5, 85 (134); 11, 266 (273); 44, 125 (139); *Stern*, Staatsrecht, Bd. I, S. 443; *Streinz*, in: v. Mangoldt/Klein/Starck, GG, Bd. 2, Art. 21, Rn. 23; zur Gründungs- und Betätigungsfreiheit eingehend *Grimm*, in: Benda/Maihofer/Vogel (Hrsg.), HdbVerfR, § 14, Rn. 31 ff.

556 Siehe statt vieler BVerfGE 91, 262 (267); *Hesse* VVDStRL 17 (1959), 11 (17); *Grimm*, in: Benda/Maihofer/Vogel (Hrsg.), HdbVerfR, § 14, Rn. 5 ff.; *Volkmann*, in: Friauf/Höfling (Hrsg.), Art. 21, Rn. 1.

557 Siehe hierzu *Henke*, in: BK-GG, Art. 21, Rn. 68.

558 BVerfGE 20, 56 (101); 44, 124 (145); 73, 40 (85); 104, 14 (19); 148, 11 (24, Rn. 41); BVerfGE 154, 320 (334, Rn. 45); *Häberle*, JuS 1967, S. 64 (73); *Henke*, in: BK-GG, Art. 21, Rn. 19; *Streinz*, in: v. Mangoldt/Klein/Starck, GG, Bd. 2, Art. 21, Rn. 8.

559 *Leibholz*, Verhandlungen des 38. DJT (1950), S. C 2 (C 10).

560 *Leibholz*, DVBl 1950, S. 194 (196).

561 *Leibholz*, DVBl 1950, S. 194 (195); ähnlich *Giese*, AöR 80 (1955/56), S. 377 ff.

562 *Henke*, Das Recht der politischen Parteien, S. 115 f.

563 BVerfGE 85, 264 (284); *Herzog*, Verfassungsrechtliche Grundlagen des Parteienstaates, S. 2 ff.; *Seifert*, Die Politischen Parteien, S. 64 ff.; *Stern/Sachs/Dietlein*, Staatsrecht,

eine Inkorporation politischer Parteien in den Staat[564]. Zugleich sind Parteien aber anders als übliche Verbände, die aus der Bürgerschaft heraus gegründet werden: Aufgrund ihrer verfassungsrechtlichen Verankerung und Aufgabenstellung wirken sie in den Staat hinein[565]. Sie sind deshalb als verfassungsrechtliche Institutionen anerkannt[566]. Sie sind, mit *Hesse* gesprochen, „Zwischenglieder zwischen dem einzelnen und dem Staat", weil sie aus der Gesellschaft heraus gebildet werden, aber in den Staat hineinwirken[567]. Somit fungieren politische Parteien als Mittler zwischen Volk und Staat[568].

c) Die Funktionen politischer Parteien

Es kann von drei Funktionen[569] politischer Parteien im politischen Gemeinwesen gesprochen werden: Sie vermitteln Parteien zwischen Staat und

---

Bd. IV/2, S. 16; *Tsatsos*, in: Morlok/Schmidt/Stefanou (Hrsg.), Dimitris Th. Tsatsos: Verfassung – Parteien – Europa, S. 423 (424).

564 Siehe zur Kritik an der leibholzischen Parteienstaatslehre Parteien statt vieler *Kunig*, in: Isensee/Kirchhof (Hrsg.), HStR, Bd. III, § 40, Rn. 124; *Lipphardt*, Die Gleichheit der politischen Parteien vor der öffentlichen Gewalt, S. 530 ff.; *Shirvani*, Das Parteienrecht und der Strukturwandel im Parteiensystem, S. 58 ff.

565 BVerfGE 20, 56 (101); 73, 40 (85); 85, 264 (287); 121, 30, 53; *Henke*, in: BK-GG, Art. 21, Rn. 37 ff.

566 BVerfGE 1, 208 (225); 2, 1 (73); 5, 85 (133); 9, 162 (165); 20, 56 (100); 44,125 (145); 73, 40 (85); 148, 11 (23 f., Rn. 41); BVerfGE 154, 320 (334, Rn. 45); BVerfG, NVwZ 2022, 1113 (1114); siehe auch *Klein*, in Dürig/Herzog/Scholz, GG, Art. 21, Rn. 177; *Mauersberger*, Die Freiheit der Parteien, S. 52; *Morlok*, in: Dreier (Hrsg.), GG, Bd. II, Rn. 28.

567 *Hesse*, VVDStRL 17 (1959), S. 19; so auch BVerfGE 20, 56 (101); 44, 125 (145); 52, 63 (82); 60, 53 (66); *Kunig*, in: v. Münch/Kunig (Hrsg.), GG, Bd. I, Art. 21, Rn. 29; *Morlok*, in: Dreier (Hrsg.), GG, Bd. II, Art. 21, Rn. 22; *Preuß*, in: AK-GG, Art. 21, Abs. 1, 3, Rn. 14 ff.; *Klein*, in: Dürig/Herzog/Scholz, GG, Art. 21, Rn. 158 f.; *Volkmann*, in: Friauf/Höfling (Hrsg.), GG, Art. 21, Rn. 25 f.; *Grimm*, in: Benda/Maihofer/Vogel (Hrsg.), HdbVerfR, § 14, Rn. 5, 12.

568 BVerfGE 20, 56 (101); 44, 125 (145); BVerfGE 85, 264 (284); 107, 339 (358 f.); 121, 30 (53); *Dederer*, Korporative Staatsgewalt, S. 382; *Gusy*, in: AK-GG, Art. 21, Rn. 30; *Kirchhof*, in: FS Badura, S. 237 (261); *Kluth*, in: Epping/Hillgruber (Hrsg.), GG, Art. 21, Rn. 1; *Schröder*, in: Merten/Papier (Hrsg.), HGR, Bd. V, § 119, Rn. 19; *Streinz*, in: v. Mangoldt/Klein/Starck, GG, Bd. 2, Art. 21, Rn. 15; *Volkmann*, Politische Parteien und öffentliche Leistungen, S. 103.

569 Nachfolgend werden Funktionen von Parteien dargestellt, die in der Rechtswissenschaft diskutiert werden. Zu den Funktionen von Parteien, die in der Politikwissenschaft diskutiert werden und sich teilweise von denen der Rechtswissenschaft

Bürgerschaft[570], sie integrieren die Bevölkerung in den politischen Prozess[571], und sie streben die Realisierung ihres politischen Gemeinwohlkonzeptes an[572].

aa) Vermittlungsfunktion

Die wichtigste Funktion politischer Parteien in der bundesrepublikanischen Demokratie ist ihre Funktion, zwischen Gesellschaft und Staat zu vermitteln[573]. Laut § 1 Abs. 2 PartG sind die Parteien die „lebendige Verbindung zwischen dem Volk und den Staatsorganen“[574]. Diese Formulierung zeigt, dass die Vermittlungsfunktion der Parteien beidseitig ist: sowohl von der Gesellschaft zum Staat als auch vom Staat zur Gesellschaft hin[575]. Parteien bündeln ähnliche Interessen, Meinungen und Bestrebungen der Bürgerschaft und fassen diese in politischen Forderungen zusammen[576]. Die politischen Zielvorstellungen werden in Programmen und tagesaktuellen Aussagen gebündelt, die einen Gesamtentwurf für die Verwirklichung des Gemeinwohls darstellen[577]. Das Bestreben der Parteien ist es, diese Ziele im Bereich der staatlichen Willensbildung zu verankern[578]. Hierdurch wird der Volkswille in den Staatswillen transformiert[579]. Die Veröffentlichung der parteilichen Standpunkte führt zu Diskussionen sowohl

---

unterscheiden, siehe *Jun*, in: Niedermayer (Hrsg.), Handbuch Parteienforschung, S. 119 ff.

570 Siehe aa).

571 Siehe bb).

572 Siehe cc).

573 BVerfGE 121, 30 (53); 148, 11 (24, Rn. 41); BVerfGE 154, 320 (334, Rn. 45); *Klein*, in: Dürig/Herzog/Scholz, GG, Art. 21, Rn. 158 f.; *Kunig*, in: Isensee/Kirchhof (Hrsg.), HStR, Bd. III, § 40, Rn. 76, 115; *Grimm*, in: Benda/Maihofer/Vogel (Hrsg.), HdbVerfR, § 14, Rn. 5, 12; *Schröder*, in: Merten/Papier (Hrsg.), HGR, Bd. V, § 119, Rn. 21 f.; *Streinz*, in: v. Mangoldt/Klein/Starck, GG, Bd. 2, Art. 21, Rn. 15; *Milker*, JA 2017, S. 647 (650).

574 Diese Beschreibung im PartG entspricht der verfassungsrechtlichen Stellung und Funktion politischer Parteien, siehe BVerfGE 52, 63 (83).

575 *Streinz*, in: v. Mangoldt/Klein/Starck, GG, Bd. 2, Art. 21, Rn. 15.

576 BVerfGE 20, 56 (101); 44, 125 (145 f.); 47, 130 (140); 91, 262 (268); 121, 30 (57); *Klafki*, in: v. Münch/Kunig (Hrsg.), GG, Bd. 1, Art. 21, Rn. 1; *Klein*, in Dürig/Herzog/Scholz, Art. 21 GG, Rn. 2; *Merten*, JöR 67 (2019), S. 107 (109).

577 *Hesse*, VVDStRL 17 (1959), S. 11 (21, 23); *Klein*, in Dürig/Herzog/Scholz, Art. 21 GG, Rn. 2.

578 BVerfGE 20, 56 (101); 44, 125 (145 f.); 47, 130 (140); 121, 30 (57); *Merten*, JöR 67 (2019), S. 107 (109).

579 *Streinz*, in: v. Mangoldt/Klein/ Starck (Hrsg.), GG, Bd. 2, Art. 21, Rn. 17.

mit der Bürgerschaft als auch mit anderen politischen Parteien. Alternative Gemeinwohlkonzepte werden vorgelegt mit dem Ziel, die öffentliche Meinung zu beeinflussen; die Parteien konkurrieren im politischen Meinungskampf miteinander um diesen Einfluss[580]. Zugleich werden durch den öffentlichen Diskurs wiederum Impulse aus der Gesellschaft in die Parteien getragen.

Die Diskussionen mit der Bürgerschaft dienen auch dazu, staatliche Entscheidungen zu erklären und um Akzeptanz für diese zu werben[581]. Dies ist vorwiegend eine Funktion derjenigen Parteien, welche die Regierung tragen. De facto sind politische Parteien somit Rückkoppelungseinrichtungen, die Meinungen aus der Gesellschaft in den Staat einspeisen und zugleich Auffassungen und Entscheidungen von Staatsorganen in die Gesellschaft tragen[582]. Letzteres kann man sowohl als positiv wie auch als negativ ansehen, je nachdem, ob man es aus der Perspektive einer Regierungs- oder einer Oppositionspartei betrachtet. Aufgrund dieser Mittlerrolle politischer Parteien kommt ihnen innerhalb des bundesrepublikanischen Verfassungsstaates eine konstituierende Rolle für das Funktionieren der Demokratie zu[583].

bb) Integrationsfunktion

Parteien haben des Weiteren eine Integrationsfunktion[584]. Diese hat verschiedene Dimensionen. Zum einen wird die Bürgerschaft mittels der politischen Bildungs- und Informationsarbeit der politischen Parteien in die Politik und in die dort stattfindenden Prozesse eingebunden und zur aktiven Teilnahme angeregt[585]. Zum anderen werden in den Parteien divergierende Interessen und Meinungen zu einem Kompromiss geformt und damit zu einem Ausgleich

580 *Ipsen/Koch*, in: Sachs (Hrsg.), GG, Art. 21, Rn. 26; *Morlok*, in: Dreier (Hrsg.), GG, Bd. II, Art. 21, Rn. 21.

581 *Schmitt Glaeser*, in: Isensee/Kirchhof (Hrsg.), HStR, Bd. III, § 38, Rn. 27; *Grimm*, in: Benda/Maihofer/Vogel (Hrsg.), HdbVerfR, § 14, Rn. 17; *Growe*, Das Regierungsmitglied im parteipolitischen Diskurs, S. 46.

582 BVerfGE 85, 264 (284 f.); 91, 262 (267 f.); 91, 276 (285 f.); 121, 30 (55); *Kersten*, in: ders./Rixen (Hrsg.), PartG, § 1, Rn. 122; *Klafki*, in: v. Münch/Kunig (Hrsg.), GG, Bd. 1, Art. 21, Rn. 38; *Schmitt Glaeser*, in: Isensee/Kirchhof (Hrsg.), HStR, Bd. III, § 38, Rn. 38; *Stein/Frank*, Staatsrecht, S. 77 ff.; *Stern*, Staatsrecht, Bd. I, S. 617.

583 *Stern*, Staatsrecht, Bd. I, S. 457; *Pabel*, ZaöRV 2003, S. 921 (922).

584 BVerfGE 12, 297 (306); *Smend*, in: ders. (Hrsg.), Staatsrechtliche Abhandlungen, S. 119 (189).

585 Siehe auch § 1 Abs. 2 PartG; hierzu *Lenski*, PartG, § 1, Rn. 5 ff.

gebracht[586]. Der Beitrag der Parteien zur öffentlichen Diskussion und zu der damit einhergehenden Willensbildung des Volkes ist an sich Integration in den politischen Prozess, denn hieraus erwachsen Forderungen an den demokratischen Staat. Forderungen werden nur einer solchen Instanz gegenüber erhoben, der man ein gewisses Vertrauen schenkt.

Im Rahmen der Integrationsfunktion kommt den Regierungsparteien die Aufgabe zu, die Mehrheitsauffassung zu integrieren, während die Oppositionsparteien die Minderheitenpositionen integrieren[587]. Unterschiedliche Interessen in der Bürgerschaft werden so von alternativen politischen Parteien repräsentiert. Die Parteien tragen auf diese Weise zur Stabilität des demokratisch-parlamentarischen Systems bei, da die Bürgerschaft die Möglichkeit hat, sich mit unterschiedlichen Gemeinwohlkonzepten zu identifizieren[588]. Zudem zwingt die Auseinandersetzung zwischen Opposition und Regierung die Inhaber staatlicher Führungsämter und die sie tragenden Parteien dazu, der Bürgerschaft ihre Entscheidungen zu erklären und hierdurch – vor allem durch Öffentlichkeitsarbeit[589] – für Transparenz und damit Integration zu sorgen.

cc) Realisierungs- und Legitimationsfunktion

Die Bürgerschaft nimmt politische Parteien vor allem dann wahr, wenn gewählt wird. Die Teilnahme an Wahlen ist die Kernaufgabe politischer Parteien[590]. Denn Parteien streben danach, ihre politisch-programmatischen Inhalte möglichst als für jedermann verbindlich umzusetzen[591]. Ein Erfolg bei Wahlen erhöht die Chancen der Parteien, sich in staatlichen Leitungsorganen zu verankern und so ihre Programmatik in den Staatswillen zu überführen. Die Verankerung von Kandidierenden politischer Parteien in Staatsämtern ist zugleich die Verankerung des Volkswillens im Staat; einerseits, weil das parteiliche Programm das Substrat von (Teilen des) Volkswillens ist, andererseits weil auch das Personal der Parteien nur durch die Wahl des Volkes in staatliche Ämter gelangen kann.

---

586 *Morlok*, in: Dreier (Hrsg.), GG, Bd. II, Art. 21, Rn. 21; *Klein*, in: Dürig/Herzog/Scholz, GG, Art. 21, Rn. 165.

587 *Hesse*, VVDStRL 17 (1959), S. 11 (21 f.); *Ipsen/Koch*, in: Sachs (Hrsg.), GG, Art. 21, Rn. 27.

588 *Ipsen/Koch*, in: Sachs (Hrsg.), GG Art. 21, Rn. 27.

589 Siehe 2. Teil, C. I.

590 *Klafki*, in: v. Münch/Kunig (Hrsg.), GG, Bd. 1, Art. 21, Rn. 32.

591 *Klein*, in Dürig/Herzog/Scholz, GG, Art. 21, Rn. 3; *Merten*, JöR 67 (2019), S. 107 (110) verweist zudem auf die Notwendigkeit von Kompromissen im Rahmen der Realisierung parteilicher Programme.

Die Relevanz politischer Parteien zeigt sich auch darin, dass nahezu alle staatlichen Ämter und Mandate durch Parteimitglieder besetzt werden[592]. Maßgeblich dafür ist der Umstand, dass nur Parteien berechtigt sind, Kreiswahlvorschläge und Landeslisten einzureichen (siehe §§ 18 Abs. 1, 20 Abs. 2, 21 Abs. 1, 27 Abs. 1 BWahlG). Aus dieser Bedeutung der Parteien für die Besetzung von Staatsämtern folgt, dass sie entscheidende Faktoren für die Schaffung demokratischer Legitimation von Staatsgewalt sind[593]. Parteien sind „Kreationsorgane“[594], welche die parlamentarische Demokratie dominieren[595].

Gelangen Parteimitglieder in staatliche Ämter, so kommt es zu einer „Metamorphose“[596]: Aus dem Parteivertreter wird ein Amtsträger; er wird „der Staat“[597]. Das hieraus entstehende Spannungsverhältnis liegt auf der Hand. Eine Person tritt für eine Partei mit einem bestimmten politischen Programm zur Wahl an. Dieses Programm beinhaltet zugleich die Ablehnung anderer parteipolitischer Gemeinwohlkonzepte. Mit diesem Programm wird die jeweilige Person in das staatliche Amt gewählt, also mit der Aufgabe, die in ihm statuierten Versprechungen umzusetzen. Dieser Wechsel der Sphäre – vom Parteipolitiker zum Amtsträger – stellt Anforderungen an die Person des Amtsträgers, die auf der rechtlichen Ebene u. a. das Gebot (partei-)politischer Neutralität zu determinieren versucht.

2. *Prinzip der Chancengleichheit der politischen Parteien*

Das Gebot parteipolitischer Neutralität wird vorwiegend dem in Art. 21 Abs. 1 S. 1 GG, Art. 38 Abs. 1 S. 1 GG, Art. 28 Abs. 1 S. 2 GG verankerten Prinzip der Chancengleichheit politischer Parteien entnommen[598]. Das Grundargument ist,

---

592 *Ipsen/Koch*, in: Sachs (Hrsg.), GG, Art. 21, Rn. 24; *Schmitt Glaeser*, in: Isensee/Kirchhof (Hrsg.), HStR, Bd. III, § 38, Rn. 27; *Volkmann*, in: Morlok/Schliesky/Wiefelspütz (Hrsg.), Parlamentsrecht, § 4, Rn. 10 f.; zur Bedeutung und Anforderungen der parteiinternen Kandidatenaufstellung siehe *Morlok*, NVwZ 2012, S. 913 (914 ff.).

593 *Klein*, in: Dürig/Herzog/Scholz, Art. 21, Rn. 158; *Gröpl*, Staatsrecht I, S. 100; *Scheuner*, in: Listl/Rüfner (Hrsg.), Staatstheorie und Staatsrecht, S. 347 (355 f.).

594 BVerfGE 1, 208 (225); 13, 54 (81); *Jellinek*, Allgemeine Staatslehre, S. 545; *Streinz*, in: v. Mangoldt/Klein/Starck, GG, Bd. 2, Art. 21, Rn. 21.

595 *Brenner*, in: Isensee/Kirchhof (Hrsg.), HStR, Bd. III, § 44, Rn. 61 f.; *Lindner*, ZBR 2010, S. 325 (329).

596 *Ipsen/Koch*, in: Sachs (Hrsg.), GG, Art. 21, Rn. 11; *Grimm*, in: Benda/Maihofer/Vogel (Hrsg.), HdbVerfR, § 14, Rn. 61.

597 Zur Rolle von Amtsträgern siehe 2. Teil, A. II. und III.

598 BVerfGE 44, 125 (146); (110 f. Rn. 31; 114, Rn. 43); 148, 11 (25 ff.); BVerfGE 154, 320 (334 f., Rn. 46 f.); BVerfG, NVwZ 2022, 1113 (1114 f.); VfGH TH, ThürVBl. 2015,

nur staatliche Neutralität verhindere, dass die Wettbewerbschancen der politischen Parteien verändert würden[599]. Dem Staat soll folglich nicht nur steuerfinanzierte Werbung für oder gegen politische Parteien untersagt sein[600], sondern laut dem Bundesverfassungsgericht jeder parteiergreifende Eingriff in den politischen Wettbewerb[601].

a) *Recht auf Chancengleichheit der politischen Parteien nach Art. 21 Abs. 1 S. 1 GG*

Ausgangspunkt für die Annahme des Prinzips der Chancengleichheit politischer Parteien ist Art. 21 Abs. 1 S. 1 GG. Ob diese Norm schon allein das Recht auf Chancengleichheit beinhaltet oder nur in Verbindung mit dem allgemeinen Gleichheitssatz des Art. 3 Abs. 1 GG, ist umstritten. Das Bundesverfassungsgericht leitet das Recht politischer Parteien auf Chancengleichheit sowohl aus Art. 21 Abs. 1 S. 1 GG i. V. m. Art. 3 Abs. 1 GG[602] als auch nur aus Art. 21 Abs. 1 S. 1 GG ab[603]. Auch im Schrifttum finden sich beide Varianten[604]. Mit Blick

---

S. 295 (297); *Barczak*, NVwZ 2015, S. 1014 (1015); *Dişçi*, Der Grundsatz politischer Neutralität, S. 171 ff.; *Ferreau*, NVwZ 2017, S. 1259 (1260); *Milker*, JA 2017, S. 647 (648); *Oebbecke*, NVwZ 2007, S. 30

599 *Dişçi*, Der Grundsatz politischer Neutralität, S. 175 f.; *Grimm*, in: Benda/Maihofer/Vogel (Hrsg.), HdbVerfR, § 14, Rn. 7; *Morlok*, in: FS Tsatsos, S. 408 (440); *Volkmann*, Friauf/Höfling (Hrsg.), GG, Art. 21, Rn. 50.

600 So schon BVerfGE 44, 125 (149).

601 BVerfGE 138, 102 (115, Rn. 45); 148, 11 (25, Rn. 44); 154, 320 (335 f., Rn. 47); BVerfG, NVwZ 2022, 1113 (1114).

602 BVerfGE 7, 99 (107); 107, 286 (294); 111, 54 (104); 111, 382 (398); siehe auch BVerwGE 87, 270 (276).

603 BVerfGE 1, 208 (255); 8, 51 (63 f.); 20, 56 (102); 44, 125 (146); 73, 40 (65), 82, 322 (337); 124, 1 (20); 136, 323 (333, Rn. 28); 138, 102 (110, Rn. 29); 148, 11 (24, Rn. 42).

604 Für Art. 21 Abs. 1 S. 1 GG *v. Arnim*, DÖV 1984, S. 85; *Augsburg*, in: Kersten/Rixen (Hrsg.), PartG, § 5, Rn. 18; *Grimm*, in: Benda/Maihofer/Vogel (Hrsg.), HdbVerfR, § 14, Rn. 42; *Huber*, in: FS 50 Jahre Bundesverfassungsgericht, Bd. 2, S. 609 (624); *Ipsen/Koch*, in: Sachs (Hrsg.), GG, Art. 21, Rn. 33; *Kunig*, in: Isensee/Kirchhof (Hrsg.), HStR, Bd. III, § 40, Rn. 93; *Lipphardt*, Die Gleichheit der politischen Parteien vor der öffentlichen Gewalt, S. 113 ff.;
für Art. 21 Abs. 1 S. 1 i. V. m. Art. 3 Abs. 1 GG *Badura*, Staatsrecht, D, Rn. 20; *Eder*, „Rote Karte" für „Spinner", S. 55 f.; *Growe*, Das Regierungsmitglied im parteipolitischen Diskurs, S. 93 f.; *Gusy*, in: AK-GG, Art. 21, Rn. 88 f.; *Henke*, Das Recht der politischen Parteien, S. 241; *Klein*, in: Dürig/Herzog/Scholz, GG, Art. 21, Rn. 305; *Kluth*, in: Epping/Hillgruber (Hrsg.), GG, Art. 21, 133 ff.; *Jarass*, in: ders./Pieroth (Hrsg.), GG, Art. 21, Rn. 23; *Suslin*, Die Pflicht zur politisch neutralen Amtsführung, S. 37.

auf das Organstreitverfahren vor dem Bundesverfassungsgericht ist die Frage belanglos, da Parteien ihre Rechte aus Art. 21 Abs. 1 S. 1 GG – damit auch das Recht auf Chancengleichheit – unmittelbar geltend machen können[605].

Probleme ergeben sich jedoch, wenn Parteien nicht gegen Verfassungsorgane klagen, sondern ihr Recht auf Gleichbehandlung gegenüber Behörden oder öffentlich-rechtlichen Sendeanstalten[606] geltend machen wollen, denn diese sind keine Beteiligten i. S. d. Art. 93 Abs. 1 Nr. 1 GG. Ein Organstreitverfahren ist daher in diesen Fällen nicht möglich. Eine Verfassungsbeschwerde würde bei bloßem Rekurrieren auf Art. 21 Abs. 1 S. 1 GG ebenso ausscheiden, da gemäß Art. 93 Abs. 1 Nr. 4a GG nur Grundrechte und bestimmte dort definierte Rechte im Wege der Verfassungsbeschwerde geltend gemacht werden können. Da Art. 21 GG im 2. Abschnitt des Grundgesetzes („Der Bund und die Länder“) steht, ist das Recht auf Chancengleichheit kein Grundrecht, und es wird auch nicht als Recht benannt, das im Rahmen der Verfassungsbeschwerde geltend gemacht werden kann. Bei Art. 21 Abs. 1 GG handelt es sich vielmehr um eine objektive Bestandsgarantie[607]; um jedoch zugleich die Wirksamkeit des Art. 21 Abs. 1 GG sicherzustellen, folgen aus der Norm, ohne dass sie ein Grundrecht ist, subjektive Rechte zugunsten der Parteien[608]. Dies folgt zudem daraus, dass es sich bei Art. 21 Abs. 1 S. 1 GG um eine spezielle Ausprägung des Gleichheitssatzes handelt[609]; da der Gleichheitssatz des Art. 3 Abs. 1 GG subjektive Rechte an jedermann verleiht, muss Art. 21 Abs. 1 S. 1 GG als Spezialfall subjektive Rechte für Parteien beinhalten.

---

605 Das Bundesverfassungsgericht hat Parteien als „andere Beteiligte“ i. S. d. Art. 93 Abs. 1 Nr. 1 GG und damit als parteifähig anerkannt, wenn sie ihre Rechte gegenüber Verfassungsorganen geltend machen, siehe BVerfGE 1, 208 (298); 4, 27 (29 ff.); 24, 260 (263); 44, 125 (137); 60, 53 (61 f.); 82, 322 (335); 85, 264 (284); 110, 403 (405).

606 Siehe beispielsweise BVerfGE 67, 149.

607 *Morlok*, in: Dreier (Hrsg.), GG, Bd. II, Art. 21, Rn. 49; *Huber*, in: FS 50 Jahre Bundesverfassungsgericht, Bd. 2, S. 609 (621 ff.); siehe auch *Klein*, in: Dürig/Herzog/Scholz, GG, Art. 21 GG, Rn. 305; *Kluth*, in: Epping/Hillgruber (Hrsg.), GG, Art. 21, Rn. 97; *Streinz*, in: v. Mangoldt/Klein/Starck, GG, Bd. 2, Art. 21, Rn. 122; a. A.: *Henke*, in: BK-GG, Art. 21, Rn. 216; *Lipphardt*, Die Gleichheit der politischen Parteien vor der öffentlichen Gewalt, S. 693.

608 *Henke*, in BK-GG, Art. 21, Rn. 216; *Ipsen*, in Sachs (Hrsg.), GG, Art. 21, Rn. 29 ff.; *Morlok*, in: Dreier (Hrsg.), GG, Bd. II, Art. 21, Rn. 50; a. A.: *Mauersberger*, Die Freiheit der Parteien, 1994, S. 26 ff.

609 *Schröder*, in: HGR V, § 119, Rn. 59; *Streinz*, in: v. Mangoldt/Klein/Starck, GG, Bd. 2, Art. 21, Rn. 123.

Aufgrund der Stellung des Art. 21 Abs. 1 S. 1 GG als spezielle Ausprägung des Gleichheitssatzes ließe sich folgern, dass nach dem Grundsatz lex specialis derogat legi generali Art. 3 Abs. 1 GG verdrängt werde[610]. Diese Sichtweise würde aber aufgrund der Nichtanwendbarkeit des Art. 21 Abs. 1 S. 1 GG im Rahmen der Verfassungsbeschwerde dazu führen, dass Parteien ihre Rechte nicht effektiv gegenüber jeder staatlichen Institution geltend machen könnten. Dies widerspräche Sinn und Zweck der besonderen verfassungsrechtlichen Privilegierung der Parteien. Sie müssen vielmehr wegen ihrer herausgehobenen Bedeutung[611] umfassend geschützt werden. Dafür spricht auch der systematische Zusammenhang zwischen Art. 21 Abs. 1 S. 1 GG und Art. 3 Abs. 1 GG: weil Art. 21 Abs. 1 S. 1 GG eine spezielle Ausprägung des allgemeinen Gleichheitssatzes ist, darf er nicht zu weniger, sondern muss zu mehr Schutz für politische Parteien führen. Der Parlamentarische Rat bezweckte mit der verfassungsrechtlichen Verankerung der Parteien, dass sie mehr und nicht weniger Schutz als sonstige Vereinigungen genießen. Da aber sonstige Vereinigungen sich unzweifelhaft auf Art. 3 Abs. 1 GG berufen können, kann für Parteien nichts anderes gelten.

Nach hiesiger Auffassung ist somit folgende Lösung überzeugend: Im Organstreitverfahren vor dem Bundesverfassungsgericht können politische Parteien ihr Recht auf Chancengleichheit bereits auf Art. 21 Abs. 1 S. 1 GG stützen. In sonstigen Streitfällen, in denen die ausschließliche Heranziehung des Art. 21 Abs. 1 S. 1 GG zur Unzulässigkeit der Klage führen würde, basiert aus Gründen des effektiven Rechtsschutzes das Recht politischer Parteien auf Chancengleichheit auf Art. 21 Abs. 1 S. 1 i. V. m. Art. 3 Abs. 1 GG. Auf der materiellen Ebene ergeben sich keine Unterschiede, d. h., die „nur" auf Art. 21 Abs. 1 S. 1 GG basierende Chancengleichheit bietet keinen geringeren Schutz als die, die auf die Kombination mit Art. 3 Abs. 1 GG gestützt wird.

aa) Herleitung des Prinzips der Chancengleichheit politischer Parteien

Normativer Ausgangspunkt für die Begründung des Rechts politischer Parteien auf Chancengleichheit ist das Mehrparteiensystem, das sich der Verwendung des Plurals in Art. 21 Abs. 1 S. 1 GG („Die Parteien") entnehmen lässt. Die Existenz mehrerer Parteien führt dazu, dass sie zueinander in Konkurrenz um die

---

610 *Kunig*, in: Isensee/Kirchhof (Hrsg.), HStR, Bd. III, § 40, Rn. 93; *Kluth*, in: Epping/Hillgruber, GG, Art. 21, Rn. 12; *Grimm*, in: Benda/Maihofer/Vogel (Hrsg.), HdbVerfR, § 14, Rn. 42; *Streinz*, in: Mangoldt/Klein/Starck, GG, Bd. II, Art. 21, Rn. 33.

611 Siehe hierzu 2. Teil, A. II. 1.

Übernahme der Staatsleitung treten, sodass sich ein Parteienwettbewerb entfaltet[612]. Dies entspricht dem Grundsatz, dass in der Demokratie unterschiedliche Auffassungen[613], vermittelt durch die politischen Parteien[614], aufeinandertreffen. Die Bundesrepublik Deutschland ist daher eine „Konkurrenzdemokratie“[615]. Da das Demokratieprinzip verlangt, dass die Bürgerschaft in ihrem Recht auf Beteiligung am Willensbildungsprozess gleich ist[616], müssen die Parteien als Vermittler des Willensbildungsprozesses ebenfalls gleichbehandelt werden. Daher ist die Mitwirkung der Parteien an der politischen Willensbildung i. S. v. Art. 21 Abs. 1 S. 1 GG die Mitwirkung an der Willensbildung des Volkes, von dem gemäß Art. 20 Abs. 2 S. 1 GG alle Staatsgewalt ausgeht[617].

Die Konkurrenz der verschiedenen Parteien untereinander führt zu einem politischen Wettbewerb[618]. Wie im wirtschaftlichen Wettbewerb wollen alle Beteiligten erfolgreich sein. Um einen fairen Wettbewerb zu sichern, braucht es Regeln, um unlautere Mittel möglichst zu verhindern[619]. Art. 21 Abs. 1 S. 1 GG ist mithin sowohl die normative Grundlage des parteipolitischen Wettbewerbs[620] als auch eine Schutzvorschrift zur Gewährleistung der Wettbewerbsgleichheit politischer Parteien[621]. Sie ist in gewisser Weise das, was das Gesetz gegen den unlauteren Wettbewerb (UWG) im Zivilrecht ist: ein Instrument, um zu verhindern, dass einzelne Wettbewerber durch unlautere Mittel einen Vorteil erlangen. Da sich die Willensbildung des Volkes fortlaufend vollzieht, muss auch die Chancengleichheit politischer Parteien stets, auch außerhalb von Wahlen,

---

612 *Nußberger*, in: Sachs (Hrsg.), GG, Art. 3, Rn. 60; *Shirvani*, Das Parteienrecht und der Strukturwandel im Parteiensystem, S. 198; *Schröder*, in: Merten/Papier (Hrsg.), HGR, Bd. V, § 119, Rn. 15.

613 Siehe 3. Teil, A. I. 1. b) bb).

614 *Heinig/Morlok*, ZG 15 (2000), 371 (372); *Morlok*, in: FS Tsatsos, S. 408; *Müller-Franken*, DVBl 2009, S. 1072; siehe auch 3. Teil, A. II. 1. c) aa).

615 *Tsatsos*, in: Morlok/Schmidt/Stefanou (Hrsg.), Dimitris Th. Tsatsos: Verfassung – Parteien – Europa, S. 423 (435, 439).

616 Siehe 3. Teil, A. I. 1. b).

617 *Hesse*, VVDStRL 17 (1959), S. 11 (17); *Kunig*, in: Isensee/Kirchhof (Hrsg.), HStR, Bd. III, § 40, Rn. 75.

618 Eingehend *Morlok*, in: FS Tsatsos, S. 408 ff.

619 *Morlok*, in: FS Tsatsos, S. 408 (415 f.); *Müller-Franken*, DVBl 2009, S. 1072; *Oebbecke*, NVwZ 2007, S. 30; siehe auch *Dişçi*, Der Grundsatz politischer Neutralität, S. 63 f.

620 *Morlok*, in: FS Tsatsos, S. 408 (410 f.).

621 *Barzack*, NVwZ 2015, S. 1014 (1015); *Kunig*, in: v. Münch/Kunig (Hrsg.), GG, Bd. I, Art. 21, Rn. 34; eingehend *Lipphardt*, Gleichheit der politischen Parteien; *Shirvani*, Das Parteienrecht und der Strukturwandel im Parteiensystem, S. 216 ff.

geschützt werden[622]. Nur so können politische Parteien ihre verfassungsrechtlichen Funktionen[623] effektiv erfüllen[624]. Mit der Formulierung, dass die Demokratie „nicht funktionieren" könne, „wenn nicht die Parteien grundsätzlich unter gleichen rechtlichen Bedingungen in den Wahlkampf eintreten"[625], macht das Bundesverfassungsgericht die Bedeutung der Chancengleichheit der politischen Parteien für das Funktionieren des demokratischen Systems deutlich. Alle politischen Parteien sollen im Wettbewerb um die Stimmen der Bürgerschaft ein Recht auf gleiche Chancen haben[626]. Die Chancengleichheit der Parteien ist eine notwendige Voraussetzung für die Sicherung des demokratischen Prozesses[627], denn nur hierdurch können Parteien ihre Aufgaben[628] erfüllen[629]. Chancengleichheit bedeutet dabei, dass alle Parteien strikt formal gleich zu behandeln sind[630].

Auch Art. 21 Abs. 1 S. 2 GG spricht für die Gewährleistung der Chancengleichheit politischer Parteien[631]. Denn darin wird die Gründungsfreiheit der Parteien geschützt. Gründungsfreiheit besagt, dass Parteien ohne Genehmigung

---

622 BVerfGE 44, 125 (139); *Klein*, in: Dürig/Herzog/Scholz, GG, Art. 21, Rn. 297; *Kißlinger*, Das Recht auf politische Chancengleichheit, S. 62 ff.; *Lipphardt*, Die Gleichheit der politischen Parteien vor der öffentlichen Gewalt, S. 119; *Spitzlei*, JuS 2018, S. 856 (857).

623 Siehe 3. Teil, A. II. 1. c).

624 St. Rspr, siehe nur BVerfGE 1, 208 (241); 44, 125 (146); 73, 40 (65); 82, 322 (335).

625 BVerfGE 82, 322 (337).

626 BVerfGE 33, 160 (163); 44, 125 (139); *Klein*, in: Dürig/Herzog/Scholz, GG, Art. 21, Rn. 296; *Ipsen/Koch*, in: Sachs (Hrsg.), Art. 21, Rn. 33 ff.; *Gröpl*, Staatsrecht I, S. 103; *Gusy*, in: AK-GG, Art. 21, Rn. 89; *Morlok*, in: Dreier (Hrsg.), GG, Bd. II, Art. 21, Rn. 79.

627 BVerfGE 44, 125 (145); 138, 102 (110, Rn. 30); BVerfGE 148, 11 (24, Rn. 42); *Badura*, Staatsrecht, D, Rn. 20; *Ferreau*, DÖV 2017, S. 494 (495); *Morlok*, in: Dreier (Hrsg.), GG, Bd. II, Art. 21, Rn. 81; *Spitzlei*, JuS 2018, S. 856 (857).

628 Siehe hierzu 3. Teil, A. II. 1. c).

629 BVerfGE 2, 1 (13); 5, 85 (140); 6, 273 (280); 8, 51 (64 f.); 47, 198 (225); 120, 82 (104); *Streinz*, in: v. Mangoldt/Klein/Starck, GG, Bd. 2, Art. 21 GG, Rn. 119; *Seifert*, Die politischen Parteien, S. 131.

630 BVerfGE 6, 273 (280); 8, 51 (64 ff.); 14, 121 (132); 20, 56 (116); 44, 125 (146); 85, 264 (297); 111, 382 (398 ff., Rn. 61 ff.); 138, 102 (110, Rn. 30); 154, 320 (335, Rn. 46); *v. Arnim*, DÖV 1984, S. 85 ff.; *Kißlinger*, Das Recht auf politische Chancengleichheit, S. 80 ff; *Kunig*, in: Isensee/Kirchhof (Hrsg.), HStR, Bd. III, § 40, Rn. 93; *Gröpl*, Staatsrecht I, S. 103; *Hesse*, VVDStRL 17 (1959), S. 11 (51); *Morlok*, in: Dreier (Hrsg.), GG, Bd. II, Art. 21, Rn. 82; *Schröder*, in: Merten/Papier (Hrsg.), HGR, Bd. V, § 119, Rn. 58.

631 BVerfGE 14, 121 (133); 47, 198 (225); BVerfGE 154, 320 (335, Rn. 46).

gebildet werden dürfen[632]. Auch die Betätigungsfreiheit ist von der Gründungsfreiheit erfasst[633]. Sowohl die Gründungs- als auch die Betätigungsfreiheit beinhalten notwendigerweise die Wettbewerbsfreiheit[634]. Denn wenn sich Parteien frei gründen und betätigen dürfen, so treten sie in einem Mehrparteiensystem in Konkurrenz zu anderen Parteien. Würde der Staat hier einzelne Parteien in ihren Betätigungsmöglichkeiten beschneiden oder andere Parteien bevorzugen, würde er dadurch die Gründungs- und Betätigungsfreiheit der benachteiligten oder nicht bevorzugten Parteien beeinträchtigen.

bb) Neutralitätsfolgerung

Der Grundsatz der Chancengleichheit verlangt vom Staat vor allem, dass die gesellschaftlich geschaffenen Unterschiede zwischen politischen Parteien (z. B. Volkspartei, Splitterpartei) und damit die existierende Wettbewerbslage nicht verfälscht wird. Daher darf der Staat nicht in den politischen Willens- und Meinungsbildungsprozess eingreifen, um einzelne Parteien zu fördern oder zu schwächen[635]. Denn es ist Ausdruck des Volkswillens und damit der Wille des Souveräns, dass politische Parteien unterschiedlich stark sind[636]. Hieraus folgt konsequenterweise, dass beispielsweise Sendezeiten im Rundfunk abgestuft nach der Stärke der Parteien vergeben werden dürfen[637]. Das Bundesverfassungsgericht folgert aus dem Verbot, die Unterschiede zwischen den Parteien zu verfälschen, auch das Verbot für Regierungsmitglieder, durch Äußerungen parteiergreifend zugunsten oder zulasten einer Partei in den parteipolitischen Wettbewerb einzugreifen[638]. Vielmehr sollen

---

632 *Roellecke*, in: Umbach/Clemens (Hrsg.), GG, Art. 21, Rn. 66.

633 Zum Inhalt der Betätigungsfreiheit siehe *Ipsen/Koch*, in: Sachs (Hrsg.), GG, Art. 21, Rn. 32; *Maurer*, JuS 1991, S. 881 (885).

634 *Klein*, in: Dürig/Herzog/Scholz, GG, Art. 21, Rn. 281; *Seifert*, Die politischen Parteien, S. 119; *Streinz*, in: Mangoldt/Klein/Starck, GG, Bd. II, Art. 21, Rn. 111.

635 BVerfGE 8, 51 (67); 20, 56 (118); 41, 399 (413 f.); 52, 63 (89); 69, 92 (109); 73, 40 (89); 85, 264 (297); 111, 382 (398); 140, 1 (24, Rn. 63); BVerwGE 87, 270 (276); *Gusy*, in: AK-GG, Art. 21, Rn. 89; *Henke*, Das Recht der politischen Parteien, S. 242; *Kißlinger*, Das Recht auf politische Chancengleichheit, S. 14; *Krüper/Kühr*, ZJS 2014, S. 143 (146); *Morlok*, in: Dreier (Hrsg.), GG, Bd. II, Art. 21, Rn. 80.

636 BVerfGE 140, 1 (24, Rn. 63); *Gröpl*, Staatsrecht I, S. 103.

637 Siehe hierzu BVerfGE 14, 121 (132); allgemein zum Grundsatz abgestufter Chancengleichheit m. w. N. *Kunig*, in: Isensee/Kirchhof (Hrsg.), HStR, Bd. III, § 40, Rn. 96 f.

638 BVerfGE 138, 102 (115, Rn. 45); 148, 11 (28, Rn. 53); 154, 320 (337, Rn. 51).

Staatsorgane gegenüber politischen Parteien neutral sein, d. h., sich nicht mit ihnen identifizieren[639].

Dies entspricht dem Grundsatz, dass wegen des Gebotes strikter formaler Gleichbehandlung der politischen Parteien[640] Ungleichbehandlungen nur aus zwingenden Gründen erlaubt sind[641]. In dieser Konsequenz erblickt die Rechtsprechung in parteiergreifenden Äußerungen Ungleichbehandlungen, die im Regelfall untersagt sind[642]. Es handelt sich um eine aus dem Prinzip der Chancengleichheit der Parteien abgeleitete Pflicht zur parteipolitischen Neutralität, auf welche die Parteien einen subjektivrechtlichen Anspruch haben[643]. Sie soll verhindern, dass durch staatliche Einflussnahme die Konkurrenzsituation zwischen den Parteien verändert und damit im Ergebnis der Willensbildungsprozess des Volkes staatlich beeinflusst wird.

b) Chancengleichheit politischer Parteien nach Art. 38 Abs. 1 S. 1 GG

Das Recht der politischen Parteien auf Chancengleichheit folgt auch aus Art. 38 Abs. 1 S. 1 GG[644]; gestützt hierauf werden ebenfalls Neutralitätsforderungen erhoben[645].

---

639 BVerfGE 138, 102 (115, Rn. 45); 148, 11 (28, Rn. 53); 154, 320 (337, Rn. 51); *Häberle* JZ 1977, S. 361 (364 ff.); *Klafki*, in: v. Münch/Kunig, GG, Bd. 1, Art. 21, Rn. 50; *Kuch*, AöR 142 (2017), S. 491 (514 ff.).

640 Siehe 3. Teil, A. II. 2. a) aa) und bb).

641 BVerfGE 8, 51 (65); 14, 121 (125); 34,160 (163); 44, 125 (146); 82, 322 (338); 111, 382 (398); 124, 1 (20); *Morlok*, in: Dreier (Hrsg.), GG, Bd. II, Art. 21, Rn. 82.

642 Zur Frage der Rechtfertigung siehe 3. Teil, D.

643 *Nellesen*, Äußerungsrechte staatlicher Funktionsträger, S. 53 f.; *Volkmann*, in: Friauf/Höfling (Hrsg.), GG, Art. 21, Rn. 63; einschlägig ist abseits des Organstreitverfahrens vor dem BVerfG häufig der öffentlich-rechtliche Unterlassungsanspruch, siehe VGH HE, NVwZ-RR 2015, S. 508.

644 BVerfGE 24, 300 (340); 82, 322 (337); 95, 408 (417); 104, 14 (19 f.); 124, 1 (20); 140, 1 (23, Rn. 63); BVerfGE 154, 320 (335, Rn. 46); *Morlok*, in: Dreier (Hrsg.), GG, Bd. II, Art. 38, Rn. 55, 99; *Magiera*, in: Sachs (Hrsg.), GG, Art. 38, Rn. 95; *Müller*, in: v. Mangoldt/Klein/Starck, GG, Bd. 2, Art. 38, Rn. 144; *Spitzlei*, JuS 2018, S. 856 (857); ablehnend *Henke*, Das Recht der politischen Parteien, S. 243, mit dem Einwand, dass Art. 38 Abs. 1 S. 1 GG unmittelbar nur die Wahlrechtsgleichheit der Bürgerschaft schützt.

645 BVerfGE 44, 125 (139 ff.), 138, 102 (109 ff., Rn. 27 ff.); *Barzack*, NVwZ 2014, S. 1014 (1015); *Butzer*, in: Epping/Hillgruber (Hrsg.), GG, Art. 38, Rn. 91; *Engelbrecht*, KommP Wahlen 2015, S. 20; *Nellesen*, Äußerungsrechte staatlicher Funktionsträger, S. 61.

aa) Inhalt

Der Ausgangspunkt der Begründung dafür ist der Wahlrechtsgrundsatz der Gleichheit der Wahl. Dieser sichert die vom Demokratieprinzip vorausgesetzte Egalität der Bürgerinnen und Bürger ab[646]. Gewährleistet wird die gleiche Teilhabe der Bürgerschaft an Wahlen[647]. Zugleich kommt das Prinzip der Gleichheit der Wahl auch den politischen Parteien im Vorfeld von Wahlen zugute[648]. Während Art. 21 Abs. 1 S. 1 GG den gesamten Wettbewerb zwischen den Parteien schützt, schützt die in Art. 38 Abs. 1 S. 1 GG geforderte Gleichheit der Wahl den Wahlwettbewerb zwischen den Parteien[649]. Hieraus wird gefolgert, dass Amtsträger keine negativen Werturteile über politische Parteien äußern dürfen, d. h., neutral sein müssen[650].

bb) Gebot äußerster Zurückhaltung in Wahlkampfzeiten?

Fraglich ist, ob die Anwendung des Art. 38 Abs. 1 S. 1 GG zu einem strengeren Gebot parteipolitischer Neutralität in Wahlkampfzeiten führt, d. h., ob ein normativ-materieller Mehrwert besteht. Existiert dieser nicht, hätte Art. 38 Abs. 1 S. 1 GG in Bezug auf das Gebot parteipolitischer Neutralität nur einen deklaratorischen Wert dahin gehend, dass die staatliche Äußerung im Zusammenhang mit einer Wahl erfolgte.

Das Bundesverfassungsgericht hat in seiner Entscheidung zur regierungsamtlichen Öffentlichkeitsarbeit 1977 angenommen, dass vor Wahlen ein zusätzliches Gebot äußerster Zurückhaltung gelte[651]. Mit Blick auf den Zeitpunkt, ab dem das Gebot gelten soll, wird auf die Ansetzung des Wahltermins nach § 16 BWG durch den Bundespräsidenten verwiesen[652].

---

646 BVerfGE 41, 399 (413); 51, 222 (234); 85, 148 (157 f.); 99, 1 (13); 120, 82 (102); *Trute*, in: v. Münch/Kunig (Hrsg.), GG, Bd. 1, Art. 38, Rn. 64.

647 BVerfGE 11, 266 (272); 41, 399 (413); 71, 81 (94); 82, 322 (337); 93, 373 (376).

648 *Gröpl*, Staatsrecht I, S. 102 f.; *Trute*, in: v. Münch/Kunig (Hrsg.), GG, Bd. 1, Art. 38, Rn. 64 ff.

649 *Morlok*, in: FS Tsatsos, S. 408 (411); als Beispiel sei hier die Frage der Sendezeiten im Wahlkampf genannt, die wiederholt Thema bundesverfassungsgerichtlicher Rechtsprechung war, siehe BVerfGE 14, 121 (134, 136); 47, 198 (227); 48, 271 (277).

650 *Butzer*, in: Epping/Hillgruber (Hrsg.), GG, Art. 38, Rn. 91; *Nellesen*, Äußerungsrechte staatlicher Funktionsträger, S. 61.

651 BVerfGE 44, 125 (152 f.); siehe auch BVerfGE 63, 230 (244 f.).

652 BVerfGE 44, 125 (153); 63, 230 (245); für das zusätzliche Zurückhaltungsgebot auf Landesebene werden unterschiedliche Zeiträume angenommen - für etwa fünf bis sechs Monate: StGH Hess, NVwZ 1992, S. 465 (466); VfGH MV, Urt. v. 23.5.1996 – Az. LVerfG 1/95; *Mandelartz*, LKRZ 2010, S. 371 (373), *Dişçi*, Der Grundsatz politischer

Besondere Zurückhaltung wird nur für diejenige staatliche Ebene gefordert, auf welcher der Wahlkampf stattfindet[653]. Andernfalls würde angesichts nahezu durchgehend stattfindender Wahlen auf Bundes-, Landes- und Kommunalebene immer äußerste Zurückhaltung von Amtsträgern gefordert, d. h., die Ausnahme würde zum Regelfall werden[654]. Sowohl Landesverfassungsgerichte[655] als auch Teile des Schrifttums[656] haben das Gebot äußerster Zurückhaltung auf amtliche Äußerungen über politische Parteien übertragen. Das Bundesverfassungsgericht indes hat in seinen Entscheidungen zu wertenden Äußerungen von Amtsträgern über politische Parteien explizit offengelassen, ob in Wahlkampfzeiten verschärfte Anforderungen im Hinblick auf das Gebot parteipolitischer Neutralität gelten[657]. Teile des Schrifttums lehnen verschärfte Anforderungen für mündliche Verlautbarungen von Amtsträgern ab und verweisen zur Begründung u. a. auf die Spontanität derartiger Äußerungen[658].

Für die Beantwortung der Frage, ob unter der Annahme eines Gebotes parteipolitischer Neutralität ein Gebot äußerster Zurückhaltung in Wahlkampfzeiten gilt, ist maßgeblich, ob überhaupt ein strengerer Maßstab denkbar ist: Welche amtliche Äußerung über eine politische Partei würde in Wahlkampfzeiten gegen das Gebot parteipolitischer Neutralität verstoßen, außerhalb des Wahlkampfes aber nicht? Weder in der Rechtsprechung noch im Schrifttum findet sich zu dieser Frage ein entsprechendes Beispiel[659]. Auch ein weiter gehendes

---

Neutralität, S. 224; für drei Monate: VfGH SL, NVwZ-RR 2010, S. 785 (786); *Barczak*, NVwZ 2015, S. 1014 (1019); *Nellesen*, Äußerungsrechte staatlicher Funktionsträger, S. 234.

653 VfGH RP, NVwZ 2007, S. 200 (202); *Friehe*, in: Uhle (Hrsg.), Information und Einflussnahme, S. 81 (109 f.); *Hufen*, LKRZ 2007, S. 41 (46 f.).

654 *Hufen*, LKRZ 2007, S. 41 (46).

655 VfGH RP, NVwZ-RR 2014, S. 665 (666); VfGH TH, ThürVBl. 2015, S. 295 (298).

656 *Barczak*, NVwZ 2015, S. 1014 (1019); *Engelbrecht*, Komm P Wahlen 2015, S. 20 (21); *Gusy*, NVwZ 2015, S. 700 (703 f.); *Kliegel*, in: Scheffczyk/Wolter (Hrsg.), Linien der Rechtsprechung, S. 413 (436 f.); *Nellesen*, Äußerungsrechte staatlicher Funktionsträger, S. 234 f.; *Milker*, JA 2017, S. 647 (648).

657 BVerfGE 148, 11 (26); BVerfGE 154, 320 (342 f., Rn. 64).

658 *Dişçi*, Der Grundsatz politischer Neutralität, S. 228 f.; *Mandelartz*, DÖV 2009, S. 509 (511 f.).

659 So nimmt etwa das VfGH RP, NVwZ-RR 2014, S. 665 (667) ein solches Gebot äußerster Zurückhaltung an, so dann wird aber nur festgestellt, dass es staatlichen Organen vor Wahlen untersagt sei, politische Parteien zu unterstützen oder zu bekämpfen. Dies ist jedoch auch das Ergebnis des „üblichen“ parteipolitischen Neutralitätsgebotes.

Identifikationsverbot[660] gegenüber politischen Parteien als dasjenige, das aus Art. 21 Abs. 1 GG abgeleitet wird[661], ist nicht denkbar[662].

Erhoben wird jedoch die weiter gehende Forderung, dass Amtsträger in Wahlkampfzeiten jegliche Aktivitäten in sozialen Netzwerken zu unterlassen haben[663]. Strikte Zurückhaltung hätte demnach zur Folge, dass aus dem Verbot parteiergreifender Äußerungen ein Verbot jeglicher Äußerungen in sozialen Medien wie Facebook und Twitter würde. Damit wäre es zum Beispiel einem Regierungsmitglied auch untersagt, in derartigen Medien dazu aufzurufen, wählen zu gehen.

Es erscheint indes schon fragwürdig, warum sich ein solches Äußerungsverbot selektiv auf die sozialen Medien beziehen soll. Diese sind Kommunikationsplattformen, wie es beispielsweise auch Zeitungsartikel oder Fernsehsendungen sind. Zwar besteht die Besonderheit, dass ein Amtsträger in seinen eigenen sozialen Medien selbstbestimmt entscheiden kann, welche Äußerungen er verbreitet. Diese Situation unterscheidet sich etwa von der bei Zeitungen, die eigenständig entscheiden, welche Äußerungen sie zitieren. Jedoch ist es genauso denkbar, dass der Amtsträger seine Äußerung in Form einer Zeitungsanzeige verbreitet oder Flugblätter druckt und verteilt. Auch in diesen Fällen hätte er es allein in der Hand, seine Äußerung zu verbreiten. Mithin ist es nicht überzeugend, die Forderung nach äußerster Zurückhaltung in Wahlkampfzeiten an die Verwendung eines bestimmten Mediums zu knüpfen und dieses Amtsträgern als Kommunikationsplattform während eines Wahlkampfes zu verbieten. Würde man als „Gebot äußerster Zurückhaltung" ein völliges politisches Äußerungsverbot annehmen, wäre zu beachten, dass die Rechtsprechung nicht Äußerungen als solche verbietet[664]. Das Gebot parteipolitischer Neutralität bezieht sich stets auf das *Was* der Äußerung; verboten sind parteiergreifende Verlautbarungen[665]. Wenn aber eine Äußerung nur allgemeiner Natur ist, gibt es keine Rechtsverletzung, d. h., es sind keine subjektiven Rechte verletzt und niemand ist klage- oder antragsbefugt. Weil also das Gebot parteipolitischer Neutralität staatlichen Amtsträgern bereits jede Äußerung zugunsten oder zulasten politischer Parteien,

660 So aber *Engelbrecht*, KommP Wahlen 2015, S. 20 (21).

661 Siehe 3. Teil, A. II. 2. a) cc).

662 So auch *Growe*, Das Regierungsmitglied im parteipolitischen Diskurs, S. 120.

663 *Friehe*, in: Uhle (Hrsg.), Information und Einflussnahme, S. 81 (108 f.).

664 Siehe BVerfGE 44, 125 (147); 63, 230 (242 f.); 138, 102 (114, Rn. 40); 148, 11 (27 f., Rn. 51).

665 Siehe 3. Teil, A. II. 2. a) cc).

d. h. jede Bewertung politischer Parteien, verbietet, kann für derartige wertende Äußerungen kein noch weiter reichendes Zurückhaltungsgebot in Wahlkampfzeiten existieren. Ein besonderes Zurückhaltungsgebot in solchen Zeiten kann allenfalls mit Blick auf die regierungsamtliche Öffentlichkeitsarbeit in Form von Publikationen und Leistungsdarstellungen in Betracht kommen[666]. Der Regierung ist es dann beispielsweise verboten, in Wahlkampfzeiten Erfolgsbilanzen zu verbreiten[667]. Hierbei geht es aber weniger um den Inhalt der Äußerung oder darum, ob sie einen parteiergreifenden Charakter hat, als vielmehr um die Frage, wie erheblich der staatliche Ressourceneinsatz ist.

c) *Inhalt des Prinzips der Chancengleichheit politischer Parteien aus Art. 28 Abs. 1 S. 2 GG*

Auf Länder- und Kommunalebene wird der Grundsatz der wahlrechtlichen Chancengleichheit durch Art. 28 Abs. 1 S. 2 GG ergänzt[668]. Denn Art. 28 Abs. 1 S. 2 GG nimmt auf die Wahlrechtsgrundsätze des Art. 38 Abs. 1 S. 1 GG Bezug, sodass die vorherigen inhaltlichen Ausführungen[669] auch für Landtags- und Kommunalwahlen gelten[670]. Mit Blick auf die Schutzsubjekte ist indes eine Ergänzung notwendig. Denn der Anspruch auf Chancengleichheit aus Art. 28 Abs. 1 S. 2 GG erfasst nicht nur die politischen Parteien, sondern bei Kommunalwahlen auch Wählervereinigungen[671]. Dies ist konsequent, da sie auf kommunaler Ebene, ebenso wie politische Parteien, um Stimmen werben und in diesem Wettbewerb gleiche Chancen haben müssen.

d) *Kommunikationsgrundrechte als Basis des Gebotes parteipolitischer Neutralität?*

Die Aktivitäten politischer Parteien werden auch durch die Grundrechte geschützt[672]. Dies folgt aus Art. 19 Abs. 3 GG. Aufgrund von Art. 19 Abs. 3 GG

---

666 Siehe hierzu BVerfGE 44, 125 (152).

667 BVerfGE 44, 125 (152 f.).

668 *Barzack*, NVwZ 2014, S. 1014 (1015); *Schwarz*, in: v. Mangoldt/Klein/Starck, GG, Bd. 2, Art. 28, Rn. 83; *Spitzlei*, JuS 2018, S. 856 (857); siehe auch BVerfGE 78, 350 (358).

669 Siehe 3. Teil, A. II. 2. b).

670 *Schreiber*, in: Friauf/Höfling (Hrsg.), GG, Art. 38, Rn. 21.

671 BVerfGE 99, 69 (78 f.); 121, 108 (121); *Dreier*, in: ders. (Hrsg.), GG, Bd. II, Art. 28, Rn. 66.

672 BVerfGE 6, 273 (276 f.); 7, 99 (104); 121, 30 (57); StGH NDS, Urt. v. 24.11.2020 – Az. 6/19, Rn. 51 (juris); *Henke*, Das Recht der politischen Parteien, S. 229 f.; *Ipsen/Koch*, in: Sachs (Hrsg.), GG, Art. 21, Rn. 45 ff.; *Mauersberger*, Die Freiheit der Parteien,

können sich Parteien auf solche Grundrechte berufen, die „ihrem Wesen nach" auf sie anwendbar sind[673]. Dies sind jedenfalls solche Grundrechte, welche die Umsetzung des Mitwirkungsauftrags aus Art. 21 Abs. 1 S. 1 GG unterstützen, insbesondere Art. 5, 8, 10, 11, 13, 14 GG[674]. Im Rahmen der Äußerungsrechtsfälle relevant sind die Kommunikationsgrundrechte der Art. 5 Abs. 1 S. 1 und Art. 8 Abs. 1 GG. So existieren diverse Sachverhalte, bei welchen sich die amtliche Verlautbarungen auf Versammlungen politischer Parteien bezog[675]. Das Bundesverfassungsgericht deutete in seiner einstweiligen Anordnung in der Sache *Wanka* an, dass durch die „Rote Karte" für die AfD auch ein Verstoß gegen die Versammlungsfreiheit vorliegen könnte[676]. In der Hauptsacheentscheidung wurde dieser Aspekt nicht aufgegriffen.

Im Schrifttum gibt es einige Stimmen, die annehmen, dass aus dem Grundrecht auf Versammlungsfreiheit ein Verbot abschreckender staatlicher Äußerungen folgt[677]. Allerdings wird diese Annahme ausschließlich auf staatliche Äußerungen gegenüber Vereinigungen ohne Parteienstatus bezogen, ist aber ohne weiteres übertragbar auf politische Parteien, da diese ebenfalls Vereinigungen sind[678]. Zugleich schützt Art. 21 Abs. 1 GG bereits die gesamte Betätigung politischer Partei, folglich auch ihre Versammlungen, da diese den Zweck haben, die politische Willensbildung zu beeinflussen[679]. Versammlungen sind vor allem für Oppositionsparteien ein integrales Mittel, um den Prozess der

S. 129 ff.; *Sannwald*, in: Schmidt-Bleibtreu/Hofmann/Henneke (Hrsg.), GG, Art. 21, Rn. 69 ff.; a. A. *Huber*, Medienbeteiligung politischer Parteien, in: Morlok/v. Alemann/Streit (Hrsg.), S. 113 (119 ff.), der Art. 21 GG als abschließende Regelung betrachtet; auch das BVerfG lehnte in der Anfangszeit der BRD die Anwendung von Grundrechten auf Parteien ab, siehe BVerfGE 1, 208 (226 f.).

673 Siehe hierzu *Bethge*, AöR 104 (1979), S. 54 (78 ff.).

674 *Klafki*, in: v. Münch/Kunig (Hrsg.), GG, Bd. 1, Art. 21, Rn. 42; *Morlok*, in: Dreier (Hrsg.), GG, Bd. II, Art. 21, Rn. 55; zu den auf Parteien nicht anwendbaren Grundrechten siehe *Henke*, Das Recht der politischen Parteien, S. 230; *Ipsen/Koch*, in: Sachs (Hrsg.), GG, Art. 21, Rn. 46; zu Art. 5 Abs. 1 S. 1, 2 GG siehe auch StGH NDS, NdsVBl 2005, S. 296; zu Art. 8 GG siehe auch BVerfGE 3, 383 (391); *Henke*, in: BK-GG, Art. 21, Rn. 218; zu Art. 13 und 14 GG siehe auch BVerfGE 84, 290 (299).

675 Siehe die Fälle BVerfGE 148, 11; VfGH TH, ThürVBl. 2015, S. 295; VfGH BE, LKV 2019, S. 120; VG Münster, Urt. v. 08.02. 2019 – Az. 1 K 3306/17 (juris).

676 BVerfGE 140, 225 (228).

677 *Milker*, JA 2017, S. 647 (649); *Wahnschaffe*, NVwZ 2016, S. 1767 (1769).

678 Siehe 3. Teil, A. II. 1. a).

679 BVerfGE 148, 11 (25, Rn. 43); StGH NDS, Urt. v. 24.11.2020 – Az. 6/19, Rn. 51 (juris).

Meinungs- und Willensbildung der Bürgerschaft zu beeinflussen[680]. Dies erklärt, warum das Bundesverfassungsgericht es für überflüssig hielt, in der Hauptsacheentscheidung im Verfahren *Wanka*[681] auf die Frage der Versammlungsfreiheit einzugehen.

Zugleich wird Art. 8 Abs. 1 GG nicht durch Art. 21 Abs. 1 S. 1 GG verdrängt, beide Normen stehen nebeneinander[682]. Der verfassungsrechtliche Schutz parteilicher Versammlungen wird allerdings vor allem über Art. 21 Abs. 1 S. 1 GG gewährleistet, während versammlungsspezifische Fragen (z. B. Auflagen) über Art. 8 Abs. 1 GG zu lösen sind[683]. Weil Art. 21 Abs. 1 S. 1 GG die parteispezifische Verfassungsnorm darstellt, kann ein Gebot parteipolitischer Neutralität nur hieraus folgen. Aus Art. 8 Abs. 1 GG kann allenfalls ein allgemeines Gebot politischer Neutralität folgen; die Darstellung hierzu erfolgt systematisch passender anhand der Vereinigungen ohne Parteienstatus[684]. Dies ist auch deshalb sachgerecht, weil das Gebot parteipolitischer Neutralität spezieller ist als ein etwaiges allgemeines Gebot politischer Neutralität. Es sei zudem darauf hingewiesen, dass der Schutz von Parteien durch Art. 8 Abs. 1 GG weniger effektiv ist. Denn Grundrechte sind kein Bestandteil der Rechtsstellung politischer Parteien nach Art. 21 GG und können daher nicht im Wege des Organstreitverfahrens vor dem Bundesverfassungsgericht geltend gemacht werden[685].

3. *Folgen des Gebotes parteipolitischer Neutralität*

Der Rechtsprechung des Bundesverfassungsgerichts zufolge darf die Regierung weder zugunsten noch zulasten einer Partei auf den politischen Wettbewerb Einfluss nehmen[686]. Galt nach dieser Rechtsprechung das Neutralitätsgebot ursprünglich nur für den Wahlkampf[687], so wurde mittlerweile entschieden, dass auch außerhalb der Wahlkampfzeit das Gebot parteipolitischer Neutralität zu befolgen sei[688]. Aus dem Neutralitätsgebot folgt für Inhaber staatlicher

---

680 BVerfGE 148, 11 (25, Rn. 43); StGH NDS, Urt. v. 24.11.2020 – Az. 6/19, Rn. 52 (juris).

681 BVerfGE 148, 11.

682 *Depenheuer*, in: Dürig/Herzog/Scholz, GG, Art. 8, Rn. 206; *Hoffmann-Riem*, in: AK-GG, Art. 8, Rn. 68; *Gusy*, in: v. Mangoldt/Klein/Starck, GG, Bd. 1, Art. 8, Rn. 90.

683 Siehe hierzu auch *Schulze-Fielitz*, in: Dreier (Hrsg.), GG, Bd. I, Art. 8, Rn. 133.

684 Siehe 3. Teil, A. IV. 2. a) aa).

685 BVerfGE 84, 290 (299); 111, 54 (81).

686 BVerfGE 138, 102 (109, Rn. 26); 148, 11 (25, Rn. 45); 154, 320 (335, Rn. 47).

687 BVerfGE 44, 125 (144): „Die Staatsorgane haben als solche allen zu dienen und *sich im Wahlkampf neutral* zu verhalten." [Hervorhebung durch Verfasser].

688 BVerfGE 148, 11 (25 f., Rn. 46); BVerfG, NVwZ 2022, 1113 (1114).

Führungsämter u. a., dass es ihnen verboten ist, sich parteiergreifend zu Versammlungen politischer Parteien zu äußern. Jede Äußerung, die abschreckend auf potenzielle Teilnehmende solcher Versammlung wirken kann, ist untersagt[689]. Amtsträger dürfen weder „Rote Karten“ für Versammlungen verteilen[690] noch die Bürgerschaft zur Teilnahme an einer Gegenversammlung[691] motivieren noch zum Boykott aufrufen[692] oder anlässlich der Versammlung einer Partei städtische Lichter ausschalten[693]. Auch abseits von Versammlungen schränkt das Gebot parteipolitischer Neutralität die Äußerungsmöglichkeiten staatlicher Amtsträger ein. So ist es ihnen untersagt, dazu aufzurufen, eine Partei nicht zu wählen[694]. Jede Beeinflussung der Wahlentscheidung, jede Wahlempfehlung, etwa durch Anzeigen oder Wahlaufrufe, ist unter der Geltung des Neutralitätsgebotes für Amtsträger verboten[695].

Sie dürfen auch nicht dazu aufrufen, eine Parteivertreterin aus einer Veranstaltung auszuladen[696]. Auch stark herabsetzende Bezeichnungen, etwa einer Partei als „staatszersetzend“, „hochgefährlich“ und „schäbig“, sind verboten[697]. Folglich dürfen Inhaber staatlicher Führungsämter aufgrund des Gebotes parteipolitischer Neutralität Parteien nicht durch Äußerungen bevorzugen oder benachteiligen; ihnen ist jedwede Bewertung politischer Parteien untersagt. Deshalb sind auch ausgrenzende Bewertungen, die einer Partei die Kooperationsfähigkeit absprechen, unter Ägide des Neutralitätsgebotes untersagt[698]. Hingegen werden amtliche Äußerungen, die keinen Bezug zu einer politischen Partei aufweisen, sondern allgemeiner Art sind – etwa Aufrufe für eine Willkommenskultur oder für den Kampf gegen Rassismus –, nicht vom Gebot parteipolitischer Neutralität

---

689 BVerfGE 148, 11 (26 f., Rn. 47 ff.); VfGH TH, ThürVBl. 2016, S. 281 (283); StGH NDS, Urt. v. 24.11.2020 – Az. 6/19, Rn. 55 (juris); VG Münster, Urt. v. 08.02. 2019 – 1 K 3306/17, Rn. 43 (juris); noch vor der Rechtsprechung zum parteipolitischen Neutralitätsgebot, aber in der Sache ähnlich VfGH TH, ThürVBl. 2015, S. 295 (299); siehe auch *Barczak*, NVwZ 2015, S. 1014 (1019).

690 BVerfGE 148, 11 (26 f., Rn. 47 ff.).

691 VfGH TH, ThürVBl. 2015, S. 295 (299); VG Göttingen, Beschl. v. 29.08.2018 – 1 B 462/18, Rn. 31 (juris).

692 VfGH TH, ThürVBl. 2016, S. 281 (283 f.).

693 VG Münster, Urt. v. 08.02. 2019 – 1 K 3306/17, Rn. 43 (juris).

694 VfGH RP, LKRZ 2014, S. 463 (464); siehe auch *Barczak*, NVwZ 2015, S. 1014 (1019).

695 BVerwGE 104, 323 (326); 118, 101 (102); BVerwGE, NVwZ 1992, S. 795.

696 VGH Hessen, Beschl. v. 11.07.2017 – 8 B 1144/17, Rn. 30 (juris).

697 BVerfGE 154, 320 (350, Rn. 90).

698 BVerfG, NVwZ 2022, 1113 (1121).

erfasst[699]. In diesen Fällen fehlt es an einer Rechtsverletzung gegenüber einer Partei.

III. Schutz der Fraktionen

Auch gegenüber parlamentarischen Fraktionen gilt nach der Rechtsprechung für Amtsträger ein Gebot politischer Neutralität[700].

1. Begriff der Fraktion

Fraktionen sind gemäß § 10 Abs. 1 S. 1 GO-BT freiwillige Vereinigungen von Parlamentsabgeordneten, die im Regelfall derselben Partei angehören[701]. In Art. 53a Abs. 1 GG werden Fraktionen erwähnt, ihre Existenz wird damit vorausgesetzt. § 45 Abs. 1 AbgG bestimmt, dass sich Abgeordnete des Bundestages zu Fraktionen zusammenschließen können[702]. Die Fraktionen wirken gemäß § 47 Abs. 1 AbgG an der Erfüllung der Aufgaben des Bundestages mit. Sie sind hierbei gegenüber fraktionslosen Abgeordneten privilegiert, da sie beispielsweise den Ältestenrat bilden (§ 6 Abs. 1 S. 1 GO-BT) und die Rednerliste zusammenstellen (§ 28 Abs. 1 S. 2 GO-BT)[703]. Eine Gesamtschau der GO-BT wie auch die politische Praxis rechtfertigen somit die Bezeichnung des Bundestages als „Fraktionsparlament"[704].

In dieser Konsequenz sind Fraktionen auch als notwendige Einrichtung des Verfassungslebens und als maßgebliche Faktoren der politischen Willensbildung anerkannt[705]. Ihre Notwendigkeit ergibt sich aus der Tatsache, dass es im Parlament einer Koordinierung der Abläufe zwischen den Abgeordneten bedarf.

---

699 So auch VG Köln, Beschl. v. 30.03.2017 – Az. 4 L 750/17, Rn. 66 (juris); *Growe*, Das Regierungsmitglied im parteipolitischen Diskurs, S. 117; *Gusy*, NVwZ 2015, S. 700 (703).

700 Siehe VfGH BY, Beschl. v. 1.12.2020 – Az. Vf. 90-IVa-20, Rn. 26 (juris).

701 Vgl. auch BVerfGE 70, 324 (362); 80, 188 (219 f.); 84, 304 (322); *Henke*, Das Recht der politischen Parteien, S. 145; *Du Mesnil/Müller*, JuS 2016, S. 603 (606).

702 Gemäß § 10 Abs. 1 GO-BT sind für die Bildung einer Fraktion mindestens fünf vom Hundert der Mitglieder des Bundestages notwendig.

703 Siehe eingehend *Du Mesnil/Müller*, JuS 2016, S. 603 (606).

704 *Schliesky*, in: v. Mangoldt/Klein/Starck, GG, Bd. 2, Art. 40, Rn. 15; siehe auch *Jun*, in: Niedermayer (Hrsg.), Handbuch Parteienforschung, S. 119 (123).

705 BVerfGE 10, 4 (14); 20, 56 (104); 43,142 (147); 80, 188 (219); 102, 224 (242); 147, 50 (118, Rn. 163); *Kluth*, in: Schmidt-Bleibtreu/Hofmann/Henneke (Hrsg.), GG, Art. 40, Rn. 69; *Zeh*, in: Isensee/Kirchhof (Hrsg.), HStR, Bd. III, § 52, Rn. 6.

Die Fraktionen sorgen für die notwendigen Absprachen und stellen hierdurch die Handlungsfähigkeit des Parlamentes sicher[706]. Zudem tragen sie zu einer effektiven Vertretung gleichgelagerter politischer Interessen bei[707]. Die Bildung von Fraktionen beruht auf der Ausübung des freien Mandats der Abgeordneten gemäß Art. 38 Abs. 1 S. 2 GG[708]. Zudem sind Fraktionen eine Folge der verfassungsrechtlichen Anerkennung politischer Parteien durch Art. 21 GG[709]. Jedoch sind Fraktionen nicht Teil der jeweiligen politischen Partei, der ihre Abgeordneten angehören, sondern des Parlamentes[710]. Als Teil des Parlamentes gehören sie zum Bereich organisierter Staatlichkeit[711]; anders als Parteien, die lediglich Teil der Gesellschaft sind[712]. Die Unterscheidung zwischen Parteien und Fraktionen[713] manifestiert sich vor allem in der Frage der Finanzierung[714].

Da die Rechte der Fraktionen u. a. aus Art. 38 Abs. 1 S. 2 GG folgen, gelten für sie die Rechte der Abgeordneten entsprechend[715]. Man kann Fraktionen praktisch als „Partei[en] im Parlament“ ansehen[716]. Denn sie setzen im Parlament fort, was die Parteien in der Gesellschaft leisten: Sie bündeln Vorstellungen und

706 BVerfGE 10, 4 (14); 20, 56 (104); 102, 224 (242); 112, 118 (135); *Dreier*, JZ 1990, 310 (318); *Schönberger*, in: Morlok/ Poguntke/Sokolov (Hrsg.), Parteienstaat – Parteiendemokratie, S. 39 (44); *Schreiber*, in: Friauf/Höfling (Hrsg.), Art. 38, Rn. 191.

707 *Du Mesnil/Müller*, JuS 2016, S. 603 (606).

708 BVerfGE 70, 324 (362 f.); 80, 188 (220); 84, 304 (322); 93, 195 (203 f.); 112, 118; VfGH SN, NVwZ-RR 2013, S. 865 (866); *Du Mesnil/Müller*, JuS 2016, S. 603 (606); *Kluth*, in: Schmidt-Bleibtreu/Hofmann/Henneke, GG, Art. 40, Rn. 58; *Schreiber*, in: Friauf/Höfling (Hrsg.), Art. 38, Rn. 192.

709 BVerfGE 10, 4 (14); 70, 324 (350); 102, 224 (240); 140, 115 (138 f., Rn. 56); *Klein*, in: Dürig/Herzog/Scholz, GG, Art. 38, Rn. 241; *Zeh*, in: Isensee/Kirchhof (Hrsg.), HStR, Bd. III, § 52, Rn. 6.

710 *Henke*, Das Recht der politischen Parteien, S. 145.

711 BVerfGE 20, 56 (104 f.); 62, 194 (202); 70, 324 (362); 140, 115 (139, Rn. 56); 146, 327 (346, Rn.50); *Henke*, Das Recht der politischen Parteien, S. 146; *Schönberger*, in: Morlok/ Poguntke/Sokolov (Hrsg.), Parteienstaat – Parteiendemokratie, S. 39 (43f.).

712 Zur Stellung der Parteien siehe 3. Teil, A. II. 1. b).

713 Siehe hierzu *Zeh*, in: Isensee/Kirchhof (Hrsg.), HStR, Bd. III, § 52, Rn. 14.

714 Näher hierzu *Schönberger*, in: Morlok/ Poguntke/Sokolov (Hrsg.), Parteienstaat – Parteiendemokratie, S. 39 (42 ff.).

715 BVerfGE 70, 324 (363); 80, 188 (220); 84, 304 (322).

716 *Henke*, Das Recht der politischen Parteien, S. 145; *Morlok*, in: Dreier (Hrsg.), GG, Bd. II, Art. 40, Rn. 33; ähnlich *Zeh*, in: Isensee/Kirchhof (Hrsg.), HStR, Bd. III, § 52, Rn. 14: „Repräsentanten der Partei“; *Kunig*, in: Isensee/Kirchhof (Hrsg.), HStR, Bd. III, § 40, Rn. 85: „Die Figur der Fraktion als parlamentarische Erscheinungsform der Partei ist hier hervorzuheben.“

Ziele verschiedener Abgeordneter[717] und transformieren gesellschaftliche Willensbildung in staatliches Handeln[718].

2. Schutz der Fraktionen durch das Gebot politischer Neutralität

Die Rechte und der Schutz von Parlamentsfraktionen ergeben sich aus innerparlamentarischen Rechten[719]. Daher können sich Fraktionen nicht auf Art. 21 Abs. 1 S. GG berufen; diese Vorschrift schützt nur politische Parteien[720]. Maßgeblich für die Annahme eines Gebotes politischer Neutralität gegenüber Fraktionen kann nur das Recht der Parlamentsfraktionen auf Chancengleichheit[721] sein[722]. Dieses folgt aus Art. 38 Abs. 1 S. 2 GG[723]. Das dort verankerte freie Mandat[724] beinhaltet u. a. das Prinzip der Egalität der Abgeordneten[725]. Da Fraktionen der Zusammenschluss von Abgeordneten sind[726], gilt für sie dasselbe[727]. Das Recht der Fraktionen auf Chancengleichheit soll laut der Rechtsprechung des Bayerischen Verfassungsgerichthofes zur Folge haben, dass Äußerungen staatlicher Amtsträger zulasten oder zugunsten einer Parlamentsfraktion verboten

---

717 BVerfGE 112, 118 (135); *Klein*, in: Dürig/Herzog/Scholz, GG, Art. 38, Rn. 237.

718 *Morlok*, in: Dreier (Hrsg.), GG, Bd. II, Art. 40, Rn. 33; siehe auch *Butzer*, in: Epping/Hillgruber, GG, Art. 38, Rn. 134; *Müller*, in: v. Mangoldt/Klein/Starck, GG, Bd. 2, Art. 38, Rn. 97.

719 BVerfGE 91, 246 (250f.); 100, 266 (270); 124, 161 (187); 150, 163 (167, Rn. 14); VfGH BY, Beschl. v. 1.12.2020 – Az. Vf. 90-IVa-20 (juris), Rn. 16.

720 Siehe hierzu 3. Teil, A. III. 2. a).

721 VfGH ST, LKV 1997, S. 63; Beispiele für die praktische Umsetzung der Chancengleichheit, etwa, dass der Vorsitz des Haushaltsausschusses an die Opposition geht, bei *Zeh*, in: Isensee/Kirchhof (Hrsg.), HStR, Bd. III, § 52, Rn. 25.

722 Siehe hierzu VfGH BY, Beschl. v. 1.12.2020 – Az. Vf. 90-IVa-20, Rn. 22 (juris).

723 BVerfGE 70, 324 (363); 84, 304 (325); siehe zur Chancengleichheit kommunaler Fraktionen, die aus Art. 3 Abs. 1 GG folgt, OVG NRW, Urt. v. 8.10.2002 – Az. 15 A 3691/01, Rn. 36 (juris); OVG NDS, Beschl. v. 09.06.2009 – Az. 10 ME 17/09, Rn.13 (juris); für Landtagsfraktionen folgt die Chancengleichheit aus der Landesverfassung, beispielsweise Art. 19 Abs. 2 S. 1 Verf NDS [siehe StGH NDS, NVwZ-RR 2019, S. 578 (581)] und § Art. 13 Abs. 2 Verf BY [siehe VfGH BY, Beschl. v. 1.12.2020 – Az. Vf. 90-IVa-20, Rn. 25 (juris)].

724 Zum Begriff siehe *Butzer*, in: Epping/Hillgruber (Hrsg.), GG, Art. 38, Rn. 122 ff.

725 BVerfGE 40, 296 (317 f.); 44, 308 (316); 56, 396 (405); 80, 188 (218); 93, 195 (204); 112, 118 (133); VfGH BY, Beschl. v. 1.12.2020 – Az. Vf. 90-IVa-20, Rn. 21 (juris); *Trute*, in: v. Münch/Kunig (Hrsg.), GG, Bd. 1, Art. 38, Rn. 106.

726 Siehe 3. Teil, A. III. 1.

727 VfGH BY, Beschl. v. 1.12.2020 – Az. Vf. 90-IVa-20, Rn. 21 (juris).

sind[728]. Mit Blick auf die Folgen des Neutralitätsgebotes gegenüber Fraktionen gilt dasselbe wie bei amtlichen Äußerungen gegenüber politischen Parteien[729]. Ein Verstoß gegen die Pflicht zur Neutralität gegenüber Fraktionen wurde bisher in der Rechtsprechung nicht bejaht[730].

IV. Schutz von Vereinigungen ohne Parteienstatus

Äußerungen von Amtsträgern im politischen Meinungskampf können sich auch auf Vereinigungen ohne Parteienstatus beziehen[731]. Um diesen Fall näher zu betrachten, wird zunächst der Begriff der Vereinigung ohne Parteienstatus bestimmt[732]. Sodann wird erläutert, welche Positionen insoweit zur Anwendbarkeit des Gebotes politischer Neutralität existieren[733]. Im Anschluss wird auf das Sachlichkeitsgebot eingegangen[734].

1. Begriff und Funktion von Vereinigungen ohne Parteienstatus

Die maßgebliche Vorschrift für die Bildung und Betätigung politischer Vereinigungen ohne Parteienstatus ist Art. 9 Abs. 1 GG. Diese Vorschrift schützt die Freiheit der Bürgerinnen und Bürger, sich zu Vereinen und Gesellschaften zusammenzuschließen[735]. Der beides umfassende Oberbegriff ist „Vereinigung" (siehe Art. 9 Abs. 2 GG). Die Vereinigungsfreiheit garantiert das Prinzip freier sozialer Gruppenbildung[736]. Der gesellschaftliche Pluralismus[737] manifestiert sich somit nicht nur in der Parteigründungsfreiheit, sondern auch in der Vereinigungsfreiheit[738]. Eine Vereinigung ist jeder Zusammenschluss einer Mehrheit natürlicher

---

728 VfGH BY, Beschl. v. 1.12.2020 – Az. Vf. 90-IVa-20, Rn. 22 (juris).

729 Siehe 3. Teil, A. II. 3.

730 In dem einzigen bisher hierzu vorliegenden Fall verneinte der Bayerische Verfassungsgerichtshof einen Verstoß der Landtagspräsidentin, siehe VfGH BY, Beschl. v. 1.12.2020 – Az. Vf. 90-IVa-20 (juris).

731 Siehe etwa BVerwGE 159, 327; VG München, MMR 2016, S. 71.

732 Siehe 1.

733 Siehe 2. a).

734 Siehe 2. b).

735 BVerfGE 13, 174 (175); 84, 372 (378); 149, 160 (192, Rn. 97).

736 BVerfGE 38, 281 (302f.); 50, 290 (353); 80, 244 (252); 100, 214 (223).

737 Zum Begriff des Pluralismus siehe zuvor 3. Teil, A. I. 1. b) bb).

738 *Dişçi*, Der Grundsatz politischer Neutralität, S. 55; *Fraenkel*, in: v. Brünneck (Hrsg.), Gesammelte Schriften, Bd. V, S. 256 (258).

oder juristischer Personen, die sich für längere Zeit freiwillig[739] verbunden und einer organisierten Willensbildung unterworfen haben[740]. Der Begriff „längere Zeit“ darf nicht zu eng verstanden werden, er dient der Abgrenzung zu bloßen Versammlungen[741]. Die organisierte Willensbildung setzt ein gewisses Maß an organisatorischer Stabilität voraus[742]. Folglich sind alle eingetragenen und nicht eingetragenen Vereine, Personen- und auch Kapitalgesellschaften als Unternehmensträger erfasst[743]; die Frage der Rechtsfähigkeit ist dagegen für Art. 9 Abs. 1 GG nicht von Belang[744]. Bloße „Bewegungen“, die keine Unterordnung unter einen Gesamtwillen aufweisen, sind keine Vereinigungen[745].

Vereinigungen haben häufig den Zweck, Einfluss auf staatliches Handeln zu nehmen[746]. Hierbei ist die Einflussnahme auf den politischen Willensbildungsprozess des Volkes erlaubt, da Parteien hierauf kein Monopol haben[747]. Dies folgt zum einen aus der Formulierung des Art. 21 Abs. 1 S. 1 GG, der nur von Mitwirkung an der politischen Willensbildung des Volkes spricht, d. h., diese Aufgabe nicht ausschließlich den Parteien zuordnet, zum anderen aus der Existenz derjenigen Grundrechte, welche die politisch-gesellschaftliche Einflussnahme der Bürgerschaft und ihrer Vereinigungen absichern, insbesondere Art. 4, 5, 8, 9 und 17 GG. Auch Vereinigungen haben, wie politische Parteien, eine gewisse

---

739 *Kemper*, in: v. Mangoldt/Klein/Starck, GG, Bd. 1, Art. 9, Rn. 27 ff.; *Wolff*, in: Hömig/Wolff (Hrsg.), GG, Art. 9 Abs. 1; das Merkmal der „Freiwilligkeit“ dient vor allem der Abgrenzung zu öffentlich-rechtlichen Zusammenschlüssen wie beispielsweise Ärztekammern, siehe *Bauer*, in: Dreier (Hrsg.), GG, Bd. I, Art. 9, Rn. 40 m. w. N.

740 BVerwGE 106, 177 (181); *Höfling*, in: Sachs (Hrsg.), GG, Art. 9, Rn. 9; *Löwer*, in: v. Münch/Kunig (Hrsg.), GG, Bd. I, Art. 9, Rn. 35; *Rixen*, in: Stern/Becker (Hrsg.), Grundrechte, Art. 9, Rn. 13.

741 *Löwer*, in: v. Münch/Kunig (Hrsg.), GG, Bd. I, Art. 9, Rn. 37; *Rixen*, in: Stern/Becker (Hrsg.), Grundrechte-Kommentar, Art. 9, Rn. 13 f.; siehe hierzu auch *Schmitt Glaeser*, in: Isensee/Kirchhof (Hrsg.), HStR, Bd. III, § 38, Rn. 21.

742 *Höfling*, in: Sachs (Hrsg.), GG, Art. 9, Rn. 15; *Rinken*, AK-GG, Art. 9, Rn. 49; *Löwer*, in: v. Münch/Kunig (Hrsg.), GG, Bd. I, Art. 9, Rn. 40.

743 *Rixen*, in: Stern/Becker (Hrsg.), Grundrechte-Kommentar, Art. 9, Rn. 16.

744 BVerfGE 13, 174 (175); 84, 372 (378); 149, 160 (192, Rn. 97).

745 *Wolff*, in: Hömig/Wolff (Hrsg.), GG, Art. 9 Abs. 1.

746 *v. Arnim*, Gemeinwohl und Gruppeninteressen, S. 134; *Krüger*, Allgemeine Staatslehre, S. 399 ff.

747 BVerfGE 2, 1 (10); 20, 56 (114); 41, 399 (416 f.); 85, 264 (284); *v. Arnim*, Gemeinwohl und Gruppeninteressen, S. 132 f.; *Kunig*, in: Isensee/Kirchhof (Hrsg.), HStR, Bd. III, § 40, Rn. 18, 83; *Schröder*, in: Merten/Papier (Hrsg.), HGR, Bd. V, § 119, Rn. 11; *Stern*, Staatsrecht I, S. 439; siehe hierzu auch 3. Teil, A. II. 1. b) bb).

Vermittlerrolle[748], denn sie tragen dazu bei, dass der Wille der Bürgerschaft auch zwischen Wahlen die Chance hat, Gehör zu finden[749].

2. Der Schutz von Vereinigungen ohne Parteienstatus

Zum Schutz von Vereinigungen ohne Parteienstatus vor hoheitlichen Äußerungen werden in der Rechtsprechung und Literatur zwei Anknüpfungspunkte diskutiert: das Gebot politischer Neutralität[750] und das Sachlichkeitsgebot[751].

a) Politische Neutralität

Auf Vereinigungen, die keine Parteien sind, findet Art. 21 Abs. 1 S.1 GG keine Anwendung. Hieraus kann kein Neutralitätsgebot für Inhaber staatlicher Führungsämter gegenüber Vereinigungen folgen[752]. Das Recht auf Chancengleichheit aus Art. 28 Abs. 1 S. 2 GG, welches die Wahlrechtsgrundsätze des Art. 38 Abs. 1 S. 1 GG für kommunale Wahlen festschreibt, findet nur für solche Vereinigungen Anwendung, die zur Kommunalwahl antreten[753]. Forderungen nach politischer Neutralität, die im Schrifttum erhoben werden, verfolgen daher unterschiedliche Ansätze; diese werden im Folgenden erläutert[754]. Die Rechtsprechung hingegen lehnt ein Gebot politischer Neutralität in Bezug auf amtliche Äußerungen gegenüber Vereinigungen ohne Parteienstatus ab[755].

aa) Grundrechte

Teile des Schrifttums stützen die Forderung nach politischer Neutralität gegenüber Vereinigungen ohne Parteienstatus auf die Grundrechte, insbesondere auf Art. 5 Abs. 1 S. 1 GG und Art. 8 Abs. 1 GG[756]. Unzweifelhaft sind Vereinigungen ohne Parteienstatus Träger von Grundrechten, dies folgt aus Art. 19 Abs. 3

---

748 Zur Vermittlungsrolle politischer Parteien siehe 3. Teil, A. II. 1. c.) aa).

749 *v. Arnim*, Gemeinwohl und Gruppeninteressen, S. 131.

750 Siehe a).

751 Siehe b).

752 BVerwGE 159, 327 (334, Rn. 24 f.); VG BE, Beschl. v. 30.04.2021 – Az. VG 6 L 96/21, Rn. 16 f. (juris).

753 Siehe 3. Teil, A. II. 2. c).

754 Siehe hierzu aa)–dd).

755 Siehe ee).

756 *Barczak*, NVwZ 2015, S. 1014 (1019); *Hillgruber*, JZ 2016, S. 495 (498 ff.); *Milker*, JA 2017, S. 647 (649); *Wahnschaffe*, NVwZ 2016, S. 1767 (1769 ff.); siehe auch *Dişçi*, MIP 2016, S. 101 (102), welche zusätzlich auf Art. 9 Abs. 1 GG verweist.

GG. Danach gelten die Grundrechte „auch für inländische juristische Personen, soweit sie ihrem Wesen nach auf diese anwendbar sind". Der Begriff „juristische Person" geht über den Begriff der juristischen Person des Privatrechts hinaus[757]. Maßgeblich für die Anwendbarkeit des Art. 19 Abs. 3 GG ist, dass die Organisation eine festgefügte Struktur aufweist und auf gewisse Dauer angelegt ist[758]. Dies schließt schlichte Personenmehrheiten aus, die sich nur zu einem bestimmten gesellschaftlichen Anlass zusammentun[759]. In den Äußerungsrechtsfällen beziehen sich die amtlichen Verlautbarungen bis dato stets auf Organisationen, die eine gewisse Festigkeit aufweisen und sich nicht nur zu einem konkreten Anlass wie einer Versammlung zusammenfinden[760]. Die Kommunikationsgrundrechte des Art. 5 Abs. 1 S. 1 und des Art. 8 Abs. 1 GG sind daher anwendbar[761].

Diejenigen, die aus den Grundrechten politische Neutralitätsforderungen ableiten, begründen dies damit, dass staatliche Äußerungen gegenüber einer bestimmten Meinung oder Versammlung mittelbar-faktische Grundrechtseingriffe darstellen, da durch sie Abschreckungseffekte für die Bürgerschaft entstünden[762]. Dies habe zur Folge, dass etwa amtliche Äußerungen über Versammlungen faktisch wie ein Verbot wirkten[763]. Die Grundrechte der Versammlungs- und Meinungsfreiheit verlangten vom Staat jedoch, sich zurückzuhalten und nicht parteiergreifend in die Grundrechtsausübung einzugreifen[764]. Der Staat solle „Meinungsneutralität" gegenüber gesellschaftlichen Auffassungen, Gruppierungen und Versammlungen wahren[765]. Durch die eingeräumten Grundrechte finde der Prozess politischer Meinungs- und Willensbildung

---

757 *Dreier*, in: ders. (Hrsg.), GG, Bd. I, Art. 19 Abs. 3, Rn. 45 ff.; *Remmert*, in: Dürig/Herzog/Scholz, GG, Art. 19 Abs. 3, Rn. 37.

758 BVerfGE 122, 342 (355); VGH BY, NJW 1984, S. 2116; *Sodan*, in: ders. (Hrsg.), GG, Art. 19, Rn. 15; *Schulze-Fielitz*, in: Dreier (Hrsg.), GG, Bd. I, Art. 8, Rn. 57.

759 *Remmert*, in: Dürig/Herzog/Scholz, GG, Art. 19 Abs. 3, Rn. 41; *Sachs*, in: ders. GG, Art. 19, Rn. 65; *Sodan*, in: ders., GG, Art. 19, Rn. 15.

760 Bei Organisationen wie „Dügida" oder „Bagida" handelt es sich um Vereine, auch nicht eingetragene Vereine unterfallen dem Schutz des Art 19 Abs. 3 GG, siehe BVerfGE 6, 273 (277); 24, 36 (243).

761 Siehe zur Meinungsfreiheit BVerfGE 20, 162 (171); 21, 271 (277 f.), 95, 220 (234); 121, 30 (57); siehe zur Versammlungsfreiheit BVerfGE 122, 342 (355); BVerwG, NVwZ 1999, S. 991; VGH BY, NJW 1984, S. 2116.

762 *Milker*, JA 2017, S. 647 (649); *Wahnschaffe*, NVwZ 2016, S. 1767 (1769).

763 *Wahnschaffe*, NVwZ 2016, S. 1767 (1770).

764 *Barczak*, NVwZ 2015, S. 1014 (1019).

765 *Hillgruber*, in: Kluth (Hrsg.), „Das wird man ja wohl noch sagen dürfen", S. 77 (79, 81).

auch außerhalb klassischer Parteienstrukturen statt; an diesem Prozess hätten Organisationen ohne Parteienstatus einen wesentlichen Anteil[766]. Zudem wird darauf verwiesen, dass auch extreme Positionen Grundrechtsschutz genießen und dass zu diesem Schutz auch gehöre, dass der Staat diese Positionen nicht bewerte[767]. In der äußerungsrechtlichen Rechtsprechung spielen Grundrechte bis dato kaum eine Rolle. So erwähnt das Bundesverwaltungsgericht zwar die Meinungs- und Versammlungsfreiheit im Rahmen der Zulässigkeitsprüfung zur „Licht-aus"-Entscheidung[768]. Bei der Begründetheitsprüfung spielten diese Grundrechte jedoch keine Rolle mehr. Insgesamt wurde bisher in keiner Entscheidung, in der wertende Äußerungen politischer Amtsträger eine Rolle spielten, eine Verletzung der Kommunikationsgrundrechte der Betroffenen bejaht[769].

bb) Politische Neutralität als Grundsatz

Dişçi versteht politische Neutralität als einen Grundsatz, der allgemein gelte[770]. Sie begründet die Notwendigkeit allgemeiner politischer Neutralität des Staates gegenüber sämtlichen Vereinigungen mit dem Pluralismus in der Demokratie und daher mit Art. 20 Abs. 1 GG[771]. Nur wenn sich der Staat mit keiner gesellschaftlichen Auffassung identifiziere, könne die Freiheit aller Bürgerinnen und Bürger gleichermaßen gewährleistet werden[772]. Zudem sei nur so gewährleistet, dass alle Vereinigungen die gleichen Chancen hätten, wenn sie sich am politischen Wettbewerb beteiligten[773]. Denn der politische Wettbewerb beziehe sich ausweislich der Formulierung in Art. 21 Abs. 1 S. 1 GG nicht nur auf politische Parteien, sondern auf die gesamte Gesellschaft: Alle dürfen sich am politischen Wettbewerb beteiligen und sollen gleiche Chancen haben[774].

---

766 *Wahnschaffe*, NVwZ 2016, S. 1767 (1771); siehe dazu auch *Stern/Sachs/Dietlein*, Staatsrecht, Bd. IV/2, S. 5.

767 *Dişçi*, Der Grundsatz politischer Neutralität, S. 248 unter Verweis auf BVerfGE 124, 300 (330); *Michael/ Morlok*, Grundrechte, Rn. 210.

768 Siehe beispielsweise BVerwGE 159, 327 (330, Rn. 12).

769 Sie wird auch kaum aufgeworfen und wenn ja, wird eine Verletzung nicht bejaht wie etwa bei OVG BE-BB, Beschl. v.14.09.2012 – OVG 1 S 127.12, Rn. 10 (juris).

770 *Dişçi*, Der Grundsatz politischer Neutralität, S. 32 ff.

771 *Dişçi*, Der Grundsatz politischer Neutralität, S. 42 f.; zur Argumentation siehe 3. Teil, A., I. 1. b). bb).

772 *Dişçi*, Der Grundsatz politischer Neutralität, S. 33 f. unter Verweis auf *Krüger*, Allgemeine Staatslehre, S. 178 ff.

773 *Dişçi*, Der Grundsatz politischer Neutralität, S. 43.

774 *Dişçi*, Der Grundsatz politischer Neutralität, S. 58 f.

cc) *Allgemeines Gleichbehandlungsgebot i. V. m. dem Demokratieprinzip*

Nellesen nimmt an, dass ein Gebot politischer Neutralität gegenüber Vereinigungen ohne Parteienstatus aus Art. 3 Abs. 1 GG i. V. m. dem Demokratieprinzip folge[775]. Er begründet dies damit, dass auch sonstige Vereinigungen am politischen Willensbildungsprozess mitwirken dürfen und sie sich daher grundsätzlich ebenso wie politische Parteien auf das Prinzip der Chancengleichheit berufen können[776]. Diese Auffassung ähnelt derjenigen von *Dişçi*, die ebenfalls auf die Chancengleichheit im politischen Wettbewerb abhebt. Die Ansicht *Nellesens* kommt indes ohne den Überbau des Pluralismus aus, und sie knüpft an das allgemeine Gleichbehandlungsgebot an, ergänzt um Neutralitätsüberlegungen, die auf dem Demokratieprinzip basieren[777]. Art. 3 Abs. 1 GG wird so zur „Aktivierungsnorm" für das Demokratieprinzip, welches selbst keinen unmittelbaren subjektiven Anspruch begründet[778].

dd) *Benachteiligungs- und Bevorzugungsverbot*

Nellesen schlägt als Anknüpfungspunkt für das Gebot politischer Neutralität auch Art. 3 Abs. 3 S. 1 GG vor[779]. Er verweist darauf, dass eine Benachteiligung oder Bevorzugung wegen der politischen Anschauung durch Art. 3 Abs. 3 S. 1 GG verboten sei und staatliche Äußerungen, die eine andere Auffassung negativ oder positiv bewerten, gegen Art. 3 Abs. 3 S. 1 GG verstießen[780]. Voraussetzung sei, dass eine bestimmte Auffassung durch den Staat angesprochen werde. Werde zum Beispiel nur allgemein zur Teilnahme am politischen Meinungsbildungsprozess aufgerufen, werde niemand benachteiligt oder bevorzugt[781].

ee) *Rechtsprechung und Teile des Schrifttums: keine politische Neutralität gegenüber Vereinigungen ohne Parteienstatus*

Das Bundesverwaltungsgericht vertritt die Auffassung, dass das Gebot politischer Neutralität auf amtliche Äußerungen gegenüber Vereinigungen ohne Parteienstatus keine Anwendung findet[782]. Zur Begründung führt es an, dass das

775 *Nellesen*, Äußerungsrechte staatlicher Funktionsträger, S. 55.

776 *Nellesen*, Äußerungsrechte staatlicher Funktionsträger, S. 55 f.

777 Siehe zum Demokratieprinzip 3. Teil, A. I. 1.

778 Siehe hierzu 3. Teil, A.

779 *Nellesen*, Äußerungsrechte staatlicher Funktionsträger, S. 57.

780 *Nellesen*, Äußerungsrechte staatlicher Funktionsträger, S. 58 f.

781 *Nellesen*, Äußerungsrechte staatlicher Funktionsträger, S. 59.

782 BVerwGE 159, 327 (333 f., Rn. 23); dem folgend VG BE, Urt. v. 16.04.2019, Az. 6 K 13.19, Rn. 50 (juris); früher auch schon OVG NRW, NVwZ-RR 2004, S. 283 (283).

Neutralitätsgebot aus dem Recht der politischen Parteien auf Chancengleichheit aus Art. 21 Abs. 1 GG folge und dem Schutz der Chancengleichheit der Parteien diene[783]. Diese Interessenlage sei nicht mit derjenigen zum Schutz von Gruppierungen, die keine Parteien seien, vergleichbar, da diese Gruppierungen sich nicht an Wahlen beteiligten und einen vergleichsweise niedrigen Organisationsgrad aufwiesen[784]. In einem Kammerbeschluss schloss sich das Bundesverfassungsgericht dieser Auffassung an, da sich bei derartigen Vereinigungen „wesentlich andere Fragen" stellten als bei Äußerungen gegenüber politischen Parteien[785]. Das Gebot politischer Neutralität sei aufgrund seiner Herleitung auf den Wettbewerb zwischen den Parteien begrenzt[786]. Im Schrifttum fand die Entscheidung teilweise Zustimmung[787]. Zur Begründung angeführt wird die ungleiche Interessenlage: Der Wahlwettbewerb zwischen politischen Parteien sei ein besonders sensibler Bereich, da es um einen mathematisch-präzisen messbaren Wettstreit gehe; Versammlungen von Vereinigungen ohne Parteienstatus hingegen seien nicht vorwiegend von Teilnehmerzahlen geprägt, sondern von dem Ziel, Aufmerksamkeit zu generieren[788]. Besonders betont wird die Frage der normativen Herleitung: Da Aktivitäten politischer Vereinigungen ohne Parteienstatus nicht durch das Parteienprivileg des Art. 21 Abs. 1 S. 1 GG geschützt sind, welches aber den maßgeblichen Anknüpfungspunkt für die Herleitung des Gebotes politischer Neutralität darstellt[789], kann dieses Gebot nicht gegenüber Vereinigungen ohne Parteienstatus gelten[790]. Vereinigungen ohne Parteienstatus haben gerade nicht die Mittlerrolle, die politische Parteien aufweisen, sie sollen keinen Staatswillen aus einer Vielzahl von Partikularinteressen bilden[791]. Daher nimmt *Gärditz* an, dass derartige Vereinigungen Verlautbarungen staatlicher Amtsträger hinnehmen müssen[792].

---

783 BVerwGE 159, 327 (334, Rn. 24 f.).

784 BVerwGE 159, 327 (334, Rn. 25).

785 BVerfG (K), NVwZ 2020, S. 1824 (1825).

786 BVerfG (K), NVwZ 2020, S. 1824 (1825).

787 *Bender*, NWVBl. 2016, S. 143 (146 ff.); *Burkholz*, KJ 2019, S. 213 (216); *Gärditz*, NWVBl. 2015, S. 165 (167).

788 *Bender*, NWVBl. 2016, S. 143 (146 f.).

789 Siehe 3. Teil, A. II. 2. b).

790 *Bender*, NWVBl. 2016, S. 143 (147); *Burkholz*, KJ 2019, S. 213 (216); *Gärditz*, NWVBl. 2015, S. 165 (167).

791 *Bender*, NWVBl. 2016, S. 143 (147); zur Mittlerrolle siehe: 3. Teil, A. II. 1. b).

792 *Gärditz*, NWVBl. 2015, S. 165 (169 ff.).

b) Sachlichkeitsgebot

Das Bundesverwaltungsgericht zieht statt des Gebotes politischer Neutralität das Sachlichkeitsgebot zum Schutz politischer Vereinigungen ohne Parteienstatus heran[793].

aa) Herleitung und Inhalt

Das Sachlichkeitsgebot gilt für jegliches staatliche Handeln[794], mithin auch für staatliche Äußerungen[795]. Zugleich ist es nicht explizit geregelt[796]. Eine Herleitung ist nur aus allgemeinen Verfassungsprinzipien möglich. Tradierter Anknüpfungspunkt ist das Rechtsstaatsprinzip[797]. Die Folgerung aus diesem Sachlichkeitsgebot ist – wie es der Name schon ausdrückt –, dass der Staat sich in sachlicher, angemessener Art und Weise äußern soll[798]. Staatliche Amtsträger sollen sich nicht verfälschend oder herabsetzend artikulieren[799].

Erstens enthält das Sachlichkeitsgebot das Richtigkeitsgebot, da seitens des Staates mitgeteilte Tatsachen im Wesentlichen richtig zu sein haben[800]. Zweitens

---

793 BVerwGE 159, 327 (335, Rn. 26); siehe auch VG BE, Urt. v. 23.09.2013 - 1 K 280.12, Rn. 19 (juris); *Gusy*, NVwZ 2015, S. 700 (701); *zu Hohenlohe*, VerwArch 2016, S. 62 (80); *Putzer*, DÖV 2015, 417 (425).

794 BVerfGE 57, 1 (8); 105, 252 (272); 148, 11 (30); *Dişçi*, Der Grundsatz politischer Neutralität, S. 88.

795 BVerfGE 40, 287 (293); BVerwGE 82, 76 (83); OVG NRW, NVwZ-RR 2006, S. 273 (274).

796 Nur in Art. 74 Abs. 7 der bayerischen Landesverfassung findet sich eine Regelung, nach welcher die Staatsregierung das Volk „sachlich" über ihre Position zum Volksentscheid informieren soll.

797 OVG NRW, NVwZ-RR 2004, S. 283 (284); OVG NRW, NVwZ-RR 2006, S. 273 (274); OVG HB, NJW 2010, S. 3738; OVG SN, Urt. v. 8.3.2011 – Az. 4 A 918/10, Rn. 46 (juris); OVG NRW, NVwZ 2017, S. 1316 (1319); *Burgi*, Kommunalrecht, § 13, Rn. 41; *Dişçi*, Der Grundsatz politischer Neutralität, S. 88 ff.; *Oebbecke*, BayVBl. 1998, 641 (645).

798 BVerfGE 105, 252 (272); *Bumke*, Die Verwaltung 37 (2004), S. 3 (21); *Di Fabio*, JuS 1997, S. 1 (7); *Lindner/Bast*, NVwZ 2018, S. 708 (709).

799 BVerfGE 44, 125 (149 f.); 105, 252 (272 f.); 148, 11 (30); BVerwGE 82,76 (83); OVG NRW, NVwZ 2017, S. 1316 (1319).

800 BVerfGE 105, 252 (276); BVerwGE 82, 76 (83); 118, 101 (107); OVG NRW, NVwZ-RR 2004, S. 283 (285); OVG NRW, NVwZ-RR 2006, S. 273 (274); OVG HB, NJW 2010, S. 3738; OVG SN, Urt. v. 8.3.2011 - Az. 4 A 918/10, Rn. 46 (juris); OVG NRW, NVwZ-RR 2016, S. 976 (977); VG Stuttgart, NVwZ-RR 2011, S. 615 (616); VG BE, Urt. v. 16.04.2019, Az. 6 K 13.19, Rn. 55 (juris); *Bumke*, Die Verwaltung 37 (2004), S. 3 (21); *Di Fabio*, JuS 1997, S. 1 (6); *Groscurth*, Peters/Janz (Hrsg.), Handbuch

gilt, dass der Staat, wenn er Tatsachen mitteilt, er dies nicht auf eine herabsetzende Art und Weise tun darf[801]. Somit ist das Sachlichkeitsgebot gewahrt, wenn Werturteile nicht auf sachfremden Erwägungen beruhen[802]. Plakative, überspitzte Formulierungen verstoßen nicht gegen das Sachlichkeitsgebot, solange anhand von Tatsachen argumentiert wird[803]. Daraus folgt, drittens, dass staatliche Werturteile zwar unter der Geltung des Sachlichkeitsgebotes zulässig sind, sie aber auf einem vertretbar gewürdigten Tatsachenkern beruhen müssen[804]. Viertens darf die amtliche Äußerung im Hinblick auf das mit der Äußerung verfolgte sachliche Ziel und die Grundrechtspositionen, in die eingegriffen wird, nicht unverhältnismäßig sein[805]. Verhältnismäßig ist beispielsweise eine Äußerung zu dem Zweck, real existierenden Gefahren für den öffentlichen Frieden entgegenzuwirken[806]. Wenn der Staat folglich Tatsachen kundtut und diese in einer nicht herabsetzenden Weise bewertet und hierbei ein nachvollziehbares Ziel verfolgt, wird das Sachlichkeitsgebot im Regelfall beachtet sein.

In seiner Entscheidung in der Sache *Thomas Geisel* leitete das Bundesverwaltungsgericht das Sachlichkeitsgebot zudem aus dem Demokratieprinzip her[807]. Dies ist ein neuer Anknüpfungspunkt zur Begründung des Sachlichkeitsgebotes. Hierbei wird der objektiv-rechtliche Neutralitätsgrundsatz, der aus dem Demokratieprinzip abgeleitet wird[808], als subjektives Recht in das Sachlichkeitsgebot überführt. Das Bundesverwaltungsgericht begründet dies damit, dass eine demokratische Gesellschaft vom Austausch sachlicher Argumente lebe und dies auch für staatliche Amtsträger gelte[809]. Da das Sachlichkeitsgebot der Sicherung

---

Versammlungsrecht, G, Rn. 183; *Lindner/Bast*, NVwZ 2018, S. 708 (709); *Wahnschaffe*, NVwZ 2016, S. 1767 (1768).

801 BVerfGE 105, 252 (272 f.).

802 BVerfGE 105, 252 (272); OVG NRW, NVwZ-RR 2004, S. 283 (285); OVG NRW, NVwZ-RR 2006, S. 273 (274); OVG HB, NJW 2010, S. 3738; OVG SN, Urt. v. 8.3.2011 – Az. 4 A 918/10, Rn. 46 (juris); VG BE, Urt. v. 16.04.2019, Az. 6 K 13.19, Rn. 55 (juris); *Wahnschaffe*, NVwZ 2016, S. 1767 (1768).

803 VfGH BY, NVwZ-RR 1994, S. 529 (535).

804 OVG NRW, NVwZ-RR 2004, S. 283 (285); OVG NRW, NVwZ-RR 2006, S. 273 (274); *Groscurth*, in: Peters/Janz (Hrsg.), Handbuch Versammlungsrecht, G, Rn. 183.

805 OVG NRW, NVwZ-RR 2004, S. 283 (285); OVG NRW, NVwZ-RR 2006, S. 273 (274).

806 VG Stuttgart, NVwZ-RR 2011, 615 (616).

807 BVerwGE 159, 327 (335 f., Rn. 28 f.); siehe auch *Dişçi*, Der Grundsatz politischer Neutralität, S. 90 ff.

808 Siehe hierzu 2. Teil, A. I. b).

809 BVerwGE 159, 327 (336, Rn. 29).

der Integrationsfunktion des Staates diene[810], sollen sich staatliche Amtsträger nicht in herabsetzender Weise äußern. Der Zweck des Sachlichkeitsgebotes ist es hierbei, eine konstruktive Diskussionskultur zu fördern und damit die Demokratie zu stärken.

bb) Das strikte Sachlichkeitsgebot

Gemeinhin galt bis zur Entscheidung des Bundesverwaltungsgerichts in der Sache *Geisel*[811] das Sachlichkeitsgebot als weniger streng als das Gebot politischer Neutralität[812]. Denn während das Neutralitätsgebot sämtliche parteiergreifenden Äußerungen verbietet, erlaubt das Sachlichkeitsgebot wertende amtliche Stellungnahmen in Bezug auf Dritte[813]. Dieser Befund war einschlägig, bevor das Bundesverwaltungsgericht das Demokratieprinzip zur Herleitung des Sachlichkeitsgebotes heranzog[814]. Durch die Anknüpfung an das Demokratieprinzip ist de facto ein neues, nämlich striktes Sachlichkeitsgebot entstanden. Dieses neue, deutlich strengere Sachlichkeitsgebot verbietet staatliche Äußerungen, die einen lenkenden Einfluss auf die politische Willensbildung nehmen[815]. Es handelt sich um ein faktisches allgemeines Gebot politischer Neutralität im Gewand des Sachlichkeitsgebotes. Denn die materiellrechtlichen Folgen ähneln denjenigen des Gebotes parteipolitischer Neutralität, sodass der Streit um die Anwendbarkeit eines Gebotes politischer Neutralität gegenüber Vereinigungen ohne Parteienstatus zu einer reinen Frage der korrekten Begriffsverwendung wird. Kurzum: Das Bundesverwaltungsgericht lehnt die Anwendung des Gebotes politischer Neutralität auf Äußerungen gegenüber Vereinigungen ohne Parteienstatus ab[816], übernimmt aber die Inhalte dieses Neutralitätsgebotes in das sogenannte Sachlichkeitsgebot.

Deutlich wird dies, wenn man die Entscheidung des Gerichts der Vorinstanz in der Causa *Geisel* betrachtet: Das Oberverwaltungsgericht NRW hatte im Aufruf des früheren Düsseldorfer Oberbürgermeisters *Thomas Geisel*

---

810 BVerwGE 159, 327 (336, Rn. 29).

811 BVerwGE 159, 327.

812 *Hopfauf*, in: Schmidt-Bleibtreu/Hofmann/Henneke (Hrsg.), GG, Einleitung, Rn. 244; *Mehde*, in: Dürig/Herzog/Scholz, GG, Art. 28, Rn. 69; *Wahnschaffe*, NVwZ 2016, S. 1767 (1769).

813 Siehe OVG NRW, NJW 1995, S. 1629 (1630 f.); OVG NRW, NVwZ-RR 2000, S. 599 (600), VGH HE, NVWZ 2003, S. 1000 (1001).

814 Siehe zuvor 3. Teil, IV. 2. b) aa).

815 BVerwGE 159, 327 (335, Rn. 28).

816 Siehe 3. Teil, IV. 2. a) bb).

zur Dügida-Gegendemonstration keine Verletzung des Sachlichkeitsgebotes erblickt[817]. Diese Rechtsauffassung begründete es damit, dass der Oberbürgermeister legitime Ziele durch den Aufruf verfolgt habe, etwa die Wahrung einer toleranten und offenen Stadtgesellschaft; das Gericht verwies auch darauf, dass er nicht zu Blockaden aufgerufen, sondern vielmehr für friedliche Proteste geworben habe und der Aufruf insgesamt auf der Ebene der diskursiven politischen Auseinandersetzung geblieben sei[818]. Gemessen an den üblichen Anforderungen des Sachlichkeitsgebotes – keine Herabsetzung, keine Unsachlichkeit –, lässt sich in der Tat keine Rechtsverletzung durch den bloßen Aufruf zur Gegendemonstration konstatieren. Das Bundesverwaltungsgericht indes sah unter Zugrundelegung des strikten Sachlichkeitsgebotes eine Rechtsverletzung, weil der Aufruf zur Gegenversammlung in den Wettstreit der Meinungen eingegriffen und die Grundrechtsausübung der Bürgerschaft gelenkt habe; eine staatliche Beeinflussung der Meinungsbildung des Volkes sei aber verboten[819]. Als Folge der Rechtsprechung des Bundesverwaltungsgerichts ergibt sich, dass Amtsträger nicht zu Demonstrationen gegen Vereinigungen ohne Parteienstatus aufrufen dürfen. Darüber hinaus soll ihnen aber auch sonst jede lenkende Einflussnahme auf den Meinungs- und Willensbildungsprozess des Volkes verboten sein und mithin jede Bewertung politischer Gruppierungen, sofern keine explizite Aufgabenzuweisung vorliegt[820]. Gefordert wird also Neutralität unter dem Begriff der Sachlichkeit.

V. Fazit

Für die Befürworter des Gebotes politischer Neutralität stellt das Demokratieprinzip die zentrale rechtliche Anknüpfungsgrundlage dar. Weil Demokratie Volksherrschaft bedeute, soll der Meinungs- und Willensbildungsprozess vom Volk zu den Staatsorganen hin verlaufen und nicht andersherum. Dieser Prozess soll frei und offen stattfinden können. Staatliche Äußerungen gefährdeten hingegen den Pluralismus. Eine staatliche Nichtidentifikation mit gesellschaftlichen Gruppen soll dies verhindern: Nur wenn der Staat sich nicht parteiergreifend

817 Das Ausschalten der Lichter in und an städtischen Gebäuden hingegen wurde als Verletzung des Sachlichkeitsgebotes bewertet, OVG NRW, NVwZ 2017, S. 1316 (1319).
818 OVG NRW, NVwZ 2017, S. 1316 (1320)
819 BVerwGE 159, 327 (337, Rn. 21).
820 Zur Frage der Aufgabenzuweisung, die eine Rechtfertigung für wertende Äußerungen darstellt siehe 3. Teil, D. 2.

äußere, habe die Minderheit eine Chance, zur Mehrheit zu werden, und könne somit das demokratische Prinzip der „Herrschaft auf Zeit“ gewahrt werden.

Neben dem Demokratieprinzip wird das Prinzip der Freiheit der Wahl herangezogen, um das Gebot staatlicher Neutralität zu begründen. Allerdings ist die bundesverfassungsgerichtliche Rechtsprechung hier großzügig. Das Bundesverfassungsgericht nimmt eine Verletzung des Wahlrechtsgrundsatzes nur dann an, wenn eine erhebliche Einwirkung staatlicher Stellen auf den Wahlprozess vorliegt. Zuletzt ist noch das Republikprinzip als Rechtsgrundlage für Forderungen nach staatlicher Neutralität zu nennen: Der Staat und seine Amtsträger sollen dem Gemeinwohl dienen. Hieraus erwachse eine spezifische Autorität, ein besonderes Vertrauen der Bürgerschaft, dass der Staat keine Partikularinteressen vertrete, sondern das Wohl aller verfolge. Dem Wohl aller aber könne nur dann gedient werden, wenn sich staatliche Amtsträger nicht parteiisch positionierten und staatliche Mittel nicht dafür eingesetzt würden, eine Partei zu bevorteilen.

Politischen Parteien kommt in der Demokratie nach dem Grundgesetz eine herausragende Bedeutung zu. Ihnen ist von Verfassungs wegen die Aufgabe zugeteilt, an der Willensbildung des Volkes mitzuwirken. Politische Parteien sind Mittler zwischen Staat und Gesellschaft. Diese spezifische verfassungsrechtliche Rolle hat zur Folge, dass nahezu alle staatlichen Führungsämter von Parteien besetzt werden. Doch als Amtsträger sollen Parteimitglieder laut dem Bundesverfassungsgericht parteipolitisch neutral sein. Jedwede parteiergreifende Äußerung – etwa die Kritik an Versammlungen politischer Parteien – ist ihnen verboten. Dieses Verbot wird vom Bundesverfassungsgericht insbesondere aus Art. 21 Abs. 1 S. 1 GG hergeleitet, also dem Prinzip der Chancengleichheit politischer Parteien. Politische Parteien stünden im Wettbewerb zueinander um die Übernahme der Staatsleitung. Sie strebten an, ihr Gemeinwohlkonzept zum Gemeinwohlprogramm des Staates zu erheben. Dieser Wettbewerb soll fair verlaufen. Hierzu diene die Chancengleichheit: Sie verbiete dem Staat, Unterschiede zwischen Parteien zu beeinflussen. Das Gebot parteipolitischer Neutralität soll dazu dienen, die Chancengleichheit der Parteien im parteipolitischen Wettbewerb abzusichern. Eine Gefährdung dieser Chancengleichheit erblickt die Rechtsprechung nicht nur in administrativen Maßnahmen, sondern auch in parteiergreifenden Äußerungen staatlicher Amtsträger.

Teilweise wird als rechtlicher Anknüpfungspunkt für die Herleitung des Gebotes parteipolitischer Neutralität auch das aus Art. 38 Abs. 1 S. 1 GG folgende Recht auf Chancengleichheit während der Wahl und des Wahlkampfes genannt. Das Bundesverfassungsgericht hat explizit offengelassen, ob für die Äußerungsbefugnis während des Wahlkampfes strengere Maßstäbe gelten. Allerdings ist auch in Wahlkampfzeiten kein strengerer Maßstab für amtliche

Äußerungen denkbar als derjenige, der bereits aus Art. 21 Abs. 1 GG abgeleitet wird. Insofern ist es entbehrlich, Art. 38 Abs. 1 GG als Rechtsgrundlage für ein Gebot parteipolitischer Neutralität in Wahlkampfzeiten anzuführen, da damit kein materiellrechtlicher Mehrwert einhergeht. Für kommunale Wählervereinigungen folgt ein Recht auf Chancengleichheit – und damit auf wahlbezogene Neutralität – aus Art. 28 Abs. 1 S. 1 GG. Die Grundrechte spielen für das Gebot parteipolitischer Neutralität keine praktische Rolle.

Parlamentarischen Fraktionen kommt eine herausragende Bedeutung für das Funktionieren der parlamentarischen Arbeitsabläufe zu. Das freie Mandat der Abgeordneten, das aus Art. 38 Abs. 1 S. 2 GG folgt, schützt auch die Fraktionen, da diese ein Zusammenschluss von Abgeordneten sind. Mithin haben nicht nur Abgeordnete individuell, sondern auch die Fraktionen als kollektive Verbindungen von Abgeordneten ein Recht auf Chancengleichheit im parlamentarischen Wettbewerb. Dieses Recht auf Chancengleichheit soll laut dem Bayerischen Verfassungsgerichtshof auch ein Gebot politischer Neutralität von Inhabern staatlicher Ämter beinhalten.

Am demokratisch-politischen Wettbewerb partizipieren auch Vereinigungen ohne Parteienstatus. Diese werden frei in der Gesellschaft gegründet und weisen eine gewisse organisatorische Festigkeit auf. Teile des Schrifttums fordern auch ihnen gegenüber politische Neutralität seitens staatlicher Amtsträger. Sie begründen dies mit den Grundrechten, dem allgemeinen Gleichbehandlungsgebot oder dem Benachteiligungs- oder Bevorzugungsverbot. Zudem wird teilweise angenommen, politische Neutralität sei ein allgemeines Prinzip, das sich aus der pluralistischen Struktur des Gemeinwesens ergebe. Das Bundesverwaltungsgericht und das Bundesverfassungsgericht verneinen indes die Existenz eines Gebotes politischer Neutralität gegenüber Vereinigungen ohne Parteienstatus mit dem Argument, dass Forderungen nach politischer Neutralität nur aus Art. 21 Abs. 1 S. 1 GG heraus und damit nur gegenüber politischen Parteien begründbar seien. Das Bundesverwaltungsgericht wendet jedoch das Sachlichkeitsgebot an, welches es nicht nur – wie es tradierte Auffassung ist – auf das Rechtsstaatsprinzip, sondern auch auf das Demokratieprinzip stützt. Diese „Anreicherung" um das Demokratieprinzip führt zu einem Verbot lenkender staatlicher Einflussnahme auf den Meinungs- und Willensbildungsprozess der Bürgerschaft. De facto handelt es sich damit um ein Gebot politischer Neutralität.

B. Adressaten des Gebotes parteipolitischer Neutralität und des strikten Sachlichkeitsgebotes

Das verfassungsrechtlich hergeleitete Gebot parteipolitischer Neutralität[821], das Gebotes politischer Neutralität zum Schutz von Fraktionen[822] und das strikten Sachlichkeitsgebot[823] adressieren nur bestimmte Amtsträger, nämlich solche, die nicht vom beamtenrechtlichen Neutralitätsgebot[824] erfasst sind. Ferner greifen sie nicht für die Verwaltungstätigkeit von Amtsträgern, hier ist das verwaltungsrechtliche Neutralitätsgebot[825] lex specialis ist. Adressaten des Gebotes parteipolitischer Neutralität und des strikten Sachlichkeitsgebotes sind Bundes- und Landesregierungen[826], kommunale Amtsträger wie (Ober-)Bürgermeister und Landräte[827] sowie Inhaber besonderer parlamentarischer Ämter[828]. Hinsichtlich des Bundespräsidenten ist die Adressateneigenschaft umstritten[829]. Allen Adressaten gemein ist, dass sie Inhaber staatlicher Führungsämter sind. Der Umfang der Unterwerfung unter das Neutralitätsgebot ist laut dem Bundesverfassungsgericht für jedes Staatsorgan gesondert anhand dessen jeweiliger Rechte und Pflichten zu bestimmen[830]. Da Forderungen nach politischer Neutralität dem Schutz des politischen Wettbewerbs dienen[831], ist mit Blick auf den Adressatenkreis relevant, inwieweit der sich äußernde Amtsträger in Berührung mit dem Wettbewerb der politischen Kräfte kommt und ob der Amtsträger über staatliche Ressourcen verfügt, die potenziell zugunsten oder zulasten der politischen Konkurrenz eingesetzt werden können[832].

---

821 Siehe 3. Teil, A. II.
822 Siehe 3. Teil, A. III.
823 Siehe 3. Teil, A. IV.
824 Siehe 2. Teil, B. II. 2. c) dd).
825 Siehe 2. Teil, B. II. 2. b).
826 Siehe I., II.
827 Siehe IV.
828 Siehe V.
829 Siehe III.
830 BVerfGE 138, 102 (111 f., Rn. 35); siehe auch *Butzer*, in: Kluth (Hrsg.), „Das wird man ja wohl noch sagen dürfen", S. 37 (46).
831 Siehe 3. Teil, A. I. 3; II. 2. a), b), c).
832 Siehe hierzu BVerfGE 136, 323 (334, Rn. 30); 138, 102 (112, Rn. 37).

I. Bundesregierung

Das Bundesverfassungsgericht hat die Anwendbarkeit des Gebotes parteipolitischer Neutralität gegenüber der Bundesregierung bejaht[833]. Das Neutralitätsgebot soll nicht nur für die Bundesregierung als Ganze gelten, sondern auch für ihre einzelnen Mitglieder[834], einschließlich des Bundeskanzlers[835]. Die Leitentscheidung bildet das *Schwesig*-Urteil. Im Juni 2014 nahm die damalige Bundesministerin *Manuela Schwesig* an der Verleihung des Thüringer Demokratiepreises teil[836]. Anlässlich dieser Veranstaltung gab sie ein Zeitungsinterview. Sie wurde hierbei nach dem richtigen Umgang mit der NPD im Landtag und auf kommunaler Ebene gefragt und antwortete u. a.:

> Meine Erfahrung aus dem Landtag in Mecklenburg-Pommern ist: der Antrag wird abgelehnt und ein Demokrat spricht für alle demokratischen Fraktionen, um dabei deutlich zu machen, dass der Antrag nur vermeintlich soziales Engagement ist und dahinter etwas anderes steckt. Das hat sich in Schwerin bewährt – und kann ein Beispiel sein. Aber ich werde im Thüringer Wahlkampf mithelfen, alles dafür zu tun, dass es erst gar nicht so weit kommt bei der Wahl im September. Ziel Nummer 1 muss sein, dass die NPD nicht in den Landtag kommt.[837].

Im Begleittext zum Interview wurde sowohl auf das Ministeramt als auch die Parteimitgliedschaft von *Schwesig* verwiesen. Das Bundesverfassungsgericht verneinte zwar einen Verstoß gegen das Neutralitätsgebot, da *Schwesig* als Parteipolitikerin geantwortet habe[838], erklärte aber zugleich erstmals[839], dass Regierungsmitglieder im Rahmen ihrer Äußerungen dem Neutralitätsgebot unterworfen seien[840]. Im Rahmen sowohl der *Wanka*- als auch der *Seehofer*-Entscheidung wurde sodann eine Verletzung des Gebotes parteipolitischer Neutralität bejaht[841]. Die Anwendbarkeit dieses Neutralitätsgebotes auf die

---

833 Siehe BVerfGE 138, 102; 148, 11; 154, 320.

834 BVerfGE 138, 102 (116 f., Rn. 49.); 148, 11 (31, Rn. 61); 154, 320 (338, Rn. 52).

835 BVerfG, NVwZ 2022, 1113 (1116 ff.).

836 Sachverhalt BVerfGE 138, 102 (103 f., Rn. 2 ff.).

837 BVerfGE 138, 102 (104, Rn. 3); Markierung der streitgegenständlichen Äußerung durch den Verfasser.

838 BVerfGE 138, 102 (122 ff., Rn. 67 ff.).

839 Zwar enthielt bereits die Entscheidung BVerfGE 44, 125 das Neutralitätsgebot, bezog sich aber ausschließlich auf Werbemaßnahmen der Regierung im Wahlkampf, siehe hierzu 1. Teil, B.

840 BVerfGE 138, 102 (115, Rn. 45).

841 BVerfGE 148, 11 f.; 154, 320 f.

Bundesregierung wird damit begründet, dass dieser eine spezifische Autorität zukomme und sie über Ressourcen verfüge, die es ihr ermöglichten, erhebliche Wettbewerbsverzerrungen zwischen den Parteien herbeizuführen[842]. Dies macht es erforderlich, einen näheren Blick auf die Stellung und die Funktionen der Bundesregierung zu werfen, aus denen sich Neutralitätserwartungen ergeben können.

1. Stellung

Die Bundesregierung besteht gemäß Art. 62 GG aus den Teilorganen Bundeskanzler und den Bundesministern. Sie ist damit als Kollegialorgan konzipiert[843]. Sie ist ein Organ der vollziehenden Gewalt[844] und oberstes Bundesorgan[845]. Sie übt Regierungsgewalt aus, verkörpert mithin die Gubernative[846]. Die einzelnen Mitglieder der Regierung stehen gemäß § 1 BMinG in einem öffentlich-rechtlichen Amtsverhältnis[847]. Sie sind somit Amtsträger[848], jedoch keine Beamten[849]. Aus der Eigenschaft als Amtsträger folgt eine Bindung an das Republikprinzip und die hieraus resultierende Gemeinwohlverpflichtung[850]. Laut dem Amtseid, den Regierungsmitglieder leisten, haben sie dem „Wohle des deutschen Volkes" zu dienen[851]; hierdurch wird die Bindung an das Gemeinwohl bestätigt. Mit dieser gemeinwohlverpflichteten Stellung werden bereits Neutralitätsforderungen begründet[852]. Auch die spezifische

842 BVerfGE 138, 102 (115, Rn. 45); 148, 11 (28, Rn. 52); BVerfGE 154, 320 (337, Rn. 50).

843 BVerfGE 26, 338 (395 f.); 100, 249 (259, Rn. 37); *Epping*, in: Epping/Hillgruber, Art. 60 GG, Rn. 3; *Gröpl*, Staatsrecht I, S. 330; *Hermes*, in: Dreier (Hrsg.), GG, Bd. II, Art. 62, Rn. 10; *Jarass*, in: ders./Pieroth (Hrsg.), GG, Art. 62, Rn. 2.

844 BVerfGE 9, 268 (282); *Schröder*, Isensee/Kirchhof (Hrsg.), HStR, Bd. III, § 64, Rn. 2.

845 *Epping*, in: Epping/Hillgruber, GG, Art. 62, Rn. 1; *Gröpl*, Staatsrecht I, S. 329; *Weckerling-Wilhelm*, in: Umbach/Clemens (Hrsg.), GG, Vor Art. 62 ff., Rn. 6.

846 *Epping*, in: ders./Hillgruber (Hrsg.), GG, Art. 62, Rn. 1; *Oldiges/Brinktrine*, in: Sachs (Hrsg.), GG, Art. 62, Rn. 18.

847 Siehe hierzu auch *Köttgen*, in: Gedächtnisschrift Jellinek, S. 195 ff.

848 *Depenheuer*, in: Isensee/Kirchhof (Hrsg.), HStR, Bd. III, § 36, Rn. 5; *Hermes*, in: Dreier (Hrsg.), GG, Bd. II, Art. 62, Rn. 23; zum Begriff des Amtsträgers siehe 2. Teil, A.

849 *Hermes*, in: Dreier (Hrsg.), GG, Bd. II, Art. 62, Rn. 23; *Hesse*, Grundzüge des Verfassungsrechts, Rn. 628; daher gilt die beamtenrechtliche Neutralitätspflicht nicht; siehe auch *Köttgen*, in: FS Smend, S. 119 (122, 135 ff.); *Hennis*, in: FS Smend, S. 51 (54 f.).

850 Siehe hierzu 2. Teil, A. III.

851 Siehe Art. 64 Abs. 2 i. V. m. Art. 56 GG

852 Siehe hierzu 3. Teil, A. I. 3.

Autorität[853], die der Bundesregierung zugesprochen wird, lässt sich normativ auf die Gemeinwohlbindung staatlicher Amtsträger stützen[854]. Somit ist das Republikprinzip eine (unerwähnte) Grundlage für die Annahme einer Neutralitätsbindung der Bundesregierung.

2. *Politische Funktion*

Die Bundesregierung ist ein Organ der Staatsleitung[855] und hat eine politische Leitungsaufgabe[856]. Diese beinhaltet die politische Führung[857], d. h. die Übernahme der Verantwortung für das Ganze, für die innere und äußere Politik[858]. Dies geht über die punktuell verankerten verfassungsrechtlich zugeordneten Zuständigkeiten der Regierung hinaus, es handelt sich um eine Gesamtaufgabe[859]. So soll die Regierung Vorhaben entwickeln und diese verwirklichen; sie soll ihre Ziele und Agenden umsetzen. Dies wird auch durch Art. 65 S. 1 GG deutlich, wonach der Bundeskanzler als Teil der Bundesregierung die Richtlinien der Politik bestimmt. Politik bedeutet im Unterschied zur Verwaltungstätigkeit, dass die Regierung frei in ihrer Entscheidung ist, welche Maßnahmen sie trifft; es existiert demnach kein determiniertes rechtliches Programm, das die jeweilige Regierung zu einer bestimmten Entscheidung zwingt[860]. Als Teil ihrer politischen Gestaltungsfreiheit darf die Bundesregierung im Rahmen der

853 BVerfGE 138, 102 (115, Rn. 45); 148, 11 (28, Rn. 52); BVerfGE 154, 320 (337, Rn. 50); BVerfG, NVwZ 2022, 1113 (1115).

854 Hierzu eingehend 3. Teil, A. I. 3.

855 Zum Begriff siehe BVerfGE 11, 77 (85); 26, 338 (395 f.); 105, 279 (301 ff.); *Degenhart*, Staatsrecht I, Rn. 736; *Herzog*, Allgemeine Staatslehre, S. 332 f.; *Oldiges*, Bundesregierung als Kollegium, S. 13; *Roth*, Bundeskanzlerermessen im Verfassungsstaat, S. 156; grundlegend *Scheuner*, in: Listl/Rüfner (Hrsg.), Staatstheorie und Staatsrecht, S. 455 ff.; zugleich hat die Bundesregierung nicht allein die Staatsleitung inne, sondern gemeinsam mit dem Parlament, siehe *Friesenhahn*, VVDStRL 16 (1958), S. 9 (37 f.); *Gärditz*, in: Krüper/Pilniok (Hrsg.), Die Organisationsverfassung der Regierung, S. 25 (43).

856 BVerfGE 45, 1 (46).

857 *Schuppert*, in: Benda/Maihofer/Vogel (Hrsg.), HdBVerfR, § 31, Rn. 15, 23.

858 BVerfGE 105, 279 (301); *Ipsen*, Staatsrecht I, Rn. 345.

859 *Oldiges/Brinktrine*, in: Sachs (Hrsg.), GG, Art. 62, Rn. 23; *Schröder*, in: Isensee/Kirchhof (Hrsg.), HStR III, § 64, Rn. 7; grundlegend *Scheuner*, in: Listl/Rüfner (Hrsg.), Staatstheorie und Staatsrecht, S. 455 ff.

860 Siehe auch *Gärditz*, in: Krüper/Pilniok (Hrsg.), Die Organisationsverfassung der Regierung, S. 25 (46).

Öffentlichkeitsarbeit ihre Politik erklären und verteidigen[861]. Die öffentliche Diskussion, die hierdurch entsteht, hat einen erheblichen Einfluss auf die Frage, welche Themen politisiert und welche Vorhaben tatsächlich umgesetzt werden[862].

Dass die Bundesregierung ein politisches Organ ist, zeigt sich insbesondere im Wahlverfahren. Mit dem Zusammentritt des neuen Bundestages findet eine Neuwahl des Bundeskanzlers statt[863]. Die politische Wahlentscheidung der Bürgerschaft führt somit über das Legislativorgan Bundestag auch zur Wahl eines neuen Bundeskanzlers. Gemäß Art. 63 Abs. 1 GG schlägt der Bundespräsident dem Bundestag einen Kanzlerkandidaten vor. Verfassungsrechtlich ist er zwar frei in seinem Wahlvorschlag[864]. In der Staatspraxis schlägt er aber diejenige Person vor, die von den voraussichtlichen Regierungsfraktionen als Kanzler präferiert wird, da nur dann eine Aussicht auf eine Mehrheit im Bundestag besteht[865]. Dies folgt dem Grundsatz, dass im parlamentarischen Regierungssystem die Regierungsbildung eng mit den (politischen) Mehrheiten im Parlament verknüpft ist[866].

Vor der Wahl des Bundeskanzlers finden im Regelfall Koalitionsverhandlungen statt, da praktisch nie eine einzige Fraktion eine absolute Mehrheit der Abgeordneten erringt[867]. Teil dieser Verhandlungen sind sowohl politisch-inhaltliche als auch personelle Vereinbarungen. Die künftigen Regierungsfraktionen einigen sich mithin auf einen Bundeskanzlerkandidaten, den sie im Bundestag gemeinsam wählen wollen. Gemäß Art. 63 Abs. 2 S. 1 GG ist gewählt, wer die Stimmen der Mehrheit der Mitglieder des Bundestages auf sich vereinen kann. Nach der Wahl im Bundestag ist der Bundeskanzler vom Bundespräsidenten zu ernennen[868]. Ist der Bundeskanzler ernannt, so schlägt

861 Siehe 2. Teil, C. I.

862 *Gärditz*, in: Krüper/Pilniok (Hrsg.), Die Organisationsverfassung der Regierung, S. 25 (46).

863 *Austermann*, DÖV 2013, S. 865 (866); *Gröpl*, Staatsrecht I, S. 330.

864 *Gröpl*, Staatsrecht I, S. 330; *Leisner*, in: Sodan, GG, Art. 63, Rn. 3.

865 *Badura*, Staatrecht, E, Rn. 78; *Gröpl*, Staatsrecht I, S. 330; weshalb richtigerweise die Rede von einem „politisch wenig bedeutsamen Vorschlagsrecht“ ist, siehe *Herzog*, in: Dürig/Herzog/Scholz, GG, Art. 63, Rn. 2.

866 *Gärditz*, in: Krüper/Pilniok (Hrsg.), Die Organisationsverfassung der Regierung, S. 25 (45).

867 Nur bei der Bundestagswahl 1957 erreichten CDU/CSU eine absolute Mehrheit der Abgeordneten. Gleichwohl bildeten sie mit der Deutschen Partei (DP) eine Koalition, so dass es auch hier zwei Regierungsfraktionen gab und keine Alleinregierung.

868 Die Ernennung nach Art. 63 Abs. 2 S. 2 GG ist obligatorisch, siehe *Oldiges/Brinktrine*, in: Sachs (Hrsg.), GG, Art. 63, Rn. 24.

er im Rahmen seiner Intraorgankompetenz gemäß Art. 64 Abs. 1 GG die Bundesminister vor, die wiederum vom Bundespräsidenten ernannt werden. Hierbei ist der Kanzler zwar frei[869], er hält sich aber nach ständiger Staatspraxis an die Vereinbarungen zwischen den Koalitionsparteien. Dieses gesamte Prozedere macht die Bundesregierung zu einem hochpolitischen Gremium. Die Bundesregierung ist ein Ergebnis der politischen Vereinbarung zwischen unterschiedlichen politischen Parteien. Auf diesen dezidiert politischen Ablauf der Bildung der Bundesregierung lassen sich somit keine Neutralitätserwartung stützen.

Allerdings ergibt sich aus der Inhaberschaft der Regierungsgewalt auch eine erhebliche Machtposition der Bundesregierung. Sie hat unmittelbaren Zugriff auf den gesamten Ministerialapparat und diverse Behörden. Zudem hat sie Zugriff auf erhebliche finanzielle Mittel. Dies ist die Folge ihrer Staatsleitungskompetenz[870]. Hierbei unterliegt sie zwar Kontrollen sowohl durch den Haushaltsausschuss des Bundestages als auch durch den Bundesrechnungshof. Dennoch kann sie in nicht wenigen Fällen (zunächst) relativ frei über den Personal- und Mitteleinsatz verfügen. Diese Inhaberschaft erheblicher staatlicher Ressourcen ist ein relevantes Problem, weil die Mitglieder der Bundesregierung meist zugleich Mitglied der Regierungsparteien sind und folglich in direkter Konkurrenz zur parteipolitischen Opposition stehen[871]. Es ist naheliegend, dass der staatliche Machtapparat genutzt werden kann, um die politische Opposition kleinzuhalten – etwa indem staatliche Mittel eingesetzt werden, um Wahlkampf für die Regierungsparteien zu betreiben[872]. Damit ginge jedoch die Gefahr einher, dass demokratische Wechsel verhindert und damit das demokratische Prinzip der „Herrschaft auf Zeit“[873] außer Kraft gesetzt würde. Deshalb verbietet das Bundesverfassungsgericht den Einsatz staatlicher Ressourcen im Zusammenhang mit amtlichen Äußerungen[874]. Nicht also aus der politischen Rolle der Bundesregierung als solcher, wohl aber aus der Machtposition, die damit einhergeht, soll ein Gebot parteipolitischer Neutralität folgen. Sein Zweck ist der Schutz des Wettbewerbs zwischen den Parteien und des demokratischen Prinzips.

869 *Epping*, in: Epping/Hillgruber (Hrsg.), Art. 64 GG, Rn. 2; *Herzog*, in: Dürig/Herzog/Scholz, Art. 64 GG, Rn. 4.
870 Zum Begriff siehe 2. Teil, C. V. 2.
871 BVerfGE 138, 102 (112 ff.).
872 Siehe den Fall BVerfGE 44, 125; hierzu schon 1. Teil, B.
873 Hierzu siehe 3. Teil, A. I. 1. b) cc).
874 BVerfGE 138, 102 (115, Rn. 45); 148, 11 (28, Rn. 52); BVerfGE 154, 320 (337, Rn. 50).

3. *Verwaltungsfunktion*

Die Bundesregierung hat nicht nur eine Staatsleitungsfunktion, sie bildet auch die Spitze der Bundesverwaltung[875]. So ist jeder Bundesminister zugleich oberster Dienstherr seines jeweiligen Verwaltungsressorts[876]. Werden Mitglieder der Bundesregierung verwaltend i. S. d. § 1 Abs. 4 VwVfG tätig, sind sie an die verwaltungsrechtliche Neutralität gebunden[877]. Ein Rückgriff auf das verfassungsrechtlich hergeleitete Gebot parteipolitischer Neutralität ist in diesen Fällen überflüssig.

II. Landesregierungen

Der hier verwendete Begriff der Landesregierung meint die kollegial aufgebaute, exekutive Spitze eines Bundeslandes, welche in der jeweiligen Landesverfassung als Landesregierung, Staatsregierung, Ministerrat oder Senat verankert ist[878]. Äußerungen von Landesregierungen waren wiederholt Gegenstand landesverfassungsgerichtlicher Entscheidungen. So forderte die rheinland-pfälzische Ministerpräsidentin *Manuela Dreyer* im Rahmen einer SPD-Veranstaltung zur Kommunalwahl, dass „alles daran gesetzt werden [muss], um den Wiedereinzug der rechtsextremen NPD im Stadtrat zu verhindern“[879]. Der niedersächsische Ministerpräsident *Stephan Weil* verbreitete über Twitter anlässlich einer NPD-Demonstration u. a.: „Wichtig ist, dass sich viele Bürgerinnen und Bürger der rechten Hetze entgegenstellen und nicht zulassen, dass kritische Journalistinnen und Journalisten eingeschüchtert und mundtot gemacht werden sollen“[880]. Die Rechtsprechung musste sich in diesen und anderen Fällen[881] mit Äußerungen

---

875 *Cancik*, in: Herdegen et al (Hrsg.), HdbVerfR, § 14, Rn. 19; *Gröpl*, Staatsrecht I, S. 329; *Oldiges/Brinktrine*, in: Sachs (Hrsg.), GG, Art. 62, Rn. 19.

876 *Hermes*, in: Dreier (Hrsg.), GG, Bd. II, Art. 62, Rn. 19, 28 f.

877 *Kuntze/Beichel-Benedetti*, in: Obermayer/Funke-Kaiser (Hrsg.), VwVfG, § 20, Rn. 32; *Gärditz*, JöR 64 (2016), S. 1 (21); zur verwaltungsrechtlichen Neutralität siehe 2.Teil, B. II. 2. b.

878 *Müller-Terpitz*, in: Dürig/Herzog/Scholz, GG, Art. 51, Rn. 24.

879 Sachverhalt VfGH RP, NVwZ-RR 2014, S. 665.

880 Streitgegenständlich waren eine Reihe von Tweets, siehe hierzu StGH NDS, Urt. v. 24.11.2020 – Az. 6/19, Rn. 5 ff. (juris).

881 SaarlVGH, Urt. v. 08.07.2014, Az. Lv 5/14 (Äußerung des damaligen saarländischen Ministers *Ulrich Commerçon* über die NPD); VfGH TH, ThürVBl. 2015, S. 295 (Äußerung der thüringischen Ministerin *Heike Taubert* über einen NPD-Parteitag); VfGH TH, ThürVBl. 2016, S. 273 (Äußerung des thüringischen Ministerpräsidenten *Bodo Ramelow* über die NPD); VfGH TH, ThürVBl. 2016, S. 281 (Äußerung des damaligen

von Mitgliedern von Landesregierungen befassen. Die maßgebliche Herleitungsnorm für das Gebot parteipolitischer Neutralität, Art. 21 Abs. 1 S. 1 GG, ist ein unmittelbarer Bestandteil des Verfassungsrechts der Länder[882]. In der Folge sind Mitglieder der Landesregierung, ebenso wie die Mitglieder der Bundesregierung[883], Adressaten des Gebotes parteipolitischer Neutralität[884]. Sowohl die Stellung als auch die Funktionen der Landesregierung sind – landesspezifisch konkretisiert – vergleichbar mit der Stellung und den Funktionen der Bundesregierung: Die Regierungen auf beiden Ebenen haben sowohl eine politische als auch eine verwaltende Funktion[885]. Eine spezifische Besonderheit, die für Mitglieder der Landesregierungen mit Blick auf das Neutralitätsgebot gilt, ist ihr Sitz im Bundesrat: Sofern sie sich dort artikulieren, gilt für sie keine Neutralitätspflicht, da sie in diesem Bereich legislativ tätig sind[886].

III. Bundespräsident

Als am 29. August 2013 der damalige Bundespräsident *Joachim Gauck* anlässlich der bevorstehenden Bundestagswahl an einer Gesprächsrunde mit Berliner Berufsschülern teilnahm, hätte kaum jemand erwartet, dass einige seiner dort getätigten Äußerungen bald Gegenstand eines Verfahrens vor dem Bundesverfassungsgericht sein würden. Während der Veranstaltung wurde *Gauck* gefragt, ob er, wenn er nicht Bundespräsident wäre, NPD-Plakate abreißen würde. Er verneinte dies[887]. Zugleich führte er aus, dass man die NPD zwar verbieten könne, dass „die Spinner und die

---

thüringischen Ministers *Dieter Lauinger* über ein AfD-Versammlung); VfGH BE, Urt. v. 14.07.2018 – Az. 79/17, juris (Äußerung des damaligen Berliner Senators *Dirk Behrend* über die AfD); VfGH BE, LKV 2019, S. 120 (Äußerung des damaligen Regierenden Bürgermeisters von Berlin, *Michael Müller*, über eine AfD-Versammlung).

882 BVerfGE 1, 208 (277); 66, 107 (114); StGH HB, DVBl 1984, S. 221 (222); VfGH SL, NJW 1990, S. 2181 (2182); VfGH NRW, NWVBl. 1994, S. 453; VfGH BE, LKV 1996, S. 133 (134); VfGH ST, LKV 1997, S. 63 (64); VfGH RP, NVwZ-RR 2014, S. 665 (666); StGH NDS, Urt. v. 24.11.2020 – Az. 6/19, Rn. 53 (juris); *Schreiber*, in: Friauf/Höfling (Hrsg.), GG, Art. 38, Rn. 22.

883 Siehe 3. Teil, B. I.

884 BVerfGE 44, 125 (153); VfGH RP, NVwZ-RR 2014, S. 665 (666); VG Düsseldorf, Urt. v. 24.02.2021, Az. 20 K 5100/19, Rn. 38 (juris).

885 Siehe hierzu 3. Teil, B. I. 2. und 3.

886 *Gärditz*, JöR 64 (2016), S. 1 (21); eine eingehende Darlegung, warum für Amtsträger in Legislativorganen kein Neutralitätsgebot gilt, erfolgt anhand des Deutschen Bundestages, siehe nachfolgend 3. Teil, B. V.

887 Komplette Sachverhalt siehe BVerfGE 136, 323 (324 ff.).

Ideologen und die Fanatiker" damit aber „nicht aus der Welt geschafft" seien[888]. Die NPD sah sich durch diese Äußerung in ihrem Anspruch auf Chancengleichheit verletzt und klagte vor dem Bundesverfassungsgericht. Dies war ein Novum, weil noch kein Bundespräsident Antragsgegner in einem Organstreitverfahren gewesen war, in dem eine Partei die Verletzung ihres Rechts auf Chancengleichheit geltend gemacht hätte.

Das Bundesverfassungsgericht wies den Antrag als unbegründet ab[889]. Auffällig ist dabei, dass das Gebot parteipolitischer Neutralität in den Entscheidungsgründen kein einziges Mal explizit erwähnt wird, obwohl die NPD ihren Antrag gerade auf eine Verletzung des Neutralitätsgebotes gestützt hatte[890]. Es liegt auf der Hand, dass eine Anwendung des Gebotes parteipolitischer Neutralität zu einem Erfolg der Klage geführt hätte, da die Bezeichnung „Spinner" dem Gebot parteipolitischer Neutralität nicht standgehalten hätte[891]. Das Bundesverfassungsgericht verweist in seiner Entscheidung zur Begründung, warum das Gebot parteipolitischer Neutralität nicht greife, auf die Stellung und die Repräsentations- und Integrationsfunktion des Bundespräsidenten[892]. Daher ist ein näherer Blick sowohl auf die Stellung des Bundespräsidenten wie auch auf diejenigen Funktionen notwendig, die für und gegen die Anwendung eines Gebotes parteipolitischer Neutralität sprechen.

1. Stellung

Der Bundespräsident ist das Staatsoberhaupt der Bundesrepublik Deutschland[893]. Dies ergibt sich aus der Bezeichnung „Präsident"[894], folgt aber auch aus seinen Aufgaben: Er vertritt die Bundesrepublik völkerrechtlich (Art. 59 Abs. 1

---

888 BVerfGE 136, 323 (324, Rn. 2).

889 BVerfGE 136, 323 (331, Rn. 23).

890 Siehe BVerfGE 136, 323 (328 f., Rn. 9, 16 f.).

891 So auch *Butzer*, in: Kluth (Hrsg.), „Das wird man ja wohl noch sagen dürfen", S. 37 (45); *Madjarov*, GreifRecht 2015, S. 59 (61).

892 BVerfGE 136, 323 (334 f., Rn. 30; 336, Rn. 33).

893 BVerfGE 136, 277 (310, Rn. 94); *v. Arnauld*, in: Münch/Kunig (Hrsg.), GG, Bd. 1, Art. 54, Rn. 1; *Badura*, Staatrecht, E, Rn. 71; *Butzer*, in: Schmidt-Bleibtreu/Hofmann/Henneke (Hrsg.), GG, Art. 54, Rn. 1; *Fink*, in: v. Mangoldt/Klein/Starck, GG, Bd. 2, Art. 54, Rn. 12; *Herzog*, in: Dürig/Herzog/Scholz, GG, Art. 54, Rn. 3; *Mehlhorn*, Der Bundespräsident der Bundesrepublik Deutschland und der Republik Österreich, S. 64; *Stern*, Staatsrecht, Bd. II, S. 190; *Voßkuhle/Kaiser*, JuS 2021, S. 118; *Waldhoff/Grefrath*, in: Friauf/Höfling (Hrsg.), GG, Art. 54, Rn. 3 ff.; a. A.: *Henke*, DVBl 1966, S. 723 ff.; *Gehrlein*, DÖV 2007, S. 280 (286), die dies mit den fehlenden Machtbefugnissen des Bundespräsidenten begründen.

894 *Voßkuhle/Kaiser*, JuS 2021, S. 118.

GG)[895], hat Berührungspunkte mit dem Gesetzgebungsverfahren (Art. 82 Abs. 1 S. 1 GG), ist an der Regierungsbildung beteiligt (Art. 63 Abs. 2 S. 2 GG, Abs. 4 S. 2 GG), ernennt oberste Bundesrichter und Bundesbeamte (Art. 60 Abs. 1 GG) und übt das Gnadenrecht aus (Art. 60 Abs. 2 GG). All das sind typische Aufgaben, die Staatsoberhäuptern zugeordnet sind[896]. Der Bundespräsident gelangt gemäß Art. 54 Abs. 1 S. 1 GG durch die Wahl der Bundesversammlung in sein Amt[897], d. h., er wird nicht direkt vom Volk gewählt, anders als der Reichspräsident in der Weimarer Republik (siehe Art. 41 S. 1 WRV). Der Bundespräsident ist Verfassungs- und oberstes Bundesorgan i. S. d. Art. 93 Abs. 1 Nr. GG[898] und Teil der vollziehenden Gewalt i. S. d. Art. 1 Abs. 3, Art. 20 Abs. 2 S. 2 und Art. 20 Abs. 3 GG. Damit gehört er zur exekutiven Gewalt[899]. Er ist an Recht und Gesetz gebunden; dies spricht zunächst dafür, dass für ihn dieselben äußerungsrechtlichen Vorgaben im Sinne der parteipolitischen Neutralität gelten wie für die Bundesregierung[900]. Auch das Bundesverfassungsgericht räumt ein, dass den Äußerungen des Bundespräsidenten kraft seiner Stellung als Staatsoberhaupt ein besonderes Gewicht zukomme[901]. Die Worte des Bundespräsidenten werden von der Bürgerschaft eher gehört und als objektiver eingeordnet als die eines Regierungsmitgliedes[902].

Das Bundesverfassungsgericht indes nennt zwei Argumente im Zusammenhang mit der Stellung des Bundespräsidenten, die gegen eine Anwendung des Gebotes parteipolitischer Neutralität auf den Bundespräsidenten sprechen

---

895 Er hat jedoch keine Entscheidungsbefugnis, die Vertretungsmacht bezieht sich nur auf das Außenverhältnis, im Innenverhältnis entscheidet der Bundeskanzler und der Bundesaußenminister, siehe *Badura*, Staatrecht, E, Rn. 86.

896 Siehe *Ipsen*, Völkerrecht, § 10, Rn. 3; *Herzog*, in: Dürig/Herzog/Scholz, GG, Art. 54, Rn. 7; *Kimminich*, in: BK-GG, Vor Art. 54–61, Rn. 8, 13.

897 Zur Zusammensetzung und zum Wahlverfahren in der Bundesversammlung siehe *Heun*, in: Dreier (Hrsg.), GG, Bd. II, Art. 54, Rn. 28 ff.

898 *Herzog*, in: Dürig/Herzog/Scholz, GG, Art. 54, Rn. 16; *Heun*, in: Dreier (Hrsg.), GG, Bd. II, Art. 54, Rn. 12; *Nierhaus*, in: Sachs (Hrsg.), GG, Art. 54, Rn. 2.

899 *v. Arnauld*, in: Münch/Kunig (Hrsg.), GG, Bd. II, Art. 54, Rn. 2; *Butzer*, in: Schmidt-Bleibtreu/Hofmann/Henneke (Hrsg.), GG, Art. 54, Rn. 2; *Heun*, in: Dreier (Hrsg.), GG, Bd. II, Art. 54, Rn. 12; *Herzog*, in: Dürig/Herzog/Scholz, GG, Art. 54, Rn. 17; *Sachs*, in: Sachs (Hrsg.), GG, Art. 20, Rn. 83; a. A., nach welcher der Bundespräsident in keine Gewalt eingeordnet werden kann *Fritz*, in: BK-GG, Art. 54, Rn. 32; *Waldhoff/Grefrath*, in: Friauf/Höfling (Hrsg.), GG, Art. 54, Rn. 58.

900 Siehe zuvor 3. Teil, B. I.

901 BVerfGE 136, 323 (334 f., Rn. 30).

902 *Kliegel*, in: Scheffczyk/Wolter (Hrsg.), Linien der Rechtsprechung IV, S. 413 (426).

sollen: Zum einen unterscheide sich seine Stellung von derjenigen der Bundesregierung, da er nicht im Wettbewerb mit den politischen Parteien um die Gewinnung politischen Einflusses stehe[903]. Zum anderen stünden dem Bundespräsidenten nicht die Mittel zur Verfügung, um durch eine ausgereifte Informationspolitik die Meinungs- und Willensbildung des Volkes zu beeinflussen[904].

2. *Aufgaben und Funktionen*

Der Bundespräsident hat eine Reihe von Aufgaben und Funktionen, wobei hier nur diejenigen intensiver thematisiert werden sollen, die für die Frage der (Nicht-)Anwendbarkeit des Gebotes parteipolitischer Neutralität eine Rolle spielen. Bei den Aufgaben ist nach geschriebenen[905] und ungeschriebenen zu unterscheiden. Zu den ungeschriebenen Aufgaben gehören die Repräsentations- und die Integrationsaufgabe. Diese Aufgaben beinhalten laut dem Bundesverfassungsgericht, dass sich der Bundespräsident zu aus seiner Sicht bestehenden gesellschaftlichen Missständen äußern, auf Gefährdungen des friedlichen Zusammenlebens aufmerksam machen und hierbei auch Verursacher benennen darf[906]. Daher ist ein näherer Blick auf diese beiden Aufgaben notwendig[907].

Mit Blick auf weitere Funktionen des Bundespräsidenten ergibt sich eine Schwierigkeit, da Funktionsbeschreibungen ihren Ausgangspunkt stets bei den Aufgaben und Kompetenzen eines Amtsträgers haben. Dem Bundespräsidenten sind zwar Aufgaben zugeordnet, jedoch hat er kaum echte Entscheidungsgewalt[908]. *Isensee* bringt die Problematik auf den Punkt: „Im verfassungsstaatlichen Schauspiel ist die Anwesenheit eines Präsidenten vorgesehen; doch der Autor hat versäumt, für die Rolle einen Text zu schreiben.“[909] Zudem ist mit jeder Beschreibung der Funktion des Bundespräsidenten das Problem verbunden, dass das jeweilige Staatsoberhaupt das Amt kraft seiner Persönlichkeit prägt[910].

---

903 BVerfGE 136, 323 (334, Rn. 30); 138, 102 (112, Rn. 37).

904 BVerfGE 136, 323 (334, Rn. 30); 138, 102 (112, Rn. 37).

905 Einige Beispiele wurden zuvor genannt, siehe 3. Teil, B. III. 1.

906 BVerfGE 136, 323 (335, Rn. 31).

907 Siehe a).

908 Zu den Gründen siehe *Eder*, „Rote Karte“ gegen „Spinner“?, S. 71 f. m. w. N.

909 *Isensee*, NJW 1994, S. 1329; vereinzelt wird daher die Notwendigkeit der Existenz des Bundespräsidenten infrage gestellt, siehe etwa *Gehrlein*, DÖV 2007, S. 280 ff.; *Henke*, DVBl 1966, S. 723 ff.

910 *Pieper*, in: Epping/Hillgruber, GG, Art. 54, Rn. 11; *Butzer*, in: Kluth (Hrsg.), „Das wird man ja wohl noch sagen dürfen“, S. 37 (44); *Sarcinelli*, Politische Kommunikation in Deutschland, S. 287 f.

Daher verwundert es nicht, dass sich zahlreiche Versuche finden, die Funktion des Bundespräsidenten zu beschreiben, etwa als „Staatsnotar“[911], „Legalitätsreserve“[912], „Kustos“[913], „Hüter der Verfassung“[914] und „pouvoir neutre“[915]. Da aus der „Kustos“-Funktion im Schrifttum die Forderung nach parteipolitischer Neutralität abgeleitet wird[916], ist es notwendig, auch diese Funktion näher zu betrachten[917].

a) Repräsentations- und Integrationsaufgabe

aa) Inhalt

Schon im Parlamentarischen Rat herrschte die Überzeugung vor, dass das Amt des Bundespräsidenten notwendig sei, um Deutschland zu repräsentieren[918]. Das Bundesverfassungsgericht betont ebenfalls die Repräsentationsfunktion: Der Bundespräsident soll sowohl Staat als auch Volk nach außen und innen repräsentieren[919]. Er repräsentiert einerseits die zahlreichen Staatsorgane, er soll „die Einheit des Staates gegenüber der politischen Gemeinschaft“ verkörpern[920].

---

911 *Eschenburg*, Staat und Gesellschaft, S. 647; *Stein*, ZaöRV 2009, S. 249 (255); diese verweisen auf die staatsnotariellen Aufgaben (Art. 64 Abs. 1, 60 Abs. 1, 82 Abs. 1 S. 1, Art. 59 Abs. 1 S. 2, Art. 59 Abs. 1 S. 3 GG); zur Kritik an der Bezeichnung „Staatsnotar“ siehe statt vieler *Fink*, in: v. Mangoldt/Klein/Starck, GG, Bd. 2, Art. 54, Rn. 19.

912 *Fink*, in: v. Mangoldt/Klein/Starck, GG, Bd. 2, Art. 54, Rn. 18; *Heun*, in: Dreier (Hrsg.), GG, Bd. II, Art. 54, Rn. 20.

913 Siehe unter b).

914 *Herzog*, in Dürig/Herzog/Scholz, GG, Art. 54, Rn. 78; zur Kritik an der Annahme dieser Funktion siehe statt vieler *Fink*, in: v. Mangoldt/Klein/Starck, GG, Bd. 2, Art. 54, Rn. 8 ff.

915 Siehe grundlegend zum Begriff *Schmitt*, Der Hüter der Verfassung, S. 132 ff.; für die Anwendung auf den Bundespräsidenten *Cornils*, in: FS Hufen, S. 151 (163); da der Bundespräsident jedoch – anders als der „pouvoir neutre“ an Recht und Gesetz gebunden ist, ist die Funktionsbeschreibung unpassend, so auch *Döhring*, in: Der Staat 3 (1964), S. 201 ff.; *Fink*, in: v. Mangoldt/Klein/Starck, GG, Bd. 2, Art. 54, Rn. 6 f.; *Fritz*, in: BK-GG, Art. 54, Rn. 33; *Henke*, DVBl 1966, S. 723; *Menzel*, DÖV 65, S. 590; *Nettesheim*, in: Isensee/Kirchhof (Hrsg.), HStR, Bd. III, § 61, Rn. 24; *Stern*, Staatsrecht, Bd. II, S. 198.

916 Siehe *Eder*, „Rote Karte“ gegen „Spinner“, S. 99 ff.

917 Siehe b).

918 Siehe etwa *Seebohm*, in: Der Parlamentarische Rat, Bd. 9, S. 128; *Menzel*, in: Der Parlamentarische Rat, Bd. 9, S. 76.

919 BVerfGE 136, 323 (332, Rn. 25); ausführlich BVerfGE 136, 277 (309 ff.).

920 *Nettesheim*, in: Isensee/Kirchhof (Hrsg.), HStR, Bd. III, § 61, Rn. 32; *Herzog*, in: Dürig/Herzog/Scholz, GG, Art.54, Rn. 97; kritisch hierzu u. a. mit dem Argument, dass

Weil er aber auch das Volk repräsentiert[921], ist es zu kurz gegriffen, ihn nur als Verkörperung des Staates zu betrachten, vielmehr soll er dem gesamten Gemeinwesen Gesicht und Würde verleihen[922]. Die Repräsentationsfunktion findet sich ausdrücklich in Art. 59 Abs. 1 GG, wonach der Bundespräsident die Bundesrepublik Deutschland nach außen vertritt[923]. Aufgrund seiner beschriebenen grundlegenden Rolle kommt dem Bundespräsidenten andererseits eine repräsentative Rolle nach innen zu[924]. Die allermeisten öffentlichen Reden und Auftritte sind Teil der Repräsentationsfunktion des Bundespräsidenten[925]. Der Bundespräsident soll – und dies geht nur mittels Kommunikation – die Gesellschaft für den politisch-demokratischen Prozess aktivieren[926]. Somit folgt aus der Repräsentationsfunktion ein Recht zur Äußerung[927].

In der Praxis macht der Bundespräsident auch häufig hiervon Gebrauch und er versucht, durch Reden Wirkung zu erzielen[928]. Auf der Website des Bundespräsidenten wird unter „Wirkung im Inland" auf seine kommunikative Aufgabe Bezug genommen: „Der Bundespräsident ist ‚lebendiges Symbol' des Staates. Über den Parteien stehend, wirkt er in Reden, Ansprachen, Gesprächen (…) integrierend, moderierend und motivierend."[929] Weiter wird auf der Website

---

damit eine Überparteilichkeit des Bundespräsidenten ausgedrückt werde, die real nicht existiere und dem Plädoyer, das Amt des Bundespräsidenten rein technisch zu verstehen *v. Ooyen*, RuP 2014, S. 127 (127 ff.).

921 BVerfGE 136, 323 (332, Rn. 25).

922 *v. Arnauld*, in: v. Münch/Kunig (Hrsg.), GG, Bd. I, Art. 54, Rn. 8; *Pieper*, in: Epping/Hillgruber, GG, Art. 54, Rn. 6.

923 Näher *Fritz*, BK-GG, Art. 54, Rn. 39 ff.; *Nettesheim*, in: Isensee/Kirchhof (Hrsg.), HStR, Bd. III, § 61, Rn. 42 ff.

924 BVerfGE 136, 323 (332, Rn. 25); *Degenhart*, Staatsrecht I, Rn. 796; *Herzog*, in: Dürig/Herzog/Scholz, GG, Art. 54, Rn. 7; *Heun*, in: Dreier (Hrsg.), GG, Bd. II, Art. 54, Rn. 17; *Pieper*, in: Epping/Hillgruber, GG, Art. 54, Rn. 6; *Stern*, Staatsrecht, Bd. II, S. 218; *Waldhoff/Grefrath*, in: Friauf/Höfling (Hrsg.), GG, Art. 54, Rn. 49 ff.; ablehnend zur repräsentativen Funktion nach innen, weil es sich um ein obrigkeitsstaatliches Verständnis handele *v. Arnauld*, in: v. Münch/Kunig (Hrsg.), GG, Bd. I, Art. 54, Rn. 8.

925 *Herzog*, in: Dürig/Herzog/Scholz, GG, Art.54, Rn. 97; siehe auch *Degenhart*, Staatsrecht I, Rn. 796.

926 *Nettesheim*, in: Isensee/Kirchhof (Hrsg.), HStR, Bd. III, § 61, Rn. 32.

927 BVerfGE 136, 323 (332, Rn. 25); *Pieper*, in: Epping/Hillgruber, GG, Art. 54, Rn. 6.

928 *Cornils*, in: FS Hufen, S. 151 (152); *Pieper*, in: Epping/Hillgruber, GG, Art. 54, Rn. 12.

929 http://www.bundespraesident.de/DE/Amt-und-Aufgaben/Wirken-im-Inland/wirken-im-inland-node.html;jsessionid=7688CC895B93FBB1962A263845304AD6.1_cid378 (zuletzt abgerufen am 20.05.2022).

des Bundespräsidenten „das gesprochene und geschriebene Wort“ als „eines der stärksten politischen Mittel, über die der Bundespräsident verfügt“, bezeichnet.[930] Allein der derzeitige Bundespräsident Steinmeier hat von diesem „stärksten Mittel“ schon hunderte Mal im In- und Ausland Gebrauch gemacht[931].

Die Integrationsfunktion ist eng mit der Repräsentationsfunktion verbunden[932]. Rechtliche Vorgaben existieren kaum, sodass die Erfüllung der Integrationsfunktion abhängig vom jeweiligen Bundespräsidenten ist[933]. Zur Integration gehört, dass der Bundespräsident das Einende und Gemeinsame im Staat verkörpert[934]. Er soll die staatliche Einheit sichtbar machen und erhalten[935]. In diesem Sinne kann man ihn als Brückenbauer zwischen verschiedenen Polen verstehen. Er soll alle gesellschaftlichen Gruppen integrieren[936]. Sein „Kapital“, um Integration zu bewirken, ist seine Amtsautorität[937]. Erfüllt wird die Integrationsfunktion nicht mit rechtlichen Mitteln, sondern zum Beispiel durch informelle Gespräche mit der Regierung. Vor allem aber übt der Bundespräsident seine Integrationsfunktion durch Reden, Gespräche und öffentliche Auftritte aus[938]. Denn er kann nur zusammenführen und gesellschaftlich integrierend wirken, wenn er sich auch äußern kann. Hierzu muss es ihm erlaubt sein, den politischen Grundkonsens zu artikulieren[939].

---

930 https://www.bundespraesident.de/DE/Amt-und-Aufgaben/Wirken-im-Inland/Reden-und-Ansprachen/reden-und-ansprachen-node.html (zuletzt abgerufen am 20.05.2022).

931 Siehe die Auflistung auf der Webseite des Bundespräsidenten http://www.bundespraesident.de/DE/Bundespraesident/Reden-und-Interviews/Reden/reden-node.html (zuletzt abgerufen am 20.05.2022).

932 *Heun*, in: Dreier (Hrsg.), GG, Bd. II, Art. 54, Rn. 18; *Pieper*, in: Epping/Hillgruber, GG, Art. 54, Rn. 6; so behandelt *Nettesheim*, in: Isensee/Kirchhof (Hrsg.), HStR, Bd. III, § 61, Rn. 31 ff. die Integrationsfunktion als Teil der Repräsentationsfunktion.

933 *Heun*, in: Dreier (Hrsg.), GG, Bd. II, Art. 54, Rn. 18.

934 *Badura*, Staatrecht, E, Rn. 73.

935 *Hesse*, Grundzüge des Verfassungsrechts, Rn. 656.

936 *Pieper*, in: Epping/Hillgruber, GG, Art. 54, Rn. 6.

937 *Scheuner*, Amt des Bundespräsidenten, S. 45; *Maurer*, DÖV 1966, S. 665 (667); *Nettesheim*, in: Isensee/Kirchhof, Isensee/Kirchhof (Hrsg.), HStR, Bd. III, § 61, Rn. 31; *Pieper*, in: Epping/Hillgruber, GG, Art. 54, Rn. 11.

938 *v. Arnauld*, in: v. Münch/Kunig (Hrsg.), GG, Bd. I, Art. 54, Rn. 9; *Battis/Edenharter*, Einführung in das Verfassungsrecht, Rn. 47; *Herzog*, in: Dürig/Herzog/Scholz, GG, Art. 54, Rn. 93 ff.; *Nettesheim*, Isensee/Kirchhof (Hrsg.), HStR, Bd. III, § 52, Rn. 25 ff.; *Voßkuhle/Kaiser*, JuS 2021, S. 118; *Waldhoff/Grefrath*, in: in: Friauf/Höfling (Hrsg.), GG, Art. 54, Rn. 51 ff.

939 *Nettesheim*, in: Isensee/Kirchhof (Hrsg.), HStR, Bd. III, § 61, Rn. 34.

bb) Neutralitätsfolgerung

Ob die Repräsentations- und Integrationsaufgabe des Bundespräsidenten zu einem Gebot parteipolitischer Neutralität führt, ist in Rechtsprechung und Schrifttum umstritten.

(1) Bundesverfassungsgericht

Das Bundesverfassungsgericht hat betont, dass die Rechtsprechung zur regierungsamtlichen Öffentlichkeitsarbeit[940] nicht ohne Weiteres auf negative Äußerungen des Bundespräsidenten über politische Parteien übertragbar sei[941]. Der Bundespräsidenten soll demnach nicht dem Gebot parteipolitischer Neutralität unterworfen sein. Dies wird vom Bundesverfassungsgericht damit begründet, dass nur der Bundespräsident darüber entscheide, wie er seine Repräsentations- und Integrationsaufgabe ausfülle; im komme hierbei ein weiter Gestaltungsspielraum zu[942]. So dürfe er vor gesellschaftlichen Gefahren warnen und Verursacher benennen[943]. Zwar sei der Bundespräsident an Recht und Gesetz gebunden[944] und müsse daher auch das Recht der politischen Parteien auf Chancengleichheit achten[945].

Die Konsequenz ist aus der Sicht des Bundesverfassungsgerichts aber nicht die Geltung des Neutralitätsgebots. Vielmehr sollen dem Bundespräsidenten nur solche Äußerungen gegenüber politischen Parteien verboten sein, die willkürlich sind und evident seine Integrationsaufgabe vernachlässigen[946]. Diese Grenze sei jedenfalls bei beleidigenden Äußerungen, die in anderen Zusammenhängen als „Schmähkritik" qualifiziert werden, erreicht[947]. Diene jedoch die Äußerung einem Gemeinwohlzweck und sei sie nicht auf die Ausgrenzung oder Begünstigung einer Partei um ihrer selbst willen angelegt, sei sie erlaubt[948]. Im Ergebnis wird damit das Äußerungsrecht des Bundespräsidenten nur durch ein Willkürverbot begrenzt. Diese weiten Äußerungsgrenzen könnten es dem

940 BVerfGE 44, 125.
941 BVerfGE 136, 323 (333 f., Rn. 29).
942 BVerfGE 136, 323 (332, Rn. 25).
943 BVerfGE 136, 323 (335, Rn. 31).
944 BVerfGE 136, 323 (333, Rn. 27); siehe auch *Butzer*, ZG 2015, S. 97 (108).
945 BVerfGE 136, 323 (333, Rn. 28).
946 BVerfGE 136, 323 (336, Rn. 33).
947 BVerfGE 136, 323 (335 f., Rn. 32).
948 BVerfGE 136, 323 (335, Rn. 31).

Bundespräsidenten sogar ermöglichen, Mitglieder einer Partei als „Spinner“ zu bezeichnen[949].

Die Entscheidung des Bundesverfassungsgerichts ist bemerkenswert, weil es in einer früheren Entscheidung von einer Verpflichtung des Bundespräsidenten zur parteipolitischen Neutralität ausging[950]. Nun aber stellt es fest, dass zwar eine verfassungsrechtliche Erwartungshaltung dahin gehend existiere, dass der Bundespräsident eine gewisse Distanz zu Aktivitäten und Zielen von politischen Parteien wahre, hieraus aber „keine justiziablen Vorgaben für die Amtsausübung“ folgten[951]. Danach ist das Leitbild des parteipolitisch neutralen Bundespräsidenten nur eine öffentliche und staatsrechtliche Zuschreibung hinsichtlich der Art und Weise seiner Amtsausübung, aber keine justiziable Beschreibung des Amtes[952].

(2) Schrifttum

Im Schrifttum wird der Nichtanwendung des Gebotes parteipolitischer Neutralität auf den Bundespräsidenten punktuell zugestimmt[953]. Betrachtet man indes das Schrifttum vor der *Gauck*-Entscheidung, so finden sich zahlreiche Stimmen, die von einer Pflicht des Bundespräsidenten zur parteipolitisch neutralen Amtsführung ausgehen[954]. Diese Pflicht wird u. a. der Repräsentationsfunktion

949 BVerfGE 136, 323 (337 f., Rn. 36), wobei in der Entscheidung der konkrete Zusammenhang der Verwendung des Begriffs „Spinner“ eine relevante Rolle spielte.

950 BVerfGE 89, 359 (362 f.): „Die Bereitschaft, sich der Wahl zum Bundespräsidenten zu stellen, ist auch nicht ihrem Wesen nach mit dem Amt eines Richters des Bundesverfassungsgerichts unvereinbar. Beide Ämter verpflichten nach ihrer verfassungsrechtlichen Ausgestaltung und nach der gewachsenen Tradition seit Bestehen der Bundesrepublik zur parteipolitischen Neutralität.“

951 BVerfGE 136, 323 (332, Rn. 26).

952 *Butzer,* in: Kluth (Hrsg.), „Das wird man ja wohl noch sagen dürfen“, S. 37 (45 f.).

953 *Badenhausen/Löbel,* VR 2014, 357 ff.; *Heun,* in Dreier (Hrsg.), GG, Bd. II, Art. 54, Rn. 12; *Pieper,* in: Epping/Hillgruber, GG, Art. 54, Rn. 5.

954 *v. Arnauld,* in: Münch/Kunig (Hrsg.), GG, Bd. I, Art. 54, Rn. 9; *Gehrlein,* DÖV 2007, S. 280 (284 f.); *Henke,* Das Recht der politischen Parteien, S. 184 f.; *Knöpfle,* DVBl 1966, S. 713 (719); *Mehlhorn,* Der Bundespräsident der Bundesrepublik Deutschland und der Republik Österreich, S. 51; *Maurer,* DÖV 1966, S. 672 f.; *Herzog,* in: Dürig/Herzog/Scholz, GG, Art. 54, Rn. 91, allerdings mit Einschränkungen wegen der Entscheidungskompetenzen des Bundespräsidenten; *Schlaich,* Neutralität als verfassungsrechtliches Prinzip, S. 80, allerdings mit der Einschränkung, dass der Bundespräsident aufgrund seiner Integrationsfunktion eine deutliche Linie der Politik des Parlamentes oder Regierung stützen solle.

entnommen, da der Bundespräsident den gesamten Staat und das gesamte Volk vertreten müsse und dies nur möglich sei, wenn er Zurückhaltung übe[955]. Auch die Integrationsfunktion wird zur Begründung des Neutralitätsgebotes herangezogen[956]. Denn der Bundespräsident soll nicht für eine bestimmte Partei, nicht für politische Auseinandersetzungen zwischen den Parteien stehen, sondern für das Einende und Gemeinsame im Staat[957]. Zahlreiche Stimmen im Schrifttum betonen, dass eine verfassungsrechtliche Erwartung und eine gefestigte Verfassungstradition existierten, wonach der Bundespräsident eine gewisse Distanz zu Zielen und Aktivitäten von politischen Parteien und gesellschaftlichen Gruppen zu wahren habe[958]. Auch das Bundesverfassungsgericht sieht dies so[959]. Man muss somit konstatieren, dass das Bundesverfassungsgericht in seiner *Gauck*-Entscheidung mit der Nichtanwendung des Neutralitätsgebotes auf den Bundespräsidenten eine Auffassung vertritt, die zuvor kaum im Staatsrecht vertreten wurde[960].

Folglich ist es nicht verwunderlich, dass Stimmen aus dem Schrifttum die *Gauck*-Entscheidung kritisieren und aufgrund der Repräsentations- und Integrationsaufgabe eine Bindung des Bundespräsidenten an das Gebot parteipolitischer Neutralität annehmen[961]. Verwiesen wird darauf, dass der Gestaltungsspielraum nicht so groß ist, wie das Bundesverfassungsgericht meint, da er zum Beispiel sein Amt nicht in offener Gegnerschaft zur Regierung ausüben

---

955 *Stern*, Staatsrecht, Bd. II, S. 218 f.

956 *v. Arnauld, in*: v. Münch/Kunig (Hrsg.), GG, Bd. 1, Art. 54, Rn. 9; *Herzog*, in: Dürig/Herzog/Scholz, GG, Art. 54, Rn. 91; *Battis/Edenharter*, Einführung in das Verfassungsrecht, Rn. 46.

957 *Badura*, Staatrecht, E, Rn. 73.

958 *Badura*, Staatrecht, E, Rn. 73; *Fritz*, in: BK-GG, Art. 54, Rn. 45; *Pernice*, in: Dreier (Hrsg.), GG, Bd. II, Art. 54, Rn. 24; *Herzog*, in: Dürig/Herzog/Scholz, GG, Art. 54, Rn. 55; *Heun*, AöR 109 (1984), S. 213 (214 f.).

959 BVerfGE 136, 277 (311, Rn. 95).

960 Als Ausnahme ist *Nettesheim*, in: Isensee/Kirchhof (Hrsg.), HStR, Bd. III, § 61, Rn. 34, zu nennen, welcher zwar von der Neutralitätspflicht des Bundespräsidenten ausgeht, zugleich aber schon vor der *Gauck*-Entscheidung eine Befugnis des Bundespräsidenten sah, sich in politische Debatten mit Positionen, die aus seiner Sicht dem Gemeinwohl dienen, einzubringen.

961 *Cornils*, in: FS Hufen. S. 151 (161); *Butzer*, in: Kluth (Hrsg.), „Das wird man ja wohl noch sagen dürfen“, S. 37 (48); *Eder*, „Rote Karte“ gegen „Spinner“?, S. 101 ff.

dürfe[962]. Neutralität sei erforderlich, da der Bundespräsident den gesamten Staat verkörpern solle; zu diesem gehörten auch die politischen Parteien[963]. Zudem sei die Neutralität „geradezu der Preis der wirksamen Integration“[964]. Denn eine Integration der Bürger in das Staatsganze setze voraus, dass alle Strömungen in der Gesellschaft in den Staat einbezogen würden; identifiziere sich der Bundespräsident aber mit bestimmten politischen Parteien oder äußere er sich negativ über sie, scheitere die Integration[965]. Erforderlich sei, dass das Staatsoberhaupt grundsätzlich offen für alle Strömungen und Parteien sei, da nur dann Integration gelingen könne[966].

Auch die Folgerung des Bundesverfassungsgerichts, dass der Bundespräsident nur einer Willkürkontrolle unterliege, stößt auf Kritik. So ist die Rede von einem „Kontrollausfall“ in Bezug auf die verfassungsgerichtliche Prüfung präsidialer Äußerungen, weil sich de facto für jedes negative Werturteil sachliche Gründe anführen ließen[967]. Kritisiert wird zudem, dass das Bundesverfassungsgericht nicht einmal das Sachlichkeitsgebot auf den Bundespräsidenten anwende, sondern praktisch nur in den Grenzen der Schmähkritik bleibe[968]. Denn unter der Geltung des Sachlichkeitsgebots sei der Begriff „Spinner“ nicht zu rechtfertigen[969]. Diese Nahezu-Unangreifbarkeit präsidialer Äußerungen führte zu der Kritik, dass der Entscheidung des Bundesverfassungsgerichts ein „klassisch-ersatzmonarchistisches“ Verständnis des Amtes des Bundespräsidenten zugrunde liege[970].

---

962 *Cornils*, in: FS Hufen, S. 151 (155); zu letzterem Punkt siehe *Nettesheim*, in: Isensee/Kirchhof (Hrsg.), HStR, Bd. III, Rn. 22: „(…) darf sich nicht zur Gegenregierung aufschwingen, er nicht gegen Parlament und Regierung Stimmung betreiben.“

963 *Eder*, „Rote Karte“ für „Spinner“?, S. 102.

964 *Mehlhorn*, Der Bundespräsident der Bundesrepublik Deutschland und der Republik Österreich, S. 51.

965 *Eder*, „Rote Karte“ für „Spinner“?, S. 103.

966 *Eder*, „Rote Karte“ für „Spinner“?, S. 103 unter Verweis auf *Mehlhorn*, Der Bundespräsident der Bundesrepublik Deutschland und der Republik Österreich, S. 51.

967 *Hillgruber*, JA 2014, S. 796 (798).

968 *Bäcker*, MiP 2015, S. 151 (153); gemeint sind die Grundsätze der „Soldaten sind Mörder“-Entscheidung, BVerfGE 93, 266.

969 *Bäcker*, MiP 2015, S. 151 (153).

970 *v. Ooyen*, RuP 2014, S. 127 (130).

b) Kustos-Funktion und Neutralitätsforderung

Teilweise wird der Bundespräsident als Kustos gesehen: als beschützender Wächter[971]. Zur Kustos-Funktion gehört danach, dass der Bundespräsident in bestimmten Situationen den politischen Prozess anstoßen, balancieren und kontrollieren soll[972]. Insbesondere habe er die Funktion, sicherzustellen, dass kein Entscheidungsvakuum entstehe[973]. Maßgeblicher Teil der Kustos-Funktion sollen die Reservekompetenzen des Bundespräsidenten sein[974]. Zwar hat der Bundespräsident kaum echte Entscheidungsbefugnisse.

Wenn jedoch übliche parlamentarische Vorgänge nicht regelhaft funktionieren, soll er eingreifen. Dies zeigt sich vor allem im dritten Wahlgang der Kanzlerbestimmung, falls der Kanzler nur mit relativer Mehrheit gewählt wird. In diesem Fall entscheidet der Bundespräsident gemäß Art. 63 Abs. 4 S. 1 und 3 GG nach eigenem Ermessen, ob er den Gewählten ernennt oder den Bundestag auflöst und damit Neuwahlen einleitet. Eine weitere Reservekompetenz ist Art. 69 Abs. 3 GG zu entnehmen, wonach der Bundespräsident sowohl eine aus dem Amt ausgeschiedene Bundesregierung als auch einzelne ausgeschiedene Regierungsmitglieder verpflichten kann, ihre bisherigen Aufgaben geschäftsführend wahrzunehmen, bis ein Nachfolger ernannt worden ist. Als Reservefunktion ist ferner das Recht des Bundespräsidenten gemäß Art. 68 Abs. 1 S. 1 GG zu nennen, den Bundestag aufzulösen, falls die Vertrauensfrage des Bundeskanzlers scheitert[975]. Dies zeigt zugleich: Der Bundespräsident soll nicht inhaltlich die Regierungsgeschäfte begleiten[976], sondern in formaler Weise die Handlungsfähigkeit der Staatsgewalten sicherstellen[977].

---

971 *Nettesheim*, in: Isensee/Kirchhof (Hrsg.), HStR, Bd. III, § 61, Rn. 38; *v. Arnauld*, in: Münch/Kunig (Hrsg.), GG I, Art. 54, Rn. 10; ablehnend *Heun*, in: Dreier (Hrsg.), GG, Bd. II, Art. 54, Rn. 19; *Waldhoff/Grefrath*, in: Friauf/Höfling (Hrsg.), GG, Art. 54, Rn. 46.

972 *Nettesheim*, in: Isensee/Kirchhof (Hrsg.), HStR, Bd. III, § 61, Rn. 38.

973 *Nettesheim*, in: Isensee/Kirchhof (Hrsg.), HStR, Bd. III, § 61, Rn. 38.

974 So explizit *v. Arnauld*, in: Münch/Kunig (Hrsg.), GG, Bd. 1, Art. 54, Rn. 10.

975 Dies ist die einzige Reservekompetenz, die in der Geschichte der Bundesrepublik praktische Relevanz gewann; Darstellung der vier Fälle bei *Epping*, in: v. Mangoldt/Klein/Starck, GG, Bd. 2, Art. 68, Rn. 5.

976 Siehe dazu *Heun*, AöR 109 (1984), S. 13 (15 f.); *v. Arnauld*, in: v. Münch/Kunig (Hrsg.), GG, Bd. 2, Art. 54, Rn. 10.

977 *Nettesheim*, in: Isensee/Kirchhof (Hrsg.), HStR, Bd. III, § 61, Rn. 39; pointiert *Eschenburg*, Staat und Gesellschaft, S. 645: „Er soll die Regierungsmaschine nicht laufend bedienen, aber durch einmalige Umschaltung ihr weiteres Funktionieren ermöglichen."

Damit der Bundespräsident den Fortgang des politischen Prozesses sicherstellen kann, ist teilweise auch Vermittlung und Kommunikation notwendig[978]. Dies zeigte sich etwa nach der Bundestagswahl 2017, als Bundespräsident *Steinmeier* wegen der sich hinziehenden Regierungsbildung die SPD dazu drängte, Koalitionsverhandlungen mit der CDU/CSU zu beginnen[979]. Hier trat der Bundespräsident zwar nur intern als Vermittler auf. Hätten seine internen Appelle aber nicht gefruchtet, hätte es durchaus passieren können, dass er seinen Appell zur Regierungsbildung öffentlich vorträgt. Festzuhalten ist somit: Wenn der politische Prozess stagniert, darf der Bundespräsident eingreifen und sich auch äußern.

Laut *Eder* folgt aus der Kustos-Funktion des Bundespräsidenten ein Gebot parteipolitischer Neutralität[980]. Seine Rolle als Garant des Funktionierens des politischen Prozesses erfordere es, dass er nicht im Interesse einer bestimmten politischen Partei handele, sondern das Staatsganze in den Blick nehme[981]. So dürfe er zum Beispiel im Rahmen des Art. 63 Abs. 4 S. 1 und 3 GG die Entscheidung für die Auflösung des Bundestages nicht nach parteipolitischen Erwägungen treffen[982].

IV. Kommunale Amtsträger

Auch kommunale Amtsträger sind laut der Rechtsprechung und Teilen der Literatur an das Gebot parteipolitischer Neutralität gebunden[983]. Hinzu kommt die Bindung an das strikte Sachlichkeitsgebot, sofern sie sich über Vereinigungen ohne Parteienstatus äußern[984]. Zu den kommunalen Amtsträgern, die hier bezüglich des Neutralitätsgebots untersucht werden, gehören (Ober-)

978 *Nettesheim*, in: Isensee/Kirchhof (Hrsg.), HStR, Bd. III, § 61, Rn. 40.

979 *Gathmann, Florian / Medick, Veit*, Bundespräsident und die Regierungsbildung, Der Steinbeißer, in: Der Spiegel, 24.11.2017, https://www.spiegel.de/politik/deutschland/spd-und-frank-walter-steinmeier-der-bundespraesident-laesst-nicht-locker-a-1180130.html (zuletzt abgerufen am 20.05.2022).

980 *Eder*, „Rote Karte" für „Spinner"?, S. 100 ff.

981 *Eder*, „Rote Karte" für „Spinner"?, S. 101.

982 *Eder*, „Rote Karte" für „Spinner"?, S. 102.

983 BVerfG (K), NVwZ-RR 2014, S. 538 (539); BVerwGE 104, 323 (327); BVerwGE, NVwZ 1992, S. 795; VG Trier, Urt. v. 20.01.2015 – Az. 1 K 1591/14.TR, Rn. 120 (juris); VG Köln, Beschl. v. 30.03.2017 – Az. 4 L 750/17, Rn. 50 (juris); *Engelbrecht*, Komm P Wahlen 2015, S. 20 (23); *Mehde*, in: Dürig/Herzog/Scholz, GG, Art. 28 Abs. 1, Rn. 55; *Oebbecke*, NVwZ 2007, S. 30 (31); *Suslin*, KommJur 2020, S. 5.

984 BVerwGE 159, 327 (335, Rn. 29).

Bürgermeister und Landräte. Wie bei allen anderen Amtsträgern, die dem Neutralitätsgebot unterliegen sollen, wird dessen Anwendung mit ihrer Stellung und ihren Aufgaben begründet.

1. Stellung

Der (Ober-)Bürgermeister stellt neben dem Rat das zweite Vertretungsorgan der Bürgerschaft dar[985]. In kreisangehörigen Städten lautet die Amtsbezeichnung in der Regel „Bürgermeister", in kreisfreien Städten und je nach Landesrecht auch in bedeutenden kreisangehörigen Gemeinden „Oberbürgermeister"[986]. Landräte sind Hauptverwaltungsbeamte von Landkreisen und stellen neben dem Kreistag das zweite Vertretungsorgan der Landkreise dar. (Ober-)Bürgermeister und Landräte repräsentieren die Gemeinde- und Kreisbevölkerung und die Verwaltung der Gemeinden des Kreises[987]. Zudem haben sie den Vorsitz im Gemeinde- bzw. Kreisrat inne[988]. Allerdings kommt ihnen – im Unterschied zum Bundespräsidenten, der Bundesregierung und den Landesregierungen – keine staatsleitende, verfassungsrechtliche Funktion zu[989]. Die Aufgaben der kommunalen Amtsträger sind durch die Landesverfassungen und die Gemeindeordnungen zugewiesen und beziehen sich stets nur auf die Belange der örtlichen Gemeinschaft. Zugleich sind kommunale Amtsträger an das republikanische Gemeinwohlprinzip gebunden, aus welchem Unparteilichkeitserwartungen folgen[990]. Zudem kommt (Ober-)Bürgermeistern und Landräten die Stellung eines lokalen „Regierungschefs" zu[991]. Daher kann man argumentieren, dass ihnen eine spezifische Amtsautorität zukommt, aus der wiederum laut der Rechtsprechung Neutralitätserwartungen folgen[992].

---

985 *Burgi*, Kommunalrecht, § 13, Rn. 1.

986 *Burgi*, Kommunalrecht, § 13, Rn. 1.

987 *zu Hohenlohe*, VerwArch 2016, S. 62 (79); *Putzer*, DVBl 2017, S. 136 (137 f.); *Thieme*, DÖV 1997, S. 948 (950).

988 *Engelbrecht*, Komm P Wahlen 2015, S. 20 (23).

989 VG Trier, Urt. v. 20.01.2015 – Az. 1 K 1591/14.TR, Rn. 132 (juris).

990 Siehe hierzu 2. Teil, A. III.

991 Siehe zu (Ober-Bürgermeistern) *Fehling*, Verwaltung zwischen Unparteilichkeit und Gestaltungsaufgabe, S. 217.

992 BVerfGE 138, 102 (115, Rn. 45); 148, 11 (28, Rn. 52); BVerfGE 154, 320 (337, Rn. 50).

2. *Verwaltungsfunktion*

(Ober-)Bürgermeister und Landräte sind aufgrund der jeweiligen Gemeindeordnungen der Bundesländer Verwaltungsorgane der Gemeinden und Kreise[993]. Landräte sind häufig zugleich untere staatliche Verwaltungsbehörde[994]. In den meisten Bundesländern stellen (Ober-)Bürgermeister und Landräte die Spitze der Verwaltung dar[995]. So ist etwa der (Ober-)Bürgermeister zugleich selbst eine Behörde im Sinne des Verwaltungsverfahrensgesetzes[996]. Daher unterliegen kommunale Amtsträger im Rahmen von Verwaltungsverfahren der Bindung an die verwaltungsrechtliche Neutralität[997]. Exemplarisch zeigt dies ein Fall, den das Verwaltungsgericht Gera zu entscheiden hatte. Der Geraer Oberbürgermeister hatte zur Teilnahme an Protestaktionen gegen eine NPD-Veranstaltung aufgerufen[998]. Weil in Thüringen der Oberbürgermeister zugleich Versammlungsbehörde ist[999], stellte die Äußerung einen Verstoß gegen die verwaltungsrechtliche Neutralität dar[1000]. Ähnlich lag ein Fall, in dem der Oberbürgermeister der Stadt Darmstadt die Bürgerschaft zur Teilnahme an einer Gegenkundgebung zu einer NPD-Versammlung aufgerufen hatte[1001]. Da Oberbürgermeister in Hessen zugleich Versammlungsbehörde sind[1002], haben sie sich jeglicher politischen Meinungsäußerung in der Öffentlichkeit zu Versammlungen zu enthalten, damit keine Zweifel an der Unparteilichkeit der Versammlungsbehörde aufkommen[1003].

---

993 Siehe z. B. § 62 Abs. 1 GO NRW; Art. 29, 36 GO BY; § 42 Abs. 1 GO BW; § 47 Abs. 1 GO RP.

994 *Detterbeck*, Allgemeines Verwaltungsrecht, Rn. 202.

995 Siehe z. B. § 42 KrO NRW, § 62 Abs. 1, S. 2, Abs. 3 GO NRW; in Hessen hingegen ist der Bürgermeister Teil eines Kollegialorgans, siehe § 9 Abs. 2 HGO HE.

996 *Burgi*, Kommunalrecht, § 12, Rn. 23 und § 13, Rn. 16; *Schrameyer*, Der kommunale Wahlbeamte, S. 28.

997 *Gärditz*, NWVBl. 2015, S. 165 (168); *zu Hohenlohe*, VerwArch 2016, S. 62 (77); siehe zum Begriff der verwaltungsrechtlichen Neutralität 2. Teil, B. II. 2. b).

998 VG Gera, Beschl. v. 6.7.2010, Az. 2 E 465/10 Ge, Rn. 5 (jurion).

999 § 15 Abs. 1 InMinZustV TH.

1000 VG Gera, Beschl. v. 6.7.2010, Az. 2 E 465/10 Ge, Rn. 23 (jurion).

1001 Siehe VGH Hessen, NVwZ-RR 2013, S. 815 (816).

1002 Siehe §§ 14 und 15 VersammlG, § 4 Abs. 2 und 3 HGO HE, §§ 85 Abs. 1 S. 1 Nr. 4 und S. 2 sowie 89 Abs. 1 S. 1 und Abs. 2, S. 1 HGO HE, § 1 S. 1 Nr. 2 SOG HE-DVO

1003 VGH Hessen, NVwZ-RR 2013, S. 815 (816); siehe auch *Groscurth*, Peters/Janz (Hrsg.), Handbuch Versammlungsrecht, G, Rn. 183.

3. Politische Funktion

(Ober-)Bürgermeister und Landräte haben politische Gestaltungsämter inne. Sie gelangen, bis auf sehr wenige Ausnahmen, durch einen demokratischen Wahlakt der lokalen Bevölkerung ins Amt[1004]. Somit sind diese kommunalen Amtsträger politische Leitungsfiguren innerhalb ihrer Gemeinde bzw. Kreises[1005]. Die Wahl durch die kommunale Bürgerschaft gibt (Ober-)Bürgermeistern und Landräten im Vergleich zur ernannten Verwaltung eine besonders starke Stellung, denn sie können sich auf das Vertrauen der Mehrheit der Gemeindebevölkerung berufen. Die Bürgerschaft erwartet, dass der gewählte kommunale Amtsträger zum Wohl der Gemeinde oder des Kreises handelt und Politik betreibt[1006].

a) Repräsentations- und Integrationsfunktion

aa) Inhalt

Dass kommunalen Amtsträgern eine Repräsentations- und Integrationsfunktion aufgrund ihrer Direktwahl zukommt, ist unumstritten[1007]. Insofern ergibt sich hier eine gewisse Ähnlichkeit mit den Funktionen des Bundespräsidenten[1008]. Denn der jeweilige (Ober-)Bürgermeister oder Landrat ist in seiner Gemeinde bzw. seinem Kreis der oberste Repräsentant. Dies beinhaltet, die Interessen und den Standpunkt der Gemeinde zu formulieren und nach außen zu kommunizieren[1009]. Hierzu gehört z. B. die Stellungnahme zu einem anstehenden Bürgerentscheid[1010]. Kommunale Amtsträger dürfen auch auf Probleme in der

---

1004 Dies ist bei (Ober-)Bürgermeistern mittlerweile die Regelung in allen Flächenbundesländern, siehe *Kersting*, Zukunft der lokalen Demokratie, S. 128; siehe z. B. § 65 Abs. 1 GO NRW, Art. 40 Abs. 1 GLKrWG BY; § 45 Abs. 1 GO BW; § 53 Abs. 1 GO RP; auch Landräte werden mittlerweile fast überall direkt von der Bevölkerung gewählt, anders ist dies aber in Baden-Württemberg und Schleswig-Holstein, wo die Wahl der Kreisrat vornimmt.

1005 *Burgi*, Kommunalrecht, § 13, Rn. 1.

1006 *zu Hohenlohe*, VerwArch 2016, S. 62 (77).

1007 *zu Hohenlohe*, VerwArch 2016, S. 62 (79); *Putzer*, DVBl 2017, S. 136 (137 f.); *Thieme*, DÖV 1997, S. 948 (950); etwas kritisch *Bender*, NWVBl. 2016, S. 143 (149), der zwar die integrative Rolle des Bürgermeisters anerkennt, einen Vergleich zum Bundespräsidenten aber für zu „hoch gegriffen" hält.

1008 Siehe 3. Teil, B. III. 2. a) aa).

1009 *zu Hohenlohe*, VerwArch 2016, S. 62 (79).

1010 *zu Hohenlohe*, VerwArch 2016, S. 62 (79); siehe zum Beispiel § 8b Abs. 5 HGO HE, wonach bei einem Bürgerentscheid die von den Gemeindeorganen vertretene Auffassung dargelegt werden muss.

Gemeinde hinweisen und Lösungen vorschlagen, auch wenn diese außerhalb des unmittelbaren administrativen Zuständigkeitsbereiches liegen[1011]. Die Integrationsfunktion des (Ober-)Bürgermeisters bedeutet auch, den Zusammenhalt der Gemeindebevölkerung auf der Grundlage normativer Orientierungsmuster der Verfassung zu wahren[1012]. Hierzu kann es gehören, durch integrative Kommunikation diskriminierende und ausgrenzende Aktionen, auch aus der eigenen Bürgerschaft, zu neutralisieren[1013]. Denn kommunale Amtsträger sollen verfassungsrechtliche Wertungen verteidigen, sofern ein sachlicher Anlass besteht[1014]. Wenn der (Ober-)Bürgermeister Appelle gegen Rassismus an die Öffentlichkeit richtet oder sich für ein Klima der Toleranz einsetzt, kommt er seiner Integrationsfunktion nach und verteidigt verfassungsrechtliche Wertungen[1015]. Derartige Stellungnahmen sind dazu gedacht, das friedliche und gleichberechtigte Zusammenleben der Bürgerschaft zu fördern[1016].

bb) Neutralität?

Die Repräsentations- und die Integrationsfunktion von kommunalen Amtsträgern beziehen sich zwar nur auf die örtliche Gemeinschaft, sie ähneln aber auf den ersten Blick der Repräsentations- und der Integrationsfunktion des Bundespräsidenten[1017]. Diese Funktionen des Bundespräsidenten dienen dem Bundesverfassungsgericht gerade als Argument dafür, dass der Bundespräsident keinem Gebot parteipolitischer Neutralität unterworfen ist[1018]. Ähnliche Argumentationen finden sich in Rechtsprechung und Schrifttum auch zu den äußerungsrechtlichen Befugnissen des (Ober-)Bürgermeisters: Dieser soll durch wertende Äußerungen das gedeihliche Zusammenleben in der Gemeinde schützen[1019] und sich hierfür vor angegriffene Minderheiten stellen dürfen[1020]. Er soll zum Schutz des gedeihlichen Zusammenlebens sogar befugt sein, Stellung zu konkreten, z. B. rechtsextremen Versammlungen, zu nehmen, sofern er mit

---

1011 *zu Hohenlohe*, VerwArch 2016, S. 62 (79).
1012 *zu Hohenlohe*, VerwArch 2016, S. 62 (80).
1013 *Bender*, NWVBl. 2016, S. 143 (149).
1014 *Gärditz*, NWVBl. 2015, S. 165 (170).
1015 *zu Hohenlohe*, VerwArch 2016, S. 62 (80); siehe auch *Voßkuhle*, EuGRZ, S. 537 (543).
1016 VG Stuttgart, NVwZ-RR 2011, S. 615 (616); *zu Hohenlohe*, VerwArch 2016, S. 62 (80).
1017 Siehe 3. Teil, B. III. 2. a).
1018 Siehe 3. Teil, B. III. 2. bb) (1).
1019 VG Stuttgart, NVwZ-RR 2011, S. 615 (616); *zu Hohenlohe*, VerwArch 2016, S. 62 (80).
1020 *Gärditz*, NWVBl. 2015, S. 165 (170); *Putzer*, DVBl 2017, S. 136 (138).

diesen Äußerungen das Ziel verfolgt, bestimmte Werte zu verteidigen[1021]. Derartige Äußerungen sollen von der Repräsentations- und Integrationsaufgabe erfasst sein[1022]. Ein maßgeblicher Unterschied zum Bundespräsidenten existiert dennoch: Bei kommunalen Amtsträgern existiert kein Leitbild der Neutralität. Weder geben sie ihr Parteibuch nach der erfolgreichen Wahl ab, noch stehen sie außerhalb der tagespolitischen Auseinandersetzungen. Ganz im Gegenteil sind sie als Vorsitzende der kommunalen Räte Teil der politischen Auseinandersetzung. Die Argumente, die mit Blick auf die Repräsentations- und Integrationsfunktion vom Bundesverfassungsgericht genannt werden, um die Bindung des Bundespräsidenten an das Gebot parteipolitischer Neutralität abzulehnen, sind folglich nicht auf kommunale Amtsträger übertragbar.

b) Politische Gestalter

Anders als der Bundespräsident haben kommunale Amtsträger zudem eine explizit politische Gestaltungsrolle in der örtlichen Gemeinschaft. Sie werden von der Bürgerschaft gewählt, um kommunalpolitische Themen zu bearbeiten[1023]. Viele kommunale Entscheidungen, etwa die Wirtschaftsförderung oder die Infrastrukturplanung, sind Bereiche politischer Entscheidung und nicht (bloße) Verwaltungstätigkeit[1024]. Auch wenn am Ende der Gemeinderat über die jeweilige Entscheidung des Bürgermeisters abstimmen muss[1025], kann ein kommunaler Amtsträger in diesem Bereich planen, Vorschläge machen, Überzeugungsarbeit leisten. Zudem haben kommunale Amtsträger in der Regel langfristige Ziele und Agenden, denen sie sich widmen[1026]. Die politische Gestaltung, die Themen, die Personalpolitik, der Umgang mit den kommunalen Finanzen, all dies kann sich von Kommune zu Kommune, von Kreis zu Kreis evident unterscheiden und mit der (partei-)politischen Herkunft des kommunalen Amtsträgers zusammenhängen[1027]. Zur Umsetzung ihrer politischen Gestaltungsaufgabe können kommunale Amtsträger auf finanzielle und personelle staatliche Ressourcen zugreifen. Verbunden mit ihrer lokalen Bekanntheit kann ihnen dies eine Einflussnahme

1021 *Jestaedt*, AöR 126 (2001), S. 204 (234).
1022 *Gärditz*, NWVBl. 2015, S. 165 (170).
1023 *Gärditz*, NWVBl. 2015, S. 165 (168); siehe die Aufzählung der möglichen Themen bei *Burgi*, Kommunalrecht, § 6, Rn. 19.
1024 *Gärditz*, NWVBl. 2015, S. 165 (168, 170); *zu Hohenlohe*, VerwArch 2016, S. 62 (77); *Payandeh*, Der Staat 55 (2016), S. 519 (531).
1025 Siehe u.a. § 51 Nr. 6 GO HE; § 41 Abs. 1 S. 2 buch. f. GO NRW.
1026 *zu Hohenlohe*, VerwArch 2016, S. 62 (77).
1027 *Payandeh*, Der Staat 55 (2016), S. 519 (531).

auf den Meinungs- und Willensbildungsprozess der Bevölkerung ermöglichen. Insofern hängt die Anwendung des Gebotes parteipolitischer Neutralität[1028] wie auch des strikten Sachlichkeitsgebotes[1029] auf kommunale Amtsträger vor allem mit ihrer politischen Funktion zusammenhängen, die – lokal bezogen – eine gewisse Vergleichbarkeit mit derjenigen der Bundesregierung aufweist[1030]. Sie haben Stimmrecht im Gemeinderat und sind hierdurch Teil der dortigen Entscheidungsfindung und damit des politischen Wettbewerbs[1031]. Die Möglichkeiten kommunaler Amtsträger, staatliche Ressourcen zu nutzen, ist ein Grund für die Anwendung des Neutralitätsgebotes auf sie.

V. Abgeordnete

Abgeordnete sind Inhaber eines öffentlichen Amtes[1032]. Dies zeigt auch die Formulierung des Art. 48 Abs. 2 S. 1 GG („Amt eines Abgeordneten"). Gegenstand des Amtes ist die Mitgliedschaft im Bundestag[1033] und der hieraus erwachsene Aufgabenkreis gemäß Art. 38 ff. GG[1034]. Dies beinhaltet vor allem den Auftrag, das Volk zu vertreten und seine Interessen wahrzunehmen[1035]. Daraus folgend sind Abgeordnete verpflichtet, das Gemeinwohl zu fördern[1036]. Zugleich sind

---

1028 BVerfG (K), NVwZ-RR 2014, S. 538 (539); BVerwGE 104, 323 (327); BVerwGE, NVwZ 1992, S. 795; VG Trier, Urt. v. 20.01.2015 – Az. 1 K 1591/14.TR, Rn. 120 (juris); *Engelbrecht*, Komm P Wahlen 2015, S. 20 (23); *Mehde*, in: Dürig/Herzog/Scholz, GG, Art. 28 Abs. 1, Rn. 55; *Oebbecke*, NVwZ 2007, S. 30 (31); *Suslin*, KommJur 2020, S. 5.

1029 BVerwGE 159, 327 (335, Rn. 29).

1030 Siehe 3. Teil, B. I. 2.

1031 VG Köln, Beschl. v. 30.03.2017 – Az. 4 L 750/17, Rn. 55 (juris).

1032 BVerfGE 20, 56 (103); 40, 296 (314); 44, 308 (315); 56, 396 (405); 76, 256 (341); 80, 188 (218); *Badura*, in: Schneider/Zeh, § 15, Rn. 59; *Butzer*, in: Epping/Hillgruber, GG, Art. 38, Rn. 88; *Depenheuer*, in: Isensee/Kirchhof (Hrsg.), HStR, Bd. III, § 36, Rn. 24; *Henke*, Das Recht der politischen Parteien, S. 120; *Müller*, in: v. Mangoldt/Klein/Starck, GG, Bd. 2, Art. 38, Rn. 44 f.; *Stern*, Staatsrecht, Bd. I, S. 1048 ff.; grundlegend zum Amtsträgerbegriff 2. Teil, A.; a. A. *Achtberg/Schulte*, in: v. Mangoldt/Klein/Starck, GG, Bd. 2, Art. 38, Rn. 82.

1033 *Stern*, Staatsrecht, Bd. I, S. 1051 f.

1034 *Steiger*, Organisatorische Grundlagen des parlamentarischen Regierungssystems, S. 69 f.; *Klein*, in: Dürig/Herzog/Scholz, GG, Art. 48, Rn. 29 f.

1035 *Gärditz*, JöR 64 (2016), S. 1 (14).

1036 *Cornils*, Jura 2009, S. 289 (295); *Gärditz*, JöR 64 (2016); S. 1 (14); *Hartmann*, AöR 134 (2009), S. 1 (7 f.); *Henke*, Das Recht der politischen Parteien, S. 122; *Klein*, in: Isensee/Kirchhof (Hrsg.), HStR, Bd. III, § 51, Rn. 1; *Roth*, in: Umbach/Clemens

Abgeordnete aber Inhaber eines freien Mandates, da sie gemäß Art. 38 Abs. 1 S. 2 GG „an Aufträge und Weisungen nicht gebunden und nur ihrem Gewissen unterworfen" sind[1037]. Sie dürfen daher frei und nach ihren eigenen subjektiven Wertungen entscheiden, was dem Gemeinwohl dienlich ist[1038]. Dies unterscheidet sie von vielen anderen Amtsträgern.

Weil Abgeordnete frei über die Art und Weise ihrer Amtsausübung entscheiden und das Parlament der Ort der politischen Auseinandersetzung und Entscheidungsfindung ist, kann für sie kein Neutralitätsgebot gelten[1039]. Das Parlament ist in der Demokratie der Ort, an dem unterschiedliche Gemeinwohlkonzepte aufeinandertreffen und auf öffentlicher Bühne diskutiert werden[1040]. Jede Form politischer Neutralität würde das Ende des parlamentarisch-demokratischen Diskurses bedeuten[1041]. Abgeordnete haben zudem – ähnlich den politischen Parteien[1042] – eine Scharnierfunktion zwischen Staat und Gesellschaft[1043]. Sie sind Ansprechpartner für die Bürgerschaft, bringen deren Auffassungen und Interessen in die Parlamente und versuchen auf dieser Grundlage, staatliche Entscheidungen zu beeinflussen[1044]. Diese Interessenvertretung setzt eine politische Positionierung voraus. Folglich können Abgeordnete nicht Adressaten von Neutralitätsforderungen sein. Ganz im Gegenteil gehören sie zum Kreis derjenigen Personen, die laut der Rechtsprechung durch das Neutralitätsgebot geschützt

---

(Hrsg.), GG, Bd. II, Art. 38, Rn. 12; für die Abgeordneten des Landtages NRW ist dies sogar explizit in Art. 30 Abs. 2 NRW Verf. festgehalten, denn diese sollen bei ihren Abstimmungen „Rücksicht auf das Wohl des Landes Nordrhein-Westfalen" nehmen; siehe zur generellen Gemeinwohlbindung von Amtsträgern schon 2. Teil. A. III.

1037 Siehe hierzu BVerfGE 114, 121 (149; *Butzer*, in: Epping/Hillgruber, GG, Art. 38, Rn. 122; *Müller*, in: v. Mangoldt/Klein/Starck, GG, Bd. 2, Art. 38, Rn. 46 f.

1038 *Gärditz*, JöR 64 (2016); S. 1 (14).

1039 *Gersdorf*, AfP 2016, S. 293 (298); *Growe*, Das Regierungsmitglied im parteipolitischen Diskurs, S. 137 ff.; *Klein*, in: FS Badura, S. 263 (277 f.); *Nellesen*, Äußerungsrechte staatlicher Funktionsträger, S. 64.

1040 Siehe hierzu auch *Gärditz*, JöR 64 (2016); S. 1 (14 ff.).

1041 Daher soll laut *Growe*, Das Regierungsmitglied im parteipolitischen Diskurs, S. 137 ff., 145 f. für Reden im Parlament *und* außerhalb des Parlamentes derselbe weite Maßstab wie bei der Meinungsfreiheit gelten.

1042 Siehe 3. Teil, A. II. 1. b).

1043 BVerfGE 134, 141 (173); *Morlok*, in: Dreier (Hrsg.), GG, Bd. II, Art. 38, Rn. 143.

1044 BVerfGE 134, 141 (173); *Morlok*, in: Dreier (Hrsg.), GG, Bd. II, Art. 38, Rn. 143.

werden[1045]. Neben dem Mandat können Abgeordnete jedoch weitere staatliche Ämter bekleiden. Zum einen können sie Regierungsmitglieder sein[1046], was nach der Rechtsprechung die Anwendung des Gebotes parteipolitischer Neutralität zur Folge hat[1047]. Sie können aber auch innerhalb des parlamentarischen Betriebes herausgehobene Ämter übernehmen, namentlich Bundes- oder Landtagspräsident bzw. Vizepräsident oder Vorsitzender eines Ausschusses sein. Dies wirft die Frage auf, ob in Bezug auf diese Staatsämter unter Zugrundelegung der einschlägigen Rechtsprechung ein Gebot (partei-)politischer Neutralität besteht.

1. *Parlamentspräsident*

Ob das Gebot (partei-)politischer Neutralität auf Parlamentspräsidenten und Vizeparlamentspräsidenten anzuwenden ist, wird hier vornehmlich anhand des Amtes des Bundestagspräsidenten erörtert. Die Ausführungen sind entsprechend anwendbar auf Landtagspräsidenten und stellvertretende Parlamentspräsidenten. Der Bundestagspräsident wird in der konstituierenden Sitzung des Bundestages gewählt, um dessen Handlungsfähigkeit sicherzustellen[1048]. Er ist Leiter der Parlamentsverwaltung und damit Verwaltungsbehörde[1049]. Hieraus folgt für die von ihm durchgeführten Verwaltungsverfahren eine Bindung an die verwaltungsrechtliche Neutralität[1050]. Zugleich leitet er die Sitzungen des Bundestages, wobei er gemäß 7 Abs. 1 S. 2 GO-BT unparteiisch zu handeln hat. Diese Neutralitätspflicht bezieht sich jedoch ausschließlich auf die Sitzungsleitung. Normativ lässt sie sich auf das Republikprinzip[1051] stützen. Dieses verlangt, dass Amtsträger unparteiisch gegenüber der Bürgerschaft handeln, um das Gemeinwohl zu verwirklichen. Die Konkretisierung des Gemeinwohls findet im Parlament statt. Würde daher der Parlamentspräsident nicht neutral in seiner

---

1045 VfGH BY, Beschl. v. 1.12.2020 – Az. Vf. 90-IVa-20, Rn. 22 (juris), siehe hierzu auch 3. Teil, A. III.

1046 Zur Staatspraxis, dass Regierungsmitglieder mehrheitlich Abgeordnete sind, siehe *Epping*, in: v. Mangoldt/Klein/Starck, GG 2, Art. 66, Rn. 22; zum Neutralitätsgebot für Regierungsmitglieder siehe 3. Teil, B. I. und II.

1047 Siehe 3. Teil, B. I.

1048 *Schliesky*, in: v. Mangoldt/Klein/Starck, GG, Bd. 2, Art. 40, Rn. 7; siehe auch § 1 Abs. 2, Abs. 4 GO-BT.

1049 *Herz*, ZParl 41 (2010), S. 551 (560).

1050 Siehe hierzu 2. Teil, B. II. 2. b).

1051 Siehe 2. Teil, A. III.

Sitzungsleitung sein, sondern einseitig zugunsten einer Fraktion agieren, würde er diesen demokratischen Konkretisierungsprozess gefährden.

Der Bayerische Verfassungsgerichtshof hat mit Verweis auf die Freiheit des Mandats[1052] auch eine Neutralitätspflicht des Parlamentspräsidenten außerhalb der Sitzungen des Parlaments angenommen[1053]. Diese Annahme stützt der Verfassungsgerichtshof auf die Stellung des Parlamentspräsidenten als oberstes Staatsorgan[1054]. Ferner wird aus der Repräsentationsfunktion des Parlamentspräsidenten[1055] eine Neutralitätspflicht abgeleitet[1056]. Unzweifelhaft ist der jeweilige Parlamentspräsident in der öffentlichen Wahrnehmung das Gesicht des Parlaments. Er hat gegenüber anderen Abgeordneten eine herausgehobene Stellung, und er wird für den Bundestag in seiner Gesamtheit tätig[1057]. Diese Tätigkeit findet nicht nur in der Sitzungsleitung ihren Ausdruck, sondern auch auf Veranstaltungen[1058]. Weil er jedoch nur sein jeweiliges Parlament tätig wird, kann sich seine äußerungsrechtliche Neutralitätspflicht auch nur auf Fraktionen und Abgeordnete beziehen, nicht auf politische Parteien; er hat mithin ein Gebot politischer, nicht aber ein Gebot parteipolitischer Neutralität zu beachten.

2. *Vorsitzende von Ausschüssen*

Die Frage der Neutralitätspflicht von Ausschussvorsitzenden wird ausschließlich anhand der Vorsitzenden von Ausschüssen des Bundestags untersucht; die Ausführungen gelten entsprechend für Ausschussvorsitzende in Landtagen. Ausschüsse sind Hilfsorgane des Parlamentes, sie sollen das Plenum durch ihre Sachkunde entlasten[1059]. Ein großer Teil der inhaltlichen parlamentarischen

---

1052 Siehe 3. Teil, A. III. 2.

1053 VfGH BY, Beschl. v. 1.12.2020 – Az. Vf. 90-IVa-20, Rn. 22 (juris).

1054 VfGH BY, Beschl. v. 1.12.2020 – Az. Vf. 90-IVa-20, Rn. 22 (juris).

1055 *Groh*, in: v. Münch/Kunig (Hrsg.), GG, Bd. 1. Art. 40, Rn. 6; *Wilrich*, DÖV 2002, S. 152 (153); siehe auch § 7 Abs. 1 S. 1 GO-BT

1056 BVerfGE 80, 188 (227); *Blum*, in: Morlok/Schliesy/Wiefelspütz, Parlamentsrecht, § 21, Rn. 4; *Bücker*, in: Schneider/Zeh (Hrsg.), Parlamentsrecht und Parlamentspraxis, § 27, Rn. 11; *Groh*, in: v. Münch/Kunig (Hrsg.), GG, Bd. 1. Art. 40, Rn. 6; *Klein*, in: Dürig/Herzog/Scholz, GG, Art. 40, Rn. 94 f; *Klink*, ZParl 12 (1981), 436 f.; *Magiera*, in: Sachs (Hrsg.), GG, Art. 40, Rn. 8; zu Landtagpräsidenten entsprechend VfGH NRW, NVwZ-RR 2017, S. 217 (219); VfGH BY, Beschl. v. 1.12.2020 – Az. Vf. 90-IVa-20, Rn. 22 (juris).

1057 BVerfGE 1, 144 (156); 27, 152 (157).

1058 Siehe beispielhaft den Fall VfGH BY, Beschl. v. 1.12.2020 – Az. Vf. 90-IVa-20.

1059 *Geis*, in: Isensee/Kirchhof (Hrsg.), HStR, Bd. III, § 54, Rn. 1 f.

Arbeit findet in den Ausschüssen statt[1060]. Die Ausschüsse müssen in ihrer Zusammensetzung ein Spiegelbild des Plenums sein[1061]. Gemäß § 58 GO-BT steht den Ausschüssen ein Ausschussvorsitzender vor; dieser bereitet die Sitzungen vor, beruft sie ein und leitet sie (§ 59 Abs. 1 GO-BT). Wenn mithin Ausschüsse ein verkleinertes Spiegelbild des Plenums darstellen, dann stellt der Ausschussvorsitzende das Spiegelbild zum Parlamentspräsidenten dar. Zwar sind die Möglichkeiten des Ausschussvorsitzenden beschränkt; er hat zum Beispiel, anders als der Bundestagspräsident, keine Ordnungsgewalt gegenüber Abgeordneten[1062]. Sonst hat er aber eine ähnliche Rolle wie der Bundestagspräsident: Er beruft die Sitzungen ein und leitet sie, d. h., er erteilt das Wort und kann dieses entziehen. Um diese Aufgaben zu erfüllen, muss er unparteiisch gegenüber Abgeordneten und Fraktionen handeln. Insofern ist die Argumentation des Bayerischen Verfassungsgerichtshofes zur Anwendbarkeit des Neutralitätsgebotes auf den Parlamentspräsidenten[1063] auf Ausschussvorsitzende übertragbar.

VI. Fazit

Weil für Beamte bereits ein eigenständiges Gebot politischer Neutralität existiert, sind die Adressaten des verfassungsrechtlich hergeleiteten Gebotes (partei-)politischer Neutralität ausschließlich Inhaber staatlicher Führungsämter. Rechtsprechung und Schrifttum sehen zum einen Bundes- und Landesregierungen als solche Adressaten an. Dies lässt sich normativ zum einen auf die aus dem Republikprinzip folgende Gemeinwohlbindung staatlicher Amtsträger stützen. Zum anderen begründet das Bundesverfassungsgericht die Bindung an das Neutralitätsgebot mit der Machtposition von Regierungen: Diese hätten Zugriff auf erhebliche staatliche Mittel und sollen diese nicht missbrauchen, um der politischen Konkurrenz zu schaden.

Der Bundespräsident als Staatsoberhaupt der Bundesrepublik Deutschland wird vom Bundesverfassungsgericht nicht als Adressat des Gebotes (partei-)politischer Neutralität betrachtet. Begründet wird dies vom Bundesverfassungsgericht damit, dass er nicht im Wettbewerb mit den anderen Parteien stehe und auch nicht über die Ressourcen verfüge, um den politischen Willensbildungsprozess zu beeinflussen. Zwar habe er eine Repräsentations- und Integrationsfunktion

---

1060 *Schliesky*, in: v. Mangoldt/Klein/Starck, GG, Bd. 2, Art. 40, Rn. 14.

1061 BVerfGE 84, 304 (322); 112, 118 (133 ff.); *Geis*, in: Isensee/Kirchhof (Hrsg.), HStR, Bd. III, § 54, Rn. 42.

1062 Wohl aber gemäß § 59 Abs. 3 GO-BT gegenüber Zuhörern.

1063 Siehe 3. Teil, B. V. 1.

und solle er Staat und Volk vertreten. Wie er dies aber tue, sei Teil seiner Gestaltungsfreiheit. Im Schrifttum hingegen wird teilweise ein Gebot parteipolitischer Neutralität angenommen, da der Bundespräsident nur so seiner Repräsentations- und Integrationsaufgabe wirksam nachkommen könne.

Kommunale Amtsträger sind laut der Rechtsprechung und laut Stimmen im Schrifttum an das Gebot parteipolitischer Neutralität und an das Gebot strikter Sachlichkeit gebunden. Diese Bindung lässt sich am ehesten – wie auch bei der Bundesregierung – mit der Möglichkeit des Zugriffs kommunaler Amtsträger auf staatliche Ressourcen und mit ihrer republikanischen Gemeinwohlbindung begründen. Abgeordnete hingegen sind keine Adressaten von Forderungen nach politischer Neutralität. Jedoch wird von Parlamentspräsidenten und -vizepräsidenten sowie von Ausschussvorsitzenden als „Gesichtern" des Parlaments politische Neutralität erwartet.

C. Voraussetzungen für die Geltung des Gebotes parteipolitischer Neutralität und des strikten Sachlichkeitsgebotes

Die Verfechter des Gebotes (partei-)politischer Neutralität und des strikten Sachlichkeitsgebotes wenden dieses nicht in jeder Konstellation an. Notwendig sei vielmehr, dass der Amtsträger in amtlicher Funktion handele[1064] und die Äußerung Außenwirkung in einem konkreten Wettbewerbsverhältnis habe[1065].

I. Amtliche Kommunikation

Jeder politische Amtsträger ist zugleich Bürger. Zudem ist nahezu jeder Amtsträger auch Parteipolitiker und nimmt als solcher häufig wichtige Funktionen in seiner Partei wahr, etwa indem er Vorständen und anderen Gremien angehört[1066]. Als Bürger kann sich jeder Amtsträger auf die grundgesetzlich geschützte Meinungsfreiheit berufen[1067]. Infolgedessen darf er sich laut Rechtsprechung und herrschender Meinung im Schrifttum frei äußern und somit in den politischen

---

1064 Siehe unter I.

1065 Siehe unter II.

1066 Siehe dazu auch BVerfGE 138, 102 (117, Rn. 51); *Suhr/Bogendörfer*, FS Herberger, S. 909 (912).

1067 *Vitzthum*, in: Merten/Papier (Hrsg.), HGR, Bd. II, § 48, Rn. 35 ff.; siehe auch VfGH RP, LKRZ 2014, S. 463 (464 f.); *Gärditz*, JöR 64 (2016), S. 1(7); *Isensee*, Gemeinwohl und öffentliches Amt, S. 148; siehe auch 2.Teil, A. III. 3.

Meinungskampf einbringen[1068]. Als Parteipolitiker hat der Amtsträger nach Art. 21 Abs. 1 S. 1 GG ein Recht auf Mitwirkung am politischen Wettbewerb[1069].

Eder indes nimmt an, dass die Neutralitätspflicht derart in den privaten Bereich des Amtsträgers ausstrahle, dass dieser seine Meinung nicht wie jeder Bürger kundtun dürfe; vielmehr müsse der Amtsträger auch als Privatperson die bewusste Ausgrenzung anderer politischer Parteien unterlassen[1070]. Er begründet seine Auffassung damit, dass die Grundrechtsbindung für Amtsträger, außer im höchstpersönlichen Bereich, immer gelte und der Amtsträger, auch wenn er betone, dass er als Bürger handele, aufgrund des objektiven Empfängerhorizonts niemals von seiner amtlichen Funktion getrennt betrachtet werden könne[1071].

Zuzugeben ist, dass die Bürgerschaft kaum zwischen staatlichem und parteipolitischem Amt unterscheidet. Zugleich kennen die Grundrechte dem Wortlaut nach keine Einschränkungen für Inhaber staatlicher Ämter; der persönliche Schutzbereich bezieht sich vielmehr entweder auf jedermann[1072] oder ausschließlich auf Deutsche[1073]. Aufgrund des Konfusionsarguments können sich Amtsträger als solche zwar nicht auf die Grundrechte berufen[1074]; weitergehende Beschränkungen existieren jedoch nicht. Es wäre daher grundrechtswidrig, Amtsträgern in ihrer Rolle als Privatperson oder Parteipolitiker die Berufung auf die Meinungsfreiheit zu verwehren. Aus der Tatsache, dass Amt und Person in der öffentlichen Wahrnehmung verschmelzen, können keine für die Person grundrechtlich nachteiligen Folgen erwachsen; zumal die betroffene Person nicht verantwortlich für diese öffentliche Wahrnehmung ist. Zudem hat die Auffassung von *Eder* zur Folge, dass Inhabern staatlicher Führungsämter deutlich geringere Äußerungsrechte eingeräumt werden als jedem ernannten Beamten.

1068 BVerfGE 44, 125 (141); BVerfGE 63, 230 (253); 138, 102 (117); BVerwGE 104, 323 (326 f.); *Grigoleit*, in: Battis, BBG, § 60, Rn. 22; *Lerche*, in: 50 Jahre Bundesverwaltungsgericht, S. 979 (981); *Metzler-Müller*, in: Metzler-Müller/Rieger/Seeck/Zentgraf, BeamtStG, § 33, Erl. 5.1.VfGH BY, NVwZ-RR 1994, 529 (533); VfGH RP, NVwZ-RR 2014, S. 665 (667); VG Trier, Urt. v. 20.01.2015 – Az. 1 K 1591/14.TR, Rn. 127 (juris); *Butzer*, in: Kluth (Hrsg.), „Das wird man ja wohl noch sagen dürfen", S. 37 (41); *Growe*, Das Regierungsmitglied im parteipolitischen Diskurs, S. 125; *Oebbecke*, NVwZ 2007, 30 (31); *Suhr/Bogendörfer*, FS Herberger, S. 909 (912).

1069 *Payandeh*, Der Staat 55 (2016), S. 519 (523).

1070 *Eder*, „Rote Karte" gegen „Spinner"?, S. 148 f.

1071 *Eder*, „Rote Karte" gegen „Spinner"?, S. 148 f.

1072 Siehe z. B. Art. 2 Abs. 1 und Abs. 2 S. 1, Art. 4 Abs. 3 S. 1, Art. 5 Abs. 1 S. 1 GG.

1073 Siehe z. B. Art. 8 Abs. 1, Art. 9 Abs. 1, Art. 11 Abs. 1, Art. 12 Abs. 1.

1074 Siehe 2. Teil, A. I.

Denn Beamte dürfen sich unstrittig außerhalb des Dienstes politisch äußern[1075]. Eine solche Schlechterbehandlung ist nicht zu rechtfertigen, zumal Inhaber staatlicher Führungsämter gerade gewählt werden, um ihre politischen Auffassungen in die Staatspraxis umzusetzen[1076], während ernannten Beamten gerade keine politische Rolle zukommt[1077]. Schlussendlich benachteiligt die Auffassung von *Eder* die Regierungsparteien gegenüber den Oppositionsparteien. Denn folgte man seiner Ansicht, bedeutete dies, dass Inhaber staatlicher Führungsämter in ihrer Funktion als Parteipolitiker die Kritik der Opposition nicht parieren und auch nicht für die eigene Wiederwahl werben dürften. Dies stellt mit Blick auf die Regierungsparteien eine Verletzung ihres Rechts auf chancengleiche Teilnahme am politischen Wettbewerb nach Art. 21 Abs. 1 S. 1 GG dar[1078]. Daher ist es Regierungsmitgliedern und kommunalen Amtsträgern erlaubt, sich als Bürger und Parteipolitiker frei, d. h. ohne die Einschränkungen durch Neutralitätsanforderungen, zu äußern[1079].

1. *Praktische Relevanz der Sprecherrolle*

Die Fallkonstellationen der letzten Jahre zeigen, dass die Frage der Zuordnung von Äußerungen zur amtlichen oder bürgerschaftlichen Sphäre regelmäßig einen Schwerpunkt im Rahmen der gerichtlichen Überprüfung bildet. Exemplarisch sei eine Entscheidung des Verfassungsgerichtshofs Rheinland-Pfalz genannt[1080]. Der Auftritt der rheinland-pfälzischen Ministerpräsidentin *Manuela Dreyer* bei einer SPD-Veranstaltung und ihr dortiger Aufruf, den Einzug der NPD in den Stadtrat zu verhindern[1081], warf die Frage auf, ob sie in amtlicher oder parteipolitischer Rolle gesprochen hatte. Der Landesverfassungsgerichtshof stellte fest, dass *Manuela Dreyer* nicht als Ministerpräsidentin gesprochen

---

1075 *Isensee*, in: Benda/Maihofer/Vogel (Hrsg.), HdbVerfR, § 32, Rn. 28; *Reich*, BeamtStG, § 33, Rn. 3; siehe auch 2. Teil, B. II, 2. c) aa).

1076 Siehe 3. Teil, B. I. 2., III. und IV. 3.

1077 Siehe 2. Teil, B. II. 2. c) aa).

1078 Zum Inhalt des Art. 21 Abs. 1 GG siehe 3. Teil, A. II. 2. a); auch in Judikatur und Literatur wird eine solche Schlechterstellung zurecht abgelehnt, siehe BVerfGE 138, 102 (117); *Barczak*, NVwZ 2015, S. 1014 (1015); BVerfGE 138, 102 (117); *Engelbrecht*, Komm P Wahlen 2015, S. 20 (22); *Growe*, Das Regierungsmitglied im parteipolitischen Diskurs, S. 127; *Studenroth*, AöR 125 (2000), S. 257 (269 f.).

1079 So im Ergebnis auch BVerfG, NVwZ 2022, 1113 (1115).

1080 VfGH RP, NVwZ-RR 2014, S. 665.

1081 Gesamter Sachverhalt siehe VfGH RP, NVwZ-RR 2014, S. 665.

hatte und sich daher auf die Meinungsfreiheit berufen könne[1082]. Maßgeblich war, dass keine staatliche Stelle, sondern die SPD zur Veranstaltung eingeladen hatte. Auch in der *Schwesig*-Entscheidung stand die Sprecherrolle im Fokus[1083]. Das Bundesverfassungsgericht stellte klar, dass das Gebot parteipolitischer Neutralität nur zu Anwendung kommt, wenn sich ein Amtsträger in seiner Funktion als staatlicher Hoheitsträger äußert[1084]. In den Interviewäußerungen von *Manuela Schwesig* erblickte das Gericht sowohl amtliche als auch parteipolitische Äußerungen[1085]. Mit Blick auf die streitgegenständliche Äußerung („Ziel Nummer 1 muss sein, dass die NPD nicht in den Landtag kommt") habe sie sich jedoch auf ihre Erfahrung als Landespolitikerin bezogen und nicht auf ihre Tätigkeit als Ministerin[1086]. Dieser Umstand war maßgeblich für den für *Manuela Schwesig* positiven Ausgang des Verfahrens. Denn hätte sie sich als Ministerin geäußert, wäre sie hierzu nach dem Gebot parteipolitischer Neutralität nicht befugt gewesen[1087].

Folglich ist die Ausgangsfrage stets, ob eine amtliche oder private bzw. parteipolitische Äußerung vorliegt[1088]. Diese Differenzierung beruht auf dem Amtsprinzip, wonach amtliche und bürgerliche Rolle strikt zu trennen sind[1089]. Dahinter steht die Vorstellung, dass es notwendig sei, die staatliche von der gesellschaftlichen Sphäre zu unterscheiden[1090]: In der einen Sphäre ist der Amtsträger Teil des Staates, und als solcher muss er die Freiheitssphäre der Gesellschaft achten[1091]; in der gesellschaftlichen Sphäre partizipiert der Amtsträger als Bürger und Parteipolitiker an den Garantien bürgerlicher Freiheiten. Beide Sphären werden strikt formell getrennt, dass Gebot (partei-)politischer

---

1082 VfGH RP, NVwZ-RR 2014, S. 665 (668).
1083 BVerfGE 138, 102.
1084 BVerfGE 138, 102 (117 f., Rn. 49).
1085 BVerfGE 138, 102 (124, Rn. 75).
1086 BVerfGE 138, 102 (125, Rn. 78).
1087 *Butzer*, in: Kluth (Hrsg.), „Das wird man ja wohl noch sagen dürfen", S. 37 (47).
1088 *Gusy*, NVwZ 2015, S. 700 (702); *Kalscheuer*, KommJur 2018, S. 121 (123); *Oebbecke*, NVwZ 2007, S. 30 (31); *Suhr/Bogendörfer*, FS Herberger, S. 909 (912); *Spitzlei*, JuS 2018, S. 856.
1089 *Gärditz*, JöR 64 (2016), S. 1 (7); siehe schon im 2. Teil, A. III. 3.
1090 So auch *Hillgruber*, in: Kluth (Hrsg.), „Das wird man ja wohl noch sagen dürfen", S. 77 (84); *Kuch*, AöR 142 (2017), S. 491 (494, 499); *Payandeh*, Der Staat 55 (2016), S. 519 (523); Zur Unterscheidung von Staat und Gesellschaft siehe 3. Teil, A. II. 1. b) cc).
1091 Siehe 2. Teil, A. I.

Neutralität als auch das strikte Sachlichkeitsgebot kommen nur bei amtlichen Äußerungen zur Anwendung[1092].

2. *Unterscheidungskriterien*

Die Unterscheidung zwischen den beiden genannten Sphären bewirkt, dass die jeweilige Äußerung entweder dem staatlichen oder dem gesellschaftlichen Bereich zugeordnet werden muss. Das maßgebliche, aber praktisch zu abstrakte Kriterium ist, ob der Amtsträger für seine Äußerung Möglichkeiten genutzt hat, die ihm nur aufgrund seines Amtes zur Verfügung gestanden haben[1093]. Dies soll der Fall sein, wenn der Amtsträger die Autorität des Amtes oder die damit verbundenen Ressourcen in Anspruch genommen hat[1094]. Die Anwendung dieser Zuordnungsgrundsätze stellt in der Praxis eine Herausforderung dar, weil die private und die parteipolitische Sphäre oft untrennbar sind[1095]. Das Bundesverfassungsgericht räumt diese Schwierigkeit ein: Die Bürgerschaft nehme politische Amtsträger stets in einer Doppelrolle, etwa als Minister und Parteipolitiker, wahr[1096]. Damit revidiert es seine alte Rechtsprechung[1097] und schließt sich der damaligen abweichenden Meinung des Verfassungsrichters *Rottmann* in der Entscheidung zur regierungsamtlichen Öffentlichkeitsarbeit an[1098]. Gleichwohl verzichtet das Bundesverfassungsgericht nicht auf die Unterscheidung und nennt dazu die nachfolgend dargestellten Kriterien.

a) Bezugnahme auf das Amt

Nimmt ein Amtsinhaber während seiner Äußerung ausdrücklich auf sein Amt Bezug oder hat die Äußerung ausschließlich Maßnahmen und Vorhaben des von ihm geführten Ministeriums bzw. seiner Behörde zum Gegenstand, soll eine

1092 Siehe hierzu auch *Kuch*, AöR 142 (2017), S. 491 (494, 499).

1093 BVerfGE 138, 102 (117 f., Rn. 53); BVerwG, DÖV 1974, S. 388 (389); VfGH BY, NVwZ-RR 1994, 529 (533).

1094 BVerfGE 138, 102 (118, Rn. 53); 148, 11 (33, Rn. 64); BVerfG, NVwZ 2022, 1113 (1115); VfGH TH, ThürVBl. 2016, S. 273 (276); *Gröpl/Zembruski,* JA 2016, S. 268 (272); *Möstl*, in: Uhle (Hrsg.), Information und Einflussnahme, S. 49 (62 f.).

1095 *Studenroth*, AöR125 (2000), S. 257 (273); siehe zuvor 3. Teil, C. I.

1096 BVerfGE 138, 102 (118, Rn. 54); BVerfG, NVwZ 2022, 1113 (1115).

1097 In BVerfGE 44, 125 (141) wurde auf die Frage der Trennbarkeit staatlicher und privater Sphäre nicht eingegangen, auch die Doppelrolle von Regierungsmitgliedern als Amtsträger und Parteipolitiker wurde nicht thematisiert.

1098 BVerfGE 44, 125 (187) – Sondervotum Rottmann.

amtliche Äußerung vorliegen[1099]. Beispiele sind Erklärungen, die mit „Wir Bürgermeister ..." beginnen[1100], oder die Verwendung des offiziellen Dienstsiegels im Rahmen einer Wahlkampfanzeige[1101]. Folglich sind nicht nur Fälle erfasst, in denen verbal explizit auf das Amt Bezug genommen wird, sondern auch Fälle, in denen sich dies aus den Umständen ergibt. Zugleich gilt, dass der Amtsinhaber außerhalb des Dienstes sein Amt nennen darf[1102]. Diese Auffassung lehnt sich an die Regelung des § 86 Abs. 2 S. 2 BBG an, wonach Beamte ihre Amtsbezeichnung auch außerdienstlich verwenden dürfen[1103]. Für Inhaber staatlicher Führungsämter kann nichts anderes gelten. Somit kann die bloße Nennung der Amtsbezeichnung, etwa auf einer Parteiveranstaltung, den ansonsten parteipolitischen Charakter einer Äußerung nicht aufheben[1104].

Die dargestellten Unterscheidungskriterien enthalten allerdings einen Widerspruch: Einerseits soll die Nennung des Amtes nicht automatisch die Intention erkennen lassen, sich amtlich zu äußern; andererseits soll es sich im Regelfall um eine amtliche Äußerung handeln, wenn der Amtsträger auf sein Amt verweist. Zur Auflösung des Widerspruchs wird vorgeschlagen, darauf abzustellen, ob der Amtsträger sein Amt derart in den Vordergrund rückt, dass ein objektiver Beobachter davon ausgehen muss, dass es dem Amtsträger gerade drauf ankommt, in amtlicher Funktion aufzutreten und seine amtlich Autorität zu nutzen[1105]. Somit ist auf die jeweiligen Umstände abzustellen und darauf, ob der ausdrückliche Amtsbezug nur der persönlichen Vorstellung diente oder den Zweck hatte, die eigene Position autoritativ zu unterlegen. Hierbei ist das Kriterium hilfreich, ob

---

1099 BVerfGE 138, 102 (118 f., Rn. 57); BVerfG, NVwZ 2022, 1113 (1115); BVerwGE 104, 323 (328 f.); VfGH RP, NVwZ-RR 2014, S. 665 (667); VGH Mannheim, VBlBW 1986, S. 310 f.; *Barczak*, NVwZ 2015, S. 1014 (1016); *Gröpl/Zembruski*, Jura 2016, S. 268 (272); *Kalscheuer*, KommJur 2018, S. 121 (123); *Milker*, JA 2017,S. 647 (651) *Nellesen*, Äußerungsrechte staatlicher Funktionsträger, S. 82, 98; *Oebbecke*, NVwZ 2007, S. 30 (31); *Studenroth*, AöR 125 (2000), S. 257 (273 f.).

1100 BVerwGE 104, 323 (324).

1101 *Engelbrecht*, Komm P Wahlen 2015, S. 20 (23).

1102 BVerfG, NVwZ 2022, 1113 (1116); BVerwG, DÖV 1974, S. 388 (389); VfGH BY, NVwZ-RR 1994, 529 (533); VGH Kassel, NVwZ-RR 2004, S. 58 (59); VGH Kassel, NVwZ 2006, S. 610 (611).

1103 Näher hierzu BVerwG, NJW 1988, S. 1747 (1748).

1104 BVerfGE 138, 102 (119 f.); VfGH RP, NVwZ-RR 2014, S. 665 (668); VGH Kassel, NVwZ 2006, S. 610 (611); VG Chemnitz, Urt.v. 30.11.2005 – 1 K 1145/05 (juris), Rn. 60; *Barczak*, NVwZ 2015, S. 1014 (1016); *Oebbecke*, NVwZ 2007, S. 30 (31); *Spitzlei*, JuS 2018, S. 856 (857).

1105 *Harding*, NJW 2019, S. 1910 (1912).

Maßnahmen oder Vorhaben des jeweiligen Amtes im Mittelpunkt der Äußerung standen: Stellt sich der Amtsträger als solcher vor und nennt er sodann seine Vorhaben und Maßnahmen, wird die Rechtsprechung eine amtliche Äußerung annehmen.

b) Nutzung staatlicher Ressourcen

Wegen der Ambivalenz des Kriteriums des ausdrücklichen Amtsbezugs gewinnt das Kriterium der Nutzung staatlicher Ressourcen an Relevanz. Eine amtliche Äußerung liegt danach vor, wenn der Amtsträger für seine Verlautbarung Sach- und Finanzmittel einsetzt, die ihm nur aufgrund seines Amtes zur Verfügung stehen und Nicht-Amtsinhabern verschlossen sind[1106]. Hierbei geht es in erster Linie um die Nutzung offizieller Publikationen, Pressemitteilungen oder Internetseiten des jeweiligen Amtes[1107]. So wurden versammlungsbezogene Äußerungen von Regierungsmitgliedern als amtlich eingestuft, weil sie auf Internetseiten des jeweiligen Ministeriums veröffentlicht wurden[1108]. Allgemein lässt sich sagen, dass auch aus einer parteipolitischen Äußerung eine amtliche werden kann, wenn sie über staatliche Kanäle verbreitet wird. So lag der Fall in der *Seehofer*-Entscheidung, denn das Interview des Bundesinnenministers war rein inhaltlich betrachtet nicht notwendigerweise als amtlich einzustufen[1109]. Amtlich wurde es erst, weil es auf der Internetseite des Innenministeriums veröffentlicht wurde[1110]. Auch das Schalten von Werbeanzeigen mit amtlicher Widmung[1111], die Nutzung des amtlichen Briefkopfs[1112] oder behördlicher bzw. ministerieller Mailinglisten[1113], amtliche Bekanntmachungen[1114] oder der

---

1106 BVerfGE 44, 125 (143); 138, 102 (119, Rn. 57); VfGH RP, NVwZ-RR 2014, S. 665 (667).

1107 BVerfGE 138, 102 (119, Rn. 57); 148, 11 (34, Rn. 66); VfGH RP, NVwZ-RR 2014, S. 665 (667); VfGH TH, ThürVBl. 2015, S. 295 (298); VfGH TH, ThürVBl. 2016, S. 281 (282 f.); *Dişçi*, Der Grundsatz politischer Neutralität, S. 213 f.; *Harding*, NJW 2019, S.1910 (1912); *Oebbecke*, NVwZ 2007, S. 30 (31); *Studenroth*, AöR 125 (2000), S. 257 (273).

1108 Siehe z. B. BVerfGE 148, 11 (36, Rn. 70); VfGH TH, ThürVBl. 2015, S. 295 (298); VfGH TH, ThürVBl. 2016, S. 281 (282 f.).

1109 BVerfGE 154, 320 (347 ff., Rn. 79 ff.).

1110 BVerfGE 154, 320 (350 ff., Rn. 89 ff.).

1111 *Growe*, Das Regierungsmitglied im parteipolitischen Diskurs, S. 149.

1112 *Kalscheuer*, KommJur 2018, S. 121 (123).

1113 VG Frankfurt a. M., NVwZ 1997, S. 1240 ff.; *Kalscheuer*, KommJur 2018, S. 121 (123).

1114 BVerwG, DÖV 1974, S. 388.

Einsatz von staatlichen Beschäftigten[1115] für Verlautbarungen führen, so die Rechtsprechung, dazu, eine amtliche Äußerung anzunehmen.

c) *Äußere Umstände*

Auch auf die äußeren Umstände der Äußerung kann sich die Annahme einer amtlichen Verlautbarung stützen, und zwar immer dann, wenn aus der Sicht eines unbefangenen Lesers eine hoheitliche Äußerung anzunehmen ist[1116], wobei die Rezeption durch Journalisten nicht erheblich sein soll[1117]. Dies ist etwa der Fall, wenn der Amtsinhaber an einer Veranstaltung teilnimmt, zu der er ausschließlich als Amtsträger eingeladen wurde, oder wenn die Veranstaltung von der staatlichen Stelle organisiert wurde, der er selbst angehört[1118]. Auch wenn Amtsträger Staatssymbole und Hoheitszeichen verwenden oder Amtsräume wie beispielsweise ihr Ministerbüro nutzen, wird eine amtliche Äußerung angenommen[1119]. So wurde in der *Merkel*-Entscheidung vom Bundesverfassungsgericht darauf abgehoben, dass sich die damalige Bundeskanzlerin in einem „amtsbezogenen Rahmen" – einer offiziellen Pressekonferenz während eines Staatsbesuchs – äußerte[1120]. Dagegen soll die Nutzung von amtlichen Symbolen auf privaten Internetseiten keine amtliche Äußerung darstellen[1121]. Hintergrund ist, dass derartige amtliche Symbole von jedermann verwendet werden können.

d) *Inhalt der Äußerung als Maßstab?*

Die bisherigen Kriterien sind lediglich formaler Natur, da bei ihnen nicht der Inhalt der Äußerung maßgeblich ist, sondern die Art und Weise der Verkündung. Vereinzelt wird daher vorgeschlagen, auch auf den Inhalt der Äußerung abzustellen[1122]. Dies soll allerdings restriktiv geschehen, um der Bedeutung der Meinungsfreiheit gerecht zu werden[1123]. Die Rechtsprechung hat sich bislang

---

1115 VG Köln, Beschl. v. 30.03.2017 – Az. 4 L 750/17, Rn. 78 (juris).

1116 BVerwGE 104, 323 (328 f.); VfGH RP, NVwZ-RR 2014, S. 665 (668); VfGH TH, ThürVBl. 2015, S. 295 (297);VGH BW, DVBl 1985, S. 170 (171); VGH BW, NVwZ 1992, S. 504; OVG RP, NVwZ-RR 1992, S. 255 (258).

1117 BVerfG, NVwZ 2022, 1113 (1120).

1118 BVerfGE 138, 102 (119, Rn. 57); *Oebbecke*, NVwZ 2007, 30 (31).

1119 BVerfGE 138, 102 (119, Rn. 57); VfGH TH, ThürVBl. 2016, S. 273 (276 f.); *Barczak*, NVwZ 2015, S. 1014 (1016); *Fuchs*, VBlBW 2015, S. 401 (405).

1120 BVerfG, NVwZ 2022, 1113 (1119 f.).

1121 *Kalscheuer*, KommJur 2018, S. 121 (123).

1122 *Harding*, NJW 2019, S. 1910 (1912).

1123 *Harding*, NJW 2019, S. 1910 (1912); *Studenroth*, AöR 125 (2000), S. 257 (274 f.).

zu dieser Frage nicht geäußert, weil in den entsprechenden äußerungsrechtlichen Fällen bereits formale Kriterien zur Streitentscheidung ausreichend waren. Zwar bietet das Unterscheidungskriterium der Inanspruchnahme amtlicher Autorität[1124] auch Raum, auf den Inhalt abzustellen. Jedoch sind amtliche und private bzw. parteipolitische Äußerungen ihrem reinen Inhalt nach kaum voneinander unterscheidbar. Ruft etwa ein Bürgermeister zu einer Demonstration gegen Rechtsextremismus auf, werden seine Worte in amtlicher Funktion wie in privater Eigenschaft identisch sein. Daher ist der Inhalt der Äußerung als Unterscheidungskriterium ungeeignet.

3. *Grenzfälle*

In Grenzfällen lässt sich aus den äußeren Gegebenheiten nicht erkennen, ob eine amtliche oder private bzw. parteipolitische Äußerung vorliegt[1125].

a) *Allgemeine politische Diskussionsformate*

Ein solcher Grenzfall liegt bei allgemeinen politischen Diskussionsformaten vor. Namentlich sind dies etwa Talkrunden, Diskussionsforen und Interviews[1126]. Gemeinsam ist diesen Konstellationen, dass es sich weder um Partei- noch um Regierungsveranstaltungen handelt. Eine klare formale Zuordnung einer dort erfolgten Äußerung ist daher schwierig. Der Amtsträger kann in den genannten Formaten vom Moderator oder Interviewer als Amtsträger oder Parteipolitiker angesprochen werden. Es ist sogar innerhalb desselben Formates ein Wechsel zwischen Fragen zur amtlichen Sphäre und Fragen zur parteipolitischen Sphäre denkbar[1127]. Wie lässt sich daher in derartigen Fällen entscheiden, ob eine Äußerung amtlicher oder parteipolitischer bzw. privater Natur ist? Denkbar wäre es, auf Indizien abzustellen, zum Beispiel darauf, ob die Anfahrt zu dem jeweiligen Diskussionsformat mit einem Dienstfahrzeug stattfand. Immerhin würden in diesem Fall amtliche Ressourcen in Anspruch genommen. Indes dürfen Dienstfahrzeuge im Regelfall unter Beachtung der entsprechenden Regelungen auch privat genutzt werden (siehe § 14 Abs. 1 der Richtlinien für die Nutzung von Dienstkraftfahrzeugen in der Bundesverwaltung), sodass die Anfahrt mit einem

---

1124 Siehe 3. Teil, C. I. 2.
1125 *Harding*, NJW 2019, S.1910 (1912).
1126 BVerfGE 138, 102 (119, Rn. 59); BVerfG, NVwZ 2022, 1113 (1116).
1127 Siehe den Fall *Schwesig* BVerfGE 138, 102 (124 f., Rn. 75 ff.).

Dienstfahrzeug für sich allein keinen Hinweis auf eine amtliche Äußerung darstellt[1128].

Grundsätzlich steht in derartigen allgemeinen Diskussionsformaten der themenbezogene Austausch und somit der politische Meinungskampf im Vordergrund[1129]; deshalb wird im Regelfall keine amtliche Äußerung angenommen. Eine solche soll erst dann vorliegen, wenn der Inhaber des Amtes seine Äußerungen dort mit der spezifischen Autorität des Regierungsamtes unterlegt[1130]. Davon sind vor allem Fälle erfasst, bei denen der Amtsinhaber sein Amt besonders betont, indem er beispielsweise seine jeweilige Aussage mit dem Zusatz „Ich als Minister sage …" versieht. Doch selbst wenn eine Äußerung in einem solchen Diskussionsformat als amtlich zu bewerten sein sollte, ist dies kein Präjudiz für die restlichen Äußerungen. Vielmehr ist jede einzelne Aussage eigenständig zu bewerten[1131].

b) Soziale Netzwerke

Soziale Netzwerke wie Facebook, Twitter und Instagram spielen für die Kommunikation von Amtsträgern eine kardinale Rolle[1132]. Die Beantwortung der Frage, ob Äußerungen dort als amtlich oder privat bzw. parteipolitisch einzustufen sind, ist mit der Schwierigkeit verbunden, dass diese sozialen Medien jedermann, d. h. sowohl Amtsträgern als auch Privaten, für die Einstellung von Beiträgen und die Interaktion mit anderen Nutzern offenstehen[1133]. Dies unterscheidet sie von amtlichen Internetseiten. Es handelt sich folglich um neutrale Kommunikationsplattformen[1134].

Wegen dieser Eigenschaft wurde vorgeschlagen, amtliche Äußerungen in sozialen Netzwerken nur einem gelockerten Sachlichkeitsgebot zu unterwerfen[1135]. Das Bundesverfassungsgericht hat diese Sichtweise jedoch mit dem Argument abgelehnt, dass die Opposition keinen Zugriff auf die sozialen Netzwerke der Regierung habe und es sich daher um exklusive Kommunikationskanäle

---

1128 *Barczak*, NVwZ 2015, S. 1014 (1019); *Eder*, „Rote Karte" gegen „Spinner"?, S. 146; *Kliegel*, in: Scheffczyk/Wolter (Hrsg.), Linien der Rechtsprechung, S. 413 (435)

1129 BVerfGE 138, 102 (119, Rn. 59); *Harding* JuWiss 81/2020.

1130 BVerfGE 138, 102 (120, Rn. 59).

1131 BVerfGE 138, 102 (119 f., Rn. 59).

1132 Siehe 2. Teil, D. II.

1133 Zur Funktionsweise von Facebook und Twitter siehe *Milker*, NVwZ 2018, 1751 (1752 f.).

1134 *Harding*, NJW 2019, S. 1910 (1912).

1135 *Wieland*, FS Morlok, S. 533 (549).

handele[1136]. Zudem wird eingewendet, dass professionelle Konten in sozialen Medien erhebliche staatliche Personalressourcen voraussetzten, die der politischen Konkurrenz nicht zur Verfügung stünden[1137]. In der Konsequenz wird eine amtliche Äußerung angenommen, wenn das Nutzerkonto amtlich gewidmet ist[1138]. So lag z. B. der Fall bei einem Tweet des Regierenden Bürgermeisters von Berlin, da er den offiziellen Twitter-Account verwendet hatte[1139]. Trägt die jeweilige Seite in den sozialen Netzwerken den Namen eines Staatsorgans, sei es der Bundesregierung, des Bundesrates oder einer einzelnen Ministerin, handelt es sich unproblematisch um amtlich betriebene Internetseiten, sodass alle dort erfolgten Äußerungen als hoheitlich eingestuft werden[1140].

Zuordnungsprobleme ergeben sich bei Nutzerkonten mit Namen natürlicher Personen. In diesen Fällen kann man entweder für jeden einzelnen Beitrag darauf abstellen, ob er amtlicher oder privater Natur ist, oder aber das Nutzerkonto als Ganzes entsprechend einordnen. Teilweise wird vertreten, dass nur Letzteres möglich und eine Betrachtung einzelner Beiträge abzulehnen sei, da potenzielle Abonnenten vorweg wissen müssten, ob es sich um einen staatlichen oder privaten Account handele[1141]. Diese Sichtweise widerspricht indes der Rechtsprechung zum Umgang mit allgemeinen Diskussionsformanten[1142]. Wenn innerhalb eines Diskussionsformates zwischen amtlichen und parteipolitischen Äußerungen unterschieden werden muss, kann für Verlautbarungen in sozialen Netzwerken kein strengerer Maßstab gelten. Sonst ließe sich auch argumentieren, dass Fernsehzuschauer während einer politischen Diskussionsrunde zu Beginn wissen müssen, ob der Amtsträger als solcher oder als Parteipolitiker redet. Im Übrigen würden durch eine schematische Betrachtung offenkundig parteipolitische Äußerungen („Wir als Partei X rufen dazu auf …“) als amtlich deklariert.

1136 BVerfGE 154, 320 (343, Rn. 65).

1137 *Friehe* in: Uhle (Hrsg.), Information und Einflussnahme, S. 81 (85 ff.)

1138 BVerfG, NVwZ 2022, 1113 (1115); VGH HE, Beschl. v. 11.07.2017 – 8 B 1144/17, Rn. 26 f. (juris); VfGH TH, ThürVBl. 2016, S. 273 (276); VfGH BE, LKV 2019, S. 120 (122).

1139 VfGH BE, LKV 2019, S. 120 (122).

1140 *Harding*, NJW 2019, S. 1910 (1913); siehe auch VfGH TH, NVwZ 2016, S. 1408 (1411), hier wurde der Twitter-Account und die Facebook-Seite des Freistaats Thüringen als offizielles und amtliches Publikationsorgan der Landesregierung bewertet.

1141 *Harding*, NJW 2019, S. 1910 (1912 f.).

1142 Siehe zuvor 3. Teil, C. I. 3. a).

Dies bedeutet jedoch nicht, dass das Nutzerkonto einer natürlichen Person nicht amtlicher Natur sein kann. Entscheidend ist das äußere Erscheinungsbild. Der amtliche Charakter kann sich insofern aus bestimmten Umständen ergeben, etwa aus einem Verweis auf die offizielle Website des Amtsträgers[1143]. Auch die Angabe dienstlicher Kontaktdaten spricht für ein amtliches Nutzerkonto[1144]. Mithin ist für die Beantwortung der Frage, ob ein Nutzerkonto amtlich oder nicht-amtlich ist, die konkrete Gestaltung zu bewerten, wobei dem Impressum und der Beschreibung der Seite eine erhebliche Bedeutung zukommen.

Fraglich ist, wie mit Fällen umzugehen ist, in denen der Amtsträger etwa in der Beschreibung der Seite sein Amt nennt. Wie dargestellt, führt die bloße Nennung des Amtes nicht automatisch zur Annahme einer amtlichen Äußerung[1145]. Steht im Account neben der Amtsbezeichnung das Parteiamt, sind die Verlautbarungen im Regelfall als parteipolitisch einzuordnen[1146]. Wird aber nur das staatliche Amt genannt, soll eine amtliche Widmung anzunehmen sein; denn in so einem Fall liege nicht nur eine beiläufige Nennung vor, sondern jeder Bürger müsse von einer amtlichen Widmung des Nutzerkontos ausgehen[1147]. In Fällen, in denen ausschließlich staatliche Mitarbeiter Zugriff auf das Nutzerkonto haben und Beiträge für den Amtsträger veröffentlichen, ist aufgrund des Einsatzes staatlicher Ressourcen ebenfalls ein amtliches Nutzerkonto anzunehmen. Haben jedoch sowohl staatliche Mitarbeiter als auch der Amtsträger selbst Zugriff auf das jeweilige Nutzerkonto und stellen beide dort Beiträge ein, ist im Sinne der *Schwesig*-Rechtsprechung[1148] eine Betrachtung jedes einzelnen Beitrags erforderlich.

c) Umgang mit Zweifelsfällen

Umstritten ist der Umgang mit Äußerungen, bei denen nach Verwendung aller genannten Kriterien keine eindeutige Zuordnung als amtlich oder privat bzw. parteipolitisch möglich ist. Laut dem Bundesverfassungsgericht kann der Amtsträger in solchen Zweifelsfällen selbst Klarheit schaffen, indem er darauf hinweist, dass er einen Beitrag zum politischen Meinungskampf leistet und er jenseits seiner amtlichen Tätigkeit handelt[1149]. Ein verbaler „Disclaimer" seitens

---

1143 VGH Hessen, Beschl. v. 11.07.2017 – 8 B 1144/17, Rn. 26 f. (juris).
1144 VG München, ZUM-RD 2015, S. 489 (491).
1145 Siehe zuvor 3. Teil, C. I. 2. a).
1146 *Milker*, JA 2017, S. 647 (651).
1147 *Harding*, NJW 2019, S. 1910 (1913); siehe auch VfGH BE, DÖV 2019, S. 405 (407).
1148 BVerfGE 138, 102 (118, Rn. 56).
1149 BVerfGE 148, 11 (35); BVerfG, NVwZ 2022, 1113 (1120).

des Amtsträgers kann daher in Zweifelsfällen vermeiden, dass die Äußerung als eine amtliche Verlautbarung wahrgenommen wird[1150]. Fraglich ist, wie damit umzugehen ist, wenn der jeweilige Amtsträger eine solche Einordnung unterlässt und auch sonst keine eindeutige Zuordnung der Äußerung möglich ist. Teilweise wird im Schrifttum für solche Fälle angenommen, dass im Zweifel eine amtliche Äußerung vorliege[1151]. Vor allem in der Rechtsprechung, aber auch in Teilen des Schrifttums, wird jedoch für das Gegenteil plädiert, d. h., in Zweifelsfällen soll eine private oder parteipolitische Äußerung anzunehmen sein[1152]. Begründet wird dies mit der Bedeutung der Meinungsäußerungsfreiheit[1153].

II. Außenwirkung im konkreten Wettbewerbsverhältnis

Die zweite Voraussetzung für die Anwendbarkeit des Gebotes parteipolitischer Neutralität und des strikten Sachlichkeitsgebotes ist die beabsichtigte Außenwirkung der amtlichen Äußerung. Denn beide Gebote sollen vor staatlichen Beeinflussungen des öffentlichen Meinungs- und Willensbildungsprozesses der Bevölkerung schützen[1154]. Rein interne Äußerungen, etwa gegenüber Amtskollegen, können keine unzulässige Beeinflussung darstellen[1155]. Dies soll auch dann gelten, wenn der Amtsträger damit rechnen muss, dass seine interne Äußerung nach außen dringt[1156].

Weil der Zweck von Forderungen nach politischer Neutralität der Schutz vor parteiergreifenden Äußerungen von Amtsträgern ist, muss die Äußerung neben der Außenwirkung eine konkrete Adressierung beinhalten[1157]. Erforderlich ist, dass der Amtsträger durch seine Äußerung objektiv in einen konkreten Wettbewerb eingreift[1158]. Dies ist z. B. der Fall, wenn gegenüber politischen Parteien negative Werturteile gefällt werden[1159]. Allgemeine politische Äußerungen von Amtsträgern – wie z. B. eine Warnung vor Rechtsextremismus – verstoßen nicht gegen das

1150 Ähnlich *Engelbrecht*, Komm P Wahlen 2015, S. 20 (24).

1151 *Gröpl/Zembruski*, Jura 2016, S. 268 (274); *Mandelartz*, DÖV 2015, S. 326 (328).

1152 VfGH BY, NVwZ-RR 1994, S. 529 (533); VfGH RP, NVwZ-RR 2014, S. 665 (668); *Barczak*, NVwZ 2015, S. 1014 (1016); *Möstl*, in: Uhle (Hrsg.), Information und Einflussnahme, S. 49 (62).

1153 VfGH BY, NVwZ-RR 1994, S. 529 (533).

1154 Siehe 3. Teil, A. I. b) aa).

1155 VfGH BY, NVwZ-RR 1994, 529 (533).

1156 VfGH BY, NVwZ-RR 1994, 529 (533).

1157 VfGH BE 2019, S. 120 (121); *Gusy*, NVwZ 2015, S. 700 (703).

1158 BVerfGE 44, 125 (144); VfGH ST, LKV 1997, S. 63 (65); *Gusy*, NVwZ 2015, S. 700 (703).

1159 *Barczak*, NVwZ 2015, S. 1014 (1015).

Neutralitätsgebot[1160]. In einem solchen Fall droht keine Benachteiligung der politischen Konkurrenz. Für die Anwendbarkeit des Gebotes parteipolitischer Neutralität und des strikten Sachlichkeitsgebotes genügt es, wenn erkennbar ist, dass mit der amtlichen Äußerung eine bestimmte Partei oder Vereinigung gemeint ist; auf ihre explizite Nennung soll es nicht ankommen[1161]. Entscheidend ist dabei das Verständnis eines objektiven Betrachters[1162]. Verhindert werden soll damit eine Umgehung des Neutralitätsgebotes durch Weglassen des Namens[1163].

III. Fazit

Sowohl das Gebot parteipolitischer Neutralität als auch das strikte Sachlichkeitsgebot kommen nur dann zur Anwendung, wenn bestimmte Voraussetzungen erfüllt sind. Zunächst einmal muss eine amtliche Kommunikation vorliegen. Denn außerhalb ihrer Amtstätigkeit dürfen sich Inhaber staatlicher Ämter parteiergreifend äußern. Dieses Recht stützt sich auf die Meinungsfreiheit und das Recht auf chancengleiche Teilnahme am politischen Wettbewerb. Daher ist es stets notwendig, zwischen amtlichen und privaten bzw. parteipolitischen Äußerungen zu unterscheiden. Eine amtliche Äußerung soll vorliegen, wenn der Amtsträger von seiner Amtsautorität Gebrauch macht oder spezifische amtliche Ressourcen nutzt. Die Unterscheidung zwischen amtlicher und privater bzw. parteipolitischer Äußerung ist jedoch komplex, da Amtsträger in der Öffentlichkeit vor allem als solche wahrgenommen werden. Die Rechtsprechung und das Schrifttum haben daher eine Reihe von Unterscheidungskriterien entwickelt. Eine amtliche Äußerung soll danach vorliegen, wenn der Amtsträger sein Amt in den Vordergrund stellt. Ein weiteres, bedeutsames Kriterium ist die Frage, ob der Amtsträger Ressourcen seines Amtes einsetzt, etwa seine Äußerung über die Website des Ministeriums verbreitet. Auch aus den äußeren Umständen – etwa der Ansprache auf einer Veranstaltung seines Ministeriums – kann auf einen amtlichen Charakter der Äußerung geschlossen werden. Der Inhalt der Äußerung hingegen ist kein geeignetes Unterscheidungskriterium.

In bestimmten Konstellationen, etwa bei der Teilnahme an Talkrunden, ist eine Unterscheidung besonders schwierig. Diese Formate dienen vor allem dem politischen Meinungskampf, sodass Äußerungen dort in der Tendenz parteipolitischen oder privat-politischen Charakter haben. Gleichwohl ist eine Einzelfallbetrachtung

---

1160 So auch *Growe*, Das Regierungsmitglied im parteipolitischen Diskurs, S. 117; *Gusy*, NVwZ 2015, S. 700 (703); siehe schon 3. Teil, A. II. 3.

1161 VfGH TH, ThürVBl. 2016, S. 281 (283).

1162 VfGH TH, ThürVBl. 2016, S. 281 (283).

1163 *Berger/Gundling*, DÖV 2019, S. 399 (401).

notwendig. Bei Äußerungen in sozialen Netzwerken gilt, dass ein amtlicher Charakter sich aus der Bezeichnung des Nutzerkontos ergeben kann (z. B. „Bundeskanzler“) sowie aus Verweisen auf das Amt oder aus dem Einsatz staatlicher Mitarbeiter. Handelt es sich um ein „gemischtes“ Nutzerkonto, ist – wie bei allgemeinen Diskussionsformaten – jede Äußerung für sich zu bewerten. Bleiben am Ende unter Verwendung aller Kriterien Zweifel, ob eine amtliche Äußerung vorliegt, ist zum Schutz der Meinungsfreiheit von einer parteipolitischen oder privaten Äußerung auszugehen.

Liegt eine amtliche Äußerung vor, muss diese objektiv darauf gerichtet sein, nach außen zu wirken. Zudem muss die jeweilige Äußerung im Rahmen eines konkreten Wettbewerbsverhältnisses stattfinden. Hierfür muss sich die Äußerung auf eine Partei oder sonstige Vereinigung beziehen.

D. Rechtfertigungsmöglichkeiten

Auch wenn ein Amtsträger sich kritisch über eine politische Partei oder sonstige Vereinigung äußert, kann seine Äußerung gerechtfertigt sein, sodass keine Verletzung des Gebotes (partei-)politischer Neutralität oder des strikten Sachlichkeitsgebotes vorliegt. Ist eine Äußerung gerechtfertigt, wird sie nur noch an den Vorgaben des (weiten) Sachlichkeitsgebotes[1164] oder des Willkürverbotes gemessen[1165].

I. Replik auf Angriffe

Ein Rechtfertigungsgrund kann die Replik auf Angriffe sein[1166]. Nach der Rechtsprechung ist es Amtsträgern auch unter Geltung des Neutralitätsgebotes grundsätzlich erlaubt, sachlich auf Kritik zu reagieren[1167]. Liegt eine Kritik am Handeln des Amtsträgers vor, wird seine Reaktion hierauf nur daraufhin überprüft, ob das Sachlichkeitsgebot gewahrt wurde, ob also insbesondere die Reaktion nicht herabsetzend oder verfälschend war[1168]. Teil der Reaktion darf es folglich sein,

---

1164 Siehe hierzu BVerfGE 148, 11 (29 f., Rn. 57); 154, 320 (338, Rn. 52); VfGH TH, ThürVBl. 2016, S. 273 (278); StGH NDS, Urt. v. 24.11.2020 – Az. 6/19, Rn. 100 (juris); zur Unterscheidung des Sachlichkeitsgebots nach strikt und weit siehe 3. Teil, A. IV. 2. b).

1165 Siehe BVerfGE 40, 287 (293); 133, 100 (108, Rn. 22 ff.); VfGH BE, Az. VfGH 79/17, Rn. 78 (juris).

1166 *Oebbecke*, NVwZ 2007, S. 30 (32).

1167 BVerfGE 148, 11 (29 f., Rn. 57); 154, 320 (338, Rn. 52); VfGH TH, ThürVBl. 2016, S. 273 (278).

1168 BVerfGE 148, 11 (30, Rn. 59); 154, 320 (338, Rn. 52).

dass der Amtsträger seine Politik erläutert und Einwände hiergegen sachlich kontert[1169]. Replik bedeutet laut dem Bundesverfassungsgericht nicht, dass ein „Recht zum Gegenschlag" existiert[1170].

II. Erfüllung verfassungsrechtlicher Aufgaben

Soweit Staatsorgane verfassungsrechtliche Aufgaben erfüllen, besteht nach der Rechtsprechung keine Bindung an das Neutralitätsgebot[1171].

1. Schutz der freiheitlichen demokratischen Grundordnung

Die Verteidigung der freiheitlichen demokratischen Grundordnung ist die erste Konstellation, in der Verstöße gegen das Gebot parteipolitischer Neutralität von der Rechtsprechung als gerechtfertigt angesehen werden. Die Grundsätze wurden bisher nur für staatliche Äußerungen gegenüber Parteien entwickelt, sie sind aber übertragbar auf das strikte Sachlichkeitsgebot zum Schutz von Vereinigungen ohne Parteienstatus.

„Mut zur Intoleranz denen gegenüber (...), die die Demokratie gebrauchen wollen, um sie umzubringen" – mit diesen Worten umschrieb *Carlo Schmid* bereits im Parlamentarischen Rat die wehrhafte Demokratie[1172]. Diese wehrhafte bzw. streitbare Demokratie wird vom Grundgesetz konstituiert[1173] und gehört „zum normativen Grundverständnis der Bundesrepublik"[1174]. Die konkreten Instrumente der wehrhaften Demokratie sind Vereinsverbote (Art. 9 Abs. 2 GG[1175]), die Verwirkung von Grundrechten bei Einzelpersonen (Art. 18 GG), Parteiverbote (Art. 21 Abs. 2 GG) und der Ausschluss aus der staatlichen

---

1169 BVerfGE 148, 11 (29 f., Rn. 55 ff.); 154, 320 (338, Rn. 52).

1170 BVerfGE 148, 11 (30, Rn. 60); siehe auch StGH NDS, Urt. v. 24.11.2020 – Az. 6/19, Rn. 62 (juris); anders noch VfGH SL, Urt. v. 08.07.2014, Az. Lv 5/14 (juris): De damaliger saarländische Minister *Commerçon* hatte die NPD in einer Rede als „braune Brut" und „Mob" bezeichnet. Der VfGH hielt die Äußerungen für rechtmäßig, da die NPD ihrerseits Menschen anderer Herkunft oder Nationalität verunglimpfe und sie daher nicht erwarten könne, dass Amtsträger sachlich reagierten (Rn. 44).

1171 Siehe BVerfGE 40, 287 (293); 133, 100 (108 Rn. 22); 138, 102 (116, Rn. 47).

1172 *Schmid*, in: Der Parlamentarische Rat, Bd. 9, S. 36.

1173 BVerfGE 39, 334 (368 f.); 111, 147 (158); 134, 141 (179 f, Rn. 112); 144, 20 (164, Rn. 418); 146, 1 (49 f., Rn. 110); *Volp*, NJW 2016, S. 459 (460 ff.); *Voßkuhle/Kaiser*, JuS 2019, S. 1154 ff.

1174 *Morlok*, NJW 2001, S. 2931 (2932).

1175 Vereinsverbote haben eine praktisch hohe Relevanz, siehe dazu mit Kritik *Beaucamp*, JA 2021, S. 1 (5 f.).

Parteienfinanzierung (Art. 21 Abs. 3 GG). Die wehrhafte Demokratie setzt Werte voraus, die auch durch den politischen Willensbildungsprozess nicht angetastet werden dürfen[1176]. Es handelt sich bei diesen Werten um das Fundament der Demokratie, daher dürfen sie auch durch Mehrheitsentscheidungen nicht ausgehebelt werden. Dies ist eine Absage an den Werterelativismus der Weimarer Republik[1177]. Diese Wertegebundenheit ist mit dem Pluralismus vereinbar[1178], da die pluralistische Gesellschaft eines generell anerkannten Wertekodexes bedarf[1179].

Übersetzt wird die wehrhafte Demokratie häufig mit dem Satz „Keine Freiheit den Feinden der Freiheit“[1180]. Diese Auslegung geht indes zu weit, denn Grundrechte gelten auch für die Gegner der Demokratie[1181]. So reicht es für ein Parteiverbot nicht aus, dass die jeweilige politische Partei die Werte des Grundgesetzes ablehnt; sie muss vielmehr auch eine kämpferisch-aggressive Haltung aufweisen[1182]. Der Grundsatz der wehrhaften Demokratie ermöglicht es dem Staat, sich ihrer Bedrohungen zu erwehren, insbesondere durch die Verteidigung der maßgeblichen Werte[1183]. Zu diesen zu schützenden Werten gehört die freiheitliche demokratische Grundordnung[1184].

Eine Definition des Begriffs der freiheitlichen demokratischen Grundordnung findet sich im Grundgesetz nicht. Laut dem Bundesverfassungsgericht schützt die freiheitliche demokratische Grundordnung diejenigen Prinzipien, die jegliche Gewalt- und Willkürherrschaft verbieten und eine rechtsstaatliche Herrschaftsordnung auf der Grundlage der Selbstbestimmung des Volkes nach dem Willen der jeweiligen Mehrheit sowie der Freiheit und Gleichheit gewährleisten[1185]. Nach der ursprünglichen Rechtsprechung des Bundesverfassungsgerichts

---

1176 *Dürig/Klein*, in: Dürig/Herzog/Scholz, GG, Art. 18, Rn. 10.

1177 *Thiel*, in: ders. (Hrsg.), Wehrhafte Demokratie, S. 1 (14); eingehend *Gusy*, Weimar – die wehrlose Demokratie?

1178 Zum Begriff des Pluralismus siehe 3. Teil, A. I. 1. b) bb).

1179 *Fraenkel*, in: v. Brünneck (Hrsg.), Gesammelte Schriften, Bd. V, S. 256 (268, 271).

1180 Siehe beispielhaft *o. V.*, Maas: „Die Feinde der Freiheit verdienen keine Freiheit“, in: Redaktionsnetzwerk Deutschland, 20.06.2019, https://www.rnd.de/politik/maas-die-feinde-der-freiheit-verdienen-keine-freiheit-BRCZ7DYEZG7BMZOACUS23DLBXI.html (zuletzt abgerufen am 20.05.2022).

1181 BVerfGE 124, 300 (330) mit Blick auf die Meinungsfreiheit.

1182 BVerfGE 5, 85 (144); 144, 20 (220, Rn. 574); *Kumpf*, DVBl 2012, S. 1344 (1348).

1183 BVerfGE 39, 334 (349).

1184 BVerfGE 39, 334 (349); 40, 287 (292); 57, 1 (8); mit Bezug zur Landesverfassung siehe bspw. VfGH RP, NVwZ 2008, S. 897 (898).

1185 BVerfGE 2, 1 (12 f.); 144, 20 (203, Rn. 531).

gehören zu diesen Prinzipien das Recht auf Persönlichkeit, Leben und freie Entfaltung, die Volkssouveränität, die Gewaltenteilung, die Verantwortlichkeit der Regierung, die Gesetzmäßigkeit der Verwaltung, die Unabhängigkeit der Gerichte, das Mehrparteienprinzip und das Prinzip der Chancengleichheit der politischen Parteien[1186]. Dieser Katalog der Rechte und Prinzipien, die für den Begriff der freiheitlichen demokratischen Grundordnung kennzeichnend sind, wurde in der Folgezeit erheblich erweitert[1187]. Das Bundesverfassungsgericht hat allerdings mit Bezug auf das Parteiverbot den Begriff der freiheitlichen demokratischen Grundordnung in Art. 21 Abs. 2 GG eingeschränkt auf die maßgeblichen Grundprinzipien, die für den „freiheitlichen Verfassungsstaat schlechthin unentbehrlich sind"[1188]. Hierzu gehören die Menschenwürde, das Demokratieprinzip und die Rechtsstaatlichkeit[1189]. Es handelt sich insoweit nicht um eine Änderung der vorherigen Rechtsprechung; vielmehr macht das Bundesverfassungsgericht deutlich, dass für Parteiverbote besonders hohe Hürden gelten und der Begriff der freiheitlichen demokratischen Grundordnung daher in Art. 21 Abs. 2 GG enger zu verstehen ist[1190]. Mit Blick auf das Äußerungsrecht staatlicher Amtsträger ist maßgeblich, dass die Verteidigung der freiheitlichen demokratischen Grundordnung eine Rechtfertigung für wertende Stellungnahmen darstellen kann. Die Verteidigung der freiheitlich demokratischen Grundordnung stellt sogar eine Pflicht für Inhaber staatlicher Ämter dar[1191].

1186 BVerfGE 2, 1 (13); 5, 85 (140) siehe auch *Kunig*, in: Isensee/Kirchhof (Hrsg.), HStR, Bd. III, § 40, Rn. 56.

1187 Siehe BVerfGE 7, 198 (208): Die Meinungsfreiheit; BVerfGE 44, 125 (139): Der freie und offene Prozess der Meinungs- und Willensbildung des Volkes; BVerfGE 27, 195 (201): Das Bekenntnis zur religiös-weltanschaulichen Neutralität; BVerfGE 77, 65 (74): Die Rundfunk-, Presse- und Informationsfreiheit; zudem wurde auf die elementare Bedeutung der Menschenwürde in Art. 1 Abs.1 GG wiederholt hingewiesen, siehe etwa BVerfGE 12, 45 (53); 27, 1 (6); 87, 209 (228).

1188 BVerfGE 144, 20 (205, Rn. 535).

1189 BVerfGE 144, 20 (206 ff.).

1190 BVerfGE 144, 20 (205, Rn. 535): „Der Begriff der freiheitlichen demokratischen Grundordnung *im Sinne von Art. 21 Abs. 2 GG* erfordert eine Konzentration auf wenige, zentrale Grundprinzipien…" [Hervorhebung durch Autor].

1191 StGH NDS, Urt. v. 24.11.2020 – Az. 6/19, Rn. 58 (juris); siehe für Beamte auch § 60 Abs. 1 S. 3 BBG, § 33 Abs. 1 S. 3 BeamtStG.

a) Verfassungsschutzberichte

Relevant wird dieser Rechtfertigungsgrund vor allem bei Verfassungsschutzberichten. Der Bund ist aufgrund der Art. 73 Abs. 1 Nr. 10 und Art. 87 Abs. 1 S. 2 GG für die Erstellung des Bundesverfassungsschutzberichtes zuständig. Auf Länderebene ist die Zuständigkeit im Regelfall einfachgesetzlich verankert. Im Eingangssatz des § 1 BVerfschG, aber auch in den Eingangsvorschriften der Landesverfassungsschutzgesetze heißt es in der Regel, dass der Verfassungsschutz dem Schutz der freiheitlichen demokratischen Grundordnung dient. Der Bundesverfassungsschutz gibt einmal jährlich einen Bericht über Bestrebungen heraus, die sich gegen die freiheitliche demokratische Grundordnung richten (§ 16 Abs. 2 i. V. m. § 3 Abs. 1 BVerfSchG). Dies darf nicht willkürlich geschehen, vielmehr müssen tatsächliche Anhaltspunkte vorliegen, d. h. ein Verdacht, dass derartige Bestrebungen objektiv vorhanden sind[1192]. Liegen derartige Erkenntnisse vor, besteht eine Beobachtungspflicht[1193].

Der Ausgangspunkt für die Verfassungsschutzbericht-Rechtsprechung des Bundesverfassungsgerichts ist eine Entscheidung von 1975. Die NPD hatte gegen den Verfassungsschutzbericht geklagt, da sie darin u. a. als Gefahr für die freiheitliche Grundordnung bewertet wurde[1194]. Das Bundesverfassungsgericht erblickte im Verfassungsschutzbericht eine Teilnahme der Bundesregierung am Wettbewerb um Wählerstimmen[1195]. Gleichwohl wurden die im Verfassungsschutzbericht enthaltenen Werturteile als zulässig angesehen, da der Bundesinnenminister damit seiner verfassungsrechtlichen Pflicht nachgekommen sei, die freiheitliche demokratische Grundordnung zu schützen[1196]. Diese Erfüllung der Aufgaben des Bundesinnenministers wurde in der Folge nicht an den Schranken des Gebotes parteipolitischer Neutralität gemessen, sondern nur einer Willkürkontrolle unterzogen[1197]. Zwar ließe sich einwenden, dass diese Entscheidung

1192 BVerwG, NVwZ 2014, S. 233 (234); weil aber tatsächliche Anhaltspunkte für eine verfassungsfeindliche Betätigung vorliegen müssen, ist von der Ermächtigungsgrundlage zur Veröffentlichung des Verfassungsschutzberichtes nicht gedeckt, dass Amtsträger öffentlich über „Prüffälle" sprechen, siehe VG Köln, NVwZ 2019, S. 1060 (1062 f.); VG Düsseldorf, Urt. v. 24.02.2021, Az. 20 K 5100/19, Rn. 54 ff. (juris).

1193 BVerfGE 107, 339 (365); *Roth*, in: Schenke/Graulich/Ruthig (Hrsg.), Sicherheitsrecht des Bundes, § 4 BVerfSchG, Rn. 131.

1194 Sachverhalt siehe BVerfGE 40, 287 ff.

1195 BVerfGE 40, 287 (292): „Die Auseinandersetzung soll also im freien Wettbewerb um die Stimmen der Wähler ausgetragen werden."

1196 BVerfGE 40, 287 (293); siehe dazu auch § 16 Abs. 2 i. V. m. § 3 Abs. 1 BVerfSchG, welcher dem Bundesinnenminister die Aufgabe auferlegt, einmal jährlich über die Erkenntnisse des Verfassungsschutzes zu berichten.

1197 BVerfGE 40, 287 (293).

zwei Jahre vor der bundesverfassungsgerichtlichen Herleitung des Gebotes parteipolitischer Neutralität lag[1198] und nunmehr obsolet sei. Diese Rechtsauffassung vertrat die rechtsgerichtete Zeitung „Junge Freiheit" in einem Verfahren gegen ihre Nennung im Verfassungsschutzbericht[1199]. Das Bundesverfassungsgericht stellte demgegenüber klar, dass der Verfassungsschutzbericht „kein beliebiges Erzeugnis staatlicher Öffentlichkeitsarbeit" sei und „über die bloße Teilhabe staatlicher Funktionsträger an öffentlichen Auseinandersetzungen" hinausgehe[1200]. Damit hielt das Bundesverfassungsgericht auch unter der Geltung des Gebotes parteipolitischer Neutralität an der Linie der Verfassungsschutzbericht-Rechtsprechung von 1975 fest[1201].

b) Vorbereitung eines Verbotsverfahrens

Das Grundgesetz kennt die Möglichkeit, Parteien zu verbieten (Art. 21 Abs. 2 GG). Mögliche Antragsteller sind gemäß § 43 Abs. 1 S. 1 BVerfGG Bundestag, Bundesrat und Bundesregierung. Diese Verbotsmöglichkeit dient gemäß Art. 21 Abs. 2 GG dem Schutz der freiheitlichen demokratischen Grundordnung. Sofern Amtsträger, die diesen Verfassungsorganen angehören, sich öffentlich über das Für und Wider eines möglichen Verbotsantrags gegen eine Partei äußern, unterliegen sie nur einer Willkürkontrolle[1202]. Diese Konstellation stellt einen Rechtfertigungsgrund für wertende amtliche Äußerungen dar. Denn nach dem Gebot parteipolitischer Neutralität ist eine derartige Äußerung, die in der Regel die diskreditierende Wertung enthält, dass die betroffene Partei verfassungswidrig sei, unzulässig.

Eine Voraussetzung dieses Rechtfertigungsgrundes ist, dass die Debatte um das (mögliche) Verbot entscheidungsorientiert verläuft[1203]. Damit soll z. B. verhindert werden, dass Amtsträger jahrelang einer Partei vorwerfen, verfassungswidrig zu sein, und ihr Verbot erwägen, aber niemals einen Antrag stellen. Diese Grundsätze sind auf die Erörterung eines Verbots einer Vereinigung ohne Parteienstatus übertragbar. Auch hier bedeutet eine Diskussion über ein Verbot einen schweren Eingriff in die Rechte der Vereinigung. Unter der Geltung des strikten Sachlichkeitsgebotes sind derartige Äußerungen unzulässig, da sie einen lenkenden Einfluss auf die

---

1198 Siehe hierzu BVerfGE 44, 125 (144).

1199 BVerfGE 113, 63 (71).

1200 BVerfGE 113, 63 (77).

1201 Nochmals bestätigt in BVerfGE 138, 102 (116, Rn. 47).

1202 BVerfGE 133, 100 (108, Rn. 22 ff.); ähnlich auch SaarlVGH, Urt. v. 08.07.2014, Az. Lv 5/14, Rn. 25 (juris).

1203 BVerfGE 133, 100 (108, Rn. 23).

Bevölkerung nehmen. Jedoch muss es auch hier zuständigen Stellen möglich sein, willkürfrei über ein mögliches Verbot zu diskutieren.

c) Schutz wichtiger Grundrechte und Institutionen

Laut dem Niedersächsischen Staatsgerichtshof dürfen Regierungsmitglieder durch parteiergreifende Äußerungen zulasten einer politischen Partei Institutionen verteidigen, die verfassungsrechtlich besonders geschützt und für das Funktionieren der Demokratie wesentlich sind[1204]. Namentlich nennt das Gericht den Schutz der der Pressefreiheit und den Schutz von Journalisten[1205]. Soweit also der Staat seiner Schutzpflicht für Grundrechte, im entschiedenen Fall namentlich der Pressefreiheit, nachkommt, nimmt der Staatsgerichtshof eine Rechtfertigung bei Verstößen gegen das Gebot parteipolitischer Neutralität an[1206]. Begründet wird diese Auffassung mit der besonderen Bedeutung der Pressefreiheit und der Pflicht des Staates zum Schutz der freien Presse[1207]. Der Rechtfertigungsgrund soll dann greifen, wenn die Presse bzw. einzelne Journalisten eingeschüchtert werden[1208]. In derartigen Fällen soll nur das weite, d. h. tradierte Sachlichkeitsgebot greifen[1209].

Fraglich ist, welche Fälle über den Schutz der Pressefreiheit hinaus einen Bereich darstellen, in dem ein Verstoß gegen das Gebot parteipolitischer Neutralität oder gegen das strikte Sachlichkeitsgebot nach der Rechtsprechung gerechtfertigt wäre, weil der Amtsträger wichtige Institutionen durch seine Äußerung schützt. Teilweise wird vertreten, dass nahezu jede Berufung eines Amtsträges auf den Schutz der freiheitlichen demokratischen Grundordnung ausreiche, um Verletzungen des Neutralitätsgebotes zu rechtfertigen[1210]. Doch die Rechtsprechung lässt die bloße Behauptung des Amtsträgers, er schützte durch seine Erklärung die freiheitliche demokratische Grundordnung, nicht genügen[1211].

Will man die wichtigen Institutionen, die durch parteiergreifende amtliche Äußerungen geschützt werden dürfen, eingrenzen, muss man sich vergegenwärtigen, welche grundrechtlichen Bereiche Teil der freiheitlichen demokratischen

---

1204 StGH NDS, Urt. v. 24.11.2020 – Az. 6/19, Rn. 61 (juris).
1205 StGH NDS, Urt. v. 24.11.2020 – Az. 6/19, Rn. 91 (juris).
1206 StGH NDS, Urt. v. 24.11.2020 – Az. 6/19, Rn. 91 (juris).
1207 StGH NDS, Urt. v. 24.11.2020 – Az. 6/19, Rn. 93, 98 (juris).
1208 Siehe hierzu StGH NDS, Urt. v. 24.11.2020 – Az. 6/19, Rn. 94 ff. (juris).
1209 StGH NDS, Urt. v. 24.11.2020 – Az. 6/19, Rn. 100 (juris); zur Unterscheidung zum strikten Sachlichkeitsgebot siehe 3. Teil, A. IV. 2. b).
1210 *Möstl*, in: Uhle (Hrsg.), Information und Einflussnahme, S. 49 (76 f.).
1211 VfGH TH, ThürVBl. 2016, S. 273 (278); OVG NRW, NVwZ 2017, S. 1316 (1318).

Grundordnung sind. Dies ist neben der Pressefreiheit[1212] z. B. die Religionsfreiheit[1213]. Käme es etwa zu einschüchternden verbalen Angriffen einer Partei auf eine bestimmte Religionsgruppe, wären amtliche Äußerungen, die dem Schutz der betroffenen Religionsgemeinschaft und damit der Religionsfreiheit dienen, aller Voraussicht nach gerechtfertigt und würden nur dem (weiten) Sachlichkeitsgebot unterliegen. Da auch das Recht auf freie Entfaltung der Persönlichkeit und das Recht auf Leben Teil der freiheitlichen demokratischen Grundordnung sind[1214], können auch in Bezug hierauf amtliche Äußerungen gerechtfertigt sein. Kommt es etwa in einer Gemeinde zu fortwährenden verbalen Angriffen auf bestimmte Minderheiten, muss es dem Bürgermeister erlaubt sein, sich gegen die Verursacher zu positionieren[1215]. Die erste Voraussetzung dafür, dass eine schützende Äußerung vorliegt, ist ein objektiver Angriff auf das (gewichtige) Schutzgut. Zudem muss die Äußerung geeignet und erforderlich sein, die betreffende Institution oder den betroffenen Personenkreis zu schützen, und sie muss sachlich gehalten sein. Zuzugeben ist allerdings, dass hier vieles unklar ist, da bis auf die Entscheidung des Niedersächsischen Staatsgerichtshofs bisher keine Entscheidungen vorliegen.

2. *Beantwortung parlamentarischer Fragen*

Die Abgeordneten des Deutschen Bundestages haben gegenüber der Bundesregierung im Rahmen ihrer Kontrollfunktion ein verfassungsrechtlich geschütztes Frage- und Informationsrecht[1216]. Ähnliche Regelungen existieren auf der Länderebene[1217]. Die Bundes- und Landesregierungen haben die grundsätzliche Pflicht, Abgeordnetenfragen zu beantworten[1218]. Wenn Regierungsmitglieder Anfragen von Abgeordneten beantworten, unterliegen sie bei Äußerungen über Parteien nicht dem Gebot parteipolitischer Neutralität und bei Äußerungen

---

1212 Zur Pressefreiheit als Teil der freiheitlich demokratischen Grundordnung siehe BVerfGE 77, 65 (74).

1213 BVerfGE 27, 195 (201).

1214 BVerfGE 2, 1 (13); 5, 85 (140).

1215 Im Ergebnis ähnlich *Gärditz*, NWVBl. 2015, S. 165 (170).

1216 BVerfGE 13, 123 (125); 57, 1 (5); 124, 161 (188 f.); *Morlok*, in: Dreier (Hrsg.), GG, Bd. II, Art. 38, Rn. 158; *Klein*, in: Isensee/Kirchhof (Hrsg.), HStR, Bd. III, § 51, Rn. 32.

1217 *Klein*, in: Dürig/Herzog/Scholz, GG, Art. 43, Rn. 29 m. w. N.

1218 BVerfGE 124, 161 (188); 147, 50 (126, Rn. 195); VfGH NRW, NVwZ-RR 2009, S. 41 (43); VfGH HH, NVwZ 2014, S. 135 (136 f.); VfGH MV, NordÖR 2014, S. 297 ff.; eingehend zum parlamentarischen Fragerecht *Siefken*, ZParl 2010, S. 18 ff.

über Vereinigungen ohne Parteienstatus nicht dem strikten Sachlichkeitsgebot. So entschied das das Bundesverfassungsgericht, das eine Antwort auf eine Kleine Anfrage, in der eine politische Partei als verfassungsfeindlich bewertet wurde, nicht anhand des Neutralitätsgebotes, sondern nur des Willkürverbotes zu bewerten ist[1219].

Der Berliner Verfassungsgerichtshof hat in einer Entscheidung zu der Frage der Anwendung des Gebotes parteipolitischer Neutralität auf die Beantwortung von Abgeordnetenfragen explizit Stellung genommen: Der damalige Berliner Justizsenator *Dirk Behrendt* war zu einer Äußerung des ihm dienstlich unterstellten Leitenden Oberstaatsanwaltes *Roman Reusch* interviewt worden. Dieser war AfD-Bundestagskandidat und hatte behauptet, Deutschland sei auf dem Weg in eine „islamische Republik"[1220]. *Behrendt* erklärte, dass seine Behörde die Äußerungen von *Reusch* auswerten werde. In einer Fragestunde im Berliner Abgeordnetenhaus wurde der Justizsenator von der AfD zu seiner Interviewäußerung befragt[1221]. Er erklärte, dass aufgrund der Äußerungen von Bundestagskandidaten der AfD in anderen Bundesländern Anlass bestehe, genau hinzusehen, ob sich die-Kandidaten dieser Partei, die ihm dienstrechtlich unterstellt sind, an das Mäßigungs- und Zurückhaltungsgebot hielten und die Bereitschaft zeigten, jederzeit für die freiheitliche demokratische Grundordnung einzutreten[1222]. Der Berliner Verfassungsgerichtshof entschied, dass *Behrendt* durch die Beantwortung der Frage im Abgeordnetenhaus seiner verfassungsrechtlichen Pflicht zur Auskunft gegenüber den Abgeordneten nachgekommen sei[1223]. Aufgrund dieser Pflicht gelte hier das Gebot politischer Neutralität nicht[1224]. Der Verfassungsgerichtshof führt dazu in seiner Entscheidung aus:

> Eine für die effektive Mandatsausübung umfassende Information im Parlament, für die gerade auch Auskünfte mit kritischem Inhalt von Bedeutung sind, wäre sonst nicht möglich. Das der Kontrolle der Regierung dienende Fragerecht liefe leer[1225].

1219 BVerfGE 57, 1 (8).

1220 Vollständiger Wortlaut siehe VfGH BE, Az. VfGH 79/17, Rn. 3 (juris).

1221 VfGH BE, Az. VfGH 79/17, Rn. 12 ff.

1222 VfGH BE, Az. VfGH 79/17, Rn. 17 ff. (juris).

1223 VfGH BE, Az. VfGH 79/17, Rn. 78 (juris).; die Regierung ist im Rahmen der Fragestunde verpflichtet, umfassend und zutreffend zu antworten, siehe zur Fragestunde im Bundestag BVerfGE 124, 161 (197); *Müller*, in: v. Mangoldt/Klein/Starck, GG, Bd. 2, Art. 38, Rn. 87.

1224 VfGH BE, Az. VfGH 79/17, Rn. 81 (juris).

1225 VfGH BE, Az. VfGH 79/17, Rn. 83 (juris).

Zusätzlich passe das Neutralitätsgebot systematisch nicht in die Konstellation einer Fragestunde, denn dieses diene dazu, die „Waffengleichheit" zwischen Regierung und (oppositionellen) Parteien herzustellen – eine Verletzung dieser Waffengleichheit drohe in der Situation der parlamentarischen Fragestunde nicht[1226]. Daher gelte bei der Beantwortung von Abgeordnetenfragen durch die Regierung nur das Willkürverbot[1227].

3. *Parlamentarische Sitzungsleitung*

Soweit Präsidenten und Vizepräsidenten von Bundestag und Landtagen öffentlich über Vorkommnisse während der parlamentarischen Sitzungen berichten, liegt ebenfalls kein Verstoß gegen das Gebot politischer Neutralität vor[1228]. Als Teil der Sitzungsleitung[1229] darf der Bundestagspräsident in das parlamentarische Geschehen eingreifen, um die Würde des Hauses zu wahren. Hierzu darf er z. B. Ordnungsrufe erteilen (§ 36 Abs. 1 S. 2 GO-BT). Berichtet er im Anschluss öffentlich über den Verlauf der Sitzung und erteilt er Ordnungsrufe an bestimmte Fraktionen, so ist die sachliche Kommunikation hierüber als Annex zur Sitzungsleitung zulässig[1230]. Hinzu kommt, dass parlamentarische Sitzungen öffentlich sind, sodass ein Bericht etwa über das Agieren einer bestimmten Fraktion kein Geheimnis ist; jeder Bürger kann sich selbst ein Bild machen[1231].

Anders liegt der Fall bei Ausschussvorsitzenden. Denn Sitzungen der Ausschüsse des Bundestages sind grundsätzlich nichtöffentlich (§ 69 Abs. 1 S. 1 GO-BT). Die Bürgerschaft kann bei Berichten des Vorsitzenden über den Verlauf der Sitzung gerade nicht prüfen, ob der Bericht der Wahrheit entspricht. In der Folge stellen öffentliche Berichte von Ausschussvorsitzenden und damit einhergehende Bewertungen des Verhaltens von Fraktionen keine Rechtfertigung für Eingriffe in das Neutralitätsgebot dar. Für diese Annahme spricht auch, dass Vorsitzende von Ausschüssen keine Ordnungsgewalt gegenüber Abgeordneten haben. Infolgedessen prüfen sie, anders als der Präsident des Bundestages, nicht, ob durch Äußerungen die Würde des Bundestages verletzt wurde und ein Ordnungsruf zu erteilen ist. Da also Ausschussvorsitzende anders als der Parlamentspräsident kein Bewertungsrecht haben, können Verstöße gegen das Gebot

---

1226 VfGH BE, Az. VfGH 79/17, Rn. 84 (juris).
1227 VfGH BE, Az. VfGH 79/17, Rn. 78 (juris).
1228 VfGH BY, Beschl. v. 1.12.2020 – Az. Vf. 90-IVa-20, Rn. 26 (juris).
1229 Siehe hierzu 3. Teil, B. V. 1.
1230 Siehe hierzu auch VfGH BY, Beschl. v. 1.12.2020 – Az. Vf. 90-IVa-20, Rn. 26 (juris).
1231 Siehe hierzu auch VfGH BY, Beschl. v. 1.12.2020 – Az. Vf. 90-IVa-20, Rn. 27 (juris).

politischer Neutralität gegenüber Fraktionen nicht mit einem Verweis auf die sitzungsleitende Tätigkeit gerechtfertigt werden.

III. Keine Rechtfertigung bei Schmähkritik

Amtliche Äußerungen, deren Inhalt in anderen Zusammenhängen als Schmähkritik bezeichnet wird, können niemals gerechtfertigt sein[1232]. Eine Äußerung ist dann schmähend, wenn die Diffamierung bzw. Herabsetzung der Person im Mittelpunkt steht[1233]. So wurden schon in der Osho-Entscheidung amtliche Äußerungen („destruktiv“, „pseudoreligiös“) als diffamierend und deshalb rechtswidrig bewertet[1234]. Diese Ausnahme von der Rechtfertigungsmöglichkeit ist konsequent: Auch den Bürgerinnen und Bürgern steht es aufgrund §§ 185 ff. StGB nicht zu, andere Personen zu diffamieren. Auch durch die Meinungsfreiheit werden derartige Herabsetzungen nicht erlaubt[1235]. Für Staatsorgane kann nichts anderes gelten[1236].

IV. Fazit

Verstöße gegen das Gebot (partei-)politischer Neutralität und gegen das strikte Sachlichkeitsgebot können gerechtfertigt sein. Erstens ist dies bei einer Replik auf Angriffe der Fall. Wird ein Amtsträger für seine Vorhaben oder Maßnahmen kritisiert, darf er diese verteidigen. Die Replik beinhaltet kein Recht zum Gegenschlag. Zweitens sind amtliche Äußerungen, die gegen das Neutralitätsgebot oder das strikte Sachlichkeitsgebot verstoßen, gerechtfertigt, wenn der Amtsträger verfassungsrechtliche Aufgaben erfüllt. Dies ist insbesondere der Fall, wenn er die freiheitliche demokratische Grundordnung verteidigt. Dies geschieht durch Verfassungsschutzberichte oder bei Äußerungen im Rahmen der Vorbereitung von Partei- oder Vereinsverbotsverfahren. Auch der Schutz wichtiger Institutionen, die Werte der freiheitlichen demokratischen Grundordnung repräsentieren, kann einen Rechtfertigungsgrund darstellen. Drittens gibt es eine Rechtfertigungswirkung im Fall der Beantwortung parlamentarischer Fragen. Denn zum einen besteht eine verfassungsrechtliche Pflicht zur Beantwortung solcher

---

1232 BVerfGE 136, 323 (335, Rn. 32); 138, 102 (114, Rn. 42); *Eder,* „Rote Karte“ gegen „Spinner“?, S. 139.

1233 BVerfGE 92, 272 (283 f.); 93, 266 (294).

1234 BVerfGE 105, 279 (309).

1235 BVerfGE 61, 1 (12); 93, 266 (294).

1236 So auch *Eder,* „Rote Karte“ gegen „Spinner“?, S. 139 f.

Fragen, zum anderen herrscht im Parlament „Waffengleichheit“ zwischen der Regierung und der Opposition. Viertens ist als Rechtfertigungsgrund noch der Fall zu nennen, in dem ein Parlamentspräsident öffentlich über das Verhalten einer bestimmten Fraktion im Parlament berichtet. Sofern die genannten Tatsachen richtig sind und seine Bewertung sachlich gehalten ist, ist ein etwaiger Verstoß gegen das Gebot politischer Neutralität gerechtfertigt. Für Ausschussvorsitzende gilt dieser Rechtfertigungsgrund nicht. Im Fall von schmähenden Äußerungen kann es niemals eine Rechtfertigung geben.

E. Zusammenfassung des 3. Teils

Das Grundgesetz kennt seinem Wortlaut nach kein ausdrückliches Gebot politischer Neutralität für Inhaber staatlicher Führungsämter. Somit kann ein solches Gebot nur im Wege der Auslegung der Verfassung begründet werden. Der Ausgangspunkt der Rechtsprechung und von Teilen des Schrifttums dafür, ein Gebot politischer Neutralität anzunehmen, ist das Demokratieprinzip. Amtsträgern soll es verboten sein, die Meinungsbildung des Volkes zu beeinflussen. Die Freiheit der Wahl spielt dagegen keine relevante Rolle für die Annahme eines Gebotes politischer Neutralität, da sie nur manipulative staatliche Einwirkungen verbietet. Das Republikprinzip kann ebenfalls als Ausgangspunkt von Forderungen nach politischer Neutralität betrachtet werden. So ist die vom Bundesverfassungsgericht angenommene spezifische Autorität staatlicher Amtsträger am ehesten zurückführbar auf dieses Prinzip. Politische Parteien werden von der Rechtsprechung durch das Gebot parteipolitischer Neutralität geschützt; dieser Schutz wird abgeleitet aus dem Recht der politischen Parteien aus Art. 21 Abs. 1 S. 1 GG auf Chancengleichheit. Die Chancengleichheit soll den parteipolitischen Wettbewerb schützen; laut der Rechtsprechung auch vor parteiergreifenden Äußerungen staatlicher Amtsträger. Fraktionen können sich auf ein Gebot politischer Neutralität berufen, das sich aus Art. 38 Abs. 1 S. 2 GG ergeben soll. Hierdurch sollen im parlamentarischen Wettbewerb gleiche Chancen gesichert werden. Vereinigungen ohne Parteienstatus werden laut der Rechtsprechung nicht durch das Gebot politischer Neutralität geschützt, da sie sich nicht auf Art. 21 Abs. 1 S. 1 GG berufen können. Wohl aber werden sie durch das Sachlichkeitsgebot geschützt. Dieses wird vom Bundesverwaltungsgericht nicht nur auf das Rechtsstaatsprinzip, sondern auch auf das Demokratieprinzip gestützt und verbietet, wie das Neutralitätsgebot, eine lenkende Einflussnahme staatlicher Amtsträger.

Das strikte Sachlichkeitsgebot und das Gebot (partei-)politischer Neutralität finden laut Rechtsprechung und Teilen des Schrifttums Anwendung auf

Regierungsmitglieder und kommunale Amtsträger. Begründen lässt sich dies insbesondere mit den staatlichen Ressourcen, die diesen Amtsträgern zur Verfügung stehen. Laut dem Bundesverfassungsgericht stehen dem Bundespräsidenten hingegen keine Ressourcen zur Verfügung, um die öffentliche Meinung zu beeinflussen, weshalb seine Äußerungen nur einer Willkürkontrolle unterliegen sollen. In weiten Teilen des Schrifttums stößt diese Auffassung auf Kritik. Abgeordnete sind keine Adressaten des Gebotes politischer Neutralität, wohl aber Parlamentspräsidenten, Vizepräsidenten und Ausschussvorsitzende, da sie ihr Amt unparteiisch ausüben sollen.

Damit das Neutralitäts- und das Sachlichkeitsgebot Anwendung finden können, ist zunächst eine amtliche Kommunikation erforderlich, da Amtsträger als Privatperson oder Parteipolitiker durch die Meinungsfreiheit und ihr Recht auf chancengleiche Teilnahme am politischen Wettbewerb geschützt sind. Ferner muss ihre Äußerung Außenwirkung haben und eine konkrete Partei oder Vereinigung ansprechen. Liegt eine amtliche Kommunikation vor, die im Grundsatz gegen das Neutralitätsgebot oder das (strikte) Sachlichkeitsgebot verstößt, kann der Verstoß gerechtfertigt sein, wenn der Amtsträger unmittelbar auf einen Angriff auf seine Position reagiert; hierbei muss er jedoch sachlich bleiben. Auch wenn der Amtsträger konkret zugewiesene verfassungsrechtliche Aufgaben zum Schutz der freiheitlichen demokratischen Grundordnung erfüllt – z. B. durch die Veröffentlichung eines Verfassungsschutzberichtes oder die Vorbereitung eines Verbotsverfahrens –, sind seine Werturteile über Parteien und Vereinigungen gerechtfertigt. Schmähungen sind stets unzulässig.

4. Teil: Kritische Betrachtung der Forderungen nach politischer Neutralität

Während im 3. Teil die Grundlagen und Voraussetzungen der Forderungen nach politischer Neutralität in Judikatur und Schrifttum dargestellt worden sind, soll nunmehr eine kritische Auseinandersetzung mit diesen Annahmen erfolgen. Der Ausgangspunkt der Kritik ist, dass weder das Gebot (partei-)politischer Neutralität noch die faktischen Neutralitätserwartungen des strikten Sachlichkeitsgebots der Verfassung zu entnehmen sind. Ganz im Gegenteil spricht die Verfassung für eine Befugnis zur politischen Amtsführung durch Inhaber staatlicher Führungsämter. Diese beinhaltet auch ein Recht, sich zugunsten und zulasten politischer Parteien und sonstiger Vereinigungen wertend zu äußern.

A. Kritik an der verfassungsrechtlichen Herleitung

Da die Verfassung selbst kein explizit normiertes Gebot (partei-)politischer Neutralität von Inhabern staatlicher Führungsämter kennt, erfolgt die Herleitung in Judikatur und Schrifttum über die Auslegung verschiedener Verfassungsnormen[1237]. Diese Herleitungen basieren allerdings auf fehlerhaften Annahmen und überzeugen daher nicht.

I. Unterscheidung von Staat und Gesellschaft erfordert keine politische Neutralität

Forderungen nach politischer Neutralität haben ihren Ursprung in dem Leitbild[1238] der Unterscheidung von Staat und Gesellschaft. Das Leitbild selbst hat seine Berechtigung[1239]. Der Annahme, dass gegenüber Inhabern staatlicher Führungsämter hieraus politische Neutralitätspflichten erwachsen[1240], ist jedoch nicht zuzustimmen[1241].

1237 Siehe 3. Teil, A.
1238 Siehe zum Begriff 1.
1239 Siehe 2.
1240 Siehe 3.
1241 Siehe 4.

1. Die Bedeutung von Leitbildern

Verfassungstexte sind besonders auslegungsbedürftig, denn aufgrund ihrer Natur können sie nur kurz und prägnant sein. Auch das Grundgesetz ist „hochgradig lückenhaft"[1242]. Daher kann der Inhalt einer Verfassungsnorm häufig nicht allein dem Verfassungstext entnommen werden[1243]. Die Verfassungsanwendung bedarf somit der Verfassungskonkretisierung[1244]. Hierzu existieren die bekannten, auf von *Savigny* zurückgehenden Methoden: die grammatische, die historische, die systematische und die telelogische Auslegung. Doch spielen vor allem im Bereich der Konkretisierung der Verfassung Leitbilder eine prägende Rolle[1245]. Leitbilder sind den klassischen Auslegungsmethoden vorgelagert[1246]. Ihre „notdürftige Anbindung an den Text" ist ein Charakteristikum von Leitbildern[1247]. Leitbilder werden von *Volkmann* definiert als

> normativ-verfestigte Hintergrundvorstellungen zu Begriffen, Sätzen und Prinzipien der Verfassung, die an intuitive oder stärker reflektierende Gerechtigkeits- und Angemessenheitsüberzeugungen anknüpfen und je nach ihrem Inhalt spezifische Steuerungsleistungen für die Rechtsanwendung erbringen[1248].

Am relevantesten für den Inhalt von Leitbildern sind die Gerechtigkeitsvorstellungen des Normanwenders[1249]. Dieser verfolgt das Ziel, bei einer aus der Verfassung unmittelbar heraus nicht zu beantworten Rechtsfrage ein angemessenes Ergebnis zu erzielen. Dieses aus seiner Sicht angemessene Ergebnis erzielt der Normanwender, indem er Annahmen für die Verfassungskonkretisierung zugrunde legt, die ihm „richtig" erscheinen.

1242 *Volkmann*, AöR 134 (2009), S. 157 (172); ähnlich *Hesse*, Grundzüge des Verfassungsrechts, Rn. 45 („fragmentarisch").

1243 *Hesse*, Grundzüge des Verfassungsrechts, Rn. 45.

1244 *Hesse*, Grundzüge des Verfassungsrechts, Rn. 60 ff.; *Voßkuhle*, JuS 2019, S. 417 (418) sieht in der Verfassungskonkretisierung eine Aufgabe des Bundesverfassungsgerichtes.

1245 Grundlegend zu dieser Auslegungsmethode *Volkmann*, AöR 134 (2009), S. 157; *Braun*, Leitbilder im Recht.

1246 *Volkmann*, AöR 134 (2009), S. 157 (175 f).

1247 *Volkmann*, AöR 134 (2009), S. 157 (170); zustimmend *Braun*, Leitbilder im Recht, S. 137.

1248 *Volkmann*, AöR 134 (2009), S. 157 (175).

1249 So auch *Braun*, Leitbilder im Recht, S. 2; *Mast*, Staatsinformationsqualität, S. 32.

Das Bundesverfassungsgericht greift „inflationär“[1250] auf verfassungsrechtliche Leitbilder zurück[1251]. Nicht immer legt der Normanwender offen, ob er Leitbilder verwendet; es existieren auch implizite Leitbilder[1252]. Dies folgt erstens aus dem Umstand, dass Leitbilder an sich schon Hintergrundvorstellungen sind, und zweitens aus dem Umstand, dass die Gerechtigkeitsvorstellungen sowohl reflektierender und damit eher offener Art als auch intuitiver und damit eher versteckter Art sein können. Ein solches implizites Leitbild verbirgt sich hinter der Vorstellung von politischer Neutralität: das Leitbild der Unterscheidung von Staat und Gesellschaft[1253]. Nur aus der Idee dieser Unterscheidung wird verständlich, warum das Bundesverfassungsgericht und Teile des Schrifttums von Inhabern staatlicher Ämter politische Neutralität fordern.

2. Die Unterscheidung von Staat und Gesellschaft

Das Leitbild der Unterscheidung von Staat und Gesellschaft beinhaltet die Vorstellung, dass Staat und Gesellschaft sich in unterschiedlichen Sphären befinden. Die Gesellschaft ist ein System individueller Bedürfnisse und Sonderinteressen[1254]. Der Staat hat die Aufgabe, staatliche Funktionen der Verwaltung, Rechtsprechung und Gesetzgebung zu gewährleisten[1255]; er ist daher ein regulierendes Element[1256]. In Staatsformen, in denen die Bürgerschaft keinen Einfluss auf die Staatsgewalt hat, existiert ein Dualismus zwischen Staat und Gesellschaft. So

1250 *Braun*, Leitbilder im Recht, S. 15.

1251 BVerfGE 118, 277 (327 ff.): „Leitbild des Abgeordneten“; BVerfGE 148, 69 (100 ff.): „Leitbild des hauptamtlich und planmäßig endgültig angestellten Richters“; BVerfGE 150, 169 (183, Rn. 33): „Leitbild des Vollzeitbeamten“; BVerfGE 63, 266 (282 ff.): „Leitbild der freien Advokatur“; BVerfGE 134, 25 (32, Rn. 16): „Leitbild der Urnenwahl“; BVerfGE 107, 339 (361): „Leitbild einer Partei“; BVerfGE 80, 315 (344): „Leitbild des Grundrechts“ auf Asyl; BVerfGE 144, 20 (206, Rn. 537): „Leitbild der freiheitlichen Demokratie“.

1252 *Braun*, Leitbilder im Recht, S. 125 f.; *Volkmann*, AöR 134 (2009, S. 157 (160) mit dem Beispiel des Leitbildes Bundesstaat.

1253 *Kuch*, AöR 142 (2017), S. 491 (494); *Hillgruber*, JA 2020, S. 718 (720); *Payandeh*, Der Staat 55 (2016), S. 519 (529); zur Unterscheidung von Staat und Gesellschaft siehe 3. Teil, A. II. 1. b) cc).

1254 *Hegel*, Philosophie des Rechts, §§ 182 ff.

1255 *Hegel*, Philosophie des Rechts, §§ 257 ff, 287; siehe zur Gemeinwohlbindung des Staates schon 2. Teil, A. III.

1256 *Zippelius*, Allgemeine Staatslehre, S. 204 f.; ähnlich *Böckenförde*, Recht, Staat, Freiheit, S. 220.

stellte in der Epoche des Absolutismus der Monarch als absoluter Herrscher mitsamt seinen Beamten den Staat dar, während die Bevölkerung im Herrschaftsgebiet, d. h. die Mitglieder der Gesellschaft, dem Monarchen und damit dem Staat als Untertanen unterworfen waren[1257]. Staat und Gesellschaft befanden sich in getrennten Sphären[1258]. Dieser Dualismus existierte auch im Deutschland des 19. Jahrhunderts: An der Spitze des Staates stand der Monarch, der sich auf das Gottesgnadentum berief, also nicht auf eine Legitimation durch die Beherrschten[1259]. Zwar existierte ein Parlament, dieses wurde aber von der damaligen Staatsrechtslehre nicht als Teil der Staatsorgane angesehen, sondern als Vertretung der Gesellschaft[1260]. Der Monarch wurde als alleiniger Träger der Staatsgewalt betrachtet[1261].

In einer Demokratie wie derjenigen der Bundesrepublik Deutschland ist das Volk aufgrund des Art. 20 Abs. 2 S. 1 GG Inhaber der Staatsgewalt[1262]. Mit Volk meint das Grundgesetz nicht die gesamte Bevölkerung der Bundesrepublik, sondern das Staatsvolk, d. h. die deutschen Staatsangehörigen (Art. 116 GG)[1263].

1257 *Brunner*, Die Freiheitsrechte in der altständischen Gesellschaft, in: Böckenförde (Hrsg.), S. 20 f.; *Grimm*, in: Ellwein/Hesse (Hrsg.), Staatswissenschaften, S. 13 (17); *Grimm*, in: Benda/Maihofer/Vogel (Hrsg.), HdbVerfR, § 14, Rn. 22; *Zippelius*, Allgemeine Staatslehre, S. 205; zur Historie vor dem 19. Jahrhundert siehe *Böckenförde*, FG Hefermehl, S. 11 (12 f.).

1258 *Grimm*, in: Ellwein/Hesse (Hrsg.), Staatswissenschaften, S. 13 (17): „Es gab entweder Staat oder Gesellschaft, nichts Übergreifendes oder Vermischtes und nichts Drittes."

1259 *Böckenförde*, Die verfassungstheoretische Unterscheidung von Staat und Gesellschaft, S. 18 f.; *Ehmke*, in: FG Smend, S. 23 (36); *Hesse*, Grundzüge des Verfassungsrechts, Rn. 11; *Kingreen/Poscher*, Grundrechte, Rn. 28; *Rupp*, in: Isensee/Kirchhof (Hrsg.), HStR, Bd. II, § 31, Rn. 5; *Zippelius*, Allgemeine Staatslehre, S. 205.

1260 Siehe *Laband*, Staatsrecht, in: Hinneberg (Hrsg.), S. 293 (325): „Der Landesherr hat nicht sein Monarchenrecht erst durch die Verfassung erhalten, sondern er hat vielmehr die Verfassung dem Lande verliehen und sich dadurch selbst beschränkt."; siehe hierzu auch *Ehmke*, in: FG Smend, S. 23 (37); *Huber*, Deutsche Verfassungsgeschichte, Bd. III, S. 12; *Jellinek*, Allgemeine Staatslehre, 1914, S. 578 ff.; *Kühne*, in: Schneider/Zeh (Hrsg.), Parlamentsrecht und Parlamentspraxis, § 2, Rn. 16 ff.; *Rupp*, Verwaltungslehre, S. 2.

1261 *Uhlenbrock*, Der Staat als juristische Person, S. 100 f.; zur Kritik hieran siehe *Jellinek*, Allgemeine Staatslehre, S. 552 ff.

1262 Zugleich handelt es sich um eine repräsentative und nicht um eine identitäre Demokratie, siehe hierzu 3. Teil, A. I. 1. a).

1263 BVerfGE 83, 37 (50 f.); 83, 60 (76); 107, 59 (87); *Böckenförde*, in: Isensee/Kirchhof (Hrsg.), HStR, Bd. II, § 24, Rn. 26 ff.; *Huber*, DÖV 1989, S. 531 ff.

Die Gesellschaft ist im Gegensatz dazu der „Inbegriff räumlich vereint lebender oder vorübergehend auf einem Raum vereinter Personen“[1264]. Damit umfasst die Gesellschaft auch diejenigen, die nicht deutsche Staatsangehörige sind. In der Demokratie der Bundesrepublik ist somit ein Großteil der Gesellschaft Inhaber der Staatsgewalt, aber nicht die gesamte Gesellschaft[1265]. Aus diesem Teil der Gesellschaft werden die Personen rekrutiert, die staatliche Entscheidungen treffen[1266]. Insgesamt hat das Volk über die Parteien, aber auch die gesamte Gesellschaft über Wirtschafts-, Berufs-, Wohlfahrts- und Gewerkschaftsverbände Einfluss auf den Staat[1267]. Diskussions- und Entscheidungsstrukturen werden vielfach vermischt, etwa durch Bündnisse für Arbeit oder „Konsensrunden“ mit Energiekonzernen[1268]. Staat und Gesellschaft stehen folglich in mannigfaltiger Wechselbeziehung zueinander[1269]; es kommt zu einer „Enthierarchisierung“ der Beziehung von Staat und Gesellschaft[1270]. Daher existiert in der Demokratie kein Dualismus zwischen Staat und Gesellschaft[1271].

Aufgrund dieser zahlreichen Vernetzungen wird daher teilweise vertreten, dass eine Differenzierung zwischen beiden Sphären hinfällig sei[1272]. Begründet

---

1264 *Geiger* 1931, zitiert in *Kopp/Steinbach*, Grundbegriffe der Soziologie, S. 100.

1265 Während in Deutschland ca. 60 Millionen Menschen wahlberechtigt und damit Inhaber der Staatsgewalt sind, sind ca. 9,5 Millionen volljährige Menschen hiervon mangels deutscher Staatsangehörigkeit ausgeschlossen, siehe *Bushuev, Mikhail*, Millionen bleiben bei der Wahl ausgeschlossen, Deutsche Welle, 23.09.2021, https://www.dw.com/de/meinung-millionen-bleiben-bei-der-wahl-ausgeschlossen/a-59280858 (zuletzt abgerufen am 27.04.2022).

1266 Ähnlich *Böckenförde*, FG Hefermehl, S. 11 (16 ff.).

1267 *Rupp*, in: Isensee/Kirchhof (Hrsg.), HStR, Bd. II, § 31, Rn. 54 f.

1268 *Rupp*, in: Isensee/Kirchhof (Hrsg.), HStR, Bd. II, § 31, Rn. 55.

1269 *Böckenförde*, FG Hefermehl, S. 11 (15); *Böckenförde*, Die verfassungstheoretische Unterscheidung von Staat und Gesellschaft, S. 27; *Henke*, Das Recht der politischen Parteien, S. 3; *Grimm*, in: Benda/Maihofer/Vogel (Hrsg.), HdbVerfR, § 14, Rn. 21; *Growe*, Das Regierungsmitglied im parteipolitischen Diskurs, S. 20; *Rupp*, in: Isensee/Kirchhof (Hrsg.), HStR, Bd. II, § 31, Rn. 26.

1270 *Grimm*, in: Ellwein/Hesse (Hrsg.), Staatswissenschaften, S. 13 (23).

1271 *Grimm*, in: Benda/Maihofer/Vogel (Hrsg.), HdbVerfR, § 14, Rn. 21; *Henke*, Das Recht der politischen Parteien, S. 2; *Stern/Sachs/Dietlein*, Staatsrecht, Bd. IV/2, S. 7; *Schmitt Glaeser*, Der freiheitliche Staat des Grundgesetzes, S. 140; ausführlich *Böckenförde*, Die verfassungstheoretische Unterscheidung von Staat und Gesellschaft, S. 7 ff.

1272 *v. Krockow*, in: Böckenförde, Staat und Gesellschaft, S. 432 (433 f.); *Lipphardt*, Die Gleichheit der politischen Parteien vor der öffentlichen Gewalt, S. 551 ff.; *Roellecke*, in: Umbach/Clemens (Hrsg.), GG, Bd. I, Art. 21 Rn. 15 ff.; *Ehmke*, in: FG Smend, S. 23 (24 ff.) plädiert dafür, sich am angloamerikanischen Rechtsraum zu orientieren,

wird diese Ansicht damit, dass in einer Demokratie Staat und Gesellschaft denselben menschlichen Verband darstellen[1273]. Die herrschende Lehre hingegen betont richtigerweise die Notwendigkeit einer Unterscheidung von Staat und Gesellschaft auch in einer Demokratie[1274]. Sie verweist auf die Besonderheit des Staates innerhalb des öffentlichen Lebens. Denn nur diejenigen, die in ein staatliches Amt gelangen, können allgemeinverbindliche Entscheidungen treffen[1275]. Aufgrund dieser Stellung ist der Staat eine eigenständige Einheit gegenüber der Gesellschaft[1276].

Die Unterscheidung von Staat und Gesellschaft stellt vor allem eine „funktionelle Differenzierung“ zwischen dem staatlichen und dem nicht-staatlichen Bereich dar[1277]: Diejenigen, die über die Regierenden entscheiden, sind zugleich Regierte[1278]. Die Amtsträger des Staates wiederum werden aus der Gesellschaft rekrutiert. Diese Wechselbeziehungen von Staat und Gesellschaft sind ein wesentliches Charakteristikum der Demokratie. Die funktionelle Differenzierung zwischen Staat und Gesellschaft dient der Sicherung der Freiheitssphäre der Gesellschaft. Sie hat den Zweck, die Gesellschaft vor Übergriffen durch die Staatsgewalt zu schützen[1279]. Daher sind die Grundrechte der verfassungsnormative

---

welcher keine Unterscheidung von Staat und Gesellschaft kennt, folglich schlägt er vor von „civil society“ und „government“ zu reden – beide Begriffe haben eine andere Bedeutung als „Gesellschaft“ und „Staat“.

1273 *Lipphardt*, Die Gleichheit der politischen Parteien vor der öffentlichen Gewalt, S. 551.

1274 *v. Arnim*, Staatslehre, S. 174; *Böckenförde*, FG Hefermehl, S. 11 ff.; *Böckenförde*, Die verfassungstheoretische Unterscheidung von Staat und Gesellschaft, S. 8; *Forsthoff*, Der Staat der Industriegesellschaft, S. 21; *Grimm*, in: Benda/Maihofer/Vogel (Hrsg.), HdbVerfR, § 14, Rn. 1; *Herzog*, Allgemeine Staatslehre, S. 140 f.; *Karpen*, JA 1986, 299 ff.; *Maurer*, JuS 1991, S. 881 (882); *Rupp*, in: Isensee/Kirchhof (Hrsg.), HStR, Bd. II, § 31, Rn. 27 f.; *Sannwald*, in: Schmidt-Bleibtreu/Hofmann/Henneke (Hrsg.) (Hrsg.), GG, Art. 21, Rn. 35; *Schmitt Glaeser*, Der freiheitliche Staat des Grundgesetzes, S. 137.

1275 *Böckenförde*, Die verfassungstheoretische Unterscheidung von Staat und Gesellschaft, S. 28.

1276 *Böckenförde*, Die verfassungstheoretische Unterscheidung von Staat und Gesellschaft, S. 29.

1277 *Hesse*, DÖV 1975, S. 437 ff.; so auch *Battis/Edenharter*, Einführung in das Verfassungsrecht, Rn. 57; *Grimm*, in: Benda/Maihofer/Vogel (Hrsg.), HdbVerfR, § 14, Rn. 20 f.; *Zippelius*, Allgemeine Staatslehre, S. 217 f.

1278 *Rupp*, in: Isensee/Kirchhof (Hrsg.), HStR, Bd. II, § 31, Rn. 18.

1279 *Böckenförde*, FG Hefermehl, S. 11 (20); *Böckenförde*, Die verfassungstheoretische Unterscheidung von Staat und Gesellschaft, S. 30 ff.; *Henke*, Das Recht der politischen

Ankerpunkt der Unterscheidung von Staat und Gesellschaft: Während die Individuen in der Gesellschaft durch sie geschützt werden, ist der Staat grundrechtsverpflichtet[1280]. Die Grundrechte haben über ihre individuelle Schutzfunktion hinaus die Funktion, die gesellschaftliche Minderheit zu schützen und eine Mehrheitsdiktatur zu verhindern[1281]. Sie dienen mithin dazu, die kollektive Freiheit der Gesellschaft zu gewährleisten[1282]. Somit stellen Staat und Gesellschaft in der Demokratie im Sinne des Grundgesetzes zwar denselben menschlichen Verband dar. Auf der normativen Ebene sind aber die grundrechtsberechtigte Gesellschaft und der grundrechtsgebundene Staat zu differenzieren.

3. *Die Folgerung der Neutralität*

Erst wenn man sich die Unterscheidung von Staat und Gesellschaft vergegenwärtigt, werden bestimmte Neutralitätsforderungen verständlicher. So wird aus dem Umstand, dass der Staat eine regulierende Instanz ist, die Interessen ausgleichen soll, abgeleitet, dass er keine Sonderinteressen verfolgen, d. h. niemanden bevorzugen soll[1283]. Nichtbevorzugung setzt Neutralität voraus, denn nur durch Unparteilichkeit kann die Verfolgung von Sonderinteressen verhindert werden[1284]. Dieselbe Logik liegt der *Krüger'schen* Forderung nach staatlicher Nichtidentifikation zugrunde[1285]. Er nimmt an, dass eine Identifikation des Staates mit bestimmten gesellschaftlichen Gruppierungen oder Auffassungen dazu führe, dass der Staat in die Sphäre der freien Gesellschaft einwirke und hierdurch die Freiheit einschränke[1286]. Zudem kann sich erst aus der Unterscheidung von Staat und Gesellschaft die Forderung ergeben, dass die Meinungs- und Willensbildung von „unten nach oben", von der Bürgerschaft zum Staat verlaufen

---

Parteien, S. 3; *Rupp*, in: Isensee/Kirchhof (Hrsg.), HStR, Bd. II, § 31, Rn. 18; *Schmitt Glaeser*, Der freiheitliche Staat des Grundgesetzes, S. 137.

1280 Siehe 2. Teil, A. I.

1281 *Rupp*, in: Isensee/Kirchhof (Hrsg.), HStR, Bd. II, § 31, Rn. 18; siehe auch *Böckenförde*, FG Hefermehl, S. 11 (20).

1282 *v. Arnim*, Staatslehre, S. 174; *Böckenförde*, FG Hefermehl, S. 11 ff.; *Forsthoff*, Der Staat der Industriegesellschaft, S. 21; *Karpen*, JA 1986, 299 ff.; *Rupp*, in: Isensee/Kirchhof (Hrsg.), HStR, Bd. II, § 31, Rn. 27 f.; *Schmitt Glaeser*, Der freiheitliche Staat des Grundgesetzes, S. 137.

1283 *Zippelius*, Allgemeine Staatslehre, S. 206.

1284 Siehe zum Neutralitätsbegriff 2. Teil, B. I.

1285 Siehe zum Prinzip der Nichtidentifikation 3. Teil, A. I. 1. b) bb).

1286 *Krüger*, Allgemeine Staatslehre, S. 181.

muss[1287]. Denn würden Staat und Gesellschaft tatsächlich und normativ denselben Verband darstellen, gäbe es kein „unten“ und kein „oben“.

4. *Die Wechselbeziehung zwischen Staat und Gesellschaft erlaubt staatliche Äußerungen*

Wie dargestellt, existieren im demokratischen System zwischen Staat und Gesellschaft mannigfaltige Wechselbeziehungen[1288]. Dies zeigt sich in Partnerschaften zwischen Privaten und staatlichen Organisationseinheiten[1289], aber auch in Bereichen, in denen der Staat, unmittelbar in die Gesellschaft eingreift. Dies ist z. B. im Bereich der Sozialpolitik der Fall, wo der Staat durch Geld- und Sachleistungen Menschen, die in Not sind, unterstützt, um hierdurch den sozialen Frieden aufrechtzuerhalten[1290]. Die wechselseitige Beziehung zwischen Staat und Gesellschaft in der Demokratie beinhaltet folglich, dass nicht nur die Gesellschaft in den Staat, sondern auch der Staat in die Gesellschaft hineinwirken kann und soll.

Hierzu ist allerdings eine Kommunikation zwischen Staat und Gesellschaft erforderlich, da sonst eine Erstarrung und Abgeschlossenheit des Staates droht[1291]. Konsequenterweise hat das Bundesverfassungsgericht im Bereich staatlicher Informationen anerkannt, dass der Staat die Gesellschaft informieren darf[1292]. Geht man jedoch von der Annahme aus, dass die Willensbildung nur „von unten nach oben“ verlaufen darf, stellt das staatliche Informationshandeln einen Widerspruch zum Demokratieprinzip dar. Diesen Widerspruch erkennt offenbar auch das Bundesverfassungsgericht: Weil es anerkannt hat, dass der Staat mit der Gesellschaft kommunizieren und auf sie einwirken darf, verwendet es heute nicht mehr die Wendung, dass der Meinungs- und Willensbildungsprozess des Volkes „staatsfrei“ zu bleiben habe[1293]. Weder in der Rechtsprechung

---

1287 BVerfGE 20, 56 (99); 44, 125 (140); 69, 315 (346); 107, 339 (361); 138; 102 (109, Rn. 28); 148, 11 (28, Rn. 52); 154, 320 (337, Rn. 50); BVerwGE 159, 327 (335, Rn. 28); *Barczak*, NVwZ 2015, S. 1014; *Kuch*, AöR 142 (2017), S. 491 (497); *Dreier*, in: ders. (Hrsg.), GG, Bd. II, Art. 20 (Demokratie), Rn. 77; *Möllers*, Demokratie, S. 17, 78 f.; *Stern/Sachs/Dietlein*, Staatsrecht, Bd. IV/2, S. 116.

1288 Siehe 4. Teil, A. I. b).

1289 Siehe hierzu *Bauer*, in: Hoffmann-Riem/Schmidt-Aßmann/Voßkuhle (Hrsg.), Grundlagen des Verwaltungsrechts, Bd. II, § 36, Rn. 42 ff.

1290 *Dederer*, Korporative Staatsgewalt, S. 118 f.

1291 *Henke*, Das Recht politischer Parteien, S. 3

1292 Siehe 2. Teil, C. II. 2.

1293 So noch BVerfGE 20, 56 (99 f.).

zur staatlichen Öffentlichkeitarbeit[1294] noch in derjenigen zum staatlichen Informationshandeln[1295] noch in derjenigen zum Gebot parteipolitischer Neutralität[1296] wird diese alte Rechtsprechung rezipiert. Dies ist auch konsequent: In der Demokratie stehen Staat und Gesellschaft in einer Wechselbeziehung zueinander[1297]. Daher muss auch eine Kommunikation in beide Richtungen möglich sein. Ein etwaiger Einwand, dass es sich bei der zulässigen staatlichen Informationsarbeit um die Mitteilung (neutraler) Tatsachen handele, während Äußerungen im Geltungsbereich des Gebotes (partei-)politischer Neutralität wertenden Charakter hätten[1298], vermag nicht zu überzeugen. Denn auch Informationen sind selten neutraler Natur; schon die Entscheidungen, welche Informationen der Bürgerschaft vom Staat zur Verfügung gestellt werden und wie stark für ihre Verbreitung gesorgt wird, sind politische Entscheidungen. Denn jeder Auswahl und Zusammenstellung von Informationen wohnt ein „suggestives Element inne“[1299].

Wenn somit der Staat durch Informationen in den Willensbildungsprozess des Volkes eingreifen und diesen beeinflussen darf, lässt sich ein starres Verbot der Meinungsbeeinflussung „von oben nach unten“ nicht mehr annehmen. Vielmehr findet durch staatliche Kommunikation auch Willensbildung von den Staatsorganen zum Volk statt, indem Themen vom Staat gesetzt werden[1300].

Auch das Bundesverfassungsgericht hat anerkannt, dass sich die Willensbildung des Volkes nicht einseitig zu den Staatsorganen hin vollzieht, sondern dass wechselseitige Rückkopplungen stattfinden:

1294 Siehe BVerfGE 44, 125; dabei hat die Klägerin, die CDU, in ihrer Antragsbegründung explizit auf die Staatsfreiheit des Willensbildungsprozesses verwiesen, siehe BVerfGE 44, 125 (129 f.).

1295 Siehe BVerfGE 105, 252; 105, 279

1296 Siehe BVerfGE 138, 102; 148, 11; 154, 320.

1297 *Böckenförde*, FG Hefermehl, S. 11 (15); *Böckenförde*, Die verfassungstheoretische Unterscheidung von Staat und Gesellschaft, S. 27; *Henke*, Das Recht der politischen Parteien, S. 3; *Grimm*, in: Benda/Maihofer/Vogel (Hrsg.), HdbVerfR, § 14, Rn. 21; *Growe*, Das Regierungsmitglied im parteipolitischen Diskurs, S. 20; *Rupp*, in: Isensee/Kirchhof (Hrsg.), HStR, Bd. II, § 31, Rn. 26.

1298 Siehe zur Differenzierung 2. Teil, C. IV. 2.

1299 *Drefs*, Die Öffentlichkeitsarbeit des Staates, S. 93; siehe auch *Leisner*, Öffentlichkeitsarbeit der Regierung, S. 27 f.; *Schürmann*, Öffentlichkeitsarbeit der Bundesregierung, S. 70.

1300 *Mast*, Staatsinformationsqualität, S. 57.

> Willensbildung des Volkes und Willensbildung in den Staatsorganen vollziehen sich in vielfältiger und tagtäglicher, von den Parteien mitgeformter Wechselwirkung. Politisches Programm und Verhalten der Staatsorgane wirken auf die Willensbildung des Volkes ein und sind selbst Gegenstand seiner Meinungsbildung[1301].

Ferner hat das Bundesverfassungsgericht betont, dass politische Amtsträger ihre politischen Vorstellungen artikulieren dürfen, und dies als Beitrag zur freien Auseinandersetzung in der Gesellschaft anerkannt:

> Demokratie setzt eine ständige freie Auseinandersetzung zwischen sich begegnenden sozialen Kräften, Interessen und Ideen voraus, in der sich auch politische Ziele klären und wandeln und aus der heraus eine öffentliche Meinung den politischen Willen vorformt. Dazu gehört auch, dass die Entscheidungsverfahren der Hoheitsgewalt ausübenden Organe und die jeweils verfolgten politischen Zielvorstellungen allgemein sichtbar und verstehbar sind[1302].

Mithin stehen Inhaber staatlicher Führungsämter nicht außerhalb gesellschaftlicher und politischer Diskussionen, sie sind vielmehr ein Teil davon[1303]. Daher ist ihre Teilnahme am öffentlichen Diskurs nicht nur verfassungsrechtlich erlaubt, sondern auch notwendig[1304]. Denn nur so ist ein wechselseitiger Diskurs möglich. Die Beziehung zwischen Staat und Gesellschaft ist folglich reziprok. Die Vorstellung, dass der Willensbildungsprozess allein „von unten nach oben"[1305] stattfindet, ist daher ungerechtfertigt und zu ersetzen durch die Vorstellung von komplexeren kommunikativen Wechselwirkungen zwischen Staat und Gesellschaft[1306]. Die Annahme, aus der Unterscheidung von Staat und Gesellschaft folge eine äußerungsrechtliche Neutralitätspflicht des Staates, ist somit nicht haltbar. Wechselseitige Kommunikation ist die Essenz des demokratischen

---

1301 BVerfGE 85, 264 (285); siehe auch BVerfGE 91, 276 (285 f.); 121, 30, 55; VerfGH RLP, NVwZ-RR 2014, S. 665 (666); ähnlich oder zustimmend zu diesem Rückkopplungsverhältnis *Häberle*, JuS 1967, S. 64 (66 f.); *Kersten*, in: ders./Rixen (Hrsg.), PartG, § 1, Rn. 122; *Müller-Franken*, AfP 2016, S. 301 (303); *Scherzberg*, Die Öffentlichkeit der Verwaltung, S. 302; *Schürmann*, Öffentlichkeitsarbeit der Bundesregierung, S. 128 ff.; *Schoch*, in: Isensee/Kirchhof (Hrsg.), HStR, Bd. III, § 37, Rn. 80; *Schmitt Glaeser*, in: Isensee/Kirchhof (Hrsg.), HStR, Bd. III, § 38, Rn. 38; *Stein/Frank*, Staatsrecht, S. 77 ff.; *Stern*, Staatsrecht, Bd. I, S. 616 f.

1302 BVerfGE 97, 350 (369).

1303 Siehe hierzu auch *Badura*, StaatsR, S. 17; *Gärditz*, NWVBl. 2015, S. 165 (169).

1304 VerfGH RLP, NVwZ-RR 2014, S. 665 (666); *Gärditz*, NWVBl. 2015, S. 165 (169).

1305 Zu dieser Auffassung der Rechtsprechung siehe 3. Teil, A. I. 1. b) aa).

1306 *Mast*, Staatsinformationsqualität, S. 45.

Staates. Eine Neutralitätspflicht des Staates würde diese notwendige Kommunikation erheblich erschweren.

II. Neutralität zum Schutz der Demokratie?

In Judikatur und Schrifttum wird argumentiert, dass politische Neutralität zum Schutz der Demokratie notwendig sei[1307]. Doch bedarf eine diskursive Demokratie keines an Inhaber staatlicher Führungsämter gerichteten Neutralitätsgebotes.

1. Neutralität zum Schutz des Pluralismus?

Der Pluralismus ist eine notwendige Bedingung dafür, dass verschiedene politische Gruppierungen in Konkurrenz zueinander treten können[1308]. Demokratie lebt von der Beteiligung der Bürgerschaft. Beteiligen sich relevante Teile des Volkes nicht mehr am öffentlichen Diskurs, weil sie Sorge haben, aufgrund ihrer Positionierung durch amtliche Äußerungen stigmatisiert zu werden, stellt dies eine Gefahr für das Funktionieren der Demokratie dar. Doch ist zunächst festzuhalten, dass Kontroverse, politische Auseinandersetzung, Rede und Gegenrede ein essenzieller Teil der pluralistischen Wettbewerbsdemokratie sind. Daher schützt die Meinungsfreiheit nicht vor Kritik[1309]. In der Demokratie werden Inhaber staatlicher Führungsämter aus der Bürgerschaft heraus gewählt bzw. bestimmt. Sie als etwas von der Gesellschaft Abgekoppeltes zu betrachten, das nicht Teil der pluralistischen Debatte sein darf, führt daher zu einer Trennung von Staat und Gesellschaft. Jedoch sind, wie festgestellt, Staat und Gesellschaft in einer Demokratie nicht zu trennen, sondern bloß zu unterscheiden[1310]. Daraus folgt, dass Äußerungen staatlicher Amtsträger im politischen Meinungskampf Teil des Pluralismus im demokratischen Gemeinwesen sind. Es handelt sich um Verlautbarungen, die darauf zielen, sich im politischen Wettbewerb zu behaupten und zu positionieren.

Mit Blick auf mögliche Abschreckungseffekte in der Bürgerschaft ist zu beachten, dass diese nicht nur durch staatliche Äußerungen entstehen können, sondern auch durch gesellschaftliche Debatten. Vertritt eine Person eine bestimmte (eher polarisierende) politische Auffassung und artikuliert sie diese,

---

1307 Siehe 3. Teil, A. I. 1. b); IV. 2. b).

1308 Siehe 3. Teil, A. I. 1. b) bb).

1309 *Grabenwarter*, in: Dürig/Herzog/Scholz, GG, Art. 5 Abs. 1, 2, Rn. 110; *Growe*, Das Regierungsmitglied im parteipolitischen Diskurs, S. 104 f.

1310 Siehe 4. Teil, A. I. 2.

ist sie möglicherweise erheblicher Kritik ausgesetzt. Im digitalen Zeitalter sind etwa „Shitstorms“ Alltag. Dabei sind Personen aufgrund ihrer Positionierung massenhafter Kritik in sozialen Medien wie Twitter oder Facebook ausgesetzt. Die Folge hiervon kann sein, dass die betroffene Person sich aus diesen sozialen Medien zurückzieht, d. h., dass ein Abschreckungseffekt entsteht. Es ist wenig verständlich, die abschreckende Wirkung in der gesellschaftlichen Diskussion auszublenden, aber zugleich bei staatlichen Äußerungen nahezu jede wertende Äußerung gegenüber einer politischen Partei oder sonstigen Vereinigung verbieten zu wollen. Ein Wegfall des Gebotes politischer Neutralität würde mit Blick auf die Verhinderung von möglichen Abschreckungseffekten auch nicht bedeuten, dass dem Staat und seinen Amtsträgern jede beliebige Äußerung möglich ist, da weiterhin sowohl das (weite) Sachlichkeitsgebot als auch zivil- und strafrechtliche Äußerungsgrenzen gelten[1311].

Hinzu kommt, dass Forderungen nach politischer Neutralität nur einen scheinbaren Schutz für den gesellschaftlichen Pluralismus bieten. Denn Amtsträger dürfen sich als Privatpersonen und Parteipolitiker äußern[1312]. Insofern könnte ein Amtsträger, der bestimmte politische Parteien oder sonstige Vereinigungen kritisieren will, einfach als Parteipolitiker sprechen. Der öffentliche Effekt wäre in solchen Fällen ähnlich demjenigen bei einer Äußerung als Amtsträger, da Amtsträger vornehmlich mit ihrer amtlichen Position assoziiert werden[1313]. Forderungen nach politischer Neutralität bieten also gerade keinen Schutz vor abschreckenden Äußerungen: Weder schützen sie vor Äußerungen aus der Bürgerschaft noch vor Äußerungen von Amtsträgern, wenn diese sich als Parteipolitiker oder Privatpersonen äußern. Es bleibt ein rein formaler Schutzbereich, der nur diejenigen Amtsträger betrifft, die sich auf ungeschickte Weise mitteilen.

2. *Politischer Minderheitenschutz?*

Forderungen nach politischer Neutralität von Inhabern staatlicher Führungsämter sind nicht geeignet, politische Minderheiten zu schützen[1314]. Unzweifelhaft ist die „Herrschaft auf Zeit“ eine tragende Säule der

1311 Zu diesen und weiteren äußerungsrechtlichen Grenzen jenseits des Gebotes (partei-)politischer Neutralität siehe 5. Teil.

1312 Siehe 3. Teil, C. I.

1313 Zur Problematik der Unterscheidung von amtlicher und parteipolitischer Rolle siehe auch BVerfGE 138, 102 (118, Rn. 54).

1314 Siehe zur Frage des Minderheitenschutzes 3. Teil, A. 1. b) dd).

Demokratie[1315]. Allerdings folgt hieraus für Inhaber staatlicher Führungsämter kein Äußerungsverbot, da ihre Verlautbarungen im politischen Meinungskampf der Minderheit nicht die Chance nehmen, zur Mehrheit zu werden. Dies folgt schon aus der quantitativen Bedeutung der meisten Äußerungen staatlicher Amtsträger: Ein Interview oder ein Beitrag in den sozialen Medien hat im Regelfall kaum derart fundamentale Auswirkungen auf den Willensbildungsprozess der Bürgerschaft, dass sie in der Folge die kritisierte Partei nicht mehr wählt. Denn derartige Verlautbarungen erreichen immer nur einen Bruchteil der Wahlberechtigten.

Bedeutsamer ist zudem, dass die Bürgerschaft nicht willenlos ist; sie lässt sich durch parteiergreifende amtliche Äußerungen nicht einfach lenken. Die Frage der Selbstbestimmung der Bürgerschaft spielt jedoch bisher eine zu geringe Rolle in der Debatte um amtliche Äußerungen. Dabei dient die Demokratie gerade der Sicherung der Selbstbestimmung des Volkes[1316]. Ihr liegt die Annahme zugrunde, dass die Bürgerschaft in der Lage ist, sich selbst zu regieren, d. h., nicht auf eine paternalistische Herrschaft angewiesen ist. Damit erteilt eine demokratische Staatsform Vorstellungen, die Bürgerschaft sei unfähig zur Selbstbestimmung und eigenständigen politischen Willensbildung, eine Absage. Die politische Meinungs- und Willensbildung findet in Form des Diskurses statt. Wäre die Bürgerschaft durch amtliche Äußerungen einfach beeinflussbar, wäre dies zugleich das Eingeständnis, dass Demokratie nicht funktioniere und das Volk vor dem öffentlichen Diskurs oder Teilen davon geschützt werden müsse. Forderungen gegenüber Inhabern staatlicher Führungsämter nach politischer Neutralität haben somit eine paternalistische Dimension, die das Recht und die Fähigkeit der Bürgerschaft zur Selbstbestimmung außen vor lässt. Die bürgerschaftliche Selbstbestimmung zeigt sich auch in der Praxis. Denn nur weil ein Amtsträger sich über eine bestimmte politische Partei äußert, nehmen potenzielle Wählerinnen und Wähler nicht davon Abstand, sie zu wählen. Ganz im Gegenteil können wiederholte verbale Angriffe auf eine Partei sogar dazu führen, dass Solidaritätseffekte entstehen und diese Partei erst recht gewählt wird.

1315 BVerfGE 79, 311 (343); 119, 247 (261, Rn. 47); 121, 205 (220, Rn. 68); 141, 1 (21, Rn.53) *Böckenförde*, in: Isensee/Kirchhof (Hrsg.), HStR, Bd. II, § 24, Rn. 50; *Dreier*, in: ders. (Hrsg.), GG, Bd. II, Art. 20 (Demokratie), Rn. 73; *Hesse*, Grundzüge des Verfassungsrechts, Rn. 134; *Kloepfer*, Verfassungsrecht, Bd. I, § 7, Rn. 62 ff.; *Morlok*, in: ders./Schliesky/Wiefelspütz, § 3, Rn. 2; *Stern/Sachs/Dietlein*, Staatrecht IV/2, S. 33.

1316 BVerfGE 2, 1 (12 f.); 44, 125 (142); 123, 267 (341); 144, 20 (203, Rn. 531); *Böckenförde*, in: Isensee/Kirchhof (Hrsg.), HStR, Bd. II, § 24, Rn. 3; *Voßkuhle*, NJW 2018, S. 3154.

Der Minderheitenschutz ist allerdings nicht irrelevant. Zwar werden amtliche Äußerungen im politischen Meinungskampf von der Bürgerschaft als Teil der politischen Auseinandersetzung und des Wettbewerbs eingeordnet. Ob z. B. ein Minister als solcher oder als Parteipolitiker eine bestimmte Partei kritisiert, wird in der Bürgerschaft kaum differenziert wahrgenommen. Äußerungen in diesem Bereich werden als Wettbewerb zwischen Parteien beurteilt und eingeordnet, nicht als Versuch des Staates, der Minderheit die Chance auf die Übernahme der Staatsleitung zu verwehren. Doch wenn der Staat Ressourcen einsetzt, die der politischen Konkurrenz nicht zur Verfügung stehen, und der Ressourceneinsatz darauf gerichtet ist, für politische Äußerungen eine nachhaltige und breite Wahrnehmung in der Bevölkerung zu finden, wird die Frage des politischen Minderheitenschutzes relevant. Hieraus folgt ein Verbot des asymmetrischen staatlichen Ressourceneinsatzes; auf dieses Kriterium wird im 5. Teil, bei welchem die äußerungsrechtlichen Grenzen jenseits des Gebots (partei-)politischer Neutralität dargelegt werden, eingegangen werden[1317].

III. Neutralität zum Schutz der Republik?

Dem Republikprinzip wird das Amtsprinzip entnommen, worauf wiederum Neutralitätsforderungen gestützt werden[1318]. Diese Neutralitätsforderungen haben ihre Berechtigung, sofern sie gegenüber Lebenszeitbeamten oder sonstigen Angestellten des Staates erhoben werden[1319]. Für Inhaber staatlicher Führungsämter kann aus dem Republikprinzip jedoch keine Pflicht zur Neutralität im Bereich der politischen Gestaltung folgen.

1. Art des Amtes

Zwar ergeben sich aus dem Republikprinzip grundsätzlich Erwartungen an die Unparteilichkeit von Inhabern staatlicher Ämter[1320]. Wie weit diese Erwartungen gerechtfertigt sind, ist jedoch anhand der Spezifität des jeweiligen Amtes zu bestimmen[1321]. Im Grundsatz sind zwei Arten staatlicher Amtsträger zu unterscheiden: zum einen solche, die ernannt werden (§ 8 Abs. 1 Nr. 1 BeamtStG), zum anderen solche, die durch direkte oder indirekte Wahl ins Amt gelangen

1317 Siehe hierzu 5. Teil, C.
1318 Siehe hierzu 3. Teil, A. I. 3.
1319 Siehe hierzu 2. Teil, B. II. 2. c).
1320 Siehe 2. Teil, A. III. 3.
1321 *Gärditz*, JöR 64 (2016), S. 1 (12).

und eine vorwiegend politische Funktion innehaben. Zu den letzteren gehören der Bundespräsident, Regierungsmitglieder, Abgeordnete, (Ober-)Bürgermeister und Landräte.

Mit Blick auf die Bundesregierung wird zwar nur der Bundeskanzler vom Bundestag gewählt (Art. 63 Abs. 1 GG), die weiteren Regierungsmitglieder werden auf Vorschlag des Kanzlers vom Bundespräsidenten ernannt (Art. 64 Abs. 1 GG). Jedoch können Bundesminister gemäß Art. 64 Abs. 1 GG jederzeit entlassen werden. Dies unterscheidet sie von ernannten Beamten, die nur in den engen Grenzen der §§ 31, 32 BBG entlassen werden können. Eine Entlassung von Bundesministern findet im Regelfall nach politischen Erwägungen statt, während Beamte nicht aus politischen Gründen entlassen werden dürfen. Darüber hinaus kommt Regierungsmitgliedern eine evident politische Rolle zu: Regierungen haben eine politische Leitungsaufgabe[1322]. Dies ist auch der Grund, warum Personalentscheidungen für Regierungsämter in der Praxis durch die Parteien getroffen werden, welche die Regierung tragen[1323]. Auch dies unterscheidet sie von ernannten Beamten.

Zudem werden Beamte gemäß Art. 33 Abs. 2 GG nach Eignung, Befähigung und fachlicher Leistung ernannt. Zwar sollten auch Regierungsmitglieder im besten Fall für ihr jeweiliges Amt geeignet sein; im Mittelpunkt steht allerdings die politische Übereinstimmung mit der Linie des Kanzlers und der die Regierung tragenden Fraktionen und Parteien. Daraus folgt, dass die Besetzung der staatlichen Verwaltung anhand des Republikprinzips, die Besetzung der staatlichen und politischen Führungsämter nach Maßgabe des Demokratieprinzips erfolgt. Inhaber staatlicher Führungsämter werden politisch ausgewählt, es findet gerade kein chancengleicher Zugang zum Amt statt, wie ihn Art. 33 Abs. 2 GG für die Besetzung öffentlicher Ämter vorsieht. Für ernannte Beamte gelten in der Konsequenz einfachgesetzlich normierte Neutralitätspflichten[1324]. Sie sind umfassend an das rechtlich verankerte Gemeinwohl gebunden.

Für gewählte bzw. politische Amtsträger können die entsprechenden Neutralitätspflichten nur teilweise Anwendung finden. Wo sie rechtsgebunden tätig sind, also formal verankertes Gemeinwohl umsetzen, besteht aufgrund des Rechtsstaatsprinzips (Art. 20 Abs. 3 GG) eine Pflicht zur Unparteilichkeit. Dies betrifft insbesondere die verwaltende Tätigkeit[1325]. Ist beispielsweise der

---

1322 BVerfGE 45, 1 (46); siehe auch 3. Teil, B. I. 2.

1323 *Rupp*, in: Isensee/Kirchhof (Hrsg.), HStR, Bd. II, § 31, Rn. 54.

1324 Siehe 2. Teil, B. II. 2. c).

1325 Siehe 2. Teil, B. II. 2. b).

Bürgermeister zugleich Versammlungsbehörde, steht es ihm nicht zu, eine Versammlung in seinem Hoheitsgebiet öffentlich zu bewerten[1326]. Ebenso haben die Bundesregierung und die Landesregierungen Verwaltungsaufgaben; in diesem Bereich sind Regierungen zur Neutralität verpflichtet[1327]. Die Pflicht zur Neutralität folgt in diesem Bereich nicht aus dem verfassungsrechtlichen Gebot (partei-)politischer Neutralität, sondern aus dem einfachen Recht, das seinen Ursprung im republikanischen Gemeinwohlprinzip hat.

Wenn jedoch Regierungsmitglieder und kommunale Amtsträger politische Entscheidungen zu treffen haben und damit in einem Bereich tätig sind, in dem sie Gemeinwohl konkretisieren, kann keine Pflicht zur Unparteilichkeit existieren[1328]. Dies folgt schon daraus, dass nur in einem sehr überschaubaren Rahmen Gemeinwohlideen in der Verfassung existieren[1329]. Ein objektives Gemeinwohl existiert nicht, wie *Georg Jellinek* pointiert dargelegt hat:

> Der Begriff des Wohles und der ihm verwandte des Nutzens sind nämlich so vieldeutig, so unbestimmt, so stark von subjektiver Anschauung abhängig, daß aus ihnen alles mögliche gefolgert werden kann und gefolgert worden ist[1330].

Was Gemeinwohl ist, was hierunter im Einzelnen zu verstehen ist, ist folglich subjektiv-parteilich und nur in einem überschaubaren Rahmen objektiv bestimmbar[1331]. Die Gemeinwohlkonkretisierung ist Teil der pluralen, interessengeleiteten Auseinandersetzung im politischen Wettbewerb[1332]. Gemeinwohl wird in der Demokratie politisch erzeugt. Weil es folglich stets der Wille der Mehrheit ist, der im Gemeinwohl konkretisiert wird – wenngleich diese Mehrheit im Rechtsstaat an die Grundrechte gebunden ist –, ist das Gemeinwohl notwendigerweise interessenorientiert und parteiisch[1333]. Inhaber staatlicher Führungsämter haben von der Mehrheit der Bürgerschaft die Aufgabe übertragen bekommen, das Gemeinwohl zu konkretisieren. Dies tun sie anhand des

---

1326 Siehe 3. Teil, B. IV. 2.

1327 Siehe 3. Teil, B. I. 3; III.

1328 *Gärditz*, JöR 64 (2016), S. 1 (11, 13).

1329 Siehe hierzu 2. Teil, A. III. 2.

1330 *Jellinek*, Allgemeine Staatslehre, S. 243.

1331 Ähnlich *Dederer*, Korporative Staatsgewalt, S. 362.

1332 *Fraenkel*, in: v. Brünneck (Hrsg.), Gesammelte Schriften, Bd. V, S. 256 (259); *Dreier*, in: ders. (Hrsg.), GG, Bd. II, Art. 20, Rn. 22; *Engel*, Rechtstheorie 32 (2001), S. 23 ff.; *Klafki*, in: v. Münch/Kunig (Hrsg.), GG, Bd. 1, Art. 21, Rn. 36; *Gärditz*, JöR 64 (2016), S. 1 (13); *Pieroth*, JuS 2010, S. 473 (475).

1333 *Gärditz*, JöR 64 (2016), S. 1 (8 f., 20 f.); *Stolleis*, VVDStRL 44 (1986), S. 7 (24 f.).

Wahlprogramms ihrer Partei sowie der Koalitionsvereinbarung zwischen den die Regierung tragenden Parteien. Unparteilichkeit im Bereich der Gemeinwohlkonkretisierung hätte unweigerlich Stillstand zur Folge. Denn die Fort- und Weiterentwicklung des Gemeinwohls in der Demokratie ist stets eine Variante der Parteinahme im Sinne der Mehrheit. Mithin vertragen sich Unparteilichkeit und politische Gestaltungsaufgabe nicht[1334].

Zwar ließe sich einwenden, dass z. B. das Gebot parteipolitischer Neutralität nicht politische Gestaltung an sich verbietet, sondern nur parteiergreifende Äußerungen zulasten oder zugunsten politischer Parteien. Aber gerade die politisch-verbale Auseinandersetzung mit politischen Parteien und Vereinigungen ohne Parteienstatus ist Teil der Gemeinwohlfindung, denn hierdurch werden alternative Gemeinwohlkonzepte kritisiert und die eigenen Gemeinwohlvorstellungen gestärkt. Damit ist die verbale Auseinandersetzung ein notwendiger Bestandteil der Gemeinwohlkonkretisierung. Sie ist auch aus der Sicht der Bürgerschaft, die zwischen verschiedenen Gemeinwohlkonzepten wählen soll, sinnvoll. Denn die Vergleichbarkeit verschiedener Gemeinwohlkonzepte wird erleichtert, wenn Einwände gegen konkurrierende Vorschläge und Vorschlagende öffentlich artikuliert werden dürfen. Eine Pflicht zur Unparteilichkeit entsteht im Übrigen nicht durch den in Art. 56 S. 2 GG verankerten Eid, den auch die Mitglieder der Bundesregierung gemäß Art. 64 Abs. 2 GG zu leisten haben. Denn was aus dem Eid inhaltlich folgt, liegt in der Verantwortung derjenigen, die den Eid leisten; Rechtsbindungen entstehen dadurch nicht[1335]. Es handelt sich folglich eher um eine öffentlich sichtbare Motivationsformel, die aber nahezu ausschließlich subjektiv ausgestaltet wird: Das *Ob* der Gemeinwohlbindung wird vorgegeben, das *Wie* aber liegt in der Verantwortung des Amtsträgers.

An die Stelle von Forderungen nach Unparteilichkeit politischer Amtsträger tritt daher das Prinzip wiederkehrender Wahlen und der Herrschaft auf Zeit[1336]. Sowohl Wahlen als auch die Möglichkeit demokratischen Protestes sind das Sanktionsmittel gegenüber politischen Amtsträgern, wenn diese aus der Sicht der Bürgerschaft das Gemeinwohl nicht oder falsch konkretisieren[1337]. Neue Mehrheiten können frühere Entscheidungen revidieren und das Gemeinwohl

---

1334 So auch *Fehling*, Verwaltung zwischen Unparteilichkeit und Gestaltungsaufgabe, S. 143, 145; *Gärditz*, JöR 64 (2016), S. 1 (21).

1335 *Depenheuer*, in: Isensee/Kirchhof (Hrsg.), HStR, Bd. III, § 36, Rn. 37; *Herzog*, in: Dürig/Herzog/Scholz, GG, Art. 64, Rn. 30.

1336 Siehe hierzu 3. Teil, A. I. b) cc).

1337 Gärditz, JöR 64 (2016), S. 1 (13).

anders konkretisieren als die vorherige Staatsleitung. Infolgedessen können dem republikanischen Gemeinwohlprinzip keine Forderungen nach politischer Neutralität von Regierungsmitgliedern und kommunalen Amtsträgern entnommen werden. Ganz im Gegenteil: Von politischen Amtsträgern ist Transparenz bezüglich ihrer Entscheidungen zu fordern[1338]. Denn nur so kann die Bürgerschaft bewerten, ob die Art und Weise der Gemeinwohlkonkretisierung ihren Vorstellungen entspricht. Aber die Entscheidungen müssen nicht nur transparent kommuniziert werden. Der Weg zur Entscheidung führt auch über politische Haltungen und Ideen. Auch die Transparenz der inneren politischen Haltung des politischen Amtsträgers ist eine Voraussetzung dafür, dass das Gemeinwohlkonzept des Amtsträgers für die Bürgerschaft vollständig erkennbar ist. Nur diese Kenntnis ermöglicht es der Bürgerschaft, eine selbstbestimmte und informierte Entscheidung darüber zu treffen, ob das Gemeinwohlkonzept überzeugt oder nicht.

2. *Autorität staatlicher Amtsinhaber?*

Durch die gesamte Rechtsprechung des Bundesverfassungsgerichts zur amtlichen Kommunikation zieht sich der Gedanke, der Regierung komme eine spezifische Amtsautorität zu[1339]. Es handelt sich um eine Behauptung, die vom Bundesverfassungsgericht nicht empirisch belegt wird[1340]. Vielmehr liegt die gegenteilige Annahme nahe. So werden beispielsweise die Worte von Mitgliedern einer Regierung, die geringe Beliebtheitswerte in der Bevölkerung aufweist und deren tragende Parteien den Umfragen nach vor einer Niederlage bei der nächsten Wahl stehen, keine besondere Autorität genießen. Denn Autorität beruht nicht auf Zwang, sondern auf der Anerkennung derer, „denen Gehorsam abverlangt wird"; sie „bedarf zu ihrer Erhaltung und Sicherung des Respekts vor der Person oder dem Amt"[1341]. Autorität existiert demnach nicht von Natur aus, sondern wird einer Person oder Institution von anderen Menschen zugesprochen[1342]. Sie beruht auf Anerkennung[1343]. Zwar sind Beliebtheit und Autorität

1338 *Fehling*, Verwaltung zwischen Unparteilichkeit und Gestaltungsaufgabe, S. 144; *Gärditz*, JöR 64 (2016), S. 1 (13).

1339 BVerfGE 44, 125 (174 f., 184 f.); 105, 252 (257, 269); 105, 279 (289); 136, 323 (332); 138, 102 (109, 115, 118 ff.); 148, 11 (28); siehe schon 3. Teil, A. III.

1340 So auch *Mast*, Staatsinformationsqualität, S. 62.

1341 *Arendt*, Macht und Gewalt, S. 46.

1342 Siehe hierzu *Sofsky/Paris*, Figuration sozialer Macht, S. 20.

1343 *Gebhardt*, in: Görres-Gesellschaft, Staatslexikon, Bd. 1, Begriff: Autorität.

keine synonymen Begriffe, aber es existiert ein Zusammenhang. Denn durch Beliebtheit entsteht Anerkennung. Eine unbeliebte, vor der Abwahl stehende Regierung genießt wenig Anerkennung und mithin auch nur eine geringe Autorität. Somit sind in der Demokratie Beliebtheit und Autorität einander angenäherte Begriffe.

Inhaber staatlicher Führungsämter haben bessere Durchsetzungs- und Einflussmöglichkeiten, wenn sie zugleich beliebt sind. Sie werden dann ernster genommen, ihr Wort hat mehr Gewicht, ihnen wird mehr Autorität zugesprochen. Insofern ist Beliebtheit ein wesentlicher Indikator dafür, ob Inhabern staatlicher Führungsämter Autorität zukommt. Die Beliebtheit der Politik insgesamt und insbesondere der politisch Verantwortlichen nimmt jedoch seit Jahren ab, daher widerspricht die Behauptung, der Regierung und ihren Mitgliedern komme eine besondere Autorität zu, empirischen Erkenntnissen[1344]. Auch früher schon wurde Parteien und Politikern attestiert, dass ihre Glaubwürdigkeit erschüttert sei[1345]. Kurzum: Weil das Prestige der Politik nicht besonders groß ist, kann nicht per se behauptet werden, dass Äußerungen von Inhabern staatlicher Führungsämter im Meinungskampf Einfluss auf die Handlungen und Entscheidungen der Bürgerinnen und Bürger hätten. Ferner entspringt die Vorstellung, staatliche Amtsträger hätten eine spezifische Autorität, einem obrigkeitsstaatlichen Verständnis. Dieses widerspricht freilich der liberalen Staatsordnung des Grundgesetzes. Der Annahme einer spezifischen Amtsautorität liegt die Vorstellung zugrunde, politische Entscheidungsträger seien potenziell wirksame Manipulatoren der demokratischen Öffentlichkeit und der Einflussnahme durch sie müsse ein Riegel vorgeschoben werden. Diese Vorstellung kollidiert jedoch mit der Idee einer pluralistischen Gesellschaft, in der sich die Individuen selbstständig eine Meinung bilden und in der Regierende keinesfalls einfach die Meinungsbildung durch Äußerungen lenken können[1346]. Dies können sie schon deshalb nicht, weil sie laufend öffentlicher Kritik ausgesetzt sind – etwa durch die Opposition, aber auch durch die Medien. Die Vorstellung, Regierende

---

1344 Siehe etwa die Studie der Bertelsmann Stiftung, wonach nur 24 Prozent der Deutschen der Bundesregierung trauen: Bertelsmann Stiftung (Hrsg.): Schwindendes Vertrauen in Politik und Parteien - Eine Gefahr für den gesellschaftlichen Zusammenhalt, 2019, online abrufbar unter: https://www.bertelsmann-stiftung.de/de/publikationen/publikation/did/schwindendesvertrauen-in-politik-und-parteien (zuletzt abgerufen am 20.05.2022).

1345 Siehe etwa bei *v. Arnim*, Die Partei, der Abgeordnete und das Geld; *Scheuch/Scheuch*, Cliquen, Klüngel und Karrieren.

1346 Ähnlich *Mast*, Staatsinformationsqualität, S. 62.

hätten eine spezifische Amtsautorität, entspricht insofern eher der Vorstellung von einer Regierung im Kaiserreich als von einer Regierung in der demokratisch verfassten Bundesrepublik Deutschland.

Arendt bestreitet gar, dass überhaupt noch eine echte Autorität im politischen Leben existiere[1347]. Laut ihr hat der Gedanke der Autorität seinen Ursprung in *Platons* politischer Philosophie. *Platon* sprach sich für die Herrschaft von Philosophenkönigen aus, die kraft ihrer Autorität und Vernunft regieren sollten[1348]. Auch die römische Philosophie verwendete den Autoritätsbegriff im Zusammenhang mit der Herrschaft „des Guten“[1349]. Die Herkunft des Autoritätsbegriffs macht deutlich, dass dahinter der Gedanke steht, es würde eine gesellschaftliche Kraft geben, die das Gemeinwohlkonzept vertritt. Dies widerspricht jedoch der Idee einer pluralen Demokratie mit vielen Gemeinwohlkonzepten. Die Regierung vertritt nicht das Gemeinwohlkonzept, sie stellt nur die Mehrheit derjenigen dar, die meinen, ihr Gemeinwohlkonzept sei das richtige. Gegenüber denjenigen, die die Regierung ablehnen, etwa, weil sie die sie tragenden Parteien nicht gewählt haben, hat eine Regierung keine spezifische Autorität. Autorität kann auch nicht erzwungen werden, sondern sie entsteht nur durch freiwillige Befolgung[1350]. Das maßgebliche Element hierbei ist die stete Argumentation und Überzeugungskraft[1351], nicht das Innehaben eines staatlichen Amtes.

Unterschätzt werden darf zudem nicht, dass eine Regierung, die offensiv politisch agieren und sich äußern darf, erst gar nicht den Eindruck erweckt, wie der Monarch oder Philosophenkönig „über den Dingen zu schweben“. Sie wird vielmehr als ein Beteiligter im politischen Meinungskampf eingeordnet. Ihre Worte haben automatisch weniger Autorität, weil sie vom Empfänger, der Bürgerschaft, als Teilnehmer des politischen Wettbewerbs identifiziert wird[1352]. Man kann dies anhand des Amtes des Bundespräsidenten deutlich machen: Sein Amt unterliegt dem Leitbild der Neutralität und Unparteilichkeit[1353]. Leitete man daraus eine gewisse Autorität ab, weil der Bundespräsident außerhalb der tagespolitischen Auseinandersetzungen stehe, so liegt es auf der Hand, dass ein Bundespräsident, der sein Amt anders interpretiert und sich gezielt und pointiert in tagesaktuelle,

---

1347 *Arendt*, Der Monat 1956 (89), S. 31.

1348 *Arendt*, Der Monat 1956 (89), S. 34 f.

1349 *Arendt*, Der Monat 1956 (89), S. 38.

1350 *Arendt*, Der Monat 1956 (89), S. 29 ff.

1351 *Krüper*, JZ 2015, S. 414 (415).

1352 Ähnliche argumentierend BVerfG, NVwZ 2022, 1113 (1126) – Sondervotum Wallrabenstein.

1353 BVerfGE 136, 323 (332, Rn. 26); siehe hierzu auch 5. Teil, E.

stark polarisierte Debatten einbringt, diese zugesprochene Autorität einbüßen und als (partei-)politischer Akteur wahrgenommen würde.

IV. Spezifischer Schutz für politische Parteien?

Aufgrund der Bedeutung politischer Parteien für das Funktionieren des demokratischen Prozesses wird für sie aufgrund ihres Anspruchs auf Chancengleichheit in der Rechtsprechung und in Teilen des Schrifttums ein spezifischer Schutz gefordert, nämlich in Form des Gebotes parteipolitischer Neutralität[1354]. Doch ist die Forderung nach verbaler politischer Neutralität gegenüber politischen Parteien unbegründet.

1. Sonderstellung politischer Parteien

Zwar werden politische Parteien aus der Gesellschaft heraus gegründet[1355]. Aber sie sind keine klassischen gesellschaftlichen Akteure. Sie zielen vielmehr auf den Staat ab, d. h., sie haben das Ziel, die Staatsleitung zu übernehmen[1356]. Sie gehören daher weder „der organisierten Staatlichkeit" noch der „Sphäre privater ‚staatsfreier' Gesellschaft" an[1357]. Wenn Inhaber staatlicher Führungsämter Programme oder Aktivitäten oppositioneller Parteien kritisieren, nehmen sie keinen Einfluss auf die Gesellschaft, sondern sie führen eine politische Auseinandersetzung mit einem Konkurrenten, der schon mit „einem Bein"[1358] in der staatlichen Sphäre steht. Eine solche Betrachtungsweise ist keine Rückkehr zur zu Recht kritisierten *Leibholz'schen* Parteienstaatstheorie[1359], sondern die Konsequenz aus der Rolle der Parteien als „Zwischenglieder" zwischen dem Einzelnen und dem Staat[1360]. Die (oppositionellen) Parteien sind gegenüber der Regierung *die*

1354 Siehe 3. Teil, A. II. 2.

1355 Siehe 3. Teil, A. II. 1. b).

1356 *Grimm*, in: Benda/Maihofer/Vogel (Hrsg.), HdbVerfR, § 14, Rn. 18.

1357 *Häberle*, JuS 1967, S. 64 (73).

1358 Ähnlich (Parteien als „staatsnah") *Mast*, Staatsinformationsqualität, S. 51

1359 *Leibholz*, DVBl 1950, 194 (196 f.) sah die Parteien als Teil des staatlichen Herrschaftsapparates, welche es dem Volk erst ermöglichen, handlungsfähig zu werden; in der Folge seien die „Parteien das Volk"; zur sehr breiten Kritik siehe nur *Grimm*, in: Benda/Maihofer/Vogel (Hrsg.), HdbVerfR, § 14, Rn. 26 m. w. N.; siehe hierzu auch 3. Teil, A. II. 1. b) bb).

1360 BVerfGE 20, 56, (101); 44, 125 (145); *Hesse*, VVDStRL 17 (1959), S. 19; *Kunig*, in: v. Münch/Kunig (Hrsg.), GG, Bd. I, Art. 21, Rn. 29; *Preuß*, in: AK-GG, Art. 21, Abs. 1, 3, Rn. 14 ff.; *Klein*, in: Dürig/Herzog/Scholz, GG, Art. 21, Rn. 158 f.; *Volkmann*,

Konkurrenz um die Übernahme der Staatsleitung. Äußerungen von Inhabern staatlicher Führungsämter, ob zulasten oder zugunsten politischer Parteien, stellen daher keine Verletzung ihres Rechts auf Chancengleichheit nach Art. 21 Abs. 1 S. 1 GG dar, sondern sind Teil des notwendigen politischen Wettbewerbs um die Übernahme der Staatsleitung. Konkurrenz wird in der Demokratie mit Worten ausgetragen, d. h. im politischen Meinungskampf.

2. *Die künstliche Unterscheidung zwischen parlamentarischer und außerparlamentarischer Auseinandersetzung*

Dieser Befund wird dadurch gestützt, dass ein relevanter Teil des politischen Wettbewerbs in Parlamenten stattfindet. Dort treffen Regierung und Opposition unmittelbar aufeinander. Zwar ist in der Rechtsprechung explizit bisher nur anerkannt, dass bei der Beantwortung parlamentarischer Fragen durch die Regierung kein Gebot parteipolitischer Neutralität gilt[1361]. Doch wird aus der Sicht der Rechtsprechung für sonstige Äußerungen der Regierung im Parlament nichts anderes gelten, da sonst die politische Diskussion im Parlament erheblich leiden würde und Diskussionen zwischen Regierung und Opposition unmöglich wären. Für eine Nichtanwendung des Gebotes politischer Neutralität im Parlament spricht auch, dass dort keine Asymmetrie zwischen Regierung und Opposition existiert[1362]. Vielmehr begegnen sich beide Seiten „auf Augenhöhe" durch Rede und Gegenrede. Bei Äußerungen im Parlament hat die Regierung gerade keine spezifischen Ressourcen, die sie einsetzen kann[1363]. Sie kann sich gerade nicht unwidersprochen äußern, vielmehr erhält sie auf der gleichen „Bühne" Widerspruch durch die Opposition.

Politische Auseinandersetzungen im Parlament finden nicht im Verborgenen statt, sondern sind, da der Bundestag öffentlich verhandelt (Art. 42 Abs. 1 S. 1 GG), für die gesamte Bürgerschaft sichtbar. Dies entspricht dem Grundsatz, dass Demokratie Öffentlichkeit erfordert[1364]. Daher wird das Parlament zur „Bühne" des Wettbewerbs zwischen den Regierungs- und den Oppositionsfraktionen, aber auch zwischen der Regierung und den Oppositionsfraktionen. In

---

in: Friauf/Höfling (Hrsg.), GG, Art. 21 Rn. 25 f.; *Grimm*, in: Benda/Maihofer/Vogel (Hrsg.), HdbVerfR, § 14, Rn. 5, 12.

1361 Siehe hierzu 3. Teil, D. II. 2.

1362 VfGH BE, Az. VfGH 79/17, Rn. 84 (juris).

1363 Siehe zur Ressourcenfrage als Kernargument der Anwendung des parteipolitischen Neutralitätsgebotes 2. Teil, B. I. 2.; IV. 3. b); C. I. 2.

1364 *Waldhoff*, in: Herdegen et al (Hrsg.), HdBVerfR, § 10, Rn. 114.

Opposition zueinander stehen im Parlament zwar nicht die Parteien, sondern die Fraktionen, die rechtlich eigenständig zu bewerten sind[1365]. Doch in der Außenwahrnehmung wird kaum unterschieden, ob eine amtliche Äußerung an eine Fraktion oder an eine Partei adressiert ist. Vielmehr sind die Übergänge mehr oder weniger fließend, wie sich etwa in der *Seehofer*-Entscheidung gezeigt hat: Der Anlass der Äußerung des Bundesministers war das Verhalten der AfD-Bundestagsfraktion gegenüber dem Bundespräsidenten[1366]. Klägerin war jedoch die Partei AfD, da sie sich durch die Äußerungen verbal attackiert sah.

Diese faktischen Übergänge zwischen Fraktion und Parteien sind einerseits durch die hohen inhaltlichen Übereinstimmungen, andererseits durch die personellen Überschneidungen zwischen Fraktion und Partei begründet. Regelmäßig sind Inhaber von hohen Parteiämtern zugleich Abgeordnete; teils sind wichtige Funktionen in Partei und Fraktion sogar deckungsgleich. In der Bürgerschaft werden daher Partei- und Fraktionshandeln kaum auseinandergehalten. Parteien werden zudem vornehmlich über ihre Abgeordneten in den Parlamenten wahrgenommen. Daher ist kaum zu bestreiten, dass der Wettbewerb zwischen den politischen Parteien in einem hohen Maße durch den Wettbewerb zwischen der Regierung und den Oppositionsfraktionen im jeweiligen Parlament beeinflusst wird. Ein Gebot parteipolitischer Neutralität staatlicher Amtsträger würde somit bedeuten, dass sich die Regierung zwar im Parlament zugunsten oder zulasten einer politischen Partei äußern dürfte, ihr aber die gleichen Worte außerhalb des Parlaments verboten wären. Da aber die Bürgerschaft die im Parlament erfolgten Äußerungen der Regierung zur Kenntnis nehmen kann, ist, in der Logik des Gebotes parteipolitischer Neutralität, nicht zu verhindern, dass sie „gelenkt"[1367] werden kann. Denn für den objektiven Empfänger macht es keinen Unterschied, ob eine Äußerung im oder außerhalb des Parlaments fällt. Der politische Wettbewerb im Parlament und derjenige außerhalb des Parlaments sind vielmehr gleich zu behandeln; andernfalls hätte das Gebot parteipolitischer Neutralität nur eine rein formale Schutzwirkung. Das Ziel des Neutralitätsgebotes, Chancengleichheit dadurch herzustellen, dass wertende amtliche Äußerungen über politische Parteien verboten sind, ist also faktisch nicht erreichbar.

1365 Siehe hierzu 3. Teil, A. III. 1.

1366 Siehe den Sachverhalt BVerfGE 154, 320 (322 f., Rn. 7).

1367 Siehe hierzu 3. Teil, A. I. 1. b) aa).

V. Die politische Rolle von Regierungsmitgliedern und kommunalen Amtsträgern

Nicht alle Inhaber staatlicher Führungsämter haben eine politische Rolle. So kennt das Amt des Bundespräsidenten kaum politische Gestaltungselemente[1368]. Auch die Ämter von Parlamentspräsidenten, Vizeparlamentspräsidenten und Ausschussvorsitzenden sind nicht von politischer Gestaltung, sondern vornehmlich von der Aufgabe unparteiischer Sitzungsleitung geprägt[1369]. Dagegen sind die Ämter von Regierungsmitgliedern, (Ober-) Bürgermeistern und Landräten inhärent politischer Natur[1370]. Sie werden gewählt oder - wie bei Ministern - ausgewählt, um Politik und damit das Gemeinwesen zu gestalten. Der Rechtsprechung des Bundesverfassungsgerichts zum Gebot (partei-)politischer Neutralität liegt jedoch ein „steriles Politikverständnis" zugrunde[1371]. Durch das Neutralitätsgebot werden dezidiert politische Staatsämter entpolitisiert[1372]. Die Amtsinhaber werden im Bereich ihrer politischen Tätigkeit de facto ähnlichen Neutralitätsregeln unterworfen, wie sie für Beamte und die staatliche Verwaltung gelten[1373]. Dies findet nicht direkt statt, da die gesetzlichen Regelungen nicht auf Inhaber staatlicher Führungsämter anwendbar sind[1374]. Über die verfassungsrechtlichen Herleitungen[1375] des Gebotes (partei-)politischer Neutralität und des Gebotes strikter Sachlichkeit wird für sie aber ein ähnlich strenges Äußerungsverbot geschaffen. Dies verkennt jedoch die Besonderheit derartiger Ämter[1376]. Forderungen nach politischer Neutralität von Inhabern staatlicher Führungsämter liegt das „Leitbild des hoheitlich-en Gesetzesvollzugs" zugrunde[1377]. Dies erinnert an Sichtweisen des 19. Jahrhunderts, wonach

1368 Siehe zur Funktion des Bundespräsidenten 3. Teil, B. III. 2.

1369 Siehe 3. Teil, B. V.

1370 Siehe zur jeweiligen politischen Rolle 3. Teil, B. I. 2.; II; IV. 3. b).

1371 *Gärditz,* Steriles Politikverständnis, verfassungsblog.de.

1372 *Gärditz*, NWVBl. 2015, S. 165 (169 f.); *Gusy*, NVwZ 2015, S. 700 (702); *Krüper*, JZ 2015, S. 414 (416 f.); *Payandeh*, Der Staat 55 (2016), S. 519 (521, 533); *Tannenberger/ Nemeczek*, NVwZ 2015, S. 215 f.

1373 Siehe zur verwaltungsrechtlichen und beamtenrechtlichen Neutralität findet 2. Teil, B. II. 2. b) und c).

1374 Siehe hierzu 2. Teil, B. II. 2. b) bb) und c) bb).

1375 Siehe zu diesen 3. Teil, A.

1376 Siehe auch zuvor 4. Teil, III. 1.

1377 *Gärditz,* Steriles Politikverständnis, verfassungsblog.de.

Regierung und Verwaltung als dasselbe betrachtet wurden[1378]. Doch sind die Inhaber solcher Ämter nicht nur Verwalter. Sie haben eine spezifisch politische Rolle und können daher keine politisch neutralen Akteure sein[1379].

1. *Besetzung staatlicher Führungsämter als parteipolitischer Vorgang*

Dass die Besetzung staatlicher Führungsämter vor allem ein parteipolitischer Vorgang ist, zeigt sich besonders bei Regierungsmitgliedern[1380]. Daher wird im Folgenden vor allem auf diese eingegangen; für kommunale Amtsträger wie (Ober-)Bürgermeister und Landräte gelten ähnliche Überlegungen. Mit Blick auf Bundes- und Landesregierungen ist festzuhalten, dass sie de facto eine weitgehende Einheit mit der jeweiligen Parlamentsmehrheit bilden[1381]. Hierdurch verschmelzen Regierungsamt und parteipolitische Position zwangsläufig miteinander[1382]. Dies zeigt sich auf personeller Ebene nicht zuletzt darin, dass ein Großteil der Regierungsmitglieder den regierungstragenden Fraktionen entstammt[1383]. Nicht ohne Grund wird die Regierung als „Fleisch vom Fleische des Parlaments" bezeichnet[1384] und werden Regierung und Regierungsfraktion in der öffentlichen Wahrnehmung oft als Einheit gesehen[1385]. Diese Situation ist im demokratisch-parlamentarischen Regierungssystem der Bundesrepublik Deutschland angelegt. So kann z. B. Bundeskanzler nur werden (Art. 63 Abs. 2 GG), wer die Stimmen der Mehrheit des Bundestages auf sich vereinigt. Diese Stimmen wiederum erhält die Person nur, wenn sie Fraktionen im Parlament hat, die sie tragen. Parteien vereinbaren miteinander einen Koalitionsvertrag.

1378 Siehe *Laband*, Das Staatsrecht des Deutschen Reiches, Bd. 1, S. 306 ff., welcher die Reichsregierung als Teil der Reichsverwaltung begreift; in der Bundesrepublik vertritt dies zwar soweit ersichtlich niemand mehr, wohl aber wird es teilweise als überflüssig bewertet, Regierungs- und Verwaltungsfunktion zu trennen, siehe etwa *Herzog*, Allgemeine Staatslehre, S. 334.

1379 *Schlaich*, Neutralität als verfassungsrechtliches Prinzip, S. 75; *Schürmann*, Öffentlichkeitsarbeit der Bundesregierung, S. 303.

1380 *Payandeh*, Der Staat 55 (2016), S. 519 (532); *Volkmann*, in: Friauf/Höfling (Hrsg.), GG, Art. 21, Rn. 52.

1381 *Schoch*, in: Isensee/Kirchhof (Hrsg.), HStR, Bd. III, § 37, Rn. 16 f.

1382 *Tanneberger/Nemeczek*, NVwZ 2015, S. 209 (215 f.).

1383 *Epping*, in: v. Mangoldt/Klein/Starck, GG, Bd. II, Art. 66, Rn. 22; so sind im Kabinett Olaf Scholz zum Stichtag 20.07.2023 von den 17 Regierungsmitgliedern 13 zugleich Abgeordnete des Deutschen Bundestages.

1384 *Meyer*, VVDStRL 33 (1975), S. 69 (86).

1385 VfGH ST, LKV 1997, S. 63.

Dieser enthält personelle und inhaltliche Vorgaben und bildet die Grundlage dafür, dass die aus den Parteien stammenden Fraktionen den jeweiligen Bundeskanzler wählen. Die Mehrheiten, die hierfür nötig sind, werden im parteipolitischen Wettbewerb bei Wahlen erreicht und beruhen folglich auf einer politischen Entscheidung der Wählerschaft.

Zwar ist das Parteimitglied, das zum Regierungsmitglied wird, als staatlicher Amtsträger zur Konkretisierung des Gemeinwohls verpflichtet[1386]. Aber der Inhalt des Gemeinwohls wird bestimmt durch die Wahlprogramme bzw. den Koalitionsvertrag der politischen Parteien, die eine Mehrheit bei der Wahl errungen haben und regieren[1387]. Daher ist die Verwirklichung des Wahlprogramms zugleich die Verwirklichung des Gemeinwohlkonzepts, das in einer demokratischen Wahl die Mehrheit erlangt hat. Dieses Gemeinwohlkonzept muss auch in politischen Debatten vertreten und verteidigt werden dürfen[1388]. In der Folge setzen Regierungsmitglieder, aber auch die meisten kommunalen Amtsträger in ihrer Amtsführung (partei-)politische Schwerpunkte[1389]. Sie entscheiden selbst darüber, wie sie ihre Leitungsaufgabe erfüllen. Sie sind auf Zeit gewählt, ihre eigenen Zielvorstellungen und die ihrer Partei in Regierungspolitik zu überführen und dafür entsprechend zu werben[1390]. Es ist somit im politischen System der Bundesrepublik Deutschland angelegt, dass im Rahmen der politischen Gestaltung parteipolitische Vorstellungen umgesetzt und entsprechende programmatische Schwerpunkte gesetzt werden[1391].

Bekräftigt wird dieser Befund durch den Umstand, dass Mitglieder von Regierungen und kommunale Amtsträger auch nach ihrer Wahl Parteipolitiker bleiben. Nicht ohne Grund ist etwa die Rede davon, dass eine Bundesregierung zugleich immer auch eine „Parteiregierung“ sei und daher nicht neutral sein könne[1392]. Denn die Mitglieder der Regierung werden zwar gemäß Art. 64 Abs. 1 GG vom Bundeskanzler vorgeschlagen und vom Bundespräsidenten

---

1386 Siehe 2. Teil, A. III.

1387 BVerfGE 44, 125 181 (183 f.) – Sondervotum Rottmann; *Grimm*, in: Benda/Maihofer/Vogel (Hrsg.), HdbVerfR, § 14, Rn. 63; siehe zur Parteilichkeit des Gemeinwohls auch 4. Teil, A. III. 1.

1388 BVerfGE 44, 125, 181 (183 f.) – Sondervotum Rottmann.

1389 *Payandeh*, Der Staat 55 (2016), S. 519 (531 f.); *Gärditz*, Steriles Politikverständnis, verfassungsblog.de; vgl. auch BVerfG, NVwZ 2022, 1113 (1126) – Sondervotum Wallrabenstein; siehe zudem 4. Teil, A. V.

1390 BVerfGE 44, 125 181 (183 ff.) – Sondervotum Rottmann.

1391 *Payandeh*, Der Staat 55 (2016), S. 519 (531).

1392 *Schröder*, Isensee/Kirchhof (Hrsg.), HStR, Bd. III, § 64, Rn. 32.

ernannt. In der Staatspraxis vereinbaren aber die Koalitionsparteien im Rahmen der Koalitionsverhandlungen, welche Personen aus ihren Reihen Mitglied der Regierung werden sollen[1393]. Diese sollen dort nicht völlig frei agieren, sondern die im Koalitionsvertrag vereinbarten Inhalte in praktische Politik überführen. Im Rahmen dieser politischen Aufgabe ist es notwendig, dass die Inhaber staatlicher Führungsämter sich von politischen Mitbewerbenden aktiv abgrenzen und sich für oder gegen deren Partei positionieren dürfen[1394]. Forderungen nach politischer Neutralität sind hier dysfunktional. Inhaber staatlicher Führungsämter mit einem politischen Gestaltungsauftrag haben nur begrenzte Zeit, ihre Vorstellungen in staatliche Entscheidungen zu transformieren. Hierzu benötigen sie Gestaltungsmöglichkeiten[1395], und sie müssen ihre Politik erklären und verteidigen dürfen. Das Sanktionsmittel ihnen gegenüber kann daher kein Gebot politischer Neutralität sein, sondern nur der Wahlzettel. Regierungen und kommunale Amtsträger streben an, ihre Amtsgeschäfte fortführen zu können, also wiedergewählt zu werden. Zwar wird nicht die Regierung als solche von den Bürgerinnen und Bürgern gewählt, wohl aber die Parteien, die sie tragen und die versprechen, ihre Politik in der Regierung fortzusetzen, so sie denn ausreichend Stimmen bei der Wahl erhalten. Ob sie wiedergewählt werden, entscheidet sich maßgeblich danach, ob die jeweiligen Amtsinhaber bei ihrer politischen Gestaltungstätigkeit erfolgreich waren. Der Amtsträger ist für die Politikgestaltung verantwortlich und wird hierfür auch von der Wählerschaft verantwortlich gemacht[1396].

Zur politischen Gestaltung gehört nicht nur die Umsetzung des Programms, sondern evident auch die Kommunikation nach außen. Öffentlichkeitsarbeit ist daher für Amtsträger ein unverzichtbarer Bestandteil ihrer Tätigkeit[1397]. Bei der Kommunikation des Amtsträgers kann es jedoch nicht nur um die nüchterne Wiedergabe von Tatsachen gehen; Politik und damit Gemeinwohlkonkretisierung sind kein wertungsfreier Bereich, sondern in hohem Maße parteilich. Daraus folgt, dass auch wertende Äußerungen möglich sein müssen. Sowohl die Bewertung der eigenen Politik als erfolgreich als auch die Bewertung der konkurrierenden, oppositionellen Vorschläge als schlecht, ebenso Erfolgsbilanzen, Lob für die eigene Politik, Kritik an der Opposition – all das gehört im Bereich

---

1393 *Rupp*, in: Isensee/Kirchhof (Hrsg.), HStR, Bd. II, § 31, Rn. 54.
1394 *Engelbrecht*, KommP Wahlen 2015, S. 20.
1395 *Morlok*, DVBl 2017, S. 995 (996).
1396 *Fehling*, Verwaltung, S. 128 ff.
1397 Siehe 2. Teil, C. I.

der politischen Gestaltung zusammen und ist nicht neutralisierbar. Politische Positionierungen von Inhabern staatlicher Führungsämter müssen ihnen zudem nicht unbedingt zum Vorteil gereichen. Ein Amtsinhaber, der mit seinen Äußerungen polarisiert, kann auf Ablehnung in der Bürgerschaft stoßen und deswegen nicht wiedergewählt werden.

Eingewendet wird hiergegen, dass die Regierung, neben dem Parlament, zwar durchaus dazu bestimmt sei, das Gemeinwohl zu definieren, dies aber nicht bedeute, dass keine Grenzen für die Äußerungsbefugnis gelten würden[1398]. Zweifellos können die Möglichkeiten staatlicher Amtsträger, sich parteipolitisch zu äußern, nicht unbegrenzt sein; insbesondere muss die Opposition dieselben Chancen bei Wahlen haben wie die Regierungsparteien[1399]. Denn ohne jegliche Regeln im parteipolitischen Wettbewerb besteht die Gefahr, dass eine Regierung ihre Vorteile, etwa den Zugriff auf die Staatsressourcen, nutzt, um ihre Wiederwahl zu sichern. Dies kann zu undemokratischen Verhältnissen führen. Allerdings ist es nicht erforderlich, zur Vermeidung einer solchen Situation ein Gebot (partei-)politischer Neutralität für verbale Äußerungen anzunehmen. Einschränkungen beim Zugriff auf staatliche Ressourcen sind hier das probatere Mittel[1400].

Festzuhalten ist: Die Forderung nach Neutralität und Nichtidentifikation trifft auf einen parteipolitisch geprägten Staat[1401]. Personen erlangen staatliche Ämter, weil sie eine bestimmte politische Auffassung vertreten, und nicht, weil sie neutral agieren. Die grundgesetzlich vorgesehene Parteiendemokratie (Art. 21 Abs. 1 S. 1 GG) spricht für eine politische Rolle von Regierungsmitgliedern und kommunalen Amtsträgern und gegen ein Neutralitätsgebot. Der parteipolitische Hintergrund und das jeweilige Amt vermischen sich zwangsläufig[1402]. Die Verfechter des Gebotes parteipolitischer Neutralität und der damit einhergehenden Einschränkung der Befugnis von Inhabern staatlicher Führungsamtsträger, sich (partei-)politisch zu äußern, übersehen somit, dass die politische Haltung des Amtsträgers kaum von seinem staatlichen Amt zu trennen ist. *Rottmann* brachte

1398 *Suslin,* Die Pflicht zur politisch neutralen Amtsführung, S. 35.

1399 *Suslin,* Die Pflicht zur politisch neutralen Amtsführung, S. 35; zur Chancengleichheit der politischen Parteien siehe 3. Teil, A. II. 2. a).

1400 *Gärditz,* Steriles Politikverständnis, verfassungsblog.de; siehe hierzu 5. Teil, C.

1401 *Volkmann*, in: Friauf/Höfling (Hrsg.), GG, Art. 21, Rn. 52.

1402 *Payandeh*, Der Staat 55 (2016), S. 519 (531); BVerfGE 44, 125, 181 (182 ff.) – Sondervotum Rottmann.

dies 1977 in seinem Sondervotum zum Urteil des Bundesverfassungsgerichts zur regierungsamtlichen Öffentlichkeitsarbeit[1403] auf den Punkt:

> Die Demokratie des Grundgesetzes ist eine Parteiendemokratie (vgl. BVerfGE 4, 144 [149] m.w.N.). Die politischen Parteien haben nach Art. 21 Abs. 1 Satz 1 GG eine rechtlich privilegierte Stellung. (….) Hieraus folgt ihre jedenfalls faktische Monopolstellung bei der Konstituierung der Verfassungsorgane auf Bundesebene und Landesebene. Ohne sie (…) ist die Besetzung der obersten Staatsämter in der modernen Massendemokratie nicht möglich. (…) Die Bundesregierung ist infolge dieser Staatsstruktur, unter deren Geltung sie gebildet wird, nicht ‚neutrale', über den politischen Parteien schwebende Exekutivspitze[1404].

Ohne die Mitgliedschaft in einer Partei bzw. zumindest ihre Unterstützung ist es faktisch unmöglich, Kanzler, Ministerpräsident oder Minister zu werden. Auch die allermeisten (Ober-)Bürgermeister gewinnen ihr Amt durch die Unterstützung politischer Parteien. Nicht das Leistungsprinzip gemäß Art. 33 Abs. 2 GG, sondern die inhaltlichen Positionen und die Parteimitgliedschaft geben den Ausschlag dafür, ob die Kandidatinnen und Kandidaten ein Regierungs- oder Bürgermeisteramt besetzen; die Besetzung solcher Ämter erfolgt mithin nach politischen Gesichtspunkten[1405].

Auf dem Weg zu diesem Amt ist im Regelfall die Unterstützung der politischen Parteien unabdingbar. Diesen Rückhalt erhalten Kandidierende aber nur dann, wenn sie sich mit den politischen Ansichten ihrer Partei weitestgehend identifizieren und dies nach außen vertreten. Dies ist nicht nur für die Partei, sondern auch für einen relevanten Teil der Wählerschaft Bedingung, um die kandidierende Person in ein staatliches Amt zu wählen. Eine Identifikation von Inhabern staatlicher Führungsämter mit ihren politischen Parteien kann folglich nicht verboten werden. Im Gegenteil: Sie ist dem politischen System der Bundesrepublik Deutschland immanent[1406]. Innerhalb des Systems einer Parteiendemokratie[1407] würde es gegenüber den Regierungsparteien sogar eine unverhältnismäßige Wettbewerbsbenachteiligung darstellen, wenn ihre führenden Persönlichkeiten – dies sind zumeist die Mitglieder der Regierung – sich nur eingeschränkt politisch äußern dürften[1408]. Somit gilt: Das Gebot (partei-)

1403 BVerfGE 44, 125.

1404 BVerfGE 44, 125 (182 f.) - Sondervotum Rottmann.

1405 *Payandeh*, Der Staat 55 (2016), S. 519 (532).

1406 Siehe dazu auch *Volkmann*, in: Friauf/Höfling (Hrsg.), GG, Art. 21, Rn. 52.

1407 Siehe 4. Teil, A. I. 1.

1408 Siehe *Payandeh*, Der Staat 55 (2016), S. 519 (534 f.).

politischer Neutralität verlangt absolute Neutralität von Regierungsmitgliedern und kommunalen Amtsträgern – dies widerspricht jedoch ihrer politischen Rolle. Daher können im Bereich der politischen Willensbildung keine Neutralitätspflichten existieren[1409].

2. *Staatliche Führungsämter beinhalten keine überparteiliche Funktion*

Weil die Besetzung staatlicher Führungsämter vorwiegend nach parteipolitischen Prämissen stattfindet, kommt Inhabern dieser Ämter keine überparteiliche Funktion zu. Der Forderung nach politischer Neutralität liegt im Gegensatz dazu die Idee zugrunde, Staat und Regierung in der Demokratie hätten einen neutralen, überparteilichen Charakter. Diese Sichtweise, wonach die Regierung Repräsentant staatlicher Einheit ist und somit eine überparteiliche Funktion habe, findet sich gelegentlich in der Rechtswissenschaft[1410]. Es handelt sich vornehmlich um eine deutsche Sichtweise, die auf einer juristischen Konstruktion beruht, ohne empirisch nachweisbar und politisch verständlich zu sein[1411]. Die Vorstellung von einer Überparteilichkeit der Regierung und mit ihr einhergehend die Forderung nach Neutralität von Inhabern staatlicher Führungsämter erinnert an die Idee des pouvoir neutre[1412] bzw. an die Überlegungen zum Verfassungsmodell der konstitutionellen Monarchie. Der Begriff des pouvoir neutre wurde von *Benjamin Constant* für den konstitutionellen Monarchen Napoleon III. entwickelt[1413]. Übersetzt bedeutet der Begriff „neutrale Kraft". Der pouvoir neutre ist ein über den staatlichen Institutionen schwebender Monarch, der frei von Parteistreitigkeiten („neutral") für Ausgleich und Schlichtung sorgen und jeder staatlichen Gewalt ihren Platz zuweisen soll[1414]. Im Modell der

---

1409 Ähnlich *Volkmann*, in: Friauf/Höfling (Hrsg.), GG, Art. 21, Rn. 52.

1410 Siehe *Scheuner*, in: FS Smend, S. 253 (277); *Schuppert*, in: Benda/Maihofer/Vogel (Hrsg.), HdBVerfR, § 31, Rn. 15; *Thoma*, in: Anschütz (Hrsg.), Handbuch des Deutschen Staatsrechts, Bd. 2, S. 108 (135).

1411 Kritisch auch *Leisner*, JZ 1968, S. 727 (728); *Gärditz*, in: Krüper/Pilniok (Hrsg.), Die Organisationsverfassung der Regierung, S. 25 (28 f.).

1412 So auch *Gärditz*, Steriles Politikverständnis, verfassungsblog.de.

1413 Aufgrund der französischsprachigen Primärquelle wird auf unmittelbaren Nachweis verzichtet, siehe hierzu daher *Herzog*, in Dürig/Herzog/Scholz, GG, Art. 54, Rn. 89 f.; *Schmitt*, Der Hüter der Verfassung, S. 132 ff.; *Steiger*, Neutralität, in: Brunner/Conze/Koselleck IV, S. 315 (360).

1414 *Steiger*, Neutralität, in: Brunner/Conze/Koselleck IV, S. 315 (360 f.); *Schmitt*, Hüter der Verfassung, S. 132 ff.

konstitutionellen Monarchie dient der Kaiser oder König als überparteilicher und neutraler Vertreter des Gemeinwohls gegenüber der Vielzahl parteilicher Interessen[1415]. Freilich waren die Vorstellungen von der Neutralität des konstitutionellen Monarchen eine „Lebenslüge des Obrigkeitsstaates", wie Radbruch pointiert ausgeführt hat, weil der Monarch seine parteipolitischen Ansichten geschickt verschleierte[1416].

Auch diejenigen, die der Überparteilichkeit von Inhabern staatlicher Führungsämter in der Demokratie das Wort reden, verkennen die parteipolitische Ausrichtung dieser Ämter. Die Spezifität der Staatsleitung oder auch der Leitung einer Gemeinde entsteht durch die politische Rolle des Inhabers des Amtes, weil es politische Gesichtspunkte sind, die zur Amtsübernahme führen. Deshalb steht die Forderung nach politischer Neutralität derartiger Amtsträger in einem eklatanten Widerspruch zur demokratischen und pluralistischen Struktur des bundesrepublikanischen Staates[1417]. Das Demokratieprinzip beinhaltet nicht nur das Mitbestimmungsrecht des Volkes, sondern auch die Handlungsfähigkeit von Inhabern politischer Ämter[1418]. Sie gelangen ins Amt durch einen politisch-demokratischen Akt und sollen ihr Amt entsprechend politisch führen. Eine Einschränkung ihres Äußerungsrechts stellt insofern eine Einschränkung der demokratischen Freiheit dar[1419]. Denn Teil dieser Freiheit von Inhabern staatlicher Führungsämter ist es, ihr Gemeinwohlkonzept über die dafür vorgesehenen rechtsstaatlichen Wege durchzusetzen. Hierbei steht ihre Vorstellung von Gemeinwohl in Konkurrenz zu anderen Gemeinwohlideen[1420]. Mithin konkurrieren Inhaber staatlicher Führungsämter mit der Opposition um die Gunst der Wählerschaft.

Zuzugestehen ist, dass sie hierbei nicht irgendein Akteur sind – schließlich haben sie Zugang zu erheblichen staatlichen Ressourcen. Gleichwohl würde

---

1415 *Huber*, Deutsche Verfassungsgeschichte, Bd. III; S. 22 f.; *Menzel*, Parteienstaat und Beamtentum, DÖV 1970, S. 433 (439 f.); *Schlaich*, Neutralität als verfassungsrechtliches Prinzip, S. 48, 75, der zudem ausführt, dass der Monarch ein Interesse an der Aufrechterhaltung der politischen Machtverhältnisse hatte und seine Neutralität daher eine Legende ist.

1416 *Radbruch*, in: Anschütz/Thoma (Hrsg.), Handbuch des deutschen Staatsrechts, Bd. I, S. S. 285 (289).

1417 Ähnlich *Scheuner*, DÖV 1965, S. 577; *Schlaich*, Neutralität als verfassungsrechtliches Prinzip, S. 76.

1418 *Möllers*, in: Herdegen et al (Hrsg.), HdBVerfR, § 5, Rn. 20.

1419 *Möllers*, in: Herdegen et al (Hrsg.), HdBVerfR, § 5, Rn. 20.

1420 Zum Gemeinwohlbegriff siehe 2. Teil, A. III.

niemand auf die Idee kommen, dass Amtsträger mit dem Eintritt in die Regierung ihre (partei-)politischen Überzeugungen fallen lassen und sich auf die Suche nach dem besten Gemeinwohlkonzept machen und hierzu in alle Richtungen sondieren und abwägen. Vielmehr setzt die Regierung (zumeist) den Koalitionsvertrag um, der von den sie tragenden politischen Parteien beschlossen worden ist[1421]. Anders als nach der Ansicht des Bundesverfassungsgerichts, das der Regierung eher eine unpolitische Rolle zuschreibt[1422], sind Regierungen daher hochpolitische Gremien, die über ihre politischen Maßnahmen und Vorhaben entlang parteipolitischer Prämissen entscheiden.

Dies ist kein zufälliges Resultat, sondern es hat seine Grundlage in Art. 21 Abs. 1 S. 1 GG, der den Parteien eine herausragende Rolle bei der Besetzung der Staatsleitung zuordnet[1423]: Parteien sollen durch ihre Mitglieder staatliche Ämter besetzen. Damit ist von Verfassungs wegen vorgesehen, dass die Staatsleitung Teil der pluralistischen Auseinandersetzung in Staat und Gesellschaft ist. Dies zeigt sich im Übrigen auch in der steten Kritik der (parlamentarischen) Opposition am Regierungshandeln. Diese präsentiert ihre eigenen, zur Regierungspolitik gegensätzlichen politischen Vorschläge und kritisiert zugleich die Regierung. Auch die Funktion des Parlaments als zentraler Ort der politischen Kontroverse spricht dafür, die Regierung als Akteur im pluralen Gemeinwesen zu betrachten[1424]. Denn wäre die Regierung von Verfassungs wegen als neutraler Akteur vorgesehen, gäbe es kein kontroverses Verhältnis zwischen Regierung und Opposition. Dies zeigt sich besonders bei einem Vergleich mit dem Bundespräsidenten: Sein Amt ist politisch-neutral konzipiert[1425], daher existiert ihm gegenüber auch keine institutionalisierte Opposition. Zwar ist es richtig, dass die Regierung formal nicht mit der Opposition im politischen Wettbewerb steht[1426]. Denn der Wettbewerb um die Besetzung der Staatsleitung findet im

---

1421 BVerfGE 44, 125 (183, 186) – Sondervotum Rottmann; *Kuch*, AöR 142 (2017), 491 (515); siehe auch *Grimm*, in: Benda/Maihofer/Vogel (Hrsg.), HdBVerfR, § 14, Rn. 63: „Die Regierung ist insofern parteilich, als sie politische Probleme auf der Grundlage ihres nicht von allen geteilten Parteiprogramms löst."

1422 Siehe zu dieser Kritik auch *Gärditz*, NWVBl. 2015, S. 165 (171); *Madjarov*, GreifRecht 2015, S. 59 (62); *Payandeh*, Der Staat 55 (2016), S. 519 (531).

1423 Siehe zu Art. 21 Abs. 1 GG und der Rolle der politischen Parteien 3. Teil, A. II.

1424 *Gärditz*, in: Krüper/Pilniok (Hrsg.), Die Organisationsverfassung der Regierung, S. 25 (29); siehe auch *Schlaich*, Neutralität als verfassungsrechtliches Prinzip, S. 76.

1425 Siehe zum „Leitbild des neutralen Bundespräsidenten" 3. Teil, B. III. 2. a) bb) (1).

1426 *Eder*, „Rote Karte" gegen „Spinner"?, S. 134; *Engel*, in: Isensee/Kirchhof, HStR, Bd. IV, § 80, Rn. 26; *Kuch*, AöR 142 (2017), S. 491 (502, 509).

Wahlwettbewerb zwischen den politischen Parteien statt. Diese rein formale Betrachtung des Wahlwettbewerbs zeichnet jedoch ein unrealistisches Bild von den real stattfindenden politischen Auseinandersetzungen[1427]. Dies zeigt sich auch und vor allem daran, dass die Inhaber staatlicher Führungsämter häufig eine Doppelrolle haben, da sie zumeist auch wichtige Parteiämter innehaben[1428].

3. *Erwartung politischer Amtsführung*

Der bisherige Befund wird bestätigt durch die Erwartungshaltung der Bürgerschaft. Diese will, dass Inhaber staatlicher Führungsämter Politik betreiben[1429]. So werden die Bürgerinnen und Bürger, die eine Partei gewählt haben, die nun der Regierung angehört, wollen, dass diese ihr Wahlprogramm bzw. die von ihr in den Koalitionsvertrag hineinverhandelten Punkte in praktische Politik überführt. Entstehen Probleme oder Krisen, erwartet die gesamte Bürgerschaft Antworten des jeweils zuständigen Inhabers eines staatlichen Führungsamtes. Vor allem bei öffentlich intensiv diskutierten Fragen kann sich diese Erwartung zu einer öffentlichen Forderung nach einer Äußerung des Amtsträgers verdichten. Diese Forderung manifestiert sich beispielsweise in Interviewfragen von Journalisten. Der Inhaber eines staatlichen Führungsamtes muss in spezifischen politischen Auseinandersetzungen Position beziehen können, weil Schweigen für die Bürgerschaft kaum verständlich wäre und Vertrauen kosten würde.

Als Beispiel sei die Wahl von *Thomas Kemmerich* zum thüringischen Ministerpräsidenten genannt, die mit den Stimmen der AfD-Fraktion im Landtag erfolgte[1430]. Dass die damalige Bundeskanzlerin *Angela Merkel* sich zu diesem intensiv diskutierten Vorgang politisch äußerte, war auch die Konsequenz einer entsprechenden Erwartung der Bürgerschaft[1431]: Hätte sie mit Verweis auf das Gebot parteipolitischer Neutralität auf Äußerungen zu dem Vorgang verzichtet, wäre dies aus der Sicht großer Teile der Bevölkerung unverständlich gewesen und ihr nicht als rechtlich korrektes Verhalten attestiert worden, sondern als politisches Desinteresse an einem für weite Teile der Bürgerschaft schwerwiegenden Vorgang.Die beschriebene Erwartungshaltung der Bürgerschaft wird

---

1427 *Mast*, Staatsinformationsqualität, S. 52.

1428 Siehe BVerfGE 138, 102 (118, Rn. 54), welches diese Doppelrolle auch anerkennt.

1429 *Payandeh*, Der Staat 55 (2016), S. 519 (533); ähnlich BVerfG, NVwZ 2022, 1113 (1126) – Sondervotum Wallrabenstein; *Gärditz*, JöR 64 (2016), S. 1 (13).

1430 BVerfG, NVwZ 2022, 1113.

1431 Zur Äußerung von *Angela Merkel* siehe 1. Teil, A.

durch die Überlegungen zur staatlichen Öffentlichkeitsarbeit untermauert[1432]. Diese beinhaltet aufgrund des Demokratieprinzips eine Pflicht staatlicher Amtsträger, über ihre Maßnahmen und Vorhaben zu informieren. Diese Sichtbarmachung von Politik hat den Zweck, Transparenz herzustellen. Transparenz hat eine konstitutive Bedeutung für den politischen Prozess[1433], da erst hierdurch politische Entscheidungen durch die Öffentlichkeit kontrollierbar und kritisierbar werden[1434]. Damit ist die Erwartung angesprochen, dass Inhaber staatlicher Führungsämter Verantwortung für ihr politisches Handeln übernehmen, indem sie dieses darstellen und damit der öffentlichen Meinung aussetzen[1435]. Eine informierte Bürgerschaft stellt ein demokratisches Korrektiv zu staatlichen Entscheidungen dar[1436].

Nicht ohne Grund betont das Bundesverfassungsgericht, dass „der gesamte [staatliche] Willensbildungsprozess für den Bürger durchschaubar“ sein und „das Ergebnis vor den Augen der Öffentlichkeit beschlossen“ werden müsse[1437]. Die Bürgerschaft muss in der Lage sein, spätestens am Wahltag eine informierte Entscheidung zu treffen[1438]. Eine informierte Entscheidung setzt voraus, nicht nur die Maßnahmen und Vorhaben der Regierung oder des (Ober-)Bürgermeisters zu kennen, sondern auch die jeweilige politische Haltung, da diese Haltung über Maßnahmen und Vorhaben mitentscheidet. Zum Beispiel wird ein konservativer Politiker ein anderes Bild von Ehe und Familie haben als eine im linken Spektrum stehende Politikerin.

So wie die Öffentlichkeit die Erwartung hat, über die politischen Projekte des Amtsträgers informiert zu werden, hat sie auch die Erwartung, über die politischen Vorstellungen des Amtsträgers Auskunft zu erlangen, da hieraus politische Praxis entsteht. Mit Blick etwa auf die vieldiskutierten Fälle des Umgangs mit rechtsextremen bzw. rechtspopulistischen Demonstrationen hat die Bürgerschaft ein Interesse zu wissen, ob z. B. der Bürgermeister(kandidat) eine kritische Haltung derartigen Versammlungen gegenüber hat oder nicht. Ein Bürgermeister,

---

1432 Siehe hierzu 2. Teil, C. I.

1433 Siehe hierzu *Di Fabio*, in: Dreier/Graf/Hesse (Hrsg.), Staatswissenschaften und Staatspraxis, S. 366 (367 ff.).

1434 *Gärditz*, in: Krüper/Pilniok (Hrsg.), Die Organisationsverfassung der Regierung, S. 25 (47).

1435 *Gärditz*, in: Krüper/Pilniok (Hrsg.), Die Organisationsverfassung der Regierung, S. 25 (48); siehe auch BVerfGE 9, 268 (282); 147, 50 (126).

1436 *Drefs*, Die Öffentlichkeitsarbeit des Staates, S. 55.

1437 BVerfGE 40, 296 (327); ähnlich BVerfGE 97, 350 (369)

1438 *Drefs*, Die Öffentlichkeitsarbeit des Staates, S. 56.

der sich etwa unter Verweis auf Neutralitätspflichten weigert, gegen eine rechtsextreme Demonstration Stellung zu beziehen, obwohl er im Wahlkampf u. a. mit seinen Positionen gegen Rassismus und Antisemitismus geworben hat, verliert Kredit in der Wahlbevölkerung.

Auch mit Blick auf die Haltung des Amtsträgers gegenüber anderen politischen Parteien existiert eine Erwartungshaltung der Bürgerschaft. Denn die Positionierung gegenüber anderen Parteien hat z. B. Folgen für die Regierungsbildung. So kann es der Mehrheit der Wählerschaft einer bestimmten Partei darauf ankommen, dass die von ihr ausgewählte Partei und die ihr angehörenden Amtsträger bereit sind, mit einer bestimmten anderen Partei die nächste Regierung zu bilden oder gerade nicht zu bilden. Die Bürgerschaft hat zu Recht den Wunsch zu wissen, für welche politischen Inhalte und welche politische Haltung diejenigen Personen stehen, die zur Wahl antreten. Zudem erwartet die Bürgerschaft von Amtsträgern, dass sie sich gegen bestimmte politische Richtungen aussprechen, um das Gemeinwesen zu schützen. Eine (Nicht-)Äußerung kann hierbei Folgen für die Wiederwahl des Amtsträgers haben. Denn das Wahlrecht dient nicht nur der Wahl politischer Entscheidungsträger, sondern auch ihrer Abwahl[1439].

Die Verfechter des Gebotes (partei-)politischer Neutralität blenden diese Erwartung der Bürgerschaft aus und handeln damit wider den Zweck des demokratischen Prinzips. Dieses benötigt für seinen Erfolg die Akzeptanz der Bürgerschaft. Durch politische Neutralitätsforderungen an Inhaber dezidiert politischer Ämter besteht die Gefahr, dass die Bevölkerung ihr Vertrauen in diese verliert; etwa weil Wahlversprechen, denen eine politische Haltung zugrunde liegt, nicht umgesetzt werden dürfen und dadurch das gesamte politische System als unglaubwürdig wahrgenommen wird. Personen, von denen das Betreiben von Politik erwartet wird, können hierdurch von der Öffentlichkeit die kritische Bewertung erhalten, unpolitisch in einem dezidiert politischen Amt zu sein.

VI. Verfassung fordert Identifikation

Die Verfassung selbst ist nicht politisch neutral, da sie Werte und Wertungen enthält, die vom Staat und seinen Staatsorganen verteidigt werden sollen[1440]. Die Verteidigung der freiheitlichen demokratischen Grundordnung ist einer dieser Werte, die für die Frage der Äußerungsbefugnis von politischen Amtsträgern

---

1439 *Böckenförde*, in: Isensee/Kirchhof (Hrsg.), HStR, Bd. III, § 34, Rn. 16.
1440 *Gärditz*, NWVBl. 2015, S. 165 (169).

von hoher Relevanz ist. Sie spielt im Rahmen von Forderungen nach politischer Neutralität als Rechtfertigung für amtliche Äußerungen eine wichtige Rolle[1441]. Wie dargestellt, bezieht sich das Grundgesetz an verschiedenen Stellen auf die freiheitliche demokratische Grundordnung[1442]. Für Berufsbeamte gilt, dass sie gegenüber der freiheitlichen demokratischen Grundordnung nicht neutral sein dürfen[1443]. Doch gilt dies nicht nur für Beamte: Der gesamte Staat, d. h. alle staatlichen Amtsträger, dürfen gegenüber der Verfassung nicht neutral sein[1444]. Vielmehr sollen sie die Werte der Verfassung verteidigen. Wer allerdings Werte verteidigen möchte, kann das Prinzip der Nichtidentifikation[1445] nicht durchhalten. Denn der Einsatz für systemische Entscheidungen des Grundgesetzes wie Individualgrundrechte, Menschenwürde, Rechtsstaatlichkeit und Demokratie, macht es erforderlich, dass sich Amtsträger hierzu äußern dürfen[1446].

Zu den Äußerungen gehören allgemeine Appelle, zum Beispiel solche zur Förderung eines „Klimas der Toleranz“[1447]. Allerdings vermögen allgemeine Aufrufe nicht immer erfolgreich zu sein; insbesondere dann nicht, wenn Werte des Grundgesetzes konkret bedroht sind. In einer solchen Konstellation zu fordern, der jeweilige Amtsträger solle nur allgemeine politische Appelle äußern, ist unter dem Blickwinkel der Werteverteidigung eine dysfunktionale Forderung. Vielmehr muss der Amtsträger auch Verantwortliche für Gefährdungen von Werten der Verfassung benennen können[1448]. Eine Tendenz zu dieser Auffassung ist auch in der jüngeren landesverfassungsgerichtlichen Rechtsprechung deutlich geworden[1449]. Dabei gilt: Von Inhabern politischer Führungsämter kann nicht verlangt werden – so auch die *Weil*-Entscheidung[1450] –, den konkreten Angriff auf grundlegende Institutionen des demokratischen Staates abzuwarten. Vielmehr muss auch ein frühes Einschreiten möglich sein, um die Werte

---

1441 Siehe 3. Teil, D. II. 1.

1442 Siehe 3. Teil, D. II. 1.

1443 *Schlaich*, Neutralität als verfassungsrechtliches Prinzip, S. 50; siehe auch *Kugele*, in: ders. (Hrsg.), BBG, § 60, Rn. 8; siehe auch § 33 Abs. 1 S. 3 BeamtStG und § 60 Abs. 1 S. 3 BBG.

1444 *Schlaich*, Neutralität als verfassungsrechtliches Prinzip, S. 264.

1445 Siehe 3. Teil, A. I. 1. b) bb).

1446 *Gärditz*, NWVBl. 2015, S. 165 (169).

1447 *Voßkuhle*, EuGRZ 2010, S. 537 (543).

1448 Auch in der Rechtsprechung wird dies teilweise anerkannt, siehe etwa VG Stuttgart, NVwZ-RR 2011, S. 615 (616); VG BE, Urt. v. 23.09.2013 – Az. K 280.12. Rn. 23 (juris).

1449 StGH NDS, Urt. v. 24.11.2020 – Az. 6/19, Rn. 61, 91 (juris).

1450 StGH NDS, Urt. v. 24.11.2020 – Az. 6/19.

der Verfassung zu verteidigen. Und die Werte der Verfassung müssen auch dann verteidigt werden können, wenn die Verursacher des Angriffs politische Parteien sind. Ein striktes Gebot der Nichtidentifikation hätte dagegen zur Folge, dass der Staat Urheber von Gefahren (fast) nicht mehr benennen dürfte. Dies ist erkennbar nicht die Entscheidung, die für das Grundgesetz getroffen wurde. Denn die Verfassung der Bundesrepublik Deutschland tritt dem Werterelativismus Weimars entgegen[1451]. Eine prinzipielle Forderung nach staatlicher Nichtidentifikation, wie sie im Schrifttum teilweise erhoben wird[1452], birgt die Gefahr, dass verfassungsrechtliche Werte nicht oder zu spät entschieden verteidigt werden.

Wenn demnach in einer Gemeinde eine rechtsgerichtete Versammlung angekündigt ist und der Bürgermeister den lokalen Frieden hierdurch bedroht sieht, muss es ihm erlaubt sein, zum Protest aufzurufen, um etwa attackierte Minderheiten zu verteidigen[1453]. In einer solchen Konstellation versucht der kommunale Amtsträger, durch seine Äußerung bestimmte Werte der Verfassung zu verteidigen[1454]. Eine Pflicht zur politischen Neutralität könnte hingegen zur Folge haben, dass Inhaber staatlicher Führungsämter die Grundwerte der Verfassung nicht mehr hinreichend verteidigen, weil sie Sorge haben, dass ihre Äußerungen als rechtswidrig eingestuft werden. Dem Gebot (partei-)politischer Neutralität wohnt somit die Gefahr inne, dass grundlegende Werte der Verfassung zur Disposition gestellt werden und damit die Verteidigung der Demokratie gegen ihre Gegner geschwächt wird.

VII. Fazit

Die Forderung, dass Inhaber staatlicher Führungsämter Neutralität gegenüber politischen Parteien und sonstigen Vereinigungen wahren, beruht auf dem Leitbild der Unterscheidung von Staat und Gesellschaft. Allerdings sind Staat und Gesellschaft im demokratischen Staat nicht voneinander getrennt, vielmehr bestehen Wechselbeziehungen. Die in der Rechtsprechung zu findende Forderung, dass die Willensbildung „von unten nach oben“, vom Volk zu den Staatsorganen hin, stattfinden müsse, ist damit jedoch unvereinbar. Vielmehr findet Kommunikation und damit Willensbildung reziprok zwischen beiden Sphären statt. Auch zum Schutz der Demokratie ist Neutralität, bezogen auf amtliche

---

1451 *Thiel*, in: ders. (Hrsg.), Wehrhafte Demokratie, S. 1 (14); eingehend *Gusy*, Weimar – die wehrlose Demokratie?

1452 Siehe 3. Teil, A. I. 1. b) bb).

1453 VG Stuttgart, NVwZ-RR 2011, S. 615 (616).

1454 *Jestaedt*, AöR 126 (2001), S. 204 (234); ähnlich *Gärditz*, NWVBl. 2015, S. 165 (170).

Äußerungen, nicht erforderlich. Inhaber staatlicher Führungsämter sind mit ihren Auffassungen Teil des Pluralismus; politische Minderheiten werden durch amtliche Äußerungen nicht stärker abgeschreckt als durch gesellschaftliche Äußerungen. Letztlich ist der Schutz des gesellschaftlichen Pluralismus durch das Neutralitätsgebot nur formaler Natur: Erfasst werden nur ungeschickt agierende Amtsträger, die nicht deutlich machen, dass sie sich (zulässigerweise) als Privatperson oder Parteipolitiker äußern. Eine Lenkungswirkung der öffentlichen Meinung durch bloße amtliche Äußerungen ist zu verneinen, da die Selbstbestimmung der Bürgerschaft hierdurch unbeeinflusst bleibt. Zudem kann staatliche Kritik, z. B. an einer Partei, dazu führen, dass diese in einer „Opferrolle" wahrgenommen wird und hierdurch Sympathien in der Bürgerschaft gewinnt.

Auch zum Schutz der Republik ist politische Neutralität von Inhabern staatlicher Führungsämter nicht erforderlich. Sie erlangen ihre Ämter nicht durch die republikanische Bestenauslese, sondern durch das demokratische Wahlprinzip. Zwar sind sie daran gebunden, das Gemeinwohl zu fördern; im Bereich der politischen Gestaltung existiert aber kaum ein objektives Gemeinwohl[1455]. Das Gemeinwohl zu konkretisieren, ist gerade die Aufgabe von Inhabern staatlicher Führungsämter. Dieses Gemeinwohl wird subjektiv anhand der Wahlprogramme und des Koalitionsvertrags bestimmt. Daher ist Gemeinwohl immer interessengeleitet und parteipolitisch. Die Gemeinwohlfindung beinhaltet auch die verbale Abgrenzung von anderen Gemeinwohlkonzepten. Für Inhaber staatlicher Führungsämter gilt mithin nicht das Prinzip republikanischer Unparteilichkeit. Vielmehr ist das demokratische Prinzip der „Herrschaft auf Zeit" das maßgebliche Instrument, welches gewährleistet, dass dasjenige Gemeinwohl, welches die Bürgerschaft favorisiert, durchgesetzt wird. Denn entspricht die Amtsführung der gewählten Amtsträger nicht den Erwartungen der Bürgerschaft, so hat sie aufgrund der wiederkehrenden Wahlen die Möglichkeit, andere Amtsträger zu wählen.

Mit Blick auf die Autorität, die Inhabern staatlicher Führungsämter vom Bundesverfassungsgericht zugesprochen wird, ist zu berücksichtigen, dass in der Demokratie Beliebtheit und Autorität angenäherte Begriffe sind. Eine unbeliebte Regierung genießt folglich eine geringe Autorität. Zudem entspricht die angenommene Autorität der Regierung einem obrigkeitsstaatlichen Verständnis. Ferner werden Inhaber staatlicher Führungsämter, die sich politisch exponieren, von der Bürgerschaft als parteipolitische Akteure im politischen Wettbewerb wahrgenommen mit der Folge, dass ihre Worte weniger Autorität genießen.

1455 Siehe 2. Teil, A. III. 2.

Zudem ist ein spezifischer Schutz politischer Parteien unnötig, da diese zwar Teil der Gesellschaft sind, aber darauf abzielen, die Staatsleitung zu übernehmen. Überdies wäre dieser Schutz nur formaler Natur, da im Parlament die Regierung die Opposition scharf kritisieren darf und keinen Neutralitätspflichten unterliegt. Im Übrigen führt das Gebot (partei-)politischer Neutralität zu einer Entpolitisierung inhärent politischer Ämter. Die Inhaber dieser Ämter werden (aus-)gewählt, um politische Entscheidungen zu treffen, und müssen die Möglichkeit haben, ihr Gemeinwohlkonzept gegen konkurrierende Konzepte zu verteidigen.

Die Vertreter von Forderungen nach politischer Neutralität verkennen, dass Inhaber staatlicher Führungsämter Teil des politischen Wettbewerbs sind. Dies ergibt sich daraus, dass es große personelle Übereinstimmungen zwischen der Regierung und der Parlamentsmehrheit gibt. Die Regierungsmitglieder setzen in der Folge das Wahlprogramm und den Koalitionsvertrag in Regierungspolitik um und betreiben mithin als Amtsträger Parteipolitik. Sie haben daher gerade keine überparteiliche Rolle. Die stete Kritik der Opposition an den Maßnahmen und Vorschlägen der Regierung unterstreicht die parteiliche Rolle der Regierung. Die Bürgerinnen und Bürger, insbesondere diejenigen, welche die Regierungsparteien gewählt haben, erwarten von der Regierung auch eine dezidiert politische Amtsführung. Dazu gehört eine wertende Haltung der Amtsträger. Inhabern staatlicher Führungsämter muss es daher erlaubt sein, sich am politischen Meinungskampf aktiv zu beteiligen[1456]. Dass sie hierbei die Werte der Verfassung verteidigen sollen, ist eine Lehre aus dem Werterelativismus der Weimarer Republik.

B. Keine äußerungsrechtlichen Grenzen durch Kommunikationsgrundrechte

Teilweise entnimmt das Schrifttum den Kommunikationsgrundrechten der Art. 5 Abs. 1 S. 1 und Art. 8 Abs. 1 GG ein allgemeines Gebot politischer Neutralität für Inhaber staatlicher Führungsämter[1457]. Dieser Annahme ist jedoch nicht zu folgen; denn die Forderung nach einem Neutralitätsgebot ersetzt nicht die Notwendigkeit, zunächst festzustellen, ob durch eine wertende amtliche

---

1456 So auch *Krüper*, JZ 2015, S. 414 (416 f.); *Payandeh*, Der Staat 55 (2016), S. 519 (536 f.); *Wieland*, in: FS Morlok, S. 533 (548); ähnlich *Penz*, ThürVBl. 2016, S. 265 (267); *Putzer*, DÖV 2015, S. 417 (422 f.); *Schlaich*, Neutralität als verfassungsrechtliches Prinzip, S. 43 f., 226 ff.; *Tanneberger/Nemeczek*, NVwZ 2015, S. 215 (216); *Volkmann*, in: Friauf/Höfling (Hrsg.), GG, Art. 21, Rn. 52 ff.

1457 Siehe 3. Teil, A. II. a) aa).

Äußerung überhaupt ein Eingriff in Grundrechte vorliegt. Soweit ersichtlich, existiert bisher keine gerichtliche Entscheidung, welche eine Verletzung von Grundrechten durch wertende amtliche Äußerungen bejaht[1458]. Dies ist konsequent, da einer bloßen wertenden Äußerung eines Amtsträgers im Regelfall keine solche Eingriffsqualität zukommt[1459]; selbst wenn jedoch ein Eingriff vorliegt, greift regelmäßig bereits das Sachlichkeitsgebot, so dass die Heranziehung eines Neutralitätsgebotes überflüssig ist. Dies wird im Folgenden dargelegt.

I. Schutzbereich der Kommunikationsgrundrechte

Richtet sich eine staatliche Verlautbarung gegen die politische Meinung einer Vereinigung, ist der Schutzbereich des Art. 5 Abs. 1 S. 1 GG eröffnet; richtet sie sich gegen ihre Versammlung, ist der Schutzbereich des Art. 8 Abs. 1 GG eröffnet[1460]. Beide Kommunikationsgrundrechte werden hier gemeinsam behandelt, da sie eine Voraussetzung für die Persönlichkeitsentfaltung des Einzelnen sind[1461] und ihnen eine herausragende Bedeutung für den demokratischen Willensbildungsprozess zukommt[1462]. Die Meinungsfreiheit ist „schlechthin-konstituierend" für die bundesrepublikanische Verfassungsordnung[1463]. Sie gilt als „Lebensluft eines freiheitlich-demokratischen Staates"[1464]. Auch die Versammlungsfreiheit ist „konstituierend" für die freiheitliche demokratische Staatsordnung, da sie

---

1458 Siehe hierzu schon 3. Teil, A. II. a) aa).

1459 So auch *Burkholz*, KJ 2019, S. 213 (215 f.).

1460 So auch *Gärditz*, NWVBl. 2015, S. 165 (167); *Hillgruber*, in: Kluth (Hrsg.), „Das wird man ja wohl noch sagen dürfen", S. 77 (83); *Wahnschaffe*, NVwZ 2016, S. 1767 (1769 ff.).

1461 Zu Art. 5 Abs. 1 S. 1 GG siehe BVerfGE 7, 198 (208); 97, 391 (398); *Hoffmann-Riem*, in: Benda/Maihofer/Vogel (Hrsg.), HdbVerfR, § 7, Rn. 1; *Schulze-Fielitz*, in: Dreier (Hrsg.), GG, Bd. I, Art. 5, Rn. 40; zu Art. 8 Abs. 1 GG siehe *Schulze-Fielitz*, in: Dreier (Hrsg.), GG, Bd. I, Art. 8, Rn. 15; *Kloepfer*, in: Isensee/Kirchhof (Hrsg.), HStR, Bd. VII, § 164, Rn. 11; *Michael/Morlok*, Grundrechte, Rn. 266.

1462 Zu Art. 5 Abs. 1 S. 1 GG siehe *Grabenwarter*, in: Dürig/Herzog/Scholz, GG, Art. 5, Rn. 147; zu Art. 8 Abs. 1 GG siehe *Schulze-Fielitz*, in: Dreier (Hrsg.), GG, Bd. I, Art. 8, Rn. 16.

1463 BVerfGE 7, 198 (208); 12, 113 (125); 20, 56 (97); 28, 36 (48); 35, 202 (222); 62, 230 (247); 93, 266 (292 f.); 97, 391 (398); siehe auch EGMR, NJW 2006, S. 1255 (1258); *Starck/Paulus*, in: v. Mangoldt/Klein/Starck, GG, Bd. 1, Art. 5, Rn. 1, 287; *Tinnefeld/Knieper*, MMR 2016, S. 156; ähnlich *Hesse*, Grundzüge des Verfassungsrechts, Rn. 386: „Kernstück politischer und geistiger Freiheit."

1464 BVerwGE 72, 183 (187).

ein „Zeichen der Freiheit, Unabhängigkeit und Mündigkeit des selbstbewussten Bürgers“ ist[1465]. Sowohl die Meinungs- als auch die Versammlungsfreiheit schützen somit nicht nur die individuelle Kommunikationsfreiheit, sondern auch objektivrechtlich die Willensbildung der Bevölkerung[1466]. Beide Kommunikationsgrundrechte haben ihre Wurzel im demokratischen Prinzip[1467]. Wenn alle Staatsgewalt vom Volk ausgeht[1468], muss der Souverän das Recht haben, sich jederzeit und zu jeder Sache frei zu äußern.

Hierbei schützt Art. 5 Abs. 1 S. 1 GG die individuelle Meinungsfreiheit, also das Recht des Bürgers, „seine Meinung“ zu äußern und zu verbreiten. Auch Äußerungen, die den Werten der Verfassung widersprechen, werden geschützt[1469]. Daher gilt: Jede Äußerung, die durch die Elemente der Stellungnahme, des Meinens und Dafürhaltens geprägt ist, fällt in den Schutzbereich der Meinungsfreiheit[1470]. Geschützt sind wertende Äußerungen[1471], aber auch Tatsachenbehauptungen, sofern sie eine Voraussetzung für die Meinungsbildung sind[1472]. Die Versammlungsfreiheit schützt die kollektive Meinungsäußerungsfreiheit[1473]. Art. 8 Abs. 1 GG verbürgt das Recht eines jeden Deutschen, sich ohne Anmeldung oder Erlaubnis friedlich und ohne Waffen zu versammeln. Das Grundrecht schützt Versammlungen unter freiem Himmel und in geschlossenen Räumen[1474]. Diese gemeinsame Form der Meinungskundgabe hat mehr

---

1465 BVerfGE 69, 315 (343 ff.); siehe auch BVerfGE 128, 226 (250).

1466 BVerfGE 20, 56 (98); *Hillgruber*, in: Kluth (Hrsg.), „Das wird man ja wohl noch sagen dürfen“, S. 77; *Stern/Sachs/Dietlein*, Staatsrecht, Bd. IV/2, S. 5 f.; *Schulze-Fielitz*, in: Dreier (Hrsg.), GG, Bd. I, Art. 8, Rn. 16.

1467 Ähnlich BVerfGE 7, 198 (208) zur Meinungsfreiheit: „Aus dieser grundlegenden Bedeutung der Meinungsäußerungsfreiheit für den freiheitlich-demokratischen Staat…“; BVerfGE 69, 315 (346) zur Versammlungsfreiheit: „wesentliches Element demokratischer Offenheit“.

1468 Siehe hierzu 3. Teil, A. I. 1. a).

1469 BVerfGE 124, 300 (320 f.); BVerfG (K), NJW 2009, S. 908 (909).

1470 BVerfGE 7, 198 (210); 61, 1 (9); 71, 162 (179); 90, 241 (247); 124, 300 (320).

1471 *Schmidt-Jortzig*, in: Isensee/Kirchhof (Hrsg.), HStR, Bd. VII, § 162, Rn. 20.

1472 BVerfGE 61, 1 (8 f.); 71, 162 (179); 85, 1 (15); 90, 241 (247); *Michael/Morlok*, Grundrechte, Rn. 209; *Schulze-Fielitz*, in: Dreier (Hrsg.), GG, Bd. I, Art. 5 I, II, Rn. 62; für Beispiele aus der Rechtsprechung siehe *Kalscheuer*, KommJur 2018, 121 (122); nicht geschützt sind hingegen unwahre Tatsachenbehauptungen, siehe BVerfGE 85, 1 (15); 90, 1 (15); 99, 185 (197); *Bethge*, in: Sachs (Hrsg.), GG, Art. 5, Rn. 28; *Kingreen/Poscher*, Grundrechte, Rn. 655.

1473 *Jarass*, in: ders./Pieroth (Hrsg.), GG, Art. 8, Rn. 3; *Gusy*, in: v. Mangoldt/Klein/Starck, GG, Bd. 1, Art. 8, Rn. 18; *Schulze-Fielitz*, in: Dreier (Hrsg.), GG, Bd. I, Art. 8, Rn. 16

1474 *Schulze-Fielitz*, in: Dreier (Hrsg.), GG, Bd. I, Art. 8, Rn. 66 ff.

Aussicht auf Wahrnehmung und ist durch den „Druck auf der Straße“ eher geeignet, staatliche Amtsträger zum Umdenken bei politischen Entscheidungen zu bewegen[1475].

II. Eingriffsqualität

Die maßgebliche Frage ist, ob wertende amtliche Äußerungen einen Eingriff in Art. 5 Abs. 1 S. 1 GG oder, wenn sie sich auf Versammlungen beziehen, einen Eingriff in Art. 8 Abs. 1 GG darstellen.

1. Realakte als Eingriff

Der klassische Eingriffsbegriff zeichnet sich durch vier Elemente aus: Rechtsförmigkeit, Imperativität, Finalität und Unmittelbarkeit[1476]. Sein Spezifikum ist, dass dem Bürger ein rechtsverbindliches Verbot oder Gebot auferlegt wird, das er befolgen muss[1477]. Handelt der Staat nur tatsächlich, d. h., per Realakt, liegt nach diesem Verständnis kein Eingriff vor. Klassische Eingriffe in die Versammlungsfreiheit sind z. B. das Versammlungsverbot sowie Versammlungsauflagen[1478]. In den Äußerungsrechtsfällen handelt es sich, wie allgemein im Bereich staatlicher Kommunikation, um schlichtes Handeln des Staates und seiner Amtsträger, d. h. um Realakte[1479]. Folglich fehlt es zumindest an der Rechtsförmigkeit staatlichen Handelns, um einen klassischen Eingriff annehmen zu können.

Allerdings greift der klassische Eingriffsbegriff zu kurz[1480]. Denn auch wenn der Staat nicht-rechtsförmig, sondern „nur“ tatsächlich handelt, kann er die

---

1475 *Growe*, Das Regierungsmitglied im parteipolitischen Diskurs, S. 103.

1476 BVerfGE 105, 279 (300); *Bethge*, in: Merten/Papier (Hrsg.), HGR, Bd. III, § 58, Rn. 14; *Dreier*, in: ders. (Hrsg.), GG, Bd. I, Vorb. Rn. 124; *Kingreen/Poscher*, Grundrechte, Rn. 292; *Michael/Morlok*, Grundrechte, Rn. 492; *Sachs*, in: ders. (Hrsg.), GG, Art. 1, Rn. 80; *Voßkuhle/Kaiser*, JuS 2009, S. 313.

1477 *Burkholz*, KJ 2019, S. 213 (215).

1478 *Höfling*, in: Sachs (Hrsg.), GG, Art. 8, Rn. 56; *Schulze-Fielitz*, in: Dreier (Hrsg.), GG, Bd. I, Art. 8, Rn. 61.

1479 *Burkholz*, KJ 2019, S. 213 (215); *Suslin*, Die Pflicht zur politisch neutralen Amtsführung, S. 43; *Voßkuhle/Kaiser*, JuS 2018, S. 343; siehe auch 2. Teil, C. II. 2.

1480 *Di Fabio*, JZ 1993, S. 689 (694); *Dreier*, in: ders. (Hrsg.), GG, Bd. I, Vorb., Rn. 125; *Epping*, Grundrechte, Rn. 393; *Gallwas*, Faktische Beeinträchtigungen im Bereich der Grundrechte, S. 21 ff. *Grabitz*, Freiheit und Verfassungsrecht, S. 24 ff.; *Kingreen/Poscher*, Grundrechte, Rn. 293 f.

grundrechtlichen Freiheiten verkürzen[1481]. Die Bindung an die Grundrechte (Art. 1 Abs. 3 GG) gilt für jedes staatliche Handeln, nicht nur dann, wenn der Staat mittels Rechtsakten tätig wird. Dadurch soll der Bürger vor jeder freiheitseinschränkenden staatlichen Machtausübung geschützt werden. Deshalb ist anerkannt, dass der Staat auch durch mittelbar-faktisches Handeln in Grundrechte eingreifen kann[1482]. Dies ist nach dem modernen Eingriffsbegriff dann der Fall, wenn dem Einzelnen durch zurechenbares staatliches Handeln ein grundrechtlich geschütztes Verhalten ganz oder teilweise unmöglich gemacht wird[1483]. Erfasst ist jedoch nicht jede subjektiv empfundene Belästigung[1484]; sonst würde jede Bagatelle als Eingriff bewertet. Erforderlich ist vielmehr, dass das staatliche Handeln in seiner Intensität imperativen Maßnahmen gleichsteht (Eingriffsäquivalenz)[1485]. Dies bemisst sich nach der Schwere des staatlichen Handelns im Sinne der Erheblichkeit der Positionsveränderung des Grundrechtsträgers[1486].

2. *Mittelbar-faktischer Eingriff in die Meinungsfreiheit*

Nunmehr stellt sich die Frage, ob z. B. ein Amtsträger, welcher eine bestimmte Meinung kritisiert, in die Meinungsfreiheit des Grundrechtsträgers eingreift. Nach dem Bundesverfassungsgericht folgt zwar aus dem Grundrecht auf Meinungsfreiheit für den Staat ein striktes Verbot der Diskriminierung bestimmter

---

1481 *Epping*, Grundrechte, Rn. 393; *Hobusch*, JA 2019, S. 278 (279); *Michael/Morlok*, Grundrechte, Rn. 493 f.

1482 BVerfGE 116, 202 (222); 105, 279 (303); 110, 177 (191); *Dreier*, in: ders. (Hrsg.), GG, Bd. I, Vor. Art. 1, Rn. 125 f.

1483 *Di Fabio*, in: Dürig/Herzog/Scholz, GG, Art. 2 Abs. 2, Rn. 60; *Kloepfer*, Verfassungsrecht, Bd. II, § 51, Rn. 31; *v. Münch*, in: ders./Kunig (Hrsg.), GG, Bd. I, Vorb. Art. 1–19, Rn. 34; *Murswiek*, in: Sachs (Hrsg.), GG, Art. 2, Rn. 151; *Voßkuhle/Kaiser*, JuS 2009, S. 313; *Wiedemann*, in: Umbach/Clemens (Hrsg.), GG, Bd. I, Art. 2 Abs. 2, Rn. 359.

1484 *Schröder*, JA 2016, S. 641 (642).

1485 BVerfGE 65, 1 (43); 105, 252 (273); 105, 279 (303); 113, 63 (76); 116, 202 (222); 118, 1 (20); 140, 225 (228, Rn 11); *Classen*, Staatsrecht II, § 5, Rn. 28; *Gärditz*, NWVBl. 2015, S. 165 (166); *Hoffmann-Riem*, Der Staat 43 (2004), S. 203 (221); *Hufen*, Staatsrecht II, § 8, Rn. 10; *Jarass*, in: ders./Pieroth (Hrsg.), GG, Vorb. vor Art. 1, Rn. 29; *Kingreen/Poscher*, Grundrechte, Rn. 298 ff.; vertiefend *Scherzberg*, Grundrechtsschutz und „Eingriffsintensität“; a. A. *Michael/Morlok*, Grundrechte, Rn. 497 ff., die dafür plädieren, einen mittelbar-faktischen Eingriff dann anzunehmen, wenn einer der Kriterien des klassischen Eingriffsbegriffs erfüllt ist.

1486 *Di Fabio*, JZ 1993, S. 689 (695).

Meinungen[1487]. Indes bezieht sich dieses Verbot auf Gesetze, welche die Meinungsfreiheit einschränken[1488]. In Bezug auf abstrakt-generelle Gesetze ergibt sich schon aus Art. 5 Abs. 2 GG die Verpflichtung zu staatlicher Meinungsneutralität[1489]. Denn Art. 5 Abs. 2 GG verbietet eine Gesetzgebung, die sich gegen eine bestimmte Meinung richtet[1490]. Für wertende amtliche Äußerungen als Realakte muss dagegen im Einzelfall bestimmt werden, ob ein mittelbar-faktischer Eingriff anzunehmen ist. Pauschale Forderungen nach staatlicher „Meinungsneutralität"[1491] verkennen diese Notwendigkeit der Einzelfallbeurteilung. Es wäre zudem inkonsistent, dem Staat im Grundsatz zu erlauben, vor gefährlichen Produkten oder gefährlichen religiösen Gruppen zu warnen[1492], es ihm aber per se zu verwehren, zu bestimmten Meinungen Stellung zu beziehen.

Um bewerten zu können, ob die amtliche Bewertung einer Meinung eine Verletzung der Meinungsfreiheit darstellt, ist es notwendig, sich zu vergegenwärtigen, welchen Zweck die Meinungsfreiheit des Art. 5 Abs. 1 S. 1 GG hat. Sie dient dem (politischen) Wettbewerbsschutz[1493] und soll den geistigen Austausch um den größten Einfluss auf die Gesellschaft gewährleisten. Wettbewerb setzt jedoch Konkurrenz voraus. Konkurrenz bedeutet übertragen auf die Meinungsfreiheit, dass abweichende Meinungen artikuliert werden dürfen. Die Meinungsfreiheit schützt deshalb nicht davor, mit Gegenpositionen und Kritik konfrontiert zu werden[1494].

Nun ließe sich einwenden, dass dies zwar für private Meinungsäußerungen über eine Meinung gelte, nicht aber für amtliche Äußerungen über eine bestimmte Meinung. Zwei Vergleiche zu anderen Grundrechten zeigen jedoch, dass auch amtliche Meinungen Teil des Meinungskampfes sind und nicht durch Art. 5 Abs. 1 S. 1 GG verboten werden. Zum einen zu nennen ist die in Art. 12 Abs. 1 GG verankerte Unternehmens- und Wettbewerbsfreiheit[1495]. Hier ist

---

1487 BVerfGE 124, 300 (324).

1488 Siehe hierzu auch *Papier*, DVBl 2016, S. 1417 (1420).

1489 *Gärditz*, NWVBl. 2015, 165 (169).

1490 BVerfGE 113, 63 (78); 117, 244 (260); 124, 300 (321 f.); *Badura*, StaatsR, S. 236; *Jarass*, in: ders./Pieroth (Hrsg.), GG, Art. 5, Rn. 67.

1491 So aber *Hillgruber*, in: Kluth (Hrsg.), „Das wird man ja wohl noch sagen dürfen", S. 77 (79).

1492 Siehe 2. Teil, C. II.

1493 *Michael/Morlok*, Grundrechte, Rn. 207.

1494 *Grabenwarter*, in: Dürig/Herzog/Scholz, GG, Art. 5 Abs. 1, 2, Rn. 110; *Growe*, Das Regierungsmitglied im parteipolitischen Diskurs, S. 104 f.

1495 BVerfGE 32, 311 (317); 46, 120 (137 f.); 105, 252 (265); 115, 205 (229); 116, 135 (152).

anerkannt, dass Unternehmen nicht vor Konkurrenz durch die öffentliche Hand geschützt werden[1496]. Überträgt man diese Grundsätze auf die Meinungsfreiheit, so stellen amtliche Meinungen eine zulässige Konkurrenz zu Meinungen in der Bürgerschaft dar. Bestätigt wird dies durch die Osho-Rechtsprechung des Bundesverfassungsgerichts, wonach sich staatliche Stellen kritisch mit religiösen Anschauungen auseinandersetzen dürfen[1497]. Das Grundrecht auf Religionsfreiheit ist, soweit es um den Schutz der Artikulation des Bekenntnisses geht, spezieller als die Meinungsfreiheit[1498]. Während also im Rahmen der Meinungsfreiheit jede Meinung geschützt wird, erfasst Art. 4 Abs. 1 GG nur religiös-weltanschauliche Meinungskundgaben. Wenn aber schon im Bereich speziell grundrechtlich geschützter Meinungen der Staat Position beziehen darf, so muss er dies erst recht im Bereich allgemeiner Meinungen tun dürfen[1499].

Somit gilt, dass im Bereich der Meinungsfreiheit des Art. 5 Abs. 1. S. 1 GG weder Parteien noch sonstige Vereinigungen vor der Artikulation staatlicher Auffassungen geschützt sind[1500]. Auch das Bundesverfassungsgericht stellte klar, dass nicht jede staatliche Meinungsäußerung einen Grundrechtseingriff darstellt[1501]. Somit gilt, dass nicht jedes Unwerturteil eines Amtsträgers zugleich einen Eingriff in die Meinungsfreiheit darstellt[1502].

Für die Beantwortung der Frage, wann staatliche Unwerturteile einen Eingriff in die Meinungsfreiheit darstellen, bietet sich erneut ein Vergleich mit der Berufsfreiheit an. Sorgt der Staat durch seine wirtschaftliche Betätigung dafür, dass der Wettbewerb unerträglich verzerrt und privaten Akteuren eine Teilnahme daran unmöglich gemacht wird, liegt ein Eingriff in Art. 12 Abs. 1 GG vor[1503]. Übertragen auf die Meinungsfreiheit bedeutet dies, dass erst dann ein Eingriff vorliegt, wenn staatliche Äußerungen andere Meinungen derart massiv kritisieren, dass der Grundrechtsträger nachhaltig abgeschreckt wird, diese

---

1496 BVerwGE 39, 329 (336); BVerwG, NJW 1995, S. 2938 (2939).

1497 BVerfGE 105, 279 (294).

1498 Siehe eingehend *Staps*, Bekenntnisfreiheit – Ein Unterfall der Meinungsfreiheit, zusammenfassend S. 176 ff.

1499 So auch *Hillgruber*, JZ 2016, S. 495 (499).

1500 *Möstl*, in: Uhle (Hrsg.), Information und Einflussnahme, S. 49 (65); *Payandeh*, Der Staat 55 (2016), S. 519 (544 f.); ähnlich *Gärditz*, NWVBl. 2015, S. 165 (169); *Putzer*, DÖV 2015, S. 417 (425 f.).

1501 BVerfGE 113, 63 (76).

1502 So im Ergebnis auch *Payandeh*, Der Staat 55 (2016), 519 (544).

1503 BVerwGE 30, 191 (198f.); 39, 329 (336) BVerwG, NJW 1995, S. 2938 (2939).

Meinung weiter zu vertreten[1504]. Das ist immer dann der Fall, wenn die amtliche Äußerung den Grundrechtsträger diffamiert oder herabsetzt, womit man in der Sache wieder bei den üblichen[1505] Anforderungen ist, die das Sachlichkeitsgebot vorgibt[1506]. Eines Neutralitätsgebotes bedarf es hier nicht.

Die Bezeichnung einer anderen Ansicht als „verfassungsfeindlich“ oder „extremistisch“, ohne dass hierfür konkrete Anhaltspunkte, etwa in einem Verfassungsschutzbericht, vorliegen, sind Beispiele für eine solche Diffamierung, da der Grundrechtsträger hierdurch als untauglich zur Teilnahme am demokratischen Wettbewerb qualifiziert wird[1507]. Zudem liegt dann ein mittelbar-faktischer Eingriff vor, wenn der Staat einen absoluten Wahrheitsanspruch erhebt; denn dies ist ihm verwehrt[1508]. Allerdings erklärt der Staat durch eine bloße Äußerung eines Amtsträgers andere Meinungen nicht für falsch, vielmehr wird die eigene Position des staatlichen Organs artikuliert, die ihrerseits kritisierbar ist[1509]. Äußert sich also ein staatliches Organ zu einem bestimmten Sachverhalt in einer politischen Auseinandersetzung, liegt nur ein Werturteil vor, das keine Verbindlichkeit oder Wahrheit beansprucht[1510]. Folglich liegt in einem solchen Fall auch kein mittelbar-faktischer Eingriff vor.

3. *Mittelbar-faktische Eingriffe in die Versammlungsfreiheit*

In Teilen des Schrifttums werden versammlungsbezogene amtliche Äußerungen, etwa der Aufruf eines Amtsträgers zu Gegendemonstrationen oder Boykottaufrufe, als Eingriff in die Versammlungsfreiheit bewertet[1511]. Argumentiert wird, dass staatliche Akteure nicht mit gesellschaftlichen Diskursteilnehmern gleichzusetzen seien, da sie einen „Aufmerksamkeits- und Glaubwürdigkeitsvorsprung“ hätten[1512]. Zudem wird darauf verwiesen, dass Aufrufe von

---

1504 *Growe*, Das Regierungsmitglied im parteipolitischen Diskurs, S. 105; *Möstl*, in: Uhle (Hrsg.), Information und Einflussnahme, S. 49 (66); *Hillgruber*, JZ 2016, S. 495 (499).

1505 Gemeint sind die Anforderungen *vor* der Entscheidung BVerwGE 159, 327, siehe hierzu 3. Teil, A. IV. 2. b) bb).

1506 Siehe hierzu 3. Teil, A. IV. 2. b) aa).

1507 *Growe*, Das Regierungsmitglied im parteipolitischen Diskurs, S. 105.

1508 *Gärditz*, NWVBl. 2015, S. 165 (169).

1509 *Gärditz*, NWVBl. 2015, S. 165 (169).

1510 *Gärditz*, NWVBl. 2015, S. 165 (169).

1511 *Growe*, Das Regierungsmitglied im parteipolitischen Diskurs, S. 105; *Lindner/Bast*, NVwZ 2018, S. 708 (710); *Milker*, JA 2017, S. 647 (649); *Wahnschaffe*, NVwZ 2016, S. 1767 (1769).

1512 *Growe*, Das Regierungsmitglied im parteipolitischen Diskurs, S. 105.

Amtsträgern zu Gegendemonstrationen einen abschreckenden Effekt auf potenzielle Teilnehmer hätten[1513]. Diese Sichtweise erklärt jedoch nicht, warum ein staatlicher Eingriff vorliegen soll. Nur wenn ein staatlicher Eingriff vorliegt, kommt die Verletzung eines Grundrechts in Betracht. Hierbei ist zunächst zu konstatieren, dass jede Äußerung eines Amtsträgers über eine Versammlung, die diese kritisiert, zumindest eine Beeinträchtigung der jeweiligen Versammlung darstellt. Denn das öffentlich wahrgenommene Bild von der jeweiligen Versammlung und damit der Forderungen der Versammlungsteilnehmenden wird negativ verändert.

Darüber hinaus ist jedoch für die Annahme eines mittelbar-faktischen Eingriffs eine sogenannte Eingriffsäquivalenz nötig[1514]. Der diesbezügliche Vergleichsmaßstab sind bei Versammlungen die klassischen Eingriffe Verbot und Auflage. Danach liegt eine Eingriffsäquivalenz erst dann vor, wenn potenzielle Teilnehmende der Versammlung nachhaltig abgeschreckt werden, sodass eine Wirkung erzielt wird, die eine gewisse Ähnlichkeit mit einem Verbot oder einer Auflage aufweist. Im Zusammenhang mit diesem möglichen Abschreckungseffekt muss berücksichtigt werden, dass das Grundrecht der Versammlungsfreiheit nicht vor Kritik schützt[1515]. Der Grundrechtsträger sucht mit der Anmeldung und Teilnahme an einer Versammlung die Öffentlichkeit und muss daher damit rechnen, dass es zu verbalen Auseinandersetzungen und Kritik kommt[1516]. Insbesondere gilt dies, wenn Personen an einer Versammlung teilnehmen, deren Thematik gesellschaftlich besonders heikel und kontrovers ist. Zwar hat der Staat die Plicht, den ungestörten Verlauf von Versammlungen sicherzustellen[1517]. Jedoch müssen Versammlungsteilnehmende friedliche Gegendemonstrationen dulden, da diese sich ihrerseits auf Art. 8 Abs. 1 GG berufen können[1518]. Der Eingriffsbegriff würde überdehnt, wenn die kritische Würdigung einer Versammlung und der amtliche Aufruf zu legalen Mitteln, wie der Teilnahme an

---

1513 *Suslin,* Die Pflicht zur politisch neutralen Amtsführung, S. 43 f.

1514 Siehe 4. Teil, B. II. 1.

1515 *Lindner/Bast,* NVwZ 2018, S. 708 (709).

1516 *Gärditz,* NWVBl. 2015, S. 165 (169).

1517 BVerfG (K), NJW 2000, S. 3053 (3056); OVG NDS, NordÖR 2010, S. 416; *Hoffmann-Riem,* in: Merten/Papier (Hrsg.), HGR IV, § 106, Rn. 33.

1518 *Dürig-Friedl,* in: ders./Enders (Hrsg.), Versammlungsrecht, § 15, Rn. 70, *Dişçi,* Der Grundsatz politischer Neutralität, S. 158 f.; *Kohl,* in: Umbach/Clemens (Hrsg.), GG, Bd. I, Art. 8, Rn. 27; mit Blick auf das „ob“ und vor allem „wie“ hat jedoch gemäß des Prioritätsgrundsatzes die zuerst angemeldete Versammlung im Regelfall Vorrang, siehe BVerfG (K), NVwZ 2005, S. 1055 (1056 f.).

einer Gegenversammlung, stets als Eingriffe bewertet würden; auch deshalb, weil anerkannt ist, dass sich Amtsträger ebenfalls kritisch und sachlich mit öffentlich vertretenen Meinungen auseinandersetzen dürfen[1519]. Jeder, der am politischen Willensbildungsprozess partizipiert, muss öffentliche Kritik aushalten[1520]. Auf amtliche wie nicht-amtliche Kritik kann der Grundrechtsträger mit einer Gegenäußerung reagieren[1521].

Sofern die Äußerung des staatlichen Amtsträgers also nicht auf eine tatsächliche Verhinderung oder eine erhebliche, zurechenbare Erschwerung der geplanten Versammlung abzielt, liegt kein mittelbar-faktischer Eingriff vor. Eingriffsäquivalenz besteht hingegen, wenn der Hoheitsträger ankündigt, Lichter öffentlicher Gebäude während der Versammlung auszuschalten[1522]. Das Ausschalten der Lichter führt zu einer Verdunkelung und damit zu einer deutlich schlechteren öffentlichen Wahrnehmung der Versammlung. Dies ist vergleichbar mit dem Fall, dass durch eine versammlungsrechtliche Auflage das Tragen von Transparenten verboten wird. Somit wird die Versammlung durch das staatliche Ausschalten der Lichter in ihrem maßgeblichen Ziel, der Öffentlichkeit die Meinung ihrer Teilnehmenden kundzutun, erkennbar gehemmt. Es liegt ein mittelbar-faktischer Eingriff vor[1523]. Ein Eingriff liegt ferner dann vor, wenn ein Amtsträger zu Blockaden aufruft, da diese darauf ausgelegt sind, die Versammlung zu verhindern, und die Verhinderung einer anderen Versammlung nicht vom Schutz des Art. 8 Abs. 1 GG gedeckt ist[1524]. Hier liegt eine Vergleichbarkeit mit einem Versammlungsverbot vor. In diesen Fällen liegt neben dem Eingriff regelmäßig auch ein rechtswidriges staatliches Handeln vor, da der Staat durch das Ausschalten von Lichtern oder Aufrufen zu Blockaden den diskursiven Raum verlässt; damit ist in diesen Fällen das Sachlichkeitsgebot verletzt, so dass auch hier die Forderung nach politischer Neutralität obsolet ist.

1519 BVerfGE 105, 252 (265, 268); *Hillgruber*, in: Kluth (Hrsg.), „Das wird man ja wohl noch sagen dürfen", S. 77 (82); *Putzer*, DVBl 2017, S. 136 (138).

1520 *Dişçi*, Der Grundsatz politischer Neutralität, S. 157; *Gärditz*, NWVBl. 2015, 165 (169); *Payandeh*, Der Staat 55 (2016), 519 (543 ff.).

1521 *Gärditz*, NWVBl. 2015, S. 165 (169).

1522 Siehe die Fälle BVerwGE 159, 327; VG Münster, Urt. v. 08.02. 2019 – 1 K 3306/17 (juris).

1523 So auch zur Frage des städtischen Lichtausschaltens *zu Hohenlohe*, VerwArch 2016, S. 62 (83).

1524 BVerfGE 84, 203 (209); zur Frage der Rechtswidrigkeit von Blockaden siehe *Geis*, in: Friauf/Höfling (Hrsg.), GG, Art. 8, Rn. 45; *Schulze-Fielitz*, in: Dreier (Hrsg.), GG, Bd. I, Art. 8, Rn. 40.

Bloße kritische Bewertungen einer Versammlung sowie Aufrufe, nicht an einer Versammlung teilzunehmen oder sich an legalen Gegendemonstrationen zu beteiligen, keine mittelbar-faktischen Eingriffe dar. Denn mit all diesen Formen von legalem Protest müssen potenzielle Teilnehmende einer Versammlung rechnen und sie aushalten[1525]. Es handelt sich insofern um ein immanentes Risiko einer jeden Versammlung. Im Übrigen wäre eine Differenzierung danach, ob nur Kritik an der Versammlung geübt oder zu einer Gegendemonstration aufgerufen wird, künstlich[1526]. Denn auch die bloße öffentliche Kritik kann, wenn eine Gegenversammlung angekündigt ist, implizit sowohl als Aufruf zur Teilnahme an dieser verstanden werden wie auch als Aufruf zum Boykott der streitigen Versammlung. Mit Blick auf die Abschreckungswirkung amtlicher Aufrufe muss schließlich noch berücksichtigt werden, dass unklar ist, ob derartige Aufrufe tatsächlich die Teilnehmerzahl reduzieren[1527]. Denkbar sind auch gegenteilige Effekte im Sinne von „Jetzt demonstrieren wir erst recht!" und eine gesteigerte öffentliche Aufmerksamkeit für die kritisierte Versammlung.

III. Fazit

Der im Schrifttum geäußerten Annahme, aus Kommunikationsgrundrechten folge ein allgemeines Gebot politischer Neutralität für Inhaber staatlicher Führungsämter, ist zu widersprechen. Ein solches Neutralitätsgebot würde voraussetzen, dass die Meinungs- und Versammlungsfreiheit durch wertende amtliche Äußerungen verletzt wird. Jedoch fehlt es im Regelfall am notwendigen (mittelbar-faktischen) Eingriff in die Grundrechte. Ein solcher Eingriff liegt nämlich nur dann vor, wenn durch staatliches Handeln der grundrechtliche Schutzbereich in eingriffsäquivalenter Weise verkürzt wird.

Für die Meinungsfreiheit gemäß Art. 5 Abs. 1 S. 1 GG gilt, dass diese nicht vor Kritik schützt; auch nicht vor staatlichen Unwerturteilen. So ist im Bereich der Religions- und Berufsfreiheit anerkannt, dass staatliche Bewertungen bzw. staatliche Konkurrenz erlaubt sind. Für die Meinungsfreiheit kann nichts anderes gelten. Nur wenn der Staat sich herabsetzend oder diffamierend artikuliert, liegt ein mittelbar-faktischer Eingriff in das Grundrecht vor. Eine Notwendigkeit nach der Forderung politischer Neutralität erwächst hieraus nicht, da diese Fälle regelmäßig bereits vom Sachlichkeitsgebot erfasst sind. Mit Blick auf die Versammlungsfreiheit gemäß Art. 8 Abs. 1 GG gilt ähnliches: sie schützt ebenfalls

---

1525 Ähnlich *Dişçi*, Der Grundsatz politischer Neutralität, S. 158 f.
1526 *Putzer*, DVBl 2017, S. 136 (138).
1527 *Dişçi*, Der Grundsatz politischer Neutralität, S. 158 f.

nicht vor Kritik und vor Gegendemonstrationen. Kritisiert daher der Inhaber eines staatlichen Führungsamtes eine Versammlung, fehlt es auch hier an der notwendigen Eingriffsäquivalenz. Erst wenn er den diskursiven Raum verlässt und z. B. zu Blockaden aufruft, liegt ein mittelbar-faktischer Eingriff vor, der zudem regelmäßig rechtswidrig sein wird, da er das Sachlichkeitsgebot verletzt. Auch hier fehlt es mithin an der Notwendigkeit politischer Neutralitätsforderungen.

C. Der Bundespräsident, das Neutralitätsgebot und die Inkonsistenz der Rechtsprechung

Wie dargelegt, verneint das Bundesverfassungsgericht eine Anwendung des Gebots parteipolitischer Neutralität auf den Bundespräsidenten; dies hatte zahlreiche Kritik des Schrifttums zur Folge[1528]. Zwar existiert kein Gebot (partei-) politischer Neutralität für Inhaber staatlicher Führungsämter[1529]. Zugleich sollen in diesem 4. Teil nicht nur die Grundlagen der Forderung nach politischer Neutralität einer kritischen Analyse unterzogen werden, sondern auch ihre Folgerungen. Hierzu gehört die Frage, wer Adressat des von der Rechtsprechung angenommenen Neutralitätsgebotes ist – und wer nicht.

Zum einen begründet das Bundesverfassungsgericht seine Auffassung der Nichtanwendbarkeit des Neutralitätsgebotes auf den Bundespräsidenten damit, dass dieser nicht im Wettbewerb mit den politischen Parteien um die Gewinnung politischen Einflusses stehe[1530]. Richtig ist zwar, dass der Bundespräsident dem Parlament gegenüber nicht verantwortlich ist und auch außerhalb der dort stattfindenden tagespolitischen Debatten steht. Zugleich ist jedoch zu beachten, dass seine Wahl in der Bundesversammlung ein parteipolitischer Vorgang ist, da die in der Bundesversammlung vertretenen Parteien durch Absprachen de facto über den Bundespräsidenten entscheiden[1531]. Dem parteipolitischen Wettbewerb kann sich der Bundespräsident somit nicht gänzlich entziehen – weder bei der Frage seiner Wahl noch seiner etwaigen Wiederwahl. Vielmehr benötigt

---

1528 Siehe 3. Teil, B. III.

1529 Siehe 4. Teil, A.

1530 Siehe 3. Teil, B. III. 1.

1531 Siehe das Verfahren bei der Wahl von Bundespräsident *Frank-Walter Steinmeier*, dessen Wahl in der Bundesversammlung nach der vorherigen Zustimmung von CDU/CSU als „fast sicher“ galt, hierzu: o. V., „Der richtige Kandidat“, Zeit Online, 16.11.2016, https://www.zeit.de/politik/deutschland/2016-11/frank-walter-steinmeier-bundespraesidentenkandidat-spd?utm_referrer=https%3A%2F%2Fde.wikipedia.org%2F (zuletzt abgerufen am 22.06.2021).

ein Kandidat für das Amt des Bundespräsidenten, als auch ein amtierender Bundespräsident, welcher wiedergewählt werden will, die Unterstützung politischer Parteien. Für die Parteien spielen hierbei Fragen wie die Nähe des Kandidaten zur eigenen Partei und seine politische wie auch gesellschaftliche Positionierung eine relevante Rolle. Zwar ließe sich hiergegen einwenden, dass die Kandidatenrolle von der Amtsrolle zu unterscheiden sei. Doch gerade bei einem Bundespräsidenten, der sich zur Wiederwahl stellt, ist eine Trennung von Kandidaten- und Amtsrolle kaum möglich. Vielmehr muss er im Amt für seine Wiederwahl werben und hierfür die Unterstützung politischer Parteien gewinnen.

Ein anderes Argument des Bundesverfassungsgerichts gegen die Anwendbarkeit des Neutralitätsgebotes auf den Bundespräsidenten ist, dass diesem nicht die Mittel zur Verfügung stünden, um durch eine ausgereifte Informationspolitik die Meinungs- und Willensbildung des Volkes zu beeinflussen[1532]. Dieses Argument überzeugt nicht, wenn man sich die bisherigen Fallkonstellationen vergegenwärtigt: Den äußerungsrechtlichen Fällen lagen einzelne Interviews[1533] oder Pressemitteilungen[1534] von Regierungsmitgliedern zugrunde. Es handelt sich in all diesen Fällen nicht um eine „ausgereifte Informationspolitik", sondern um einzelne Stellungnahmen, zu denen jeder Inhaber eines staatlichen Führungsamtes in der Lage ist, auch der Bundespräsident. Wenn das Bundesverfassungsgericht daher bereits bei jeder amtlichen Äußerung eines Regierungsmitglieds, die zulasten oder zugunsten politischer Parteien erfolgt, einen Neutralitätsverstoß annimmt, einen solchen Verstoß aber im Hinblick auf den Bundespräsidenten ablehnt, verkennt es, dass der Bundespräsident ebenfalls in der Lage ist, parteipolitisch ausgerichtete Pressemitteilungen zu verbreiten oder Interviews zu geben. Hierfür sind keine „speziellen Mittel" erforderlich. Vielmehr verfügt der Bundespräsident – ebenso wie die Bundesregierung – über eine Pressestelle, die seine Reden und Pressemitteilungen verbreitet[1535].

Dass der Bundespräsident in der öffentlichen Wirkung als vorwiegend parteipolitisch neutral wahrgenommen wird, ist kaum zu bestreiten. Dafür spricht zum Beispiel auch, dass Bundespräsidenten nach ihrer Wahl üblicherweise ihre Parteimitgliedschaften ruhen lassen[1536]. Das Amt des Bundespräsidenten wird

---

1532 Siehe 3. Teil, B. III. 1.

1533 Siehe BVerfGE 138, 102; 154, 320.

1534 Siehe BVerfGE 148, 11.

1535 Siehe https://www.bundespraesident.de/DE/Presse/presse-node.html (zuletzt abgerufen am 22.06.2021).

1536 *v. Arnauld, in*: v. Münch/Kunig (Hrsg.), GG, Bd. 1, Art. 54, Rn. 9.

spezifisch mit den Aufgaben der Integration und Repräsentation des ganzen Volkes verbunden. Nimmt man grundlegend an, dass ein Gebot parteipolitischer Neutralität für amtliche Äußerungen gegenüber politischen Parteien besteht, führt die Repräsentations- und Integrationsfunktion des Bundespräsidenten fast schon zwingend zur Anwendung des Neutralitätsgebotes auf dieses Amt. Es ist zwar richtig, dass der Bundespräsident Gestaltungsfreiheit im Amt besitzt und kein enges rechtliches Korsett existiert. Man kann aber nach Jahrzehnten der Staatspraxis zu Recht davon sprechen, dass eine Erwartung parteipolitischer Neutralität gegenüber dem Staatsoberhaupt existiert; dieses Leitbild führt jenseits des vom Bundesverfassungsgericht vertretenen Neutralitätsgebotes zu eigenständigen Neutralitätsanforderungen, auf die im späteren Verlauf der Untersuchung eingegangen wird[1537].

D. Überdehnung des Ressourcenbegriffs

Das Bundesverfassungsgericht rekurriert zur Begründung des Gebotes parteipolitischer Neutralität bei wertenden amtlichen Äußerungen stets auf seine Entscheidung aus dem Jahr 1977[1538]. Es erblickt in der Folge in jedem noch so minimalen staatlichen Ressourceneinsatz eine Verletzung des Neutralitätsgebotes. So soll bereits die Pressemitteilung einer Ministerin, eines der schwächsten Schwerter der politischen Kommunikation, eine Verletzung des Anspruchs der der Parteien auf Chancengleichheit darstellen, wenn die Pressemitteilung auf der Website des Bundesministeriums eingestellt wird[1539]. Gleiches soll für die Veröffentlichung eines Presseinterviews des Ministers auf der Website seines Ministeriums gelten[1540].

I. Staatliche Wahlkampfwerbung als spezifische Problematik

Die Verweise auf die 1977er-Entscheidung, um das Gebot (partei-)politischer Neutralität für verbale Äußerungen staatlicher Amtsträger zu begründen, sind wenig stichhaltig. Die damalige Fallkonstellation beruhte darauf, dass eine politische Partei aufgrund evidenter Ressourcenungleichheit durch die Regierung in ihrem Recht auf Chancengleichheit verletzt worden war[1541]. Die

1537 Siehe 5. Teil, E.
1538 Siehe BVerfGE 138, 102 (110 f., Rn. 31); 148, 11 (25, Rn. 45); 154, 320 (335, Rn. 46 f.).
1539 Siehe BVerfGE 148, 11.
1540 Siehe BVerfGE 154, 320; siehe zum Ganzen 3. Teil, C. I. 2. b).
1541 *Kuch*, AöR 142 (2017), S. 491 (507); *Krüper*, JZ 2015, S. 414 (416); *Payandeh*, Der Staat 55 (2016), S. 519 (526, 542).

Bundesregierung verwendete damals erhebliche staatliche Mittel, um öffentlichkeitswirksam für ihre eigene Wiederwahl zu werben[1542]. Gegenstand der Entscheidung waren mithin nicht wertende amtliche Äußerungen im politischen Meinungskampf[1543], sondern die (Grenzen) grundsätzlich erlaubter staatlicher Öffentlichkeitsarbeit[1544]. Die Wahlkampfwerbung mittels staatlichen Geldes unterscheidet sich jedoch erheblich von wertenden amtlichen Äußerungen zugunsten oder zulasten politischer Parteien und sonstiger Gruppierungen.

Setzt die Regierung erhebliche staatliche Mittel im Rahmen ihrer Öffentlichkeitsarbeit ein, so besteht tatsächlich die Gefahr, dass der Meinungs- und Willensbildungsprozess des Volkes gelenkt und das demokratische Prinzip hierdurch verletzt wird[1545]. Denn ein massiver Einsatz staatlicher Mittel hat, anders als einzelne amtliche Äußerungen, eine größere Chance auf breite Wahrnehmung in der Bürgerschaft und geht damit über die üblichen Möglichkeiten des demokratischen Diskurses hinaus. Unter derartigen Umständen liegt eine Verletzung des Rechts der politischen Parteien auf Chancengleichheit vor[1546]. Denn eine kommunikative Waffengleichheit zwischen Staat und Gesellschaft besteht in einem solchen Fall nicht mehr. Den oppositionellen Parteien drohen vielmehr im Wettbewerb um Wählerstimmen erhebliche Nachteile, da sie mit ihren eigenen Ressourcen nicht nur im Wettbewerb mit den regierenden Parteien stehen, sondern auch den fast grenzenlosen Ressourcen des gesamten Staates gegenüberstehen. Die Wettbewerbslage wird so erheblich verfälscht. Deshalb muss es Inhabern staatlicher Führungsämter verboten sein, den staatlichen Machtapparat zur Perpetuierung der eigenen Herrschaft zu nutzen. Auf die Konsequenzen, die hieraus folgen, wird im Zuammenhang mit den Äußerungsgrenzen jenseits des politischen Neutralitätsgebotes eingegangen werden[1547].

II. Wertende amtliche Äußerungen

Die Verwendung einer amtlichen Internetseite, um über diese u. a. wertende Äußerungen des Amtsträgers zu verbreiten, ist mit Blick auf die Möglichkeiten der Einwirkung auf die Bürgerschaft nicht mit der Situation vergleichbar, in der eine Regierung mit öffentlichen Geldern in Millionenhöhe Broschüren für ihre

1542 Siehe 1. Teil, B.

1543 So auch *Payandeh*, Der Staat 55 (2016), S. 519 (526).

1544 Siehe zum Begriff der Öffentlichkeitsarbeit 2. Teil, C. I.

1545 Siehe zum Demokratieprinzip 3. Teil, A. I. 1.

1546 Siehe zur Chancengleichheit politischer Parteien 3. Teil, A. II. 2.

1547 Siehe 5. Teil, C.

Wiederwahl druckt und verbreitet. Im letzteren Fall besteht eine Asymmetrie zwischen Amtsträger und politischer Konkurrenz. Die Asymmetrie zwischen dem staatlichen Handeln und den Möglichkeiten der Opposition muss auch das maßgebliche Kriterium für die Beantwortung der Frage sein, ob ein unzulässiger Ressourceneinsatz stattfand. Denn nur in solch einem Fall besteht die Gefahr der rechtswidrigen Lenkung des Willensbildungsprozesses des Volkes und werden die Chancen der anderen Parteien im politischen Wettbewerb unterminiert.

Eine solche Asymmetrie besteht allerdings bei bloßen wertenden amtlichen Äußerungen zugunsten oder zulasten einer politischen Partei im Regelfall nicht[1548]. Deshalb ist es verfehlt, wenn aufgrund der Maßgaben der 1977er-Entscheidung[1549] gefolgert wird, es gäbe ein allgemeines Gebot parteipolitischer Neutralität hinsichtlich wertender staatlicher Äußerungen[1550]. Anschaulich wird dies mit Blick auf die Verlautbarungen von Bundesministerin *Johanna Wanka* und Bundesminister *Horst Seehofer*, die ihre jeweiligen wertenden Äußerungen auf Internetseiten ihrer Ministerien veröffentlichen ließen[1551]. Das Einstellen einer Stellungnahme auf einer bestehenden Internetseite ist ein standardisierter, einfacher Vorgang, der nur wenige Minuten dauert. Die hierfür eingesetzten staatlichen Ressourcen sind daher kaum quantifizierbar. Internetseiten stehen darüber hinaus auch der politischen Opposition zur Verfügung, es handelt sich folglich nicht um ein exklusives Medium.

Auch der mögliche Einwand, dass eine amtliche Internetseite mehr Verbreitung findet als die Internetpräsens einer politischen Partei, lässt sich empirisch widerlegen. Zwar kann diese Untersuchung nicht auf die Zugriffszahlen von Regierungs- und Oppositionsinternetseiten zurückgreifen. Jedoch ist die Zahl der Personen, die bestimmten Konten in sozialen Medien folgt, einsehbar[1552]. So verfügt zum Beispiel die Facebook-Seite der CDU über 199.562 Personen, die „Gefällt mir“ geklickt haben[1553], während etwa beim Bundesministerium für

1548 Ähnlich *Gärditz*, Steriles Politikverständnis, verfassungsblog.de.

1549 BVerfGE 44, 125.

1550 Ähnlich *Payandeh*, Der Staat 55 (2016), S. 519 (526).

1551 BVerfGE 148, 11 (12, Rn. 3); 154, 320 (321, Rn. 2 ff.).

1552 Zugleich sind „Gefällt mir“ Angaben und „likes“, d. h., Zustimmung zu Beiträgen, in sozialen Medien mit Vorsicht zu genießen, da sie käuflich sind und die sozialen Medien hiergegen nicht wirkungsvoll vorgehen, siehe *Laufer, Daniel,* Im Kampf gegen Manipulation gescheitert, tagesschau, 27.04.2022, https://www.tagesschau.de/investigativ/kontraste/social-media-manipulation-101.html (zuletzt abgerufen am 27.04.2022).

1553 https://www.facebook.com/CDU / (zuletzt abgerufen am 20.07.2023).

Arbeit und Soziales „nur“ 120.753 sind[1554]. Blickt man auf einzelne Amtsträger und vergleicht sie mit Oppositionspolitikern, bestätigt sich das Bild. So verfügt der Vorsitzende der CDU, *Friedrich Merz*, bei Twitter über 286.775 Follower[1555], die Bundesministerin für Inneres und für Heimat, *Nancy Faeser*, jedoch nur über 150.151 Follower[1556]. Der Linke-Politiker *Gregor Gysi* verfügt bei Instagram über 114.000 Follower[1557], der Bundesminister *Volker Wissing* über 23.800 „Follower“[1558]. Diese kurze Stichprobe zeigt: Nur weil eine Internetpräsenz amtlichen Charakter hat, genießt sie nicht automatisch eine höhere Reichweite und damit Wahrnehmbarkeit. Von einer Asymmetrie zwischen Regierung und Opposition kann hier daher – anders als bei der Verbreitung von Millionen von Broschüren durch die Regierung[1559] – keine Rede sein. Zumal eine Vielzahl von Internetseiten existiert, die Einfluss auf die Meinungs- und Willensbildung nehmen. Die Bürgerschaft ist hierdurch mit unzähligen divergierenden Wertungen konfrontiert. Ob in diesem „Konzert der Meinungen“ im Internet amtliche Internetseiten eine spezifische, herausgehobene Position haben, darf bezweifelt werden.

Zwar wird eingewendet, dass die politische Opposition keinen Zugriff auf die amtlichen Internetseiten habe[1560]. Dem entgegenzuhalten ist aber, dass Inhaber staatlicher Führungsämter auch keinen Zugriff auf die oppositionellen Medienkanäle haben. Diese Kanäle stellen, wie gezeigt, effektive Möglichkeiten dar, konträre Stellungnahmen zu Maßnahmen und Positionen der Regierung zu verbreiten und hierbei auf die Meinungs- und Willensbildung der Bürgerschaft einzuwirken. Es ist somit nicht ausreichend, nur formal darauf abzustellen, dass die politische Opposition keinen Zugriff auf amtliche Internetseiten hat. Neben diese formelle Ungleichheit muss vielmehr eine materielle Ungleichheit treten, die zu einer relevanten Asymmetrie zwischen Regierung und Opposition im politischen Meinungskampf führt. Besteht eine derartige Asymmetrie zwischen Regierung und Opposition im politischen Meinungskampf nicht, besteht auch

1554 https://www.facebook.com/BMAS.Bund (zuletzt abgerufen am 20.07.2023).
1555 https://twitter.com/_FriedrichMerz (zuletzt abgerufen am 20.07.2023).
1556 https://twitter.com/NancyFaeser (zuletzt abgerufen am 20.07.2023).
1557 https://www.instagram.com/gregorgysi/ (zuletzt abgerufen am 20.07.2023).
1558 https://www.instagram.com/volkerwissing/ (zuletzt abgerufen am 20.07.2023).
1559 Wie im Fall BVerfGE 44, 125.
1560 Siehe zu dieser Argumentation BVerfGE 44, 125 (143); 138, 102 (119, Rn. 57); 154, 320 (343, Rn. 65); VfGH RP, NVwZ-RR 2014, S. 665 (667).

keine Gefahr etwa für den politischen Minderheitenschutz und droht auch keine Perpetuierung der Herrschaft der aktuellen Regierung[1561].

Würde man zudem die Rechtsprechung des Bundesverfassungsgerichts konsequent weiterdenken, wäre jeglicher staatliche Ressourceneinsatz im Zusammenhang mit amtlichen Äußerungen verboten. Hierdurch würden sich allerdings erhebliche praktische Probleme auftun. So ist auch der Sprechzettel, den ein Ministeriumsmitarbeiter für seinen Minister erstellt und den dieser als Vorbereitung für ein Interview nutzt, eine Inanspruchnahme der Ressourcen des Ministeriums. Allerdings lässt sich dieser Ressourceneinsatz, da er nicht öffentlich wird, besser verschleiern. Im Ergebnis trifft das Ressourcenkriterium der Rechtsprechung somit nur die sichtbaren Ressourcen, d. h., Äußerungen auf staatlichen Webseiten und in sozialen Medien, Broschüren usw. Alle staatlichen Ressourcen, die im Vorfeld vom Amtsinhaber eingesetzt werden, um seine Verlautbarung vorzubereiten, sind de facto nicht betroffen, weil im Regelfall nicht erkennbar ist, dass staatliche Ressourcen verwendet worden sind. Es ist nicht plausibel, im digitalen Zeitalter, in dem ständig Informationen durch staatliche Hoheitsträger auf allen Kanälen getwittert, gepostet oder direkt Journalisten exklusiv zugespielt werden, darauf abzustellen, ob für die Äußerung irgendwelche staatlichen Ressourcen eingesetzt worden sind.

Sinn und Zweck des Art. 21 Abs. 1 S. 1 GG ist u. a. die Herstellung von parteipolitischer Chancengleichheit; Sinn und Zweck des Art. 20 Abs. 1 und Abs. 2 S. 1 GG ist u. a. die Verhinderung einer unzulässigen Einflussnahme des Staates auf die Bürgerschaft. Eine Verletzung dieser Verfassungsnormen ist erst dann anzunehmen, wenn eine materielle Asymmetrie zwischen Regierung und Opposition herrscht, indem die Regierung sich solcher Machtmittel bedient, die der Opposition, auch in ähnlicher Form, nicht zur Verfügung stehen. Erst dann wird der Sinn und Zweck der Verfassungsnormen, den demokratischen Wettbewerb und die politischen Parteien zu schützen, verletzt. Dies ist bei der Verwendung amtlicher Internetseiten, Pressemitteilungen und Interviews nicht der Fall.

1561 Siehe hierzu schon 4. Teil, A. II. 2.; zum politischen Minderheitenschutz siehe 3. Teil, A. I. 1. b) cc).

E. „Alles-oder-nichts-Lösung" – Das Problem der Trennbarkeit von staatlichem Amt und parteipolitischer Eigenschaft

Weil Staat und Gesellschaft zwei verschiedene Sphären darstellen[1562], ist im Kern eine Trennung zwischen staatlichem Amt und parteipolitischer Eigenschaft notwendig[1563]. Zugleich räumen auch die Befürworter eines Gebotes (partei-)politischer Neutralität von Amtsträgern Schwierigkeiten bei der Trennung der Sprecherrollen ein[1564]. Fordert man von Amtsträgern politische Neutralität, führt dies zu einer „Alles-oder-nichts-Lösung"[1565]: Entweder eine Äußerung ist amtlich und unterfällt damit dem Gebot politischer Neutralität oder nicht; in der Folge ist sie entweder gänzlich verboten oder gänzlich erlaubt. Die „Alles-oder-nichts-Lösung" ignoriert jedoch die zahlreichen Wechselbeziehungen zwischen Staat und Gesellschaft[1566]. Das jeweilige staatliche Amt, das ein Amtsträger bekleidet, ist von seiner parteipolitischen Eigenschaft kaum zu trennen[1567]. Forderungen nach strikter politischer Neutralität sind daher nicht praxisgerecht.

I. Kommunikationsverhalten als tatsächliche Erschwerung der Unterscheidbarkeit

Wer fordert, die amtliche und die parteipolitische Sprecherrolle strikt zu trennen, stößt angesichts zweier moderner Phänomene auf Schwierigkeiten. Zum einen hat sich die Art der Kommunikation verändert. Amtsträger äußern sich immer häufiger über Medien wie Facebook, Twitter, Instagram und Internetblogs, die sie teils gemischt, also sowohl für private bzw. parteipolitische als auch für amtliche Äußerungen nutzen[1568]. Diese Mischnutzungen machen es häufig unmöglich, einzelne Äußerungen einer der beiden Sphären zuzuordnen. Zum

---

1562 Siehe 4. Teil, A. I. 2.

1563 Siehe 3. Teil, C. I.

1564 Siehe etwa BVerfGE 138, 102 (118); 148, 11 (32); *Kuch*, AöR 142 (2017), S. 491 (499).

1565 *Tanneberger/Nemeczek*, NVwZ 2015, S. 215 (216).

1566 Siehe 4. Teil, A. I. 2. und 4.

1567 So auch *Payandeh*, Der Staat 55 (2016), S. 519 (534 ff.); *Krüper*, JZ 2015, S. 414 (417); *Putzer*, DÖV 2015, S. 417 (422 f.); ähnlich *Tanneberger/Nemeczek*, NVwZ 2015, S. 215 (216).

1568 Z. B. beschreibt Bundesminister *Christian Lindner* sich in seinem Twitter-Profil als „Bundesminister der Finanzen" und „Bundesvorsitzender der Freien Demokraten", https://twitter.com/c_lindner (zuletzt abgerufen am 20.07.2023). Somit enthält sein Twitter-Profil sowohl eine amtliche als auch parteipolitische Widmung.

anderen haben aufgrund der verstärkten Bedeutung des Internets und der steten Präsens von Kameras und Mikrofonen mündliche Äußerungen erheblich zugenommen. Diese sind allerdings schwieriger zu beurteilen als schriftliche Verlautbarungen wie Pressemitteilungen, weil weniger klar erkennbar ist, ob die Äußerung in amtlicher oder privater Funktion erfolgt[1569]. Im Ergebnis ist das Handeln eines Amtsträgers immer seltener eindeutig der amtlichen oder privaten bzw. parteipolitischen Sphäre zuzuordnen[1570]. Die Schwierigkeiten in der Abgrenzung der Zweifelsfälle wurden bereits aufgezeigt[1571].

Die Entscheidung, ob sich ein Amtsträger in amtlicher Funktion äußert oder nicht, kann von wenigen, tendenziell zufällig gewählten Worten abhängen. Würde zum Beispiel der Moderator einer Diskussionsrunde den Amtsinhaber fragen: „Sie als Minister, was sagen Sie zur Partei X?", dann müsste der Minister aufgrund des Gebotes parteipolitischer Neutralität deutlich machen, dass er nicht als Minister antwortet. Die Frage, ob er dies kenntlich macht oder nicht, macht laut der Rechtsprechung des Bundesverfassungsgerichts den maßgeblichen Unterschied zwischen erlaubten und verbotenen Äußerungen aus. Würde in diesem Beispiel der Moderator aber erst gar nicht den Amtsträger als Minister ansprechen, sondern schlicht fragen: „Was sagen Sie zur Partei X, Herr Y?", so würden sich aus der Sicht des Bundesverfassungsgerichts keine äußerungsrechtlichen Probleme ergeben, da seine Äußerungen der parteipolitischen Sphäre zugeordnet würden[1572], obwohl dem Zuschauer, also dem Empfänger der Äußerung, jederzeit präsent ist, dass der Äußernde (natürlich) auch ein Regierungsamt innehat. *Häberle* spricht mit Blick auf den Empfängerhorizont daher zu Recht von „Schizophrenie", da die Bürgerschaft oft gar nicht zwischen Regierungstätigkeit und Tätigkeit der Parteien, die die Regierung tragen, unterscheiden könne[1573].

II. Der Empfängerhorizont

Mit dem zuvor Gesagten ist angesprochen, dass die Kriterien, nach denen eine Äußerung der amtlichen oder parteipolitischen bzw. privaten Sphäre zugeordnet wird, den tatsächlichen Empfängerhorizont nicht hinreichend berücksichtigen. Diese Kriterien stellen auf einen verobjektivierten, normativen

1569 *Mandelartz*, DÖV 2015, S. 326 (327).
1570 *Mandelartz*, DÖV 2015, S. 326 (327).
1571 Siehe 3. Teil, C. 2. d) und 3.
1572 Siehe 3. Teil, C. I. 3. a).
1573 *Häbelere*, JZ 1977, S. 361 (367); ähnlich VfGH ST, LKV 1997, S. 63.

Empfängerhorizont ab[1574]. Hierbei wird jedoch außer Acht gelassen, dass die Bürgerschaft kaum unterscheidet, ob sich ein Amtsträger in privater oder in amtlicher Eigenschaft äußert[1575]. Tritt etwa eine Ministerpräsidentin bei einer Veranstaltung ihrer Partei auf, wird sie dort nicht nur als Parteipolitikerin wahrgenommen. Die Grundlage für ihren Auftritt bildet in den meisten Fällen erst ihr staatliches Amt und die damit einhergehende herausgehobene Rolle in ihrer politischen Partei, die Veranstalterin ist. Diese lädt die Ministerpräsidentin ein, weil sie sich damit einen Werbeeffekt erhofft, und wird entsprechend mit dem Amt der Ministerpräsidentin werben. Diese parteipolitische Werbung mit dem Amt ist nach der Rechtsprechung zulässig[1576]. Damit wird aber die Forderung nach partei-politischer Neutralität ad absurdum geführt, da für den Zuhörer der Veranstaltung die dortigen Äußerungen der Ministerpräsidentin schon allein aufgrund der Werbung immer einen Bezug zum Amt aufweisen werden. Hinzu kommt, dass die meisten Zuhörer einer solchen Veranstaltung die Ministerpräsidentin in dieser Funktion kennen werden und nicht als Parteipolitikerin. Dies zeigt sich auch an dem Beispiel, dass ein Amtsinhaber einen politischen Aufruf unterzeichnet und hierbei sein Amt weglässt[1577]. Die politisch interessierte Öffentlichkeit wird die Äußerung dennoch mit dem Amt assoziieren[1578].

III. Spontanäußerungen und fehlende Verantwortlichkeit für die amtliche Eigenschaft der Äußerung

Wie dargestellt, kann zwar der Amtsträger durch einen Disclaimer seine Äußerung der nicht-amtlichen Sphäre zuordnen[1579]. Doch erscheint es praxisfern, einen solchen Disclaimer zu fordern. Der Amtsträger müsste bei jeder Äußerung zunächst darüber nachdenken, ob sie als amtlich oder nicht-amtlich eingestuft werden könnte, ob sie parteiergreifend ist oder nicht, und sodann geistesgegenwärtig entscheiden, ob er den Disclaimer artikuliert oder nicht. Insbesondere Spontanäußerungen würden damit unmöglich gemacht. Die Rechtsprechung klammert den Aspekt der Spontanität von Interviewäußerungen komplett aus und geht faktisch davon aus, dass der Amtsträger bei jeder Äußerung

---

1574 Siehe VfGH, ThürVBl. 2015, S. 295 (297); *Barczak*, NVwZ 2015, S. 1014 (1016).

1575 *Payandeh*, Der Staat 55 (2016), S. 519 (535); ähnlich *Putzer*, DÖV 2015, S. 417 (422 f.).

1576 Siehe 3. Teil, C. I. 2. a).

1577 OVG BE-BB, Beschl. vom 14.09.2012 – Az. OVG 1 S 127.12, Rn. 7 (juris).

1578 *Payandeh*, Der Staat 55 (2016), S. 519 (536).

1579 Siehe 3. Teil, C. I. 3. c).

durchdenkt, was genau er sagen wird und welcher Sphäre es zugeordnet werden könnte. Dies ist aber eine unrealistische Betrachtungsweise politischer Kommunikation. Vor allem bei spontanen Interviews, etwa für Fernsehsender, Radios, aber auch für Printmedien, ist es dem Amtsträger gar nicht möglich, seine Äußerungen jeweils in die Schublade „amtlich“ oder „parteipolitisch“ zu legen. Wollte man dies dennoch konsequent von ihm fordern, müsste jeder Amtsträger bei jeder Äußerung vor ihrer Veröffentlichung eine rechtliche Prüfung durchführen lassen und Spontanäußerungen nahezu gänzlich unterlassen, um rechtskonform zu handeln.

IV. Conclusio

Die Befunde verdeutlichen, dass die Unterscheidung zwischen staatlichem Amt und parteipolitischer bzw. privater Eigenschaft, vor allem im Hinblick auf Äußerungen, häufig unmöglich ist. Gleichwohl ist es grundsätzlich notwendig, Staat und Gesellschaft und damit grundrechtsverpflichtete Amtsperson bzw. grundrechtsberechtigte Bürgerschaft zu unterscheiden[1580]. Im Bereich des Äußerungsrechts muss man jedoch auf die Forderung nach (partei-)politischer Neutralität von Amtsträgern verzichten. Denn die Folgen des Neutralitätsgebotes sind hier schwerwiegend: Für denjenigen, der sich als Amtsperson äußert – etwa weil er aus Ungeschicklichkeit vergisst, einen verbalen „Disclaimer“ zu verwenden – führt das Neutralitätsgebot in vielen Fällen zu einem Äußerungsverbot. Diese Konsequenz ist angesichts einer kaum möglichen Trennbarkeit der staatlichen von der privaten Äußerungssphäre zu weitreichend. Dies ist durch die politische Rolle der betroffenen staatlichen Ämter begründet[1581]: Es widerspricht der politischen Funktion von Regierungsmitgliedern und kommunalen Amtsträgern, sie aufgrund einer normativ zwar notwendigen, aber faktisch fehlenden Trennbarkeit von Amts- und Privat- bzw. Parteisphäre mit einem partiellen Äußerungsverbot zu belegen[1582].

F. Ländervergleich: Österreich

Da die österreichische Verfassung Ähnlichkeiten mit dem deutschen Staatsorganisationsrecht aufweist, bietet sich ein Vergleich mit der dortigen Rechtslage

1580 Siehe 2. Teil, A. I. und 4. Teil, A. I. 2.
1581 Siehe 4. Teil, A. V.
1582 Zu den Alternativen jenseits des Gebots (partei-)politischer Neutralität siehe 5. Teil.

hinsichtlich der Frage der politischen Neutralität von Inhabern staatlicher Führungsämter an.

I. Ähnlichkeiten zwischen dem österreichischen und dem deutschen Verfassungsrecht

Wie das deutsche Verfassungsrecht konstituiert die österreichische Verfassung das Land als demokratische Republik, vgl. Art. 1 S. 1 Bundes-Verfassungsgesetz (B-VG), und erteilt damit der Monarchie eine Absage[1583]. Der Souverän ist, wie in der Bundesrepublik Deutschland[1584], das Volk (Art. 1 S. 2 B-VG). Umgesetzt wird das demokratische Prinzip maßgeblich mittels Wahlen, insbesondere gemäß Art. 26 Abs. 1 B-VG durch die Wahl des Nationalrates, der das bundesstaatliche Parlament darstellt. Die in Art. 26 Abs. 1 B-VG vorgesehen Wahlprinzipien der „gleichen, unmittelbaren, persönlichen, freien und geheimen" Wahl entsprechen bis auf eine Ausnahme den deutschen Wahlprinzipien des Art. 38 Abs. 1 S. 1 GG. Im Unterschied zum deutschen Verfassungsrecht wird in Österreich auch der Bundespräsident direkt vom Volk gewählt (Art. 60 Abs. 1 B-VG). Wie in Deutschland ist die österreichische Bundesregierung abhängig vom Vertrauen des Parlaments[1585]. Österreich ist wie Deutschland ein Bundesstaat (Art. 2 Abs. 1 und 2 B-VG). Hierbei gilt für die Bundesländer dasselbe Wahlrecht wie auf nationaler Ebene (Art. 26 Abs. 1, 95 Abs. 1, 117 Abs. 2 B-VG). Damit existiert ein dem deutschen Verfassungsrecht (Art. 28 Abs. 1 S. 1 GG) vergleichbares Homogenitätsprinzip zwischen Bundes- und Landesebene.

§ 1 Abs. 1 des österreichischen Parteiengesetzes setzt die „Existenz und die Vielfalt politischer Parteien" als wesentlichen Bestandteil „der demokratischen Ordnung der Republik Österreich" voraus. Es handelt sich um eine Norm mit Verfassungsrang[1586], die Ähnlichkeiten zu Art. 21 Abs. 1 GG aufweist. Wie im deutschen Parteienrecht[1587] sind in Österreich Parteien frei gebildete, auf Dauer angelegte Organisationen, die darauf abzielen, die Willensbildung des Volkes zu beeinflussen und an Wahlen teilzunehmen (§ 1 Abs. 2 und 3 PartG Österreich). Diese Stellung macht sie für das Funktionieren der parlamentarischen

---

1583 *Wiederin*, in: von Bogdandy/Huber (Hrsg.), Ius Publicum Europaeum, Bd. I, § 7, Rn. 68; siehe zur deutschen Rechtslage 2. Teil, A. III. 1.

1584 Siehe 3. Teil, A. I. 1. a).

1585 *Wiederin*, in: von Bogdandy/Huber (Hrsg.), Ius Publicum Europaeum, Bd. I, § 7, Rn. 70.

1586 *Berka*, Lehrbuch Verfassungsrecht, Rn. 223.

1587 Zur Definition der politischen Parteien in Deutschland siehe 3. Teil, A. II. 1. a).

Demokratie unverzichtbar; die österreichischen Parteien haben einen verfassungsrechtlichen Status[1588]. Es lässt sich somit festhalten, dass die politischen Parteien sowohl in Deutschland als auch in Österreich eine verfassungsrechtliche Institution sind, die für das Funktionieren der Demokratie notwendig ist und an der Willensbildung des Volkes mitwirkt[1589]. Zudem gilt der Grundsatz der Chancengleichheit der politischen Parteien auch in Österreich[1590].

II. Gebot politischer Neutralität in Österreich?

Weil das Gebot (partei-)politischer Neutralität in Deutschland sowohl dem Schutz des demokratischen Prinzips[1591] dient als auch dem Schutz der politischen Parteien[1592], ist ein Vergleich mit dem österreichischen Verfassungsrecht möglich. Denn auch in Österreich gilt das demokratische Prinzip und sind die politischen Parteien ein immanenter Teil der Verfassung. Auch der Begriff „Neutralität" ist dem österreichischen Recht bekannt, denn diese ist im Bundesverfassungsgesetz über die Neutralität vom 26.10.1955 verankert[1593]. Es handelt sich hierbei um eine Variante der völkerrechtlichen Neutralität[1594]. Auch kennt das österreichische Verfassungsrecht die religiös-weltanschauliche Neutralität[1595] und im Bereich des Rundfunks den Grundsatz der „Unparteilichkeit der Berichterstattung", aus dem folgt, dass Parteien mit „nennenswerter Bedeutung" die Möglichkeit haben müssen, ihre Standpunkte im öffentlich-rechtlichen Rundfunk darzulegen[1596].

Zugleich findet sich in der gesamten Rechtsprechung des österreichischen Verfassungsgerichtshofes kein Gebot politischer Neutralität von Amtsträgern[1597].

1588 *Berka*, Lehrbuch Verfassungsrecht, Rn. 233 f.

1589 Zur Mitwirkung der politischen Parteien an der Willensbildung in Österreich *Berka*, V Lehrbuch Verfassungsrecht, Rn. 236.

1590 *Berka*, Lehrbuch Verfassungsrecht, Rn. 238.

1591 Siehe 3. Teil, A. I. 1.

1592 Siehe 3. Teil, A. II. 2.

1593 Bundesverfassungsgesetz über die Neutralität Österreichs BGBl. 1955/211.

1594 *Berka*, Lehrbuch Verfassungsrecht, Rn. 211 ff.; *Grabenwarter*, in: Bogdandy/Huber (Hrsg.), Ius Publicum Europaeum, Bd. II, § 20, Rn. 10.

1595 *Berka*, Lehrbuch Verfassungsrecht, Rn. 1443, 1449.

1596 VfGH Österreich 12.03.2009, Az. B 434/08, S. 12, https://www.vfgh.gv.at/downloads/VfGH_B_434-08_-_fpoe_orf_einladung_zu_diskussionssendungen.pdf (zuletzt abgerufen am 17.06.2021).

1597 Siehe die Entscheidungsübersicht unter https://www.vfgh.gv.at/rechtsprechung/Ausgewaehlte_Entscheidungen.de.html (zuletzt abgerufen am 17.06.2021).

Auch in österreichischen staats- und verfassungsrechtlichen Abhandlungen findet sich keine Forderung, die dem Gebot politischer Neutralität von Amtsträgern in Deutschland entspräche[1598]. Zwar ist es in Österreich dem Staat versagt, eine Partei so zu fördern, dass sie zur „Staatspartei" wird[1599]. Auch staatliche Wahlkampfwerbung für eine Partei ist verboten[1600]. Letzteres bezieht sich – ähnlich der Konstellation, die das Bundesverfassungsgericht 1977 zu entscheiden hatte[1601] – auf Fälle, in denen die Regierung die politischen Parteien, die sie tragen, mittels staatlichen Ressourceneinsatzes, etwa durch Zeitungsanzeigen im Wahlkampf, unterstützt. Hinsichtlich amtlicher Äußerungen kennen dagegen weder der österreichische Verfassungsgerichtshof noch das österreichische Schrifttum ein Gebot (partei-)politischer Neutralität von Amtsträgern. Dies macht deutlich, dass eine parlamentarische, repräsentative Demokratie nicht auf ein solches Neutralitätsgebot angewiesen ist, um zu funktionieren. Der Schutz politischer Parteien wird damit nicht für entbehrlich gehalten, vielmehr wird der notwendige Schutz politischer Parteien durch die Regelungen zur Parteienfinanzierung[1602] und durch das Verbot regierungsamtlicher Wahlwerbung sichergestellt. Der Vergleich mit Österreich zeigt: Eine Demokratie mitsamt notwendigem Schutz der politischen Parteien bedarf keines Gebotes (partei-)politischer Neutralität für Amtsträger.

G. Zusammenfassung des 4. Teils

Die Rechtsprechung und Teile des Schrifttums fordern von Inhabern politischer Führungsämter (partei-)politische Neutralität. Eine kritische Auseinandersetzung mit den Argumenten für ein solches allgemeines Gebot politischer Neutralität im Hinblick auf staatliche Äußerungen zeigt jedoch, dass diese Argumente nicht überzeugen. So stehen in der Demokratie Staat und Gesellschaft in einer Wechselbeziehung zueinander. Diese beinhaltet wechselseitige Kommunikation. Auch mit Blick auf den Schutz des Pluralismus bedarf es keiner staatlichen Neutralitätspflicht im Hinblick auf Äußerungen von Inhabern staatlicher Führungsämter, da diese Teil der politischen Auseinandersetzungen sind. Eine Gefahr der „Lenkung" der Demokratie durch wertende staatliche Äußerungen im

1598 Siehe *Adamovich* et al (Hrsg.), Österreichisches Staatsrecht, Bd. 1; *Berka*, Verfassungsrecht.

1599 *Berka*, Lehrbuch Verfassungsrecht, Rn. 235.

1600 VfSlg 14.803/1997; VfSlg 17.418/2004.

1601 BVerfGE 44, 125.

1602 Siehe hierzu *Berka*, Lehrbuch Verfassungsrecht, Rn. 240 ff.

politischen Meinungskampf existiert nicht, denn die Bürgerschaft ordnet derartige Äußerungen als Teil des (partei-)politischen Wettbewerbs ein und nicht als gesamtstaatliche Positionierung. Mit Blick auf den Schutz der Republik gilt, dass Inhaber staatlicher Führungsämter gewählt werden, um Gemeinwohl zu konkretisieren. Das Gemeinwohlkonzept beinhaltet auch die politische Haltung des jeweiligen Amtsträgers. Eine spezifische Autorität kommt Inhabern staatlicher Führungsämter nicht zu. Dagegen spricht zum einen der Befund, dass Politiker nicht besonders beliebt sind und fehlende Beliebtheit in der Demokratie sich auf die Autorität des betreffenden Amtsträgers auswirkt. Zum anderen entspricht die Annahme einer solchen Autorität im Kern einem obrigkeitsstaatlichen Verständnis.

Politische Parteien bedürfen keines Schutzes durch ein Gebot parteipolitischer Neutralität von Amtsträgern. Vielmehr muss zwischen der Regierung und der Opposition ein kontroverser Meinungsaustausch möglich sein, denn die oppositionellen Parteien sind gegenüber der Regierung die maßgeblichen Gegenspieler im Wettbewerb um die Übernahme der Staatsleitung. Zu berücksichtigen ist zudem, dass die Rolle von Inhabern staatlicher Führungsämter eine dezidiert politische ist. Ihre Aufgabe ist es nicht nur, konkrete politische Vorhaben umzusetzen, sondern auch bestimmte politische Haltungen zu artikulieren.

Mit Blick auf die Frage, ob aus den Art. 5 Abs. 1 S. 1 und Art. 8 Abs. 1 GG ein allgemeines politisches Neutralitätsgebot folgt, gilt, dass durch amtliche Äußerungen im Regelfall kein Eingriff in Grundrechte vorliegt. Ohne Grundrechtseingriff liegt jedoch keine Rechtswidrigkeit des staatlichen Handelns vor, weshalb auch kein Neutralitätsgebot aus den Grundrechten gefolgert werden kann. In den (wenigen) Fällen, bei welchen amtliche Äußerungen in Grundrechte eingreifen, greift bereits das Sachlichkeitsgebot als hinreichender Schutz für politische Parteien als auch sonstige Vereinigungen, so dass hier kein Rückgriff auf ein politisches Neutralitätsgebot notwendig ist.

Während die Rechtsprechung Regierungsmitglieder und kommunale Amtsträger als Adressaten des Gebotes parteipolitischer Neutralität sieht, verneint sie mit Blick auf den Bundespräsidenten die Anwendbarkeit des Neutralitätsgebotes. Dies vermag in der Logik des Neutralitätsgebotes schon nicht zu überzeugen, da der Bundespräsident ebenso wie etwa die Bundesregierung Einfluss auf die Willensbildung des Volkes nehmen kann und nicht abseits des politischen Prozesses steht. Im Besonderen untersteht er dem Leitbild der Neutralität, da er nach ständiger Staatspraxis als parteipolitisch unabhängiger staatlicher Akteur wahrgenommen wird. Dies führt zu eigenständigen Neutralitätsanforderungen jenseits des Gebotes parteipolitischer Neutralität, auf die im nächsten Teil der Untersuchung eingegangen wird.

Bei der Frage des Einsatzes staatlicher Mittel im Kontext der amtlichen Äußerung überdehnt die Rechtsprechung den Ressourcenbegriff, wenn jeder noch so geringfügige staatliche Ressourceneinsatz als Verletzung der Neutralitätspflicht bewertet wird. Um das demokratische Prinzip der „Herrschaft auf Zeit" nicht zu gefährden, muss es Amtsträgern zwar verboten sein, erhebliche staatliche Mittel einzusetzen, um die öffentliche Meinung zu lenken; basale Kommunikationsressourcen dürfen hingegen in Anspruch genommen werden. Auf die Frage der Grenzen des staatlichen Ressourceneinsatzes wird im folgenden Teil der Untersuchung eingegangen.

Mit Blick auf die Trennung des staatlichen vom nicht-staatlichen Amt gilt, dass die Öffentlichkeit staatliche Amtsträger vor allem als solche wahrnimmt und kaum zwischen Parteiamt und Staatsamt unterscheidet. Auch sind die Vorgaben der Rechtsprechung praxisfern, weil danach de facto ein verbaler „Disclaimer" erforderlich ist – eine Bedingung, die vor allem bei Spontanäußerungen kaum erfüllbar ist. Das Neutralitätsgebot führt im Kern zu einer „Alles-oder-nichts-Lösung", d. h., parteiergreifende Äußerungen von Amtsträgern sind gänzlich verboten. Damit wird aber die Trennung der staatlichen von der privaten Sphäre zur alles entscheidenden Frage. Ein Verzicht auf das Neutralitätsgebot würde zwar die Notwendigkeit der Trennung beider Sphären nicht aufheben. Jedoch hätte die Zuordnung einer Äußerung zur staatlichen Sphäre weniger drastische Auswirkungen als ein Verbot parteiergreifender, wertender Äußerungen. Der Blick nach Österreich, wo politischen Parteien ebenfalls Verfassungsrang zukommt, zeigt zudem, dass zum Schutz der Parteien und der Demokratie kein äußerungsbezogenes Gebot politischer Neutralität von Amtsträgern notwendig ist.

5. Teil: Äußerungsrechtliche Grenzen jenseits des Gebotes politischer Neutralität von Amtsträgern

Die Verwerfung des Gebotes (partei-)politischer Neutralität bzw. des strikten Sachlichkeitsgebotes bedeutet keinen Freibrief für jedwede staatliche Äußerung[1603]. So folgen schon aus strafrechtlichen[1604] und zivilrechtlichen[1605] Normen äußerungsrechtliche Beschränkungen, die auch für staatliche Amtsträger gelten. Die Behauptung falscher Tatsachen ist daher ebenso verboten wie diffamierende Äußerungen[1606]. Zudem müssen Inhaber staatlicher Führungsämter, sofern sie als Verwaltungsbehörde tätig sind, im Verwaltungsverfahren Neutralität wahren[1607]. Unstreitig dürfen Amtsträger ihre Äußerungen auch nicht mit administrativen Maßnahmen verbinden[1608], etwa indem sie einer von ihnen missbilligten Partei öffentliche Räume vorenthalten[1609]. Ebenfalls anerkannt als allgemeine Grenzen staatlicher Äußerungen sind das Willkürverbot[1610] und das Sachlichkeitsgebot[1611]. Zwar ergibt sich auch bei diesen beiden äußerungsrechtlichen Vorgaben die Problematik, dass zwischen staatlichem Amt und privater bzw. parteipolitischer Äußerungseigenschaft differenziert werden muss[1612]. Anders als bei dem Gebot politischer Neutralität haben hier aber äußerungsrechtliche Zuordnungen keine „Alles-oder-nichts-Wirkung"; d. h., die Folge ist kein gänzliches Verbot amtlicher Äußerungen, sondern nur ein Verbot bestimmter Formulierungsweisen.

Die Inhaberschaft eines Regierungs- oder Bürgermeisteramtes ist stets mit dem Zugriff auf relevante staatliche Ressourcen verbunden. Aus diesem Grund und weil Politik stets auch der „Kampf um Macht"[1613] ist, besteht die Gefahr,

---

1603 Ähnlich *Gärditz*, NWVBl. 2015, S. 165 (168); *Payandeh*, Der Staat 55 (2016), S. 519 (550).
1604 §§ 185, 186, 187 StGB.
1605 § 1004 BGB analog i. V. m. Art. 2 Abs.1 i. V. m. Art. 1 Abs. 1 GG.
1606 BVerfGE 82, 272 (283 f.); 93, 266 (294).
1607 Siehe 2. Teil, B. 2. b).
1608 Ähnlich *Volkmann*, in: Friauf/Höfling (Hrsg.), GG, Art. 21, Rn. 55.
1609 *Volkmann*, in: Friauf/Höfling (Hrsg.), GG, Art. 21, Rn. 55.
1610 Siehe A.
1611 Siehe B.
1612 Siehe zur Problematik 4. Teil, E.
1613 *Morlok*, DVBl 2017, S. 995.

dass die Inhaber solcher Führungsämter ihre Machtposition missbrauchen, um die eigene Wiederwahl abzusichern. Das grundlegende demokratische Prinzip, wonach die Minderheit die Chance haben muss, zur Mehrheit zu werden[1614], wäre bedroht, wenn Amtsträger ihren Zugriff auf staatliche Ressourcen uneingeschränkt nutzen könnten, um den politischen Wettbewerb zu ihren Gunsten zu beeinflussen. Daher bedarf es auch mit Blick auf den Einsatz staatlicher Ressourcen durch Amtsträger einschränkender Vorgaben. Diese dürfen nicht jeden staatlichen Ressourceneinsatz erfassen[1615]; müssen aber einen solchen verbieten, der den politischen Wettbewerb in relevanter Form beeinträchtigt[1616]. Mit Blick auf die Wahlen als den wichtigsten Zeitpunkten der politischen Willensbildung[1617] bedarf es überdies eines Zurückhaltungsgebotes, das jedoch weniger streng sein darf als das Gebot parteipolitischer Neutralität[1618]. Für den Bundespräsidenten wie auch für Parlamentspräsidenten und Ausschussvorsitzende folgt zudem aus dem Leitbild der politischen Neutralität ihrer Ämter ein eigenständiges Neutralitätsgebot[1619].

A. Willkürverbot

Beim Willkürverbot handelt es sich um ein „fundamentales Rechtsprinzip“[1620], das für jedes staatliche Handeln gilt[1621]. Daher findet der Willkürmaßstab auch für staatliche Äußerungen Anwendung[1622].

I. Herleitung und Inhalt

Das Willkürverbot folgt aus Art. 3 Abs. 1 GG und – da es ein objektives Prinzip der Gerechtigkeit ist – auch aus dem Rechtsstaatsprinzip[1623]. Willkür wird dann

1614 *Volkmann*, in: Friauf/Höfling (Hrsg.), GG, Art. 21, Rn. 51; eingehend 3. Teil, A. I. 1. b) cc).

1615 Zur Kritik an der Rechtsprechung, die jedweden Ressourceneinsatz als rechtswidrig bewertet, siehe 4. Teil, D.

1616 Siehe C.

1617 Siehe hierzu 3. Teil, A. I. 2.

1618 Siehe D.

1619 Siehe E.

1620 *Heun*, in: Dreier (Hrsg.), GG, Bd. I, Art. 3, Rn. 21.

1621 BVerfGE 35, 263 (272).

1622 Siehe hierzu BVerfGE 40, 287 (293 f.); 105, 252 (273); 113, 63 (66 ff.).

1623 BVerfGE 21, 362 (372); 26, 228 (244); 69, 161 (169); 86, 148 (251); 89, 132 (141); 137, 108 (154, Rn. 107); *Huber*, in: v. Mangoldt/Klein/Starck, GG, Bd. 3, Art. 107, Rn. 68.

angenommen, wenn ein staatliches Handeln bei verständiger Würdigung der das Grundgesetz beherrschenden Gedanken nicht mehr verständlich ist und sich daher der Schluss aufdrängt, dass es auf sachfremden Erwägungen beruht[1624]. Im Mittelpunkt steht der Gerechtigkeitsgedanke[1625]. Besondere Bedeutung hat das Willkürverbot bei der verfassungsgerichtlichen Kontrolle von Gerichtsentscheidungen[1626]. Es gilt aber auch für exekutives und legislatives Handeln[1627].

II. Geeignetheit des Willkürverbotes als äußerungsrechtlicher Begrenzungsmaßstab

Das Willkürverbot wurde vom Bundesverfassungsgericht 1975 in seiner Entscheidung zum Verfassungsschutzbericht – und damit zur Bewertung amtlicher Äußerungen über nicht verbotene Parteien – als Bewertungsmaßstab herangezogen[1628]. Der Verfassungsschutzbericht wird vom Bundesinnenminister herausgegeben. Es handelt sich um die schriftliche Äußerung eines Amtsträgers über eine politische Partei[1629]. Dass das Willkürverbot im Zusammenhang mit amtlichen Verlautbarungen nicht obsolet geworden ist, zeigt sich anhand der *Gauck*-Entscheidung des Bundesverfassungsgerichts, denn der Maßstab für die Bewertung der amtlichen Äußerung des Bundespräsidenten war das Willkürverbot[1630]. Auch im abweichenden Sondervotum des Richters *Petermann* zur Bewertung der Äußerung des thüringischen Ministerpräsidenten *Ramelow* wurde das Willkürverbot als Begrenzungsmaßstab herangezogen[1631]. Dies zeigt, dass in der gerichtlichen Praxis das Willkürverbot zur Bemessung der Grenzen staatlicher Äußerungen als geeignet angesehen wird.

Das Bundesverfassungsgericht hat den Inhalt des Willkürverbots für amtliche Äußerungen, in denen einer Partei das Verfolgen verfassungswidriger Ziele vorgeworfen wird, spezifiziert: Willkürlich ist eine amtliche Äußerung dann, wenn durch sie eine nicht verbotene Partei in der Öffentlichkeit verdächtigt wird,

---

1624 BVerfGE 4, 1 (7); 18, 85 (96); 74, 102 (127); *Bethge*, in: *Schmidt-Bleibtreu* et al, BVerfGG, § 90, Rn. 277; *Kirchhof*, in: Dürig/Herzog/Scholz, GG, Art. 3 Abs. 1, Rn. 265.

1625 BVerfGE 3, 58 (135 f.); 10, 234 (246); 42, 64 (72); 71, 255 (271); 98, 365 (385, Rn. 63).

1626 *Kischel*, in: Epping/Hillgruber (Hrsg.), Art. 3, Rn. 84 f.

1627 *Kischel*, in: Epping/Hillgruber (Hrsg.), Art. 3, Rn. 86 f.

1628 BVerfGE 40, 287 (293).

1629 Siehe 3. Teil, D. II. 1. a).

1630 BVerfGE 136, 323 (336, Rn. 33); siehe auch 3. Teil, B. II. 2. a) bb) (1.).

1631 VfGH TH, ThürVBl. 2016, S. 273 (280) – Sondervotum Petermann.

verfassungswidrige Ziele zu verfolgen und sich entsprechend zu betätigen, die Äußerung bei verständiger Würdigung der das Grundgesetz beherrschenden Gedanken nicht mehr verständlich ist und sich mithin der Schluss aufdrängt, dass sie auf sachfremden Erwägungen beruht[1632]. Sofern aber ein Amtsträger im Rahmen seiner Verlautbarung Tatsachen wiedergibt und er sein Werturteil weder aggressiv noch diffamierend vorträgt, ist das Willkürverbot nicht verletzt[1633]. Schmähkritik verstößt stets gegen das Willkürverbot[1634].

III. Vergleich mit dem Gebot politischer Neutralität anhand von Fallbeispielen

Im Verhältnis zum Gebot (partei-)politischer Neutralität ist der Anwendungsbereich des Willkürverbotes enger, sodass die äußerungsrechtlichen Vorgaben weniger streng sind. Infolgedessen werden die meisten amtlichen Äußerungen im politischen Meinungskampf nicht gegen das Willkürverbot verstoßen und damit zulässig sein. Verboten sind danach nur nicht nachvollziehbare, sachfremde Äußerungen. Existiert aber ein verständlicher Grund für die amtliche Äußerung – dies kann zum Beispiel eine vorherige Attacke gegen die Regierung oder eine Erwähnung der von der Äußerung betroffenen Partei oder Vereinigung im Verfassungsschutzbericht sein – und stellt die amtliche Äußerung keine Schmähkritik dar, so wird sie nach dem Willkürmaßstab zulässig sein. Das Gebot (partei-)politischer Neutralität hingegen würde auch in dem Fall, dass ein nachvollziehbarer Grund für die Äußerung vorliegt, in der Regel zur Unzulässigkeit führen[1635].

1. Fallbeispiel „Wanka“

Misst man die *Wanka*-Entscheidung[1636] am Maßstab des Willkürverbotes, gilt Folgendes: Der Äußerung der Bundesministerin lag ein Anlass zugrunde, nämlich die Versammlung der AfD mit dem Titel „Rote Karte für Merkel! – Asyl braucht Grenzen!“[1637]. Schon der Titel der Versammlung enthielt eine markante Anprangerung der Bundesregierung, namentlich der damaligen

---

1632 BVerfGE 40, 287 (293); 133, 100 (108).
1633 Siehe BVerfGE 57, 1 (8).
1634 Siehe beispielhaft BVerfGE 136, 323 (336, Rn. 32).
1635 Siehe hierzu 3. Teil, II. 3.
1636 BVerfGE 148, 11.
1637 BVerfGE 148, 11 (12, Rn. 2).

Bundeskanzlerin, die der Bundesregierung vorstand, der die Bundesministerin *Johanna Wanka* angehörte. Die Pressemitteilung der Ministerin spielte mit der Wortwahl der AfD („Die Rote Karte sollte der AfD und nicht der Bundeskanzlerin gezeigt werden."). Ferner kritisierte sie besonders rechtsstehende Vertreter der AfD und der Personen in ihrem Umfeld[1638]. Ihre Äußerung beruhte somit auf einem nachvollziehbaren Grund, nämlich der angemeldeten Versammlung der AfD, welche die Bundesregierung kritisierte. Sie verwendete die Wortwahl der AfD und bezog sich im Übrigen auf weit rechtsstehende Vertreter der Partei. Ihre Äußerung zielte auch nicht auf eine Verhinderung der Versammlung, sondern war eine kommunikative Auseinandersetzung mit der Veranstalterin der Versammlung. Sachfremde Erwägungen sind nicht erkennbar, vielmehr entsprach die Äußerung der Ministerin dem, was als politischer Meinungskampf angesehen wird. Eine Verletzung des Willkürverbotes lag mithin nicht vor.

2. *Fallbeispiel „Ramelow"*

Legt man bei der *Ramelow*-Entscheidung des Thüringer Verfassungsgerichtshofes[1639] ausschließlich den Willkürmaßstab zugrunde, gilt Folgendes: Der Hintergrund der Äußerung des Ministerpräsidenten *Ramelow* war ein Abwahlantrag der NPD gegen die Oberbürgermeisterin der Stadt Eisenach. Diesem Abwahlantrag stimmten 16 Stadtverordnete zu. Dies waren 13 Stimmen mehr, als die NDP an Mandaten im Stadtrat hatte[1640]. *Bodo Ramelow* gab daraufhin dem MDR in der Staatskanzlei ein Interview, in dem er an die demokratischen Parteien appellierte, dass es „keine Gemeinsamkeiten auf der Basis von NPD-Anträgen geben darf. (…). Die Nazis werden damit aufgewertet."[1641] Aufgrund des Abstimmungsverhaltens im Rahmen des Abwahlantrages gegen die Eisenacher Oberbürgermeisterin gab es einen verständlichen Grund für die Äußerung des Ministerpräsidenten. Sein Aufruf zur Geschlossenheit demokratischer Parteien und seine Kritik an der NPD waren trotz der Bezeichnung „Nazis" nicht sachfremd und unverständlich. Auch das Bundesverfassungsgericht attestierte der

---

1638 Aus der Pressemitteilung von *Wanka*: „Björn Höcke und andere Sprecher der Partei leisten der Radikalisierung in der Gesellschaft Vorschub. Rechtsextreme, die offen Volksverhetzung betreiben wie der Pegida-Chef Bachmann, erhalten damit unerträgliche Unterstützung", siehe BVerfGE 148, 11 (12, Rn. 3).

1639 VfGH TH, ThürVBl. 2016, S. 273.

1640 ThürVerfGH, ThürVBl. 2016, S. 273; ergänzender Hinweis: die notwendige Zweidrittelmehrheit für die Abwahl wurde gleichwohl verfehlt.

1641 ThürVerfGH, ThürVBl. 2016, S. 273 f.

NPD aufgrund zahlreicher Belege eine Wesensverwandtschaft mit dem Nationalsozialismus[1642]. Daher kann bei der Bezeichnung „Nazis" im Zusammenhang mit der NPD nicht von einer willkürlichen Äußerung gesprochen werden[1643]. Die Äußerung von *Ramelow* verstieß folglich nicht gegen das Willkürverbot.

B. Sachlichkeitsgebot

I. Herleitung und Inhalt

Wie das Sachlichkeitsgebot hergeleitet wird und welchen Inhalt es hat, wurde bereits dargestellt[1644]. Die tradierte Herleitung des Sachlichkeitsgebotes aus dem Rechtsstaatsprinzip wurde vom Bundesverwaltungsgericht um eine Herleitung aus dem Demokratieprinzip ergänzt, was zur Folge hat, dass Inhaber staatlicher Führungsämter gegenüber Vereinigungen ohne Parteienstatus faktisch zu politischer Neutralität verpflichtet sind[1645]. Wie ausgeführt, folgen jedoch aus dem Demokratieprinzip keine politischen Neutralitätspflichten für Inhaber staatlicher Führungsämter[1646]. Daher kann das Sachlichkeitsgebot auch kein Verbot der „lenkenden Einflussnahme" beinhalten[1647].

Im Übrigen ist es wenig verständlich, das Sachlichkeitsgebot auf das Demokratieprinzip zu stützen. Synonyme für „sachlich" sind z. B. „nüchtern" und „leidenschaftslos"[1648]. Die Demokratie als Herrschaft des Volkes ist aber gerade keine nüchterne, leidenschaftslose Staatsform; sie lebt vielmehr von Emotionen, Kontroverse und Auseinandersetzung um das beste Gemeinwohlkonzept. Demokratie verläuft nicht nach mechanischen, sachlichen Prinzipen, daher kann daraus auch kein an Amtsträger gerichtetes Sachlichkeitsgebot abgeleitet werden. Das Sachlichkeitsgebot stützt sich vielmehr allein auf das Rechtsstaatsprinzip, denn Amtsträger sollen ihr gesamtes Handeln und damit auch ihre Kommunikation rechtsstaatlich ausrichten. Rechtsstaatliches Handeln bedeutet, dass der Staat nichts Unwahres behauptet, er seine Bewertungen auf einen Tatsachenkern stützt, damit die Bewertung nachvollziehbar ist, und auf herabsetzende Kommunikation verzichtet[1649].

1642 BVerfGE 144, 20 (295 ff., Rn. 805 ff.).

1643 Siehe auch VfGH TH, ThürVBl. 2016, S. 273 (280 f.) – Sondervotum Petermann.

1644 Siehe 3. Teil, A. 2. b)

1645 Siehe 3. Teil, A. IV. 2. b) bb).

1646 Siehe 4. Teil, A. II.

1647 Anders BVerwGE 159, 327 (335, Rn. 28).

1648 Dudenredaktion (Hrsg.), Das Synonymwörterbuch, Stichwort: „sachlich".

1649 Siehe hierzu schon 3. Teil, A. 2. b).

II. Geeignetheit des Sachlichkeitsgebotes als äußerungsrechtlicher Begrenzungsmaßstab

Die Rechtsprechung hat in zahlreichen Konstellationen das Sachlichkeitsgebot als äußerungsrechtlichen Begrenzungsmaßstab herangezogen, etwa als die Stadt Stuttgart[1650] und die Stadt Potsdam[1651] jeweils lokale Gegenproteste gegen NPD-Versammlungen unterstützten oder als die Stadt Münster die Außenbeleuchtung des Rathauses während einer AfD-Veranstaltung ausschaltete[1652]. Auch das OVG NRW wendete das tradierte, ausschließlich auf dem Rechtstaatsprinzip fußende Sachlichkeitsgebot an, als die Stadt Düsseldorf die städtischen Lichter während der „Dügida"-Versammlung ausschalten ließ[1653]. Eine maßgebliche Frage war immer, ob der jeweilige Amtsträger durch sein Handeln den Boden der diskursiven Auseinandersetzung verlassen hatte[1654]. Unsachlich ist mithin eine amtliche Ankündigung bzw. Äußerung, die mit administrativen Handlungen bzw. Forderungen verbunden wird, z. B. Lichter auszuschalten oder – wie in einem Fall, den der Hessische Verwaltungsgerichtshof zu entscheiden hatte – eine bestimmte Person aus einer Veranstaltung auszuladen[1655]. Hingegen sind z. B. Aufrufe zu einer Gegenversammlung mit dem Sachlichkeitsgebot vereinbar, sofern die Gegenversammlung als friedlich angekündigt ist und ein legitimes Ziel mit dem Aufruf verfolgt wird[1656]. Wird hingegen zu einem rechtswidrigen Handeln aufgerufen oder eine rechtmäßige Versammlung verächtlich gemacht, wird das Sachlichkeitsgebot verletzt[1657].

III. Vergleich mit dem Gebot politischer Neutralität anhand von Fallbeispielen

Während nach dem Gebot politischer Neutralität jedwede Bewertung politischer Parteien als auch sonstiger Vereinigungen durch Amtsträger verboten ist,

---

1650 VG Stuttgart, NVwZ-RR 2011, S. 615 (616).

1651 OVG Berlin-Brandenburg, Beschl. v.14.09.2012 – OVG 1 S 127.12, Rn. 9 (juris).

1652 VG Münster, Urt. v. 08.02. 2019 – 1 K 3306/17, Rn. 54 (juris).

1653 OVG NRW, NVwZ 2017, S. 1316 (1319 f.).

1654 VGH Hessen, Beschl. v. 11.07.2017 – 8 B 1144/17, Rn. 32 (juris); OVG NRW, NVwZ 2017, S. 1316 (1319 f.); VG Münster, Urt. v. 08.02. 2019 – 1 K 3306/17, Rn. 54 (juris).

1655 VGH Hessen, Beschl. v. 11.07.2017 – 8 B 1144/17, Rn. 32 (juris).

1656 OVG NRW, NVwZ 2017, S. 1316 (1320).

1657 OVG NRW, NVwZ 2017, S. 1316 (1320); *Gärditz*, NWVBl. 2015, S. 165 (170); *zu Hohenlohe*, VerwArch 2016, S. 62 (82).

sind nach dem Sachlichkeitsgebot wertende Äußerungen zulässig, allerdings nicht auf jede Art und Weise.

1. Fallbeispiel „Seehofer"

Als erstes Beispiel dafür, wie sich die Anwendung des Sachlichkeitsgebotes auswirkt, soll die *Seehofer*-Entscheidung dienen[1658]. Der damalige Minister *Horst Seehofer* hatte in einem Interview über die AfD u. a. gesagt:

> Die stellen sich gegen diesen Staat. Da können sie tausend Mal sagen, sie sind Demokraten. Das haben Sie am Dienstag im Bundestag miterleben können mit dem Frontalangriff auf den Bundespräsidenten. Das ist für unseren Staat hochgefährlich. Das muss man scharf verurteilen. Ich kann mich nicht im Bundestag hinstellen und wie auf dem Jahrmarkt den Bundespräsidenten abkanzeln. Das ist staatszersetzend.[1659]

Das Bundesverfassungsgericht erblickte in dieser Äußerung eine Verletzung des Gebotes parteipolitischer Neutralität[1660]. Unter Zugrundelegung des Sachlichkeitsgebotes gilt Folgendes: Die Äußerung des Bundesministers hatte ein tatsächliches Geschehen zum Anlass, nämlich die Äußerung eines Abgeordneten der AfD-Bundestagsfraktion über den Bundespräsidenten am 11.09.2018 im Deutschen Bundestag[1661]. In seiner Rede hatte der Abgeordnete *Baumann* dem Bundespräsidenten u. a. vorgeworfen, eine „deutschfeindlich[e]" und „christenfeindlich[e]" Versammlung unterstützt zu haben. Indem der damalige Bundesminister *Horst Seehofer* hierauf Bezug nahm, beruhte seine Bewertung auf einer Tatsache, sodass seiner Äußerung keine sachfremden Erwägungen zugrunde lagen. Das Richtigkeitsgebot als Teil des Sachlichkeitsgebotes ist daher nicht tangiert. Seine maßgebliche – und streitgegenständliche – Bewertung ist die der AfD als „staatszersetzend". Diese Äußerung könnte als herabsetzend zu bewerten sein. Bei der Entscheidung dieser Frage ist zu berücksichtigen, dass zugespitzte Formulierungen keine Verletzung des Sachlichkeitsgebotes darstellen[1662]. Entscheidend ist die Grundäußerung, d. h., die Abgrenzung zwischen zulässiger überspitzter Äußerung und unzulässiger Herabsetzung richtet sich danach, was der Anlass der Äußerung des Amtsträgers war. War die Äußerung, auf die

---

1658 BVerfGE 154, 320.
1659 BVerfGE 154, 320 (321 f., Rn. 5).
1660 BVerfGE 154, 320 (343 f., Rn. 66).
1661 Siehe Plenarprotokoll 19/47, S. 4944 f.
1662 VfGH BY, NVwZ-RR 1994, S. 529 (535).

reagiert wird, ihrerseits überspitzt, so ist eine überspitzte Reaktion nicht herabsetzend, sondern noch angemessen.

Im konkreten Fall nutzte die AfD den Bundestag für einen Angriff auf den Bundespräsidenten, der – da er selbst kein Rederecht im Bundestag hat – sich dort nicht gegen Vorwürfe verteidigen konnte. Die AfD versuchte mit ihrem Handeln, den außerhalb der tagespolitischen Auseinandersetzungen stehenden Bundespräsidenten zu einem Kontrahenten des politischen Meinungskampfes zu machen. Insofern war die Motivation des Bundesinnenministers, sich verteidigend vor das Staatsoberhaupt zu stellen und es damit nicht in die Not zu bringen, selbst in die tagespolitische Auseinandersetzung einzugreifen, verständlich. Die Bewertung „staatszersetzend" impliziert allerdings, dass die AfD darauf abzielt, diesen Staat zerfallen zu lassen, d. h., die Demokratie im Sinne des Grundgesetzes abzuschaffen. Dies ist eine äußerst zugespitzte Formulierung, die die Grenzen der Sachlichkeit überschreitet – zumindest solange die AfD nicht vom Bundesverfassungsschutz beobachtet wird[1663]. Hingegen sind Formulierungen wie „Frontalangriff auf den Bundespräsidenten" und „für unseren Staat hochgefährlich" angesichts der verbalen Attacke der AfD auf den Bundespräsidenten mit dem Sachlichkeitsgebot vereinbar. Das Sachlichkeitsgebot führt hier mithin zu einem sachgemäßen Ergebnis: Es verhindert eine herabsetzende Kommunikation („staatszersetzend"), die dem politischen Diskurs abträglich ist, ermöglicht aber zugleich zugespitzte und mithin klare Worte in der politischen Auseinandersetzung.

2. *Fallbeispiel „Taubert"*

Die ehemalige thüringische Sozialministerin *Heike Taubert* kündigte 2014 auf der Homepage ihres Ministeriums an, an Protesten gegen einen NPD-Landesparteitag in Kirchheim teilzunehmen, und rief die Bevölkerung dazu auf, sich ebenfalls am Protest zu beteiligen[1664]. Da Amtsträgern Äußerungen zugunsten oder zulasten politischer Parteien verboten seien, wurde der Aufruf zum Gegenprotest vom Thüringer Verfassungsgerichtshof als rechtswidrig eingestuft[1665]. Unter Zugrundelegung des Sachlichkeitsgebotes gilt hingegen: Die Äußerung von *Taubert* hatte einen sachlichen Grund, nämlich den

1663 In diesem Fall müsste auf Grundlage der Bewertungen des Bundesverfassungsschutzes geprüft werden, ob die Bewertung als „staatszersetzend" einen tatsachenorientierten Anknüpfungspunkt hat.

1664 ThürVerfGH, ThürVBl 2015, 295.

1665 ThürVerfGH, ThürVBl. 2015, S. 295 (299).

bevorstehenden NPD-Landesparteitag. Sie rief auch nicht zu einem illegalen Protest auf, sondern zu einer angemeldeten, nicht verbotenen Versammlung. Der legitime Zweck ihres Protestaufrufes war der Schutz von Demokratie, Toleranz und Weltoffenheit[1666]. Daher lag kein Verstoß gegen das Sachlichkeitsgebot vor.

C. Verbot des asymmetrischen staatlichen Ressourceneinsatzes

Inhaber staatlicher Führungsämter haben Zugang zu erheblichen staatlichen Ressourcen – und damit zu Machtmitteln, die der (partei-)politischen Opposition nicht zur Verfügung stehen. Hierdurch kann es zu Verzerrungen im (partei-)politischen Wettbewerbs kommen. Um dies zu verhindern, ist es Amtsträgern verboten, asymmetrische staatliche Ressourcen einzusetzen. Es handelt sich – gleich dem Willkürverbot und dem Sachlichkeitsgebot – um ein eigenständiges Rechtsinstitut, das im Rahmen amtlicher Äußerungen zu prüfen ist.

I. Verfassungsrechtliche Herleitung

Das Verbot, asymmetrische staatliche Ressourcen einzusetzen, hat seine verfassungsrechtliche Grundlage zum einen im Demokratieprinzip. Aus Art. 20 Abs. 1 und 2 S. 1 GG folgt, dass Demokratie Herrschaft auf Zeit ist und Inhaber staatlicher Führungsämter ihre temporäre Herrschaft nicht durch unzulässige Einwirkungen auf den politischen Wettbewerb perpetuieren dürfen[1667]. Dies dient dem Schutz der (partei-)politischen Minderheit und bedeutet, dass Amtsträger ihren Zugriff auf staatliche Ressourcen nicht dazu missbrauchen dürfen, ihre Wiederwahl zu sichern. Speziell hinsichtlich politischer Parteien wird dieser Schutz der (partei-)politischen Minderheit durch deren Anspruch nach Art. 21 Abs. 1 S. 1 GG auf Chancengleichheit sichergestellt[1668]. Dieses Recht auf Chancengleichheit wird verletzt, wenn asymmetrische staatliche Ressourcen im parteipolitischen Wettbewerb gegen oder für bestimmte politische Parteien eingesetzt werden. Der Schutz vor dem Einsatz derartiger staatlicher Ressourcen lässt sich auch auf das Republikprinzip stützen. Denn aus dem Republikprinzip folgt, dass die dem Staat durch die Bürgerschaft zur Verfügung gestellten Ressourcen dem Wohl aller zu dienen haben und nicht nur dem Wohl der die Regierung stellenden

---

1666 Der Aufruf ist zitiert in ThürVerfGH, ThürVBl 2015, 295.
1667 Siehe zu diesem Verbot 3. Teil, A. I. 1. b) cc).
1668 Zur Chancengleichheit der Parteien siehe 3. Teil, A. II. 2. a).

Parteien[1669]. Aufgrund der Herleitung auch aus dem Demokratie- und Republikprinzip sind nicht nur politische Parteien vor einem asymmetrischen staatlichen Ressourceneinsatz geschützt, sondern auch Vereinigungen ohne Parteienstatus.

II. Inhalt

Aus der verfassungsrechtlichen Herleitung folgt, dass es dem Staat zum Schutz des (partei-)politischen Wettbewerbs verboten sein muss, asymmetrische Ressourcen einzusetzen[1670]. Das Bundesverfassungsgericht hat 1977 entschieden, dass es dem Staat verboten ist, erhebliche öffentliche Mittel für Wahlkampfzwecke zu missbrauchen[1671]. Der mittlerweile weiter gehenden Auslegung der Rechtsprechung, die in jedem noch so minimalen staatlichen Ressourceneinsatz eine Rechtsverletzung annimmt, ist nicht zu folgen[1672]. Im Kern ist vielmehr eine Rückkehr zu den Grundsätzen der Rechtsprechung von 1977 erforderlich[1673]. Daher stellt nicht jeder staatliche Ressourceneinsatz einen Rechtsverstoß dar, sondern nur ein solcher, der das Prinzip der Waffengleichheit zwischen den politischen Wettbewerbern verletzt. Ein solcher asymmetrischer Ressourceneinsatz ist anzunehmen, wenn der Amtsinhaber staatliche Mittel einsetzt, die den politischen Mitbewerbern in ähnlicher Form nicht zur Verfügung stehen. Als Kriterium bietet sich die monetäre Quantifizierbarkeit an. Dies meint, dass die staatlichen Mittel, die im Rahmen der Äußerung eingesetzt werden, summenmäßig darstellbar sind. Zusätzlich erforderlich ist die Überschreitung einer gewissen Erheblichkeitsschwelle, die anhand des Kriteriums der „Sowieso-Kosten“ zu bestimmen ist. Hinsichtlich der summenmäßigen Darstellbarkeit ist zu prüfen, ob der staatlichen Äußerung ein bezifferbarer Mitteleinsatz zugrunde liegt. Dies wird man etwa bei einem Interview eines Amtsträgers verneinen müssen. Das Kriterium der „Sowieso-Kosten“ ist als Unterfall der Vorteilsausgleichung ist aus dem zivilrechtlichen Schadensrecht bekannt[1674]. Danach erhält derjenige, der Betroffener eines Schadensereignisses ist, insoweit keinen Schadensersatz, als dass die Kosten ihm auch ohne Schadensereignis entstanden

1669 Siehe 3. Teil, A. I. 3.

1670 Ähnlich BVerfG, NVwZ 2022, 1113 (1127) – Sondervotum Wallrabenstein; *Gärditz, Steriles* Politikverständnis, verfassungsblog.de.

1671 BVerfGE 44, 125 (150, 160); siehe zudem BVerfGE 63, 239 (243); hierzu schon 1. Teil, B.

1672 Zu den Gründen siehe 4. Teil, D.

1673 So auch BVerfG, NVwZ 2022, 1113 (1127) – Sondervotum Wallrabenstein.

1674 BGH, NJW 2019, 421 (427).

wären. Im Zusammenhang mit amtlichen Äußerungen ist jedoch etwas anderes gemeint: selbst wenn staatliche Kosten im Rahmen der Äußerung bezifferbar sind, stellt sich die Frage, ob die Kosten unabhängig von der Äußerung angefallen wären. Als Beispiel sei der Sachverhalt der *Merkel*-Äußerung[1675] angeführt. Die ehemalige Bundeskanzlerin tätigte ihre Äußerung während einer Dienstreise, die monetär quantifizierbar ist. Jedoch fand die Dienstreise nicht statt, damit die Bundeskanzlerin sich parteiergreifend äußern kann. Vielmehr viel das Ereignis, zu dem sich die Kanzlerin äußerte – die Wahl *Kemmerichs* zum thüringischen Ministerpräsidenten – zufällig während ihrer Dienstreise. Die im Zusammenhang mit der Äußerung getätigten staatlichen Aufwendungen wären somit sowieso angefallen, es handelte sich nicht um zusätzliche Kosten, die staatlicherseits aufgewendet wurden, damit die Bundeskanzlerin sich äußern kann.

Beispielhaft seien folgende Fälle genannt, bei denen Asymmetrie zu bejahen ist, da eine monetäre Quantifizierbarkeit vorliegt:

- Der Amtsträger setzt staatliche Ressourcen ein, um durch massenhafte Hauswurfsendungen seine parteipolitischen Äußerungen zu verbreiten.
- Der Amtsträger nutzt staatliche Mittel, um eine Kampagne im Internet gegen eine politische Partei zu finanzieren, etwa indem er eine Internetseite konzipieren lässt und Werbung in sozialen Medien durch staatliche Mittel finanziert.
- Der Amtsträger lässt massenhaft Publikationen drucken, in denen er die politischen Vorschläge der Opposition kritisiert, und lässt die Publikationen über „seine“ Partei verteilen.

Nach den genannten Grundsätzen stellen bloße Äußerungen von Inhabern staatlicher Führungsämter keine Inanspruchnahme staatlicher Mittel dar, die zu einer Asymmetrie im politischen Meinungskampf führen[1676]. In Fällen, in denen die Äußerung des Amtsträgers auf eine Internetseite des Ministeriums gestellt oder per Newsletter verschickt wird etc., also in Fällen, bei denen durchaus staatliche Ressourcen für die Veröffentlichung der amtlichen Äußerung verwendet werden, liegt ebenfalls kein asymmetrischer staatlicher Ressourceneinsatz vor. In diesen Fällen liegen Sowieso-Kosten vor, da weder Webseite noch der Newsletter primär dazu da sind, parteiergreifende Äußerungen des Amtsträgers zu verbreiten. Es handelt sich hierbei um Ressourcen, die ohnehin zur Verfügung stehen. Auch mit Blick auf den Schutz des (partei-)politischen Wettbewerbes führt dies

---

1675 BVerfG, NVwZ 2022, 1113.

1676 So auch *Gärditz*, Steriles Politikverständnis, verfassungsblog.de; siehe auch 4. Teil, D.

nicht zu einer Schieflage, da auch die politische Opposition in der Lage ist, eine Webseite zu betreiben oder einen Newsletter zu versenden. Auch hinsichtlich der Reichweite ist gerade nicht davon auszugehen, dass oppositionelle Internetauftritte grundsätzlich eine geringere Reichweite als amtliche aufweisen[1677].

Durch das Sachlichkeitsgebot und das Willkürverbot wird die politische Opposition zudem inhaltlich hinreichend vor haltlosen Vorwürfen, Falschbehauptungen und Diffamierungen geschützt[1678]. Was „übrig" bleibt, ist zulässiger politischer Wettbewerb. Es ist nicht verwerflich, wenn politisch (aus-)gewählte Amtsträger die ihnen zur Verfügung gestellten staatlichen Kommunikationsmittel nutzen, um ihre politischen Vorstellungen darzulegen und sich hierbei auch explizit von oppositionellen Inhalten abzugrenzen. Hiermit kommen sie vielmehr ihrer Aufgabe nach, ihr Gemeinwohlkonzept zu verteidigen[1679]. Eine Waffenungleichheit und damit Asymmetrie entsteht gerade nicht, weil oppositionelle Medienkanäle häufig eine ebenso gute oder sogar bessere Reichweite als staatliche Medienkanäle aufweisen[1680]. In der Praxis wird daher stets im Einzelfall zu prüfen sein, ob die für den asymmetrischen staatlichen Ressourceneinsatz erforderliche Erheblichkeitsschwelle überschritten ist. Dies wird insbesondere dann der Fall sein, wenn festgestellt werden muss, dass die Opposition keine gleichartigen Medienkanäle und Verbreitungswege aufweist bzw. diese einzurichten sie erhebliche, zusätzliche Mittel kosten würde.

III. Geeignetheit des Verbots des asymmetrischen staatlichen Ressourceneinsatzes als äußerungsrechtlicher Begrenzungsmaßstab

Das Kriterium des Verbots eines asymmetrischen staatlichen Ressourceneinsatzes ist ein geeigneter äußerungsrechtlicher Begrenzungsmaßstab. Es verhindert, dass Inhaber staatlicher Führungsämter relevante staatliche Macht- und Geldmittel zulasten der Opposition einsetzen. Zugleich sorgt das Kriterium dafür, dass Mitglieder von Regierungen und kommunale Amtsträger im (partei-)politischen Wettbewerb äußerungsrechtlich nicht benachteiligt werden. Ihnen wird eine politische Amtsführung ermöglicht, während zugleich die (partei-)politische Opposition vor demokratie- und republikschädlichen Wettbewerbsverzerrungen geschützt wird. Inhaber staatlicher Führungsämter können ihren

1677 Siehe 4. Teil, D., II.

1678 Siehe 5. Teil, A. und B.

1679 Siehe hierzu 4. Teil, A. III. 1.

1680 Siehe 4. Teil, D. II.

Zugriff auf staatliche Ressourcen gerade nicht beliebig nutzen, um die politische Minderheit zu marginalisieren, wohl aber die mit ihrem Amt einhergehenden basalen Kommunikationsmöglichkeiten wie die Website, den Newsletter oder ihre Amtsräume verwenden, um ihre politische Auffassung zu verbreiten. Eine Überverrechtlichung des politischen Meinungskampfes wird damit vermieden und zugleich ein hinreichender Schutz dieses Wettbewerbs gesichert. Das Ergebnis ist ein Ausgleich zwischen den unterschiedlichen Interessen: einerseits dem Interesse der politischen Wettbewerber, nicht durch den Einsatz staatlicher Machtmittel benachteiligt zu werden; andererseits dem Interesse des politisch gewählten Amtsträgers, seine Auffassung artikulieren zu dürfen und so zum politischen Willensbildungsprozess beizutragen.

IV. Vergleich mit dem Gebot politischer Neutralität anhand von Fallbeispielen

Forderungen nach politischer Neutralität erfassen jeglichen staatlichen Ressourceneinsatz, gleichgültig wie klein er ist[1681]. Das Verbot asymmetrischen staatlichen Ressourceneinsatzes verbietet dagegen nur den Einsatz solcher staatlichen Mittel, die monetär quantifizierbar sind und die Erheblichkeitsschwelle überschreiten.

1. Fallbeispiel „Wanka“

Die „Rote Karte“ von Bundesministerin *Johanna Wanka* für die AfD[1682] wurde auf der Website ihres Ministeriums eingestellt. Das Bundesverfassungsgericht erblickte hierin eine Verletzung des Gebotes parteipolitischer Neutralität, weil staatliche Ressourcen eingesetzt wurden[1683]. Während die Website des Ministeriums für die Amtsinhaberin zugänglich war, sie also die Befugnis hatte, dort Inhalte einstellen zu lassen, hatte die politische Konkurrenz diese Möglichkeit nicht. Allerdings bestand keine Asymmetrie, denn auch die politische Opposition hat Internetseiten und kann dort Inhalte einstellen. Diese werden auch nicht unbedingt schlechter frequentiert als die Internetseiten einzelner Bundesministerien. Es besteht folglich keine Waffenungleichheit zwischen Regierung und Opposition. Es handelt sich vielmehr um eine Ressource, die den parteipolitischen Wettbewerbern in ähnlicher Form zur Verfügung steht. Aus

1681 Siehe 3. Teil, C. I. 2. b).
1682 BVerfGE 148, 11; siehe ausführlich: 1. Teil, A. III.
1683 BVerfGE 148, 11 (35 f.).

finanziell-quantitativer Sicht liegt kein asymmetrischer staatlicher Mitteleinsatz vor. Denn das Einstellen einer Pressemitteilung auf einer Internetseite ist aus finanzieller Sicht unerheblich, weil die Website sowieso betrieben wird und der Akt des Einstellens einer Pressemitteilung eine Routinearbeit ist, die nur wenige Minuten dauert und folglich kaum messbare Kosten verursacht. Daher lag im Fall *Wanka* kein asymmetrischer staatlicher Ressourceneinsatz vor.

2. *Fallbeispiel „Ramelow"*

Der Thüringer Verfassungsgerichtshof erblickte in dem Interview des thüringischen Ministerpräsidenten *Bodo Ramelow* u. a. auch deshalb eine Neutralitätspflichtverletzung, weil dieser sein Interview mit dem MDR in seinen Amtsräumen gegeben hatte[1684]. Die Amtsräume des Ministerpräsidenten stehen ausschließlich ihm zur Verfügung. Allerdings können auch die politischen Wettbewerber im Regelfall auf (repräsentative) Räume zurückgreifen, etwa parlamentarische Sitzungsräume oder Parteibüros. Insbesondere sind aber die Amtsräume eines Amtsinhabers sein typisches Arbeitsumfeld, in dem er sich regelmäßig aufhält. Man kann daher nicht davon sprechen, dass der Amtsinhaber hier aktiv staatliche Ressourcen in Anspruch nimmt. Vielmehr nutzt er schlicht seine Arbeitsräume für die Bearbeitung von Presseanfragen, d. h., zur Erledigung basaler Kommunikationsaufgaben, die er als Amtsinhaber zu erledigen hat. An einem quantifizierbaren staatlichen Mitteleinsatz fehlt es. Würde man vom Amtsinhaber verlangen, sich parteipolitisch nur außerhalb seiner Amtsräume zu äußern, würde man fordern, dass er für amtsbezogene Fragen während des Interviews in den Amtsräumen bleiben darf, während er für die Beantwortung parteipolitischer Fragen die Presse bitten muss, mit ihm vor die Tür des Dienstsitzes zu gehen. Eine solche Forderung wäre wirklichkeitsfremd. Festzuhalten ist daher, dass die Nutzung von Diensträumen für Interviewanfragen keine Asymmetrie darstellt.

D. Gebot der Zurückhaltung im Wahlkampf

Das Gebot parteipolitischer Neutralität wurde ursprünglich geschaffen, um Interventionen der Regierung in den Wahlkampf zu unterbinden[1685]. Tatsächlich ist eine gesonderte Betrachtung von Wahlen notwendig, da sie den Grundakt demokratischer Legitimation darstellen[1686]. Weil Wahlen für die Demokratie

---

1684 VfGH TH, ThürVBl. 2016, S. 273 (276 f.); siehe auch: 1. Teil, B. IV.

1685 Siehe BVerfGE 44, 125.

1686 Siehe 3. Teil, A. I. 1. a) und 2.

von herausragender Bedeutung sind, ist staatlicherseits besondere Sensibilität gefragt. Deshalb muss für den Wahlprozess – d. h., den Wahlkampf und den Wahlakt selbst – ein Zurückhaltungsgebot für Amtsträger gelten. Hinsichtlich des Zeitraums vor der Wahl ist nicht auf Zeitpunkt der Festsetzung des Wahltermins durch den Bundespräsidenten nach § 16 BWG abzustellen[1687], da die Wahlterminfestsetzung teilweise schon viele Monate vor der Wahl stattfindet[1688]. Die Festsetzung des Wahltermins ist ein rein formaler Akt, der noch nichts über die besonders sensible Wahlkampfzeit aussagt. Besondere Zurückhaltung staatlicher Amtsträger im Wahlzeitraum sollte dann gelten, wenn die Wahl in unmittelbare Nähe rückt und typischerweise erste Wahlveranstaltungen und öffentliche Diskussionen über die Wahl stattfinden. Hierbei bietet es sich an, auf die Rechtsprechung der Landesverfassungsgerichte zurückzugreifen, welche einen Zeitraum von etwa fünf bis sechs Monaten vor dem Wahltermin als Richtschnur für die Zurückhaltung von Amtsträgern in Wahlzeiten nennen[1689]. Das Gebot der Zurückhaltung gilt jeweils für Amtsträger des staatlichen Verbandes, in welchem Wahlen stattfinden; zum Beispiel für die Mitglieder der Bundesregierung vor und während der Bundestagswahl, nicht jedoch vor und während Landtags- oder Kommunalwahlen.

Normativ folgt dieses Zurückhaltungsgebot aus der Freiheit der Wahl gemäß Art. 38 Abs. 1 S. 1 GG[1690]. Gemäß der Rechtsprechung des Bundesverfassungsgerichts wird das Zurückbehaltungsgebot verletzt, wenn Inhaber staatlicher Führungsämter in Zeiten von Wahlen mehr als nur unerheblich auf den Wählerwillen einwirken[1691]. Die amtliche Äußerung muss ernstlich geeignet sein, die Wahlfreiheit zu beeinträchtigen. Hieraus folgt: Auch während der Wahlzeit sind wertende amtliche Äußerungen erlaubt. Eine unzulässige Wahlbeeinflussung ist erst dann anzunehmen, wenn Äußerungen von Amtsträgern objektiv „dazu geeignet sind, unmittelbar auf die Wahlentscheidung der Wähler einzuwirken“[1692]. Erforderlich ist eine finale Einwirkung auf den Wahlprozess[1693].

1687 So aber BVerfGE 44, 125 (153); 63, 230 (245).

1688 Im Fall der Bundestagswahl am 26.09.2021 wurde der Wahltermin bereits am 09.12.2020 durch den Bundespräsidenten festgelegt, siehe BGBl. I S. 2769 (Nr. 61).

1689 StGH Hess, NVwZ 1992, S. 465 (466); VfGH MV, Urt. v. 23.5.1996 – Az. LVerfG 1/95.

1690 Siehe 3. Teil, A. I. 2.

1691 Siehe 3. Teil, A. I. 2.

1692 VGH Mannheim, NVwZ-RR 1998, 126 (127); siehe auch *Studenroth*, AöR 125 (2000), S. 257 (258).

1693 *Bender*, NWVBl. 2016, S. 143 (146).

Angenommen werden kann dies in Fällen, in denen der Amtsträger erhebliche staatliche Ressourcen im Wahlkampf zugunsten oder zulasten einer politischen Partei einsetzt[1694]. Erfasst sind aber auch Fälle, in denen der Amtsträger, etwa durch verbale Drohungen oder Attacken gegenüber Parteien oder der Wählerschaft, versucht, den Wahlausgang zu beeinflussen. In diesen Fällen wird aber in der Regel zugleich das Sachlichkeitsgebot verletzt sein[1695].

E. Leitbild politischer Neutralität

Für bestimmte staatliche Ämter existiert ein Leitbild politischer Neutralität, welches zu einem eigenständigen Neutralitätsgebot führt. Gemeinsam ist den betroffenen Ämtern, dass sie weniger in tagespolitischen Auseinandersetzungen stehen, sondern eher moderierende, repräsentative Aufgaben haben.

I. Bundespräsident

Dieses Leitbild der Neutralität betrifft zum einen den Bundespräsidenten[1696]. Diesem kommt eine Repräsentations- und Integrationsaufgabe zu[1697]. Er soll das gesamte Volk repräsentieren und zur Integration der gesamten Bürgerschaft in den demokratischen Staat beitragen. Diese Aufgabe kann er nur erfüllen, wenn er sich politisch neutral verhält[1698]. Damit er nicht in die problematische Lage gerät, sich in die politischen Auseinandersetzungen einbringen zu müssen, sichert die Verfassung diese Funktionen dadurch ab, dass der Bundespräsident dem Parlament gegenüber nicht verantwortlich ist. Seine Freiheit von demokratischer Kontrolle[1699], verbunden mit seinem Repräsentations- und Integrationsauftrag, unterstreichen, dass er qua Verfassung politische Neutralität zu wahren hat. Anders also als das Bundesverfassungsgericht annimmt, unterliegt der Bundespräsident somit aufgrund seiner Funktionen einem eigenständigen Gebot politischer Neutralität im Rahmen seiner Äußerungen. Aufgrund dieses Neutralitätsgebotes ist es ihm verwehrt, zulasten oder zugunsten politischer Gruppen oder sonstiger Vereinigungen in den politischen Prozess

---

1694 Siehe 5. Teil, C.

1695 Siehe 5. Teil, B.

1696 Siehe 3. Teil, B. III. 2. bb) (1).

1697 Siehe 3. Teil, B. III. 2. a) aa).

1698 Siehe 3. Teil, B. III. 2. bb) (1) und 4. Teil, C.

1699 Nicht zu verwechseln mit der Freiheit von rechtsstaatlicher Kontrolle, siehe Art. 61 GG.

einzugreifen. Allgemeine politische Äußerungen, etwa solche, die dem Schutz der Werte der Verfassung dienen oder der Formulierung eines demokratischen Grundkonsenses, sind jedoch zulässig und gerade Teil der integrativen Rolle des Bundespräsidenten.

II. Parlamentspräsident, Stellvertreter, Ausschussvorsitzende

Auch für Parlamentspräsidenten, ihre Stellvertreter und für parlamentarische Ausschussvorsitzende gilt ein Leitbild politischer Neutralität. Der Bayerische Verfassungsgerichtshof stützt die Neutralitätspflicht des Parlamentspräsidenten auf seine Stellung als oberstes Staatsorgan[1700]. Diese Herleitung überzeugt jedoch nicht, da kein Gebot politischer Neutralität besteht, nur weil ein Amtsträger oberstes Staatsorgan ist[1701]. Jedoch existiert ein Leitbild des neutralen Parlamentspräsidenten. § 7 Abs. 1 S. 2 GO-BT ist Ausdruck dieses Leitbildes. Danach wahrt der Parlamentspräsident die Würde und die Rechte des Bundestages, fördert er seine Arbeiten, leitet die Verhandlungen gerecht und unparteiisch und wahrt er die Ordnung im Hause. Aufgrund seiner so definierten Stellung lässt sich bereits eine Neutralitätspflicht des Parlamentspräsidenten annehmen. In Ausübung des Amtes – sei dies als Sitzungsleitung oder bei Veranstaltungen – hat der Parlamentspräsident im Rahmen seiner Äußerungen Neutralität gegenüber Fraktionen und Abgeordneten zu wahren. Diese Neutralität bedeutet jedoch nicht, dass Parlamentspräsidenten sich gar nicht äußern dürfen. Äußerungen, die sich auf tatsächliche Abläufe im Parlament beziehen, sind zulässig, auch wenn sie zulasten einer bestimmten Fraktion gehen[1702]. Zudem handelt es sich um eine rein parlamentsbezogene Neutralität, die sich mithin nicht auf Parteien oder sonstige Vereinigungen bezieht. Mit Blick auf Ausschussvorsitzende gelten dieselben Erwägungen, da ihre Ämter vergleichbar mit dem des Parlamentspräsidenten sind[1703].

F. Zusammenfassung des 5. Teils

Auch ohne ein allgemeines äußerungsbezogenes Gebot (partei-)politischer Neutralität ist die Äußerungsbefugnis von Inhabern staatlicher Führungsämter beschränkt. Zum einen ist das Willkürverbot zu nennen, das aus Art. 3 Abs. 1

1700 Siehe 3. Teil, B. V. 1.

1701 Umfassend zur Kritik der Herleitung 4. Teil, A.

1702 Siehe 3. Teil, B. V. 1.

1703 Siehe 3. Teil, B. V. 2.

GG und dem Rechtstaatsprinzip folgt. Dieses verbietet staatliche Äußerungen, die bei verständiger Würdigung der das Grundgesetz beherrschenden Gedanken nicht mehr verständlich sind, weshalb sich der Schluss aufdrängt, dass die Äußerungen auf sachfremden Erwägungen beruhen. Sachfremd wäre es etwa, eine Partei verfassungsfeindlich zu nennen, obwohl hierfür keine Tatsachenbasis existiert. Ferner gilt das aus dem Rechtsstaatsprinzip folgende Sachlichkeitsgebot im Rahmen staatlicher Äußerungen. Hieraus ergibt sich die Pflicht staatlicher Amtsträger, Tatsachen richtig wiederzugeben, ihre Äußerungen auf einen Tatsachenkern zu stützen und ihre Wertungen in nicht diffamierender Art und Weise vorzunehmen. Falschbehauptungen oder Schmähkritik sind damit in jedem Fall verboten; darüber hinaus auch Bewertungen, für die es keinen sachlichen, verständlichen Grund gibt.

Zudem dürfen im Rahmen der Äußerung keine asymmetrischen staatlichen Ressourcen verwendet werden. Dies folgt aus dem Demokratie- und dem Republikprinzip und gegenüber Parteien zusätzlich aus Art. 21 Abs. 1 S. 1 GG. Asymmetrie ist anzunehmen, wenn der Amtsträger im Rahmen seiner Äußerung staatliche Mittel einsetzt, die monetär quantifizierbar sind und die Erheblichkeitsschwelle überschreiten. Zudem resultiert aus Art. 38 Abs. 1 S. 1 GG ein Zurückhaltungsgebot während des Wahlkampfes. Um die Freiheit der Wahl zu schützen, sind daher ernstliche, mehr als nur unerhebliche Einwirkungen auf den Wählerwillen unzulässig. Schlussendlich gilt für bestimmte Ämter und Funktionen, denen das Leitbild politischer Neutralität zugrunde liegt, ein ebensolches Gebot; konkret jeweils für das Amt des Bundespräsidenten, des Parlamentspräsidenten und des Parlamentsvizepräsidenten sowie für Ausschussvorsitzende.

6. Teil: Schlussbetrachtung

Der politische Meinungskampf hat sich in den letzten Jahren zugespitzt – und mit ihm äußerungsrechtliche Streitigkeiten vor Verfassungs- und Verwaltungsgerichten. Ein insbesondere vom Bundesverfassungsgericht postuliertes Gebot politischer Neutralität soll die Äußerungsrechte staatlicher Amtsträger einschränken. Staatliche Amtsträger können sich nicht auf Grundrechte berufen, sondern sind im Amt grundrechtsverpflichtet; zudem haben sie aufgrund des Republikprinzips dem Gemeinwohl zu dienen[1704]. Zwar schränkt schon die verwaltungs- und beamtenrechtliche Neutralität die Äußerungsrechte vieler staatlicher Amtsträger ein. Doch Inhaber staatlicher Führungsämter – namentlich der Bundespräsident, die Mitglieder der Bundesregierung und der Landesregierungen, Landräte und (Ober-) Bürgermeister – unterfallen im Bereich ihrer politischen Gestaltungstätigkeit nicht diesen einfachgesetzlich verankerten Neutralitätspflichten[1705].

Schon lange anerkannt ist, dass ein grundsätzliches Äußerungsrecht staatlicher Amtsträger existiert – dieses wird unter dem Schlagwort der staatlichen Öffentlichkeits- und Informationsarbeit zusammengefasst[1706]. Äußern sich Inhaber staatlicher Führungsämter jedoch im politischen Meinungskampf, handelt es sich weder um Öffentlichkeitsarbeit noch um informatorisches Handeln. Während die Öffentlichkeitsarbeit davon lebt, dass Amtsträger über sich selbst, insbesondere über ihre Vorhaben und Maßnahmen sprechen, wird im politischen Meinungskampf über Dritte geredet. Dies ähnelt zwar der staatlichen Informationsarbeit, diese zeichnet sich aber vornehmlich durch Tatsachenbeschreibungen aus, während bei Äußerungen im politischen Meinungskampf Werturteile im Mittelpunkt stehen[1707]. Kennzeichnend für solche wertenden Äußerungen von Amtsträgern ist somit, dass der Amtsträger seine „Meinung" kundtut – auch wenn er sich hierbei nicht auf die grundrechtlich geschützte Meinungsfreiheit berufen kann[1708]. Die Befugnis zur Äußerung folgt aus dem Prinzip des politischen Wettbewerbs[1709]. Eine Verbandskompetenznorm für die Äußerung ist nicht

1704 Siehe 2. Teil, A.
1705 Siehe 2. Teil, B. II. 2. b) und c).
1706 Siehe 2. Teil, C. I. und II.
1707 Siehe 2. Teil, III. und IV.
1708 Siehe 2. Teil, III.
1709 Siehe 2. Teil, V. 2.

notwendig[1710].

Zum Gegenstand eines Rechtsstreits werden Äußerungen von Inhabern staatlicher Führungsämter immer dann, wenn sie sich auf eine politische Partei oder sonstige Vereinigung beziehen. Die Rechtsprechung sowie Teile des Schrifttums entscheiden über die rechtliche Zulässigkeit derartiger Äußerungen auf der Basis eines Gebots parteipolitischer Neutralität gegenüber Parteien[1711], eines Gebots politischer Neutralität gegenüber Fraktionen[1712] und eines strikten Sachlichkeitsgebots gegenüber Vereinigungen ohne Parteienstatus[1713]. Die rechtliche Begründung wurzelt jeweils im Demokratieprinzip[1714]: Weil Demokratie Volksherrschaft bedeutet, soll der Willensbildungsprozess des Volkes frei vom Volk zu den Staatsorganen hin verlaufen[1715]. Der Staat soll den Meinungs- und Willensbildungsprozess der Bürgerschaft nicht beeinflussen. Befürchtet wird, dass andernfalls der politischen Minderheit die Chance genommen wird, zur Mehrheit zu werden[1716]. Das Republikprinzip flankiert diese Überlegung, denn aus ihm folgt, dass die Regierung dem Wohl des gesamten Volkes dienen soll und nicht nur dem Wohl derjenigen, die sie gewählt haben[1717].

Die politischen Parteien als verfassungsrechtliche Institution können sich laut der Rechtsprechung auf ihr Recht aus Art. 21 Abs. 1 S. 1 GG auf Chancengleichheit im politischen Wettbewerb berufen, wenn Amtsträger sich über sie äußern[1718]. Dies soll dem Schutz des parteipolitischen Wettbewerbs dienen. Weil Vereinigungen ohne Parteienstatus sich nicht auf Art. 21 Abs. 1 S. 1 GG berufen können[1719], schützt das Bundesverwaltungsgericht sie vor amtlichen Äußerungen durch das strikte Sachlichkeitsgebot[1720]. Dieses stützt es in Abweichung von der tradierten Sichtweise nicht nur auf das Rechtsstaatsprinzip, sondern auch auf das Demokratieprinzip. Hierdurch ist das strikte Sachlichkeitsgebot materiellrechtlich ähnlich streng wie das Gebot parteipolitischer Neutralität. Die Rechtsprechung wendet das Neutralitätsgebot und das strikte Sachlichkeitsgebot

---

1710 Siehe 2. Teil, IV.
1711 Siehe 3. Teil, A. II.
1712 Siehe 3. Teil, A. III.
1713 Siehe 3. Teil, A. IV.
1714 Siehe 3. Teil, A. I.
1715 Siehe 3. Teil, A. I. b) aa).
1716 Siehe 3. Teil, A. I. b) dd).
1717 Siehe grundlegend 2. Teil, A. III; bezogen auf Neutralität 3. Teil, A. I. 3.
1718 Siehe 3. Teil, A. II. 2. a).
1719 Siehe 3. Teil, A. IV. a).
1720 Siehe 3. Teil, A. IV. b).

allerdings nur an, wenn der Amtsträger sich in seiner amtlichen Eigenschaft äußert[1721]. Als Privatperson und als Parteipolitiker wird ihm zugestanden, sich in den politischen Meinungskampf einzubringen. Will der Amtsträger zudem objektiv die freiheitliche demokratische Grundordnung durch seine Äußerung schützen, wird die Äußerung nur dem (weiten), ausschließlich aus dem Rechtsstaatsprinzip hergeleiteten Sachlichkeitsgebot unterworfen[1722].

Allerdings verkennen diejenigen, die von Inhabern staatlicher Führungsämter politische Neutralität fordern, deren inhärent politische Rolle[1723]. Inhaber staatlicher Führungsämter sollen im Amt die Werte des Grundgesetzes verteidigen[1724] und Politik gestalten. Deshalb kann aus dem Republikprinzip für sie keine Pflicht zur Unparteilichkeit folgen: Sie erlangen nicht aufgrund des Republikprinzips, sondern aufgrund des Demokratieprinzips ihr Amt[1725]. Die Bürgerschaft wählt sie, damit sie das Gemeinwohl konkretisieren. Hierbei stehen sich verschiedene Gemeinwohlkonzepte gegenüber. Es entsteht folglich ein Wettbewerb, in dem sich auch Inhaber staatlicher Führungsämter befinden. Man mag einwenden, dass Staat und Gesellschaft zu unterscheiden seien und folglich Äußerungen von Inhabern staatlicher Ämter immer gesondert betrachtet werden müssten[1726]. Doch ist anerkannt, dass es zwischen Staat und Gesellschaft Wechselbezüge und gegenseitige Einwirkungen gibt[1727]. Hierzu gehört auch die wechselseitige Kommunikation, da sonst eine Abschottung des Staates gegenüber der Gesellschaft droht und damit eine der Demokratie abträgliche Intransparenz in Bezug auf das staatliche Wirken und auf staatliche Positionierungen[1728]. Wie politisch jemand sein Amt ausüben darf, muss in der Demokratie die Bürgerschaft durch ihr Wahlvotum entscheiden[1729]. Eine Überverrechtlichung dieses Bereichs ist überfürsorglich-paternalistisch, weil dadurch de facto ein Misstrauen gegenüber dem Souverän, dem Volk, ausgedrückt wird. Das Recht breitet sich auf diese Weise in einen Bereich aus, der dem freien Spiel der politischen Kräfte überlassen werden muss. Wertende Äußerungen politischer Amtsträger sind somit im Grundsatz als Teil des (partei-)politischen Wettbewerbs zu begreifen.

1721 Siehe 3. Teil, C. I.
1722 Siehe 3. Teil, D. II.
1723 Siehe 4. Teil, A. V.
1724 Siehe 4. Teil, A. VI.
1725 Siehe 4. Teil, A. III. 1.
1726 Siehe 4. Teil, A. I. 1-3.
1727 Siehe 4. Teil, A. I. 4.
1728 Siehe 4. Teil, A. II.
1729 Siehe 4. Teil, A. V. 3.

Das Recht muss vor allem dann zügelnd eingreifen, wenn der staatliche Machtapparat zulasten der politischen Konkurrenz eingesetzt wird. Hierfür bedarf es aber keines Gebotes (partei-)politischer Neutralität. Vielmehr folgt aus dem Demokratieprinzip ein Verbot, asymmetrische staatliche Ressourcen zulasten oder zugunsten politischer Parteien einzusetzen[1730]. Dementsprechend ist nicht jeder staatliche Ressourceneinsatz verboten[1731]; basale staatliche Mittel dürfen auch im politischen Wettbewerb eingesetzt werden. Verboten ist jedoch der Einsatz solcher Mittel, die monetär quantifizierbar sind und die Erheblichkeitsschwelle überschreiten. Zudem gelten Vorgaben wie das Sachlichkeitsgebot[1732] und das Willkürverbot[1733] als rechtliche Anforderungen an (partei-)politische Äußerungen staatlicher Amtsträger fort. Diese äußerungsrechtlichen Grenzen wahren die Balance zwischen der notwendigen politischen Exponierung von Inhabern staatlicher Führungsämter und der Chancengleichheit der politischen Konkurrenz. Inhaber bestimmter staatlicher Führungsämter, wie der Bundespräsident und die Parlamentspräsidenten, haben jedoch ein Gebot politischer Neutralität zu beachten. Dieses folgt aus dem für sie geltenden Leitbild politischer Neutralität.

Die Debatte um staatliche Äußerungen wird weitergehen. Statt den politischen Meinungskampf rechtlich überzuregulieren – in der zweifellos guten Absicht, weitere Verschärfungen des Meinungskampfes zu verhindern –, sollte sich die Rechtsprechung darauf beschränken, äußerste Grenzen für (partei-)politische Äußerungen staatlicher Amtsträger zu setzen. In Bezug auf alles, was diese Grenzen nicht überschreitet, gilt es, Vertrauen in das Votum der Wählerschaft zu haben und damit in die Demokratie als Regulator politischer Auseinandersetzungen.

1730 Siehe 5. Teil, C.

1731 Siehe 4. Teil, D.

1732 Siehe 5. Teil, B.

1733 Siehe 5. Teil, A.

Literaturverzeichnis

Alternativkommentar, Erhard Denninger / Wolfgang Hoffmann-Riem / Hans-Peter Schneider / Ekkehart Stein (Hrsg.), Kommentar zum Grundgesetz für die Bundesrepublik Deutschland, Loseblattsammlung, 3. Aufl., Neuwied 2001 (zitiert: Bearbeiter, in: AK-GG).

Alexy, Robert, Theorie der Grundrechte, Berlin 1986.

Anderheiden, Michael, Gemeinwohl in der Republik und Union, Tübingen 2019.

Arendt, Hannah, Was ist Autorität, Der Monat 1956 (89), S. 29–44.

Arendt, Hannah, Macht und Gewalt, München 1970.

Aristoteles, Politik, übersetzt und mit erklärenden Anmerkungen versehen von Eugen Rolfs, 3. Aufl., Leipzig 1948.

Arnauld, Andreas von, Völkerrecht, 5. Aufl., Heidelberg 2022.

Arnim, Hans Herbert von, Gemeinwohl und Gruppeninteressen: die Durchsetzungsschwäche allgemeiner Interessen in der pluralistischen Demokratie, Frankfurt a. M. 1977.

Arnim, Hans Herbert von, Staatslehre der Bundesrepublik Deutschland, München 1984.

Arnim, Hans Herbert von, Der strenge und der formale Gleichheitssatz, DÖV 1984, S. 85–92

Arnim, Hans Herbert von, Die Partei, der Abgeordnete und das Geld, München 1996.

Arnim, Hans Herbert von, Bleibt Ämterpatronage straflos?, DVBl 2021, S. 481–490.

Austermann, Philipp, Die Wahl des Bundeskanzlers gemäß Art. 63 GG, DÖV 2013, S. 865–874.

Badenhausen, Elisabeth / Löbel, Janek, Anmerkung zum Urteil des BVerfG vom 10.06.2014 (2 BvE 4/13) – Zur Äußerungsbefugnis des Bundespräsidenten in Bezug auf politische Parteien, VR 2014, S. 357–359.

Badura, Peter, Die parlamentarische Demokratie, in: Josef Isensee / Paul Kirchhof (Hrsg.), Handbuch des Staatsrechts der Bundesrepublik Deutschland, Bd. II: Verfassungsstaat, 3. Aufl., Heidelberg 2004, § 25, S. 497–540.

Badura, Peter, Staatrecht, Systematische Erläuterungen des Grundgesetzes, 7. Aufl., München 2018.

Bäcker, Alexandra, Ein Lehrstück bundespräsidialer Sachlichkeit – Zu den Grenzen der Redefreiheit des Bundespräsidenten – zugleich eine Anmerkung zum Urteil des BVerfG vom 10.06.2014 – 2 BvE 4/13 –, MIP 2015, S. 151–153.

Baltes, Joachim, Neutralität des Berufsbeamten, Würzburg 1973.

Barczak, Tristan, Die parteipolitische Äußerungsbefugnis von Amtsträgern. Eine Gratwanderung zwischen Neutralitätsgebot und politischem Wettbewerb, NVwZ 2015, S. 1014–1020.

Battis, Ulrich (Hrsg.), BBG – Bundesbeamtengesetz, 5. Auflage, München 2017.

Battis, Ulrich / Edenharter, Andrea, Einführung in das Verfassungsrecht, 7. Aufl., Berlin 2022.

Beaucamp, Guy, Eine Demokratie, die sich wehren kann, JA 2021, S. 1–6.

Bender, Philipp, Würde ohne Meinung? Das Amt des kommunalen Wahlbeamten im politischen Meinungskampf vor dem Hintergrund einer funktionalen Neutralitätspflicht, NWVBl. 2016, S. 143–149.

Benz, Arthur, Politischer Wettbewerb, in: Arthur Benz / Susanne Lütz / Uwe Schimank / Georg Simonis (Hrsg.), Handbuch Governance, Wiesbaden 2007, S. 54–67.

Berger, Hannes / Gundling, Lukas, Impulse der Landesverfassungsgerichte zur politischen Neutralität, DÖV 2019, S. 399–402.

Berka, Walter, Lehrbuch Verfassungsrecht, 8. Aufl., Wien 2021.

Bethge Herbert, Grundrechtsträgerschaft juristischer Personen, AöR 104 (1979), S. 54–111.

Bethge, Herbert, Mittelbare Grundrechtsbeeinträchtigungen, in: Detlef Merten / Hans-Jürgen Papier (Hrsg.), Handbuch der Grundrechte in Deutschland und Europa, Bd. III: Grundrechte in Deutschland – Allgemeine Lehren II, Heidelberg 2009, § 58, S. 113–160.

Bindschedler, Rudolf, Die Neutralität im modernen Völkerrecht, ZaöRV 17 (1956), S. 1–37.

Blasche, Sebastian, Der Parteibegriff, VR 2001, S. 407–415.

Bonner Kommentar zum Grundgesetz, Wolfgang Kahl / Christian Waldhoff / Christian Walter (Hrsg.), Loseblattsammlung, Heidelberg, Stand: 215. Ergänzungslieferung, Juni 2022 (zitiert: Bearbeiter, in: BK-GG).

Bornemann, Elias, Die religiös-weltanschauliche Neutralität des Staates, Tübingen 2020.

Böckenförde, Ernst Wolfgang, Das Grundrecht der Gewissensfreiheit, VVdStRL 28 (1970), S. 33–88.

Böckenförde, Ernst Wolfgang, Die Bedeutung der Unterscheidung von Staat und Gesellschaft im demokratischen Sozialstaat der Gegenwart, in: Ernst

Wolfgang Böckenförde (Hrsg.), Festgabe für Wolfgang Hefermehl zum 65. Geburtstag, Stuttgart 1972, S. 11–32.

Böckenförde, Ernst Wolfgang, Die verfassungstheoretische Unterscheidung von Staat und Gesellschaft als Bedingung der individuellen Freiheit, Opladen 1973.

Böckenförde, Ernst Wolfgang, Recht, Staat, Freiheit. Studien zur Rechtsphilosophie, Staatstheorie und Verfassungsgeschichte, Frankfurt a. M. 1991.

Böckenförde, Ernst Wolfgang, Demokratie als Verfassungsprinzip, in: Josef Isensee / Paul Kirchhof (Hrsg.), Handbuch des Staatsrechts der Bundesrepublik Deutschland, Bd. II: Verfassungsstaat, 3. Aufl., Heidelberg 2004, § 24, S. 429–496.

Böckenförde, Ernst Wolfgang, Demokratische Willensbildung und Repräsentation, in: Josef Isensee / Paul Kirchhof (Hrsg.), Handbuch des Staatsrechts der Bundesrepublik Deutschland, Bd. III: Demokratie – Bundesorgane, 3. Aufl., Heidelberg 2005, § 34, S. 31–53.

Braun, Johanna, Leitbilder im Recht, Tübingen 2015.

Brenner, Michael, Das Prinzip des Parlamentarismus, in: Josef Isensee / Paul Kirchhof (Hrsg.), Handbuch des Staatsrechts der Bundesrepublik Deutschland, Bd. IV: Aufgaben des Staates, 3. Aufl., Heidelberg 2005, § 44, S. 477–519.

Breuer, Rüdiger, Konkretisierung des Rechtstaats- und Demokratieprinzips, in: Eberhard Schmidt-Aßmann / Dieter Sellner / Günter Hirsch / Gerd H. Kemper / Hinrich Lehmann-Grube (Hrsg.), Festgabe 50 Jahre Bundesverwaltungsgericht, Köln 2003, S. 223–253.

Brockhaus Enzyklopädie, Bd. 19, 21. Aufl., Mannheim 2006.

Brunner, Otto, Die Freiheitsrechte in der altständischen Gesellschaft, in: Ernst-Wolfgang Böckenförde (Hrsg.), Staat und Gesellschaft, Darmstadt 1976, S. 20–36.

Burkholz, Bernhard, Maulkorb für Amtsträger – wie Verwaltungsgerichte in den öffentlichen Meinungskampf eingreifen. Eine Streitschrift, KJ 2019, S. 213–220.

Butzer, Hermann, Frei von der Leber weg? Die Äußerungsbefugnisse des Bundespräsidenten und von Mitgliedern der Bundesregierung gegenüber extremistischen Parteien, in: Winfried Kluth (Hrsg.), „Das wird man ja wohl noch sagen dürfen.“ Staatliche Organe und die Pflicht zur Neutralität, Halle an der Saale 2015, S. 37–49.

Butzer, Hermann, Im Streit: Die Äußerungsbefugnisse des Bundespräsidenten, ZG 2015, S. 97–127.

Bumke, Christian, Publikumsinformation, Die Verwaltung 37 (2004), S. 3–33.

Burgi, Martin, Kommunalrecht, 6. Aufl., München 2019.

Camphausen, Axel, Zur Kruzifix-Entscheidung des Bundesverfassungsgerichts, AöR 121 (1996), S. 448–464.

Classen, Claus Dieter, Staatsrecht II: Grundrechte, München 2018.

Cornils, Matthias, Leitbilder des Abgeordneten – Das Mandat als Lebensberuf oder Zeitengagement?, Jura 2009, S. 289–297.

Cornils, Matthias, Parteipolitische Neutralität des Bundespräsidenten: Wahlrechtsprägende Verfassungserwartung, nicht Amtspflicht, in: Max-Emanuel Geis / Markus Winkler / Christian Bickenbach (Hrsg.), Von der Kultur der Verfassung: Festschrift für Friedhelm Hufen zum 70. Geburtstag, München 2015, S. 151–166.

Correll, Martin, Abhängigkeit und Anerkennung. Rousseaus Beitrag zu einer zeitgenössischen Republikanismustheorie, Politisches Denken 25 (2015), S. 81–100.

Czermak, Gerhard, Der Kruzifix-Beschluß des Bundesverfassungsgerichts, seine Ursachen und seine Bedeutung, NJW 1995, S. 3348–3353.

Dagtoglou, Prodomos, Befangenheit und Funktionshäufig in der Verwaltung, in: Karl Doehring (Hrsg.), Festgabe für Ernst Forsthoff zum 65. Geburtstag, München 1967, S. 65–104.

Dederer, Hans-Georg, Korporative Staatsgewalt. Integration privat organisierter Interessen in die Ausübung von Staatsfunktionen. Zugleich eine Rekonstruktion der Legitimationsdogmatik, Tübingen 2004.

Degenhart, Christoph, Der Staat im freiheitlichen Kommunikationsprozess: Funktionsträgerschaft, Funktionsschutz und Funktionsbegrenzung, AfP 2010, S. 324–331.

Degenhart, Christoph, Staatsrecht I, Staatsorganisationsrecht, 38. Aufl., Heidelberg 2022.

Depenheuer, Otto, Das öffentliche Amt, in: Josef Isensee / Paul Kirchhof, Handbuch des Staatsrechts der Bundesrepublik Deutschland, Bd. III: Demokratie – Bundesorgane, 3. Aufl., Heidelberg 2005, § 36, S. 87–130.

Der Parlamentarische Rat 1948–1949, Akten und Protokolle, Bd. 5, Ausschuss für Grundsatzfragen, Boppard am Rhein 1993 (zitiert: Redner, in: Der Parlamentarische Rat, Bd. 5).

Der Parlamentarische Rat 1948–1949, Akten und Protokolle, Bd. 9, Plenum, München 1996 (zitiert: Redner, in: Der Parlamentarische Rat, Bd. 9).

Detjen, Joachim, Die Werteordnung des Grundgesetzes, Wiesbaden 2009.

Detterbeck, Steffen, Allgemeines Verwaltungsrecht, 20. Aufl., München 2022.

Dietlein, Johannes, Die Lehre von den grundrechtlichen Schutzpflichten, Berlin 1992.

Di Fabio, Udo, Grundrechte im präzeptoralen Staat am Beispiel hoheitlicher Informationstätigkeit, JZ 1993, S. 689–697.

Di Fabio, Udo, Information als hoheitliches Gestaltungsmittel, JuS 1997, S. 1–7.

Di Fabio, Udo, Gewaltenteilung: in: Josef Isensee / Paul Kirchhof (Hrsg.), Handbuch des Staatsrechts der Bundesrepublik Deutschland, Bd. II: Verfassungsorgane, 3. Aufl., Heidelberg 2004, § 27, S. 613–658.

Di Fabio, Udo, Öffentliche Meinung im System polyzentrischer Herrschaft, in: Horst Dreier / Friedrich Wilhelm Graf / Joachim Jens Hesse (Hrsg.), Staatswissenschaften und Staatspraxis, Baden-Baden 2011, S. 366–381.

Dişçi, Duygu, Der Grundsatz politischer Neutralität. Grenzen der Äußerungsbefugnis politischer Amtsträger, Berlin 2019.

Dişçi, Duygu, Grundsatz (partei-)politischer Neutralität, MIP 2016, S. 101–107.

Doehring, Karl, Der „pouvoir neutre" und das Grundgesetz, Der Staat 3 (1964), S. 201–219.

Drefs, Felix, Die Öffentlichkeitsarbeit des Staates und die Akzeptanz seiner Entscheidungen, Baden-Baden 2019.

Dreier, Horst, Regelungsform und Regelungsinhalt des autonomen Parlamentsrechts, JZ 1990, S. 310–321.

Dreier, Horst, Grundrechtsdurchgriff contra Gesetzesbindung? Exemplarische Betrachtungen zum Verhältnis von Verfassungs- und Verwaltungsrecht anhand der Rechtsprechung des Bundesverwaltungsgerichts, Die Verwaltung 36 (2003), S. 105–136.

Dreier, Horst (Hrsg.), Grundgesetz, Kommentar, Bd. I: Art. 1 bis 19, 3. Aufl., Tübingen 2013.

Dreier, Horst (Hrsg.), Grundgesetz, Kommentar, Bd. II: Art. 20 bis 82, 3. Aufl., Tübingen 2015.

Dreier, Horst, Staat ohne Gott. Die Religion in der säkularen Moderne, 2. Aufl., München 2018.

Droege, Michael, Art. Neutralität, in: Werner Heun / Martin Honecker / Martin Morlok / Joachim Wieland (Hrsg.), Evangelisches Staatslexikon, Neuausgabe, Stuttgart 2006, Sp. 1620–1624.

Droege, Michael, Herrschaft auf Zeit: Wahltage und Übergangszeiten in der repräsentativen Demokratie, DÖV 2009, S. 649–656.

Du Mesnil, Tasillo / Müller, Michael Wolfgang, Die Rechtsstellung der Bundestagsabgeordneten, Teil 2: Statusrechte und Rechtsschutz, JuS 2016, S. 603–608.

Dudenredaktion (Hrsg.), Das Fremdwörterbuch, Berlin 2020.

Dudenredaktion (Hrsg.), Das Herkunftswörterbuch, Berlin 2020.

Dudenredaktion (Hrsg.), Das Synonymwörterbuch, Berlin 2019.

Dürig, Günter / Herzog, Roman / Scholz, Rupert, Grundgesetz, Loseblatt-Kommentar, München, Stand: 98. Ergänzungslieferung, März 2022.

Eder, Christian, „Rote Karte“ gegen „Spinner“?: Bedeutung und Reichweite staatlicher Neutralitätspflichten in der politischen Auseinandersetzung, Berlin 2017.

Ehlers, Dirk / Pünder, Hermann (Hrsg.), Allgemeines Verwaltungsrecht, 16. Aufl., Berlin 2022.

Ehmke, Horst, „Staat“ und „Gesellschaft“ als verfassungstheoretisches Problem, in: Konrad Hesse / Siegfried Reicke / Ulrich Scheuner (Hrsg.), Staatsverfassung und Kirchenordnung, Festgabe für Rudolf Smend zum 80. Geburtstag am 15. Januar 1962, S. 23–49, Tübingen 1962.

Engel, Christoph, Offene Gemeinwohldefinitionen, Rechtstheorie 32 (2001), S. 23–52.

Engel, Christoph, Öffentlichkeitsarbeit, in: Josef Isensee / Paul Kirchhof (Hrsg.), Handbuch des Staatsrechts der Bundesrepublik Deutschland, Bd. IV: Aufgaben des Staates, 3. Aufl., Heidelberg 2006, § 80, S. 477–505.

Engelbert, Anke / Kutscha, Martin, Staatliche Öffentlichkeitsarbeit und Demokratieprinzip, NJW 1993, S. 1233–1237.

Epping, Volker / Hillgruber, Christian (Hrsg.), Grundgesetz: GG, Kommentar, 3. Aufl., München 2020.

Epping, Volker, Grundrechte, 9. Auflage, Heidelberg 2021.

Eggers, Christopher, Unfreiwillige Information und Kommunikation in der lebensmittelrechtlichen Praxis, ZLR 2010, S. 145–162.

Erbguth, Wilfried / Mann, Thomas / Schubert, Mathias, Besonderes Verwaltungsrecht, 13. Aufl., Heidelberg 2019.

Eschenburg, Theodor, Staat und Gesellschaft in Deutschland, Stuttgart 1956.

Fehling, Michael, Verwaltung zwischen Unparteilichkeit und Gestaltungsaufgabe, Tübingen 2001.

Ferreau, Frederik, Grenzen staatlicher Beteiligung am politischen Diskurs, NVwZ 2017, 1259–1263.

Ferreau, Frederik, Die Sanktionierung von Parteien und das Recht auf Chancengleichheit im politischen Wettbewerb, DÖV 2017, S. 494–500.

Folscheid, Lex, Die Rechte und Pflichten von neutralen Staaten, Forum für Politik, Gesellschaft und Kultur 257 (2006), S. 25–28.

Forsthoff, Ernst, Der Staat der Industriegesellschaft. Dargestellt am Beispiel der Bundesrepublik Deutschland, München 1971.

Forsthoff, Ernst, Lehrbuch des Verwaltungsrechtes, Bd. 1, 10. Aufl., München 1973.

Fraenkel, Ernst, Der Pluralismus als Strukturelement der freiheitlich-rechtsstaatlichen Demokratie, in: Alexander v. Brünneck (Hrsg.), Gesammelte Schriften, Band 5: Demokratie und Pluralismus, Baden-Baden 2007, S. 256–280.

Friauf, Karl Heinrich (Begr.) / *Höfling, Wolfram* (Hrsg.), Berliner Kommentar zum Grundgesetz, Loseblattsammlung, Berlin, Stand: 2021.

Friehe, Matthias, Facebook, Twitter und Regierung. Neue Medien und regierungsamtliche Kommunikation zwischen Öffentlichkeitsarbeit und Parteipolitik, in: Arnd Uhle (Hrsg.), Information und Einflussnahme. Gefährdungen der Offenheit des demokratischen Willensbildungsprozesses, Berlin 2018, S. 81–122.

Friesenhahn, Ernst, Parlament und Regierung im modernen Staat, VVDStRL 16 (1958), S. 9–73.

Frotscher, Werner, Die parteienstaatliche Demokratie – Krisenzeichen und Zukunftsperspektiven, DVBl 1985, S. 917–927.

Frowein, Jochen Abraham, Die Rechtsprechung des Bundesverfassungsgerichts zum Wahlrecht, AöR 99 (1974), S. 72–110.

Fuchs, Michael, Regierungskommunikation und Verfassungsrecht, VBlBW 2015, S. 401–406.

Gallwas, Hans-Ulrich, Faktische Beeinträchtigungen im Bereich der Grundrechte, Berlin 1970.

Gärditz, Klaus, Unbedingte Neutralität? Zur Zulässigkeit amtlicher Aufrufe zu Gegendemonstrationen durch kommunale Wahlbeamte, NWVBl. 2015, S. 165–171.

Gärditz, Klaus, Das Amtsprinzip und seine Sicherung bei Verfassungsorganen, JöR 64 (2016), S. 1–42.

Gärditz, Klaus, Steriles Politikverständnis: Zum Wanka-Urteil des Bundesverfassungsgerichts, abrufbar im Internet unter: https://verfassungsblog.de/steriles-politikverstaendnis-zum-wanka-urteil-des-bundesverfassungsgerichts, zuletzt abgerufen am 20.05.2022 (zitiert: Gärditz, Steriles Politikverständnis, verfassungsblog.de).

Gärditz, Klaus, Der Begriff der Regierung, in: Julian Krüper / Arne Pilniok (Hrsg.), Die Organisationsverfassung der Regierung, Tübingen 2021.

Gehrlein, Markus, Braucht Deutschland einen Bundespräsidenten?, DÖV 2007, S. 280–288.

Gern, Alfons / *Brüning, Christoph*, Deutsches Kommunalrecht, 4. Aufl., Baden-Baden 2019.

Gersdorf, Hubertus, Staatliche Kommunikationstätigkeit, AfP 2016, S. 293–301.

Giese, Friedrich, Parteien als Staatsorgane, AöR 80 (1955/56), S. 377–379.

Görres-Gesellschaft, Staatslexikon, Recht, Wirtschaft, Gesellschaft, Bd. 1, 8. Aufl., Freiburg im Breisgau 2017.

Goerlich, Helmut, Krieg dem Kreuz in der Schule?, NVwZ 1995, S. 1184–1186.

Grabitz, Eberhard, Freiheit und Verfassungsrecht: Kritische Untersuchungen zur Dogmatik und Theorie der Freiheitsrechte, Heidelberg 1976.

Gramm, Christof, Aufklärung durch staatliche Publikumsinformation: Staatshandeln als Aufklärung, Der Staat 30 (1991), S. 51–80.

Grimm, Dieter, Staat und Gesellschaft, in: Thomas Ellwein / Joachim Jens Hesse (Hrsg.), Staatswissenschaften: Vergessene Disziplin oder neue Herausforderung?, Baden-Baden 1990, S. 13–27.

Grimm, Dieter, Politische Parteien, in: Ernst Benda / Werner Maihofer / Hans-Jochen Vogel (Hrsg.), Handbuch des Verfassungsrechts der Bundesrepublik Deutschland, 2. Aufl., Berlin 1994, § 14, S. 599–656.

Gröpl, Christoph / Zembruski, Stephanie, Äußerungsbefugnisse oberster Staatsorgane und Amtsträger, Jura 2016, S. 268–279.

Gröpl, Christoph, Staatsrecht I. Staatsgrundlagen, Staatsorganisation, Verfassungsprozess, 14. Aufl., München 2022.

Gröschner, Rolf, Öffentlichkeitsaufklärung als Behördenaufgabe, DVBl 1990, S. 619–629.

Gröschner, Rolf, Freiheit und Ordnung in der Republik des Grundgesetzes, JZ 1996, S. 637–646.

Gröschner, Rolf, Die Republik, in: Josef Isensee / Paul Kirchhof (Hrsg.), Handbuch des Staatsrechts der Bundesrepublik Deutschland, Bd. II: Verfassungsstaat, Heidelberg 2004, § 23, S. 369–428.

Groß, Thomas, Das Kollegialprinzip in der Verwaltungsorganisation, Tübingen 1999.

Gundling, Lukas, Der enge Rahmen des Neutralitätsgebotes: zur aktuellen Rechtsprechung des Thüringer Verfassungsgerichtshofes zur Äußerungsbefugnis von öffentlichen Amtsträgern, ZLVR 2017, S. 12–23.

Gusy, Christoph, Weimar – die wehrlose Demokratie? Verfassungsschutzrecht und Verfassungsschutz der Weimarer Republik, Tübingen 1991.

Gusy, Christoph, Verwaltung durch Information – Empfehlungen und Warnungen als Mittel des Verwaltungshandelns, NJW 2000, S. 977–986.

Gusy, Christoph, Neutralität staatlicher Öffentlichkeitsarbeit – Voraussetzungen und Grenzen, NVwZ 2015, S. 700–704.

Gusy, Christoph, Parlamentarische oder „neutrale“ Regierung? Eine Anfrage, KritV 2018, S. 210–235.

Häberle, Peter, Öffentlichkeitsarbeit der Regierung zwischen Parteien- und Bürgerdemokratie – Zum Urteil des BVerfG vom 2. März 1977, JZ 1977, S. 361–371.

Häberle, Peter, Unmittelbare staatliche Parteienfinanzierung und das Grundgesetz – BVerfGE 56, 20, JuS 1967, S. 64–74.

Häberle, Peter, Verfassung als öffentlicher Prozeß: Materialien zu einer Verfassungstheorie der offenen Gesellschaft, 3. Aufl., Berlin 1998.

Häberle, Peter, Öffentliches Interesse als juristisches Problem, 2. Aufl., Berlin 2006.

Hager, Gerd, Grundfragen zur Befangenheit von Gemeinderäten, VBlBW 1994, 263–269.

Hailbronner, Kay, Der öffentliche Dienst als „pouvoir neutre, ZaöRV 2009, S. 267–273.

Harding, Nicolas, Die Charakterisierung staatlicher Accounts in sozialen Netzwerken, NJW 2019, 1910–1915.

Harding, Nicolas, Zwei Sieger in einem Verfahren?, JuWissBlog Nr. 81/2020 v. 12.06.2020, abrufbar im Internet unter: https://www.juwiss.de/81-2020/, zuletzt abgerufen am 20.05.2022.

Hartmann, Bernd J., Eigeninteresse und Gemeinwohl bei Wahlen und Abstimmungen, AöR 134 (2009), S. 1–34.

Hatje, Armin, Demokratie als Wettbewerbsordnung, VVDStRL 69 (2010), S. 135–172.

Haungs, Peter, Parteiendemokratie in der Bundesrepublik Deutschland, 2. Aufl., Berlin 1981.

Hegel, Georg Wilhelm Friedrich, Grundlinien der Philosophie des Rechts, 4. Aufl., Berlin 2017.

Heinig, Hans Michael / Morlok, Martin, Konkurrenz belebt das Geschäft, ZG 2000, S. 371–384.

Heintzen, Markus, Staatliche Warnungen als Grundrechtsproblem, VerwArch 81 (1990), S. 532–556.

Heller, Hermann, Staatslehre, Leiden 1934.

Hellmann, Vanessa, Eine Warnung vor dem Bundesverfassungsgericht - Die Glykol- Entscheidung des BVerfG vom 26.6.2002, NVwZ 2005, S. 163–166.

Henke, Wilhelm, Die Bundesrepublik ohne Staatsoberhaupt, DVBl 1966, S. 723–728.

Henke, Wilhelm, Das Recht der politischen Parteien, 2. Aufl., Göttingen 1972.

Henke, Wilhelm, Zum Verfassungsprinzip der Republik, JZ 1981, S. 249–251.

Henke, Wilhelm, Republikanische Verfassungsgeschichte mit Einschluß der Antike, Der Staat 23 (1984), S. 75–85.

Hennis, Wilhelm, Amtsgedanke und Demokratiebegriff, in: Konrad Hesse / Siegfried Reicke / Ulrich Scheuner (Hrsg.), Staatsverfassung und Kirchenordnung, Festgabe für Rudolf Smend zum 80. Geburtstag am 15. Januar 1962, Tübingen 1962, S. 54–57.

Herdegen, Matthias / Masing, Johannes / Poscher, Ralf / Gärditz, Klaus, Handbuch des Verfassungsrechts, München 2021.

Herz, Hans, Parlaments-„Bureau“ und Parlamentsverwaltung. Zur erfolgreichen Entwicklung des innerparlamentarischen Dienstbetriebs seit 1815, ZParl 41 (2010), S. 551–563.

Herzog, Roman, Allgemeine Staatslehre, Frankfurt a. M. 1971.

Herzog, Roman, Verfassungsrechtliche Grundlagen des Parteienstaates, Heidelberg 1993.

Hesse, Konrad, Die verfassungsrechtliche Stellung der politischen Parteien im modernen Staat, VVDStRL 17 (1959) S. 11–52.

Hesse, Konrad, Grundzüge des Verfassungsrechts der Bundesrepublik Deutschland, 20. Aufl., Heidelberg 1995.

Heun, Werner, Die Stellung des Bundespräsidenten im Licht der Vorgänge um die Auflösung des Bundestages, AöR 109 (1984), S. 13–36.

Hill, Hermann, Staatskommunikation, JZ 1993, S. 330–336.

Hillgruber, Christian, Parteienfreiheit, in: Detlef Merten / Hans-Jürgen Papier (Hrsg.), Handbuch der Grundrechte in Deutschland und Europa, Bd. V: Grundrechte in Deutschland – Einzelgrundrechte II, Heidelberg 2013, § 118, S. 463–518.

Hillgruber, Christian, Zur Äußerungsbefugnis des Bundespräsidenten in Bezug auf politische Parteien, JA 2014, S. 796–798.

Hillgruber, Christian, Zwischen wehrhafter Demokratie und „political correctness“; wieweit darf die politische Mehrheit die Spielregeln der politischen (Meinungs-)Bildung bestimmten, in: Winfried Kluth (Hrsg.), „Das wird man ja wohl noch sagen dürfen.“, Staatliche Organe und die Pflicht zur Neutralität, Halle an der Saale 2015, S. 77–92.

Hillgruber, Christian, Die Meinungsfreiheit als Grundrecht der Demokratie, JZ 2016, S. 495–501.

Hillgruber, Christian, Beeinträchtigung des Rechts einer politischen Partei auf Chancengleichheit gemäß Art. 21 GG durch ein auf der Internetseite eines

Bundesministeriums veröffentlichtes Interview eines Bundesministers (Entscheidungsbesprechung), JA 2020, S. 718–720.

Hofmann, Hasso, Legitimität und Rechtsgeltung, Berlin 1977.

Hoffmann-Riem, Kommunikations- und Medienfreiheit, in: Ernst Benda / Werner Maihofer / Hans-Jochen Vogel (Hrsg.), Handbuch des Verfassungsrechts der Bundesrepublik Deutschland, 2. Aufl., Berlin 1994, § 7, S. 191–262.

Hoffmann-Riem, Wolfgang, Grundrechtsanwendung unter Rationalitätsanspruch, Der Staat 43 (2004), S. 203–233.

Hoffmann-Riem, Wolfgang, Versammlungsfreiheit, in: Detlef Merten / Hans-Jürgen Papier (Hrsg.), Handbuch der Grundrechte in Deutschland und Europa, Bd. IV: Grundrechte in Deutschland: Einzelgrundrechte I, Heidelberg 2011, § 106, S. 1117–1212.

Hoffmann-Riem, Wolfgang / Schmidt-Aßmann, Eberhard / Voßkuhle, Andreas (Hrsg.), Grundlagen des Verwaltungsrechts, Bd. II, 2. Aufl., München 2012.

Hoffmann-Riem, Wolfgang / Schmidt-Aßmann, Eberhard / Voßkuhle, Andreas (Hrsg.), Grundlagen des Verwaltungsrechts, Bd. III, 2. Aufl., München 2012.

Hohenlohe, Diana zu, „Lichter aus als Zeichen gegen Intoleranz“ – Zu den Grenzen der politischen Äußerungsbefugnis von (Ober-)Bürgermeistern, VerwArch 2016, S. 62–85.

Holzke, Frank, Die „Neutralität” des Staates in Fragen der Religion und Weltanschauung, NVwZ 2002, S. 903–913.

Hömig, Dieter / Wolff, Heinrich Amadeus (Hrsg.), Grundgesetz für die Bundesrepublik Deutschland Handkommentar, 13. Aufl., Baden-Baden 2022.

Horn, Hans-Detlef, Erosion demokratischer Öffentlichkeit?, VVDStRL 68 (2009), S. 413–449.

Huber, Ernst Rudolf, Deutsche Verfassungsgeschichte seit 1789, Bd. III: Bismarck und das Reich, 3. Aufl., Stuttgart 1988.

Huber, Peter Michael, Das „Volk“ des Grundgesetzes, DÖV 1989, S. 531–536.

Huber, Peter Michael, Parteien in der Demokratie, in: Peter Badura / Horst Dreier (Hrsg.), Festschrift 50 Jahre Bundesverfassungsgericht, Bd. 2, Tübingen 2001, S. 609–626.

Huber, Peter Michael, Die Informationstätigkeit der öffentlichen Hand - ein grundrechtliches Sonderregime aus Karlsruhe?, JZ 2003, 290–297.

Huber, Peter Michael, Medienbeteiligungen politischer Parteien, in: Martin Morlok / Ulrich von Alemann / Thilo Streit (Hrsg.), Medienbeteiligung politischer Parteien, Baden-Baden 2004, S. 113–128.

Hufen, Friedhelm, Legitimität und Grenzen der Öffentlichkeitsarbeit von Landesregierungen, LKRZ 2008, S. 41–48.

Hufen, Friedhelm / Siegel, Thorsten, Fehler im Verwaltungsverfahren, 7. Aufl., Baden-Baden 2021.

Huster, Stefan, Die ethische Neutralität des Staates, Tübingen 2002.

Ipsen, Knut, Völkerrecht, 7. Aufl., München 2018.

Isensee, Josef, Sinnpotential eines Begriffs, JZ 1981, S. 1–8.

Isensee, Josef, Braucht die Republik einen Präsidenten?, NJW 1994, S. 1329–1330.

Isensee, Josef, Öffentlicher Dienst, in: Ernst Benda / Werner Maihofer / Hans-Jochen Vogel (Hrsg.), Handbuch des Verfassungsrechts der Bundesrepublik Deutschland, 2. Aufl., Berlin 1994, § 32, S. 1527–1577.

Isensee, Josef, Bildersturm durch Grundrechtsinterpretation, ZRP 1996, S. 10–15.

Isensee, Josef, Gemeinwohl im Verfassungsstaat, in: ders. / Paul Kirchhof (Hrsg.), Handbuch des Staatsrechts der Bundesrepublik Deutschland, Bd. IV: Aufgaben des Staates, 3. Aufl., Heidelberg 2006, § 71, S. 3–80.

Isensee, Josef, Das Grundrecht als Abwehrrecht und als staatliche Schutzpflicht, ders. / Paul Kirchhof (Hrsg.), Handbuch des Staatsrechts der Bundesrepublik Deutschland, Bd. IX: Allgemeine Grundrechtslehren, 3. Aufl., Heidelberg 2011, § 191, S. 413–567.

Isensee, Josef, Anwendung der Grundrechte auf juristische Personen, in: ders. / Paul Kirchhof (Hrsg.), Handbuch des Staatsrechts der Bundesrepublik Deutschland, Bd. IX: Allgemeine Grundrechtslehren, 3. Aufl., Heidelberg 2011, § 199, S. 911–980.

Isensee, Josef, Gemeinwohl und öffentliches Amt. Vordemokratische Fundamente des Verfassungsstaates, Wiesbaden 2014.

Jaeger, Paul / Bertot, John, Transparency and technological change: Ensuring equal and sustained public access to government information, Government Information Quarterly (GIQ) der staatlichen Neutralität ist nach

2010, S. 371–376.

Jäger, Martin, Die Zulassung von Parteien zur Bundestagswahl, Berlin 2021.

Jarass, Hans / Pieroth, Bodo (Hrsg.), GG, Grundgesetz für die Bundesrepublik Deutschland, Kommentar, 17. Aufl., München 2022.

Jellinek, Georg, Allgemeine Staatslehre, 3. Aufl., Berlin 1914.

Jellinek, Georg, Verwaltungsrecht, 3. Aufl., Berlin 1948.

Jestaedt, Matthias, Das Geheimnis im Staat der Öffentlichkeit, AöR 126 (2001), S. 204–243.

Jülich, Christian, Die Wahl des Bundespräsidenten, DÖV 1969, S. 92–97.

Jun, Uwe, Typen und Funktionen von Parteien, in: Oskar Niedermayer (Hrsg.), Handbuch Parteienforschung, Wiesbaden 2013, S. 119–144.

Kailitz, Steffen, Politischer Extremismus in der Bundesrepublik Deutschland. Eine Einführung, Wiesbaden 2004.

Kaiser, Jospeh Heinrich, Die Repräsentation organisierter Interessen, 2. Aufl., Berlin 1978.

Kalscheuer, Fiete, Was ein Amtsträger sagen darf und was nicht – Zu den Äußerungsbefugnissen von Hoheitsträgern, KommJur 2018, S. 121–126.

Kalscheuer, Fiete / Hornung, Christian, Das Netzwerkdurchsetzungsgesetz – Ein verfassungswidriger Schnellschuss, NVwZ 2017, S. 1721–1725.

Karehnke, Helmut, Richtlinienkompetenz des Bundeskanzlers, Ressortprinzip und Kabinettsgrundsatz – Entspricht Art. 65 des Grundgesetzes noch heutigen Erfordernissen?, DVBl 1974, S. 101-113.

Karpen, Ulrich, Die Unterscheidung von Staat und Gesellschaft als Bedingung der rechtsstaatlichen Freiheit, JA 1986, S. 299–310.

Kelsen, Hans, Vom Wesen und Wert der Demokratie, 2. Aufl., Tübingen 1929.

Kempen, Otto Ernst, Zwischen Gemeinwohlpostulat und demokratischen Verfahrensgarantien – Das Urteil des Bundesverfassungsgerichts zur regierungsamtlichen Öffentlichkeitsarbeit, Der Staat 18 (1979), S. 81–101.

Kempen, Otte Ernst, Grundgesetz, amtliche Öffentlichkeitsarbeit und politische Willensbildung, Berlin 1975.

Kenntner, Markus, Sinn und Zweck der Garantie des hergebrachten Berufsbeamtentums, DVBl 2007, S. 1321–1328.

Kersten, Jens, Homogenitätsgebot und Landesverfassungsrecht, DÖV 1993, S. 896–902.

Kersten, Jens / Rixen, Stephan (Hrsg.), Parteiengesetz (PartG) und europäisches Parteienrecht, Kommentar, Stuttgart 2009.

Kersting, Norbert, Die Zukunft der lokalen Demokratie, Modernisierungs- und Reformmodelle, Frankfurt 2004.

Kielmansegg, Peter Graf, Der Reichspräsident – ein republikanischer Monarch?, in: Horst Dreier / Christian Waldhoff (Hrsg.), Das Wagnis der Demokratie, München 2018, S. 219–240.

Kißlinger, Andreas, Das Recht auf politische Chancengleichheit, Baden-Baden 1998.

Kirchhof, Paul, Die Bedeutung der Unbefangenheit für die Verwaltungsentscheidung, VerwArch 66 (1975), S. 370–386.

Kirchhof, Paul, Der Staat als Organisationsform politischer Herrschaft und rechtlicher Bindung. Kontinuität und Erneuerung des deutschen Verfassungsstaates in Freiheitlichkeit, Weltoffenheit und demokratischer Solidarität, DVBl 1999, S. 637–657.

Kirchhof, Paul, Das Parlament als Mitte der Demokratie, in: Michael Brenner / Peter Michael Huber / Markus Möstl (Hrsg.), Der Staat des Grundgesetzes – Kontinuität und Wandel, Festschrift für Peter Badura zum siebzigsten Geburtstag, Tübingen 2004, S. 237-262.

Klein, Eckart, Der republikanische Gedanke in Deutschland, DÖV 2009, S. 741–747.

Klein, Hans Hugo, Zur Öffentlichkeitsarbeit von Parlamentsfraktionen, in: Michael Brenner / Peter Michael Huber / Markus Möstl (Hrsg.), Der Staat des Grundgesetzes – Kontinuität und Wandel, Festschrift für Peter Badura zum siebzigsten Geburtstag, Tübingen 2004, S. 263–287.

Klein, Hans Hugo, Status des Abgeordneten, in: Josef Isensee / Paul Kirchhof (Hrsg.), Handbuch des Staatsrechts der Bundesrepublik Deutschland, Bd. III: Demokratie – Bundesorgane, 3. Aufl., Heidelberg 2005, § 51, S. 741–767.

Kliegel, Thomas, Äußerungsbefugnisse von Amtsträgern gegenüber politischen Parteien, in: Fabian von Scheffczyk / Kathleen Wolter (Hrsg.), Linien der Rechtsprechung des Bundesverfassungsgerichts - erörtert von den wissenschaftlichen Mitarbeiterinnen und Mitarbeitern, Bd. 4, 2017, Seite 413–438.

Klink, Dieter, Bemerkungen zur Rolle des Parlamentspräsidenten in Politik und Gesellschaft, ZParl 12 (1981), S. 436–437.

Kloepfer, Michael, Informationsrecht, München 2002.

Kloepfer, Michael, Öffentliche Meinung, Massenmedien, in: Josef Isensee / Paul Kirchhof (Hrsg.), Handbuch des Staatsrechts der Bundesrepublik Deutschland, Bd. III, 3. Aufl., Heidelberg, 2005, § 42, S. 389–423.

Kloepfer, Michael, Versammlungsfreiheit, in: Josef Isensee / Paul Kirchhof (Hrsg.), Handbuch des Staatsrechts der Bundesrepublik Deutschland, Bd. VII: Freiheitsrechte, 3. Aufl., Heidelberg 2009, § 164, S. 977–1034.

Kloepfer, Michael, Verfassungsrecht, Bd. I, München 2011.

Kloepfer, Michael, Verfassungsrecht, Bd. II, München 2010

Knöpfle, Franz, Das Amt des Bundespräsidenten in der Bundesrepublik Deutschland, DVBl 1966, S. 713–722.

Kocks, Jan / Raupp, Juliana, Rechtlich-normative Rahmenbedingungen der Regierungskommunikation – ein Thema für die Publizistik- und Kommunikationswissenschaft, Publizistik: Vierteljahreshefte für Kommunikationsforschung 2014, S. 269–284.

Kopp, Ferdinand (Begr.) / *Ramsauer, Ulrich* (Hrsg.), VwVfG, Verwaltungsverfahrensgesetz, Kommentar, 23. Aufl., München 2022.

Kopp, Johannes / Steinbach, Anja, Grundbegriffe der Soziologie, 12. Aufl., Wiesbaden 2018.

Köttgen, Arnold, Abgeordnete und Minister als Statusinhaber, in: Otto Bachof / Martin Draht / Otto Gönnenwein / Ernst Walz (Hrsg.), Forschungen und Berichte aus dem öffentlichen Recht. Gedächtnisschrift für Walter Jellinek, 12. Juli 1885 - 9. Juni 1955, München 1955, S. 195–220.

Köttgen, Arnold, Das anvertraute öffentliche Amt, in: Konrad Hesse / Siegfried Reicke / Ulrich Scheuner (Hrsg.), Staatsverfassung und Kirchenordnung, Festgabe für Rudolf Smend zum 80. Geburtstag am 15. Januar 1962, Tübingen 1962, S. 119–149.

Kingreen, Thorsten / Poscher, Ralf, Grundrechte. Staatsrecht II, 38. Aufl., Heidelberg 2022.

Krockow, Christinan Graf von, Staat, Gesellschaft, Freiheitswährung, in: Ernst-Wolfgang Böckenförde (Hrsg.), Staat und Gesellschaft, Darmstadt 1976, S. 432–483.

Krüger, Herbert, Allgemeine Staatsrechtslehre, Stuttgart 1964.

Krüper, Julian, Die grundrechtlichen Grenzen staatlicher Neutralität: Zum Inhalt eines Verfassungsprinzips – aus Anlaß des „Kopftuchstreits", JöR 53 (2005), S. 79 ff. S. 79–110.

Krüper, Julian / Kühr, Hana, Der Lebenszyklus politischer Parteien – Eine „evolutionäre" Einführung in das Parteienrecht – Teil 2/6, ZJS 2014, 143–153.

Krüper, Julian, Anmerkung zum Urteil des BVerfG vom 16.12.2014 - 2 BvE 2/14, JZ 2015, S. 414–417.

Kuch, David, Politische Neutralität in der Parteiendemokratie, AöR 2017, S. 491–527.

Kühne, Jörg-Detlef, Volksvertretungen im monarchischen Konstitutionalismus (1814-1918), in: Hans-Peter Schneider / Wolfgang Zeh, Parlamentsrecht und Parlamentspraxis in der Bundesrepublik Deutschland, Berlin 1989, § 2, S. 49–100.

Kumpf, Tobias, Verbot politischer Parteien und Europäische Menschenrechtskonvention, DVBl 2012, S. 1344–1348.

Kugele, Dieter (Hrsg.), BBG – Kommentar zum Bundesbeamtengesetz, Münster 2011.

Kugele, Dieter (Hrsg.), Kommentar zum Beamtenstatusgesetz, Münster 2011.

Kunig, Philip, Parteien, in: Josef Isensee / Paul Kirchhof (Hrsg.), Handbuch des Staatsrechts der Bundesrepublik Deutschland, Bd. III: Demokratie – Bundesorgane, 3. Aufl., Heidelberg 2005, § 40, S. 297–356.

Laband, Paul, Das Staatsrecht des Deutschen Reiches, Bd. 1, Tübingen 1876.

Laband, Paul, Staatsrecht, in: Paul Hinneberg (Hrsg.), Die Kultur der Gegenwart. Ihre Entwicklung und ihre Ziele, Teil II, Abteilung VIII, Berlin/Leipzig 1906, S. 293–335.

Lange, Klaus, Kommunalrecht, Tübingen 2003.

Lechner, Hans / Zuck, Rüdiger, Bundesverfassungsgerichtsgesetz: BVerfGG, Kommentar, 8. Aufl., München 2019.

Leibholz, Gerhard, Die Gleichheit vor dem Gesetz, Berlin 1925.

Leibholz, Gerhard, Volk und Partei im neuen deutschen Staatsrecht, DVBl 1950, S. 194–197.

Leisner, Walter, Öffentlichkeitsarbeit der Regierung im Rechtsstaat. Dargestellt am Beispiel des Presse- und Informationsamtes der Bundesregierung, Berlin 1966.

Leitmeier, Lorenz, Das Kopftuchverbot für Rechtsreferendarinnen, NJW 2020, S. 1036–1038.

Lenski, Sophie-Charlotte, Parteiengesetz und das Recht der Kandidatenaufstellung, Handkommentar, Baden-Baden 2011.

Lenski, Sophie-Charlotte, Regierungs- und Fraktionsarbeit als Parteiarbeit, DÖV 2014, S. 585–594.

Ley, Christian, Ministerbefangenheit als Verfassungsproblem, Berlin 2006.

Lindner, Josef Franz / Bast, Alexander, Die Unzulässigkeit staatlicher Einflussnahme auf Versammlungen, NVwZ 2018, S. 708–711.

Lindner, Josef Franz, Unabhängigkeit als Paradigma des Berufsbeamtentums, ZBR 2013, S. 145–155.

Lindner, Josef Franz, Der politische Beamte als Systemfehler, ZBR 2011, S. 150–161.

Link, Christoph, Stat Crux? Die "Kruzifix"-Entscheidung des Bundesverfassungsgerichts, NJW 1995, S. 3353 –3357.

Lipphardt, Hanns-Rudolf, Die Gleichheit der politischen Parteien vor der öffentlichen Gewalt, Berlin 1975.

Loewenberg, Gerhard, Parlamentarismus im politischen System der Bundesrepublik, Tübingen 1969.

Loschelder, Wolfgang, Vom besonderen Gewaltverhältnis zur öffentlichrechtlichen Sonderbindung, Köln 1982.

Löwer, Wolfgang, Ausländische Werbefernsehen und Deutsches Verfassungsrecht, JZ 1981, S. 730–737.

Madjarov, Peter, Äußerungsbefugnisse von Bundespräsident und Regierungsmitgliedern – Anmerkung zu BVerfG, Urteil vom 10.06.2014 – 2 BvE 4/13 sowie Urteil vom 16.12.2014 – 2 BvE 2/14, GreifRecht 2015, 59–64.

Maihofer, Werner, Prinzipien freiheitlicher Demokratie, in: Ernst Benda / Werner Maihofer / Hans-Jochen Vogel (Hrsg.), Handbuch des Verfassungsrechts der Bundesrepublik Deutschland, 2. Aufl., Berlin 1994, § 12, S. 427–536.

Mandelartz, Herbert, Informations- und Öffentlichkeitsarbeit der Bundesregierung - Zur Entscheidung des Bundesverfassungsgerichts in der Sache „Schwesig", DÖV 2015, S. 326–329.

Mandelartz, Herbert, Grenzen regierungsamtlicher Öffentlichkeitsarbeit, LKRZ 2010, S. 371–374.

Mandelartz, Herbert, Öffentlichkeitsarbeit der Regierung, DÖV 2009, S. 509–517.

Mandelartz, Herbert / Grotelüschen, Henning, Das Internet und die Rechtsprechung des BVerfG zur Öffentlichkeitsarbeit der Regierung, NVwZ 2004, S. 647–650.

Mangoldt, Hermann von / Klein, Friedrich / Starck, Christian, Kommentar zum Grundgesetz: GG, Bd. 1, Art. 1–19, Kommentar, 7. Aufl., München 2018.

Mangoldt, Hermann von / Klein, Friedrich / Starck, Christian, Kommentar zum Grundgesetz: GG, Bd. 2, Art. 20–82, Kommentar, 7. Aufl., München 2018.

Mangoldt, Hermann von / Klein, Friedrich / Starck, Christian, Kommentar zum Grundgesetz: GG, Bd. 3, Art. 83–146, Kommentar, 7. Aufl., München 2018.

Mast, Tobias, Staatsinformationsqualität, München 2020.

Mast, Tobias, Gute Öffentlichkeitsarbeit und die Europäische Union, ZaöRV 2021, S. 443–478.

Masuch, Thorsten, Vom Maß der Freiheit – Der Beamte zwischen Meinungsfreiheit und Mäßigungsgebot, NVwZ 2021, S. 520–525.

Mauersberger, Axel, Die Freiheit der Parteien. Der Rechtscharakter des Art. 21 GG, Baden-Baden 1994.

Schmidt-Bleibtreu, Bruno / Klein, Franz / Bethge, Herbert (Hrsg.), Bundesverfassungsgerichtsgesetz, Loseblatt-Kommentar, München, Stand: 61. Ergänzungslieferung, Juli 2021.

Maurer, Hartmut, Hat der Bundespräsident ein politisches Mitspracherecht?, DÖV 1966, S. 665–675.

Maurer, Hartmut, Die Rechtsstellung der politischen Parteien, JuS 1991, S. 881–889.

Maurer, Hartmut, Staatsrecht I, 6. Aufl., München 2010.

Martini, Mario / Kühl, Benjamin, Der informierende Staat als Katalysator der Meinungsbildung im digitalen Zeitalter, DÖV 2013, S. 573–584.

Martini, Mario / Kühl, Benjamin, Staatliches Informationshandeln, JURA 2014, S. 1221–1236.

Mayer, Thomas, Was ist Politik?, Opladen 2003.

Mayer, Otto, Deutsches Verwaltungsrecht, Bd. 1, 3. Aufl., Leipzig 1924.

Mehlhorn, Lutz, Der Bundespräsident der Bundesrepublik Deutschland und der Republik Österreich, Baden-Baden 2010.

Meier, Christian, Entstehung des Begriffs „Demokratie". Vier Prolegomena zu einer historischen Theorie, 3. Aufl., Frankfurt 1977.

Menzel, Eberhard, Parteienstaat und Beamtentum, DÖV 1970, S. 433–447.

Menzel, Eberhard, Ermessensfreiheit des Bundespräsidenten bei der Ernennung der Bundesminister, DÖV 1965, S. 581–597.

Merten, Detlef, Das Berufsbeamtentum als Element der deutschen Rechtsstaatlichkeit, ZBR 1999, S. 1–11.

Merten, Heike, Nach der Wahl ist vor der Wahl, JöR 67 (2919), S. 107–137.

Metzler-Müller, Karin / Rieger, Reinhard / Seeck, Erich / Zentgraf, Renate (Hrsg.), Beamtenstatusgesetz, Kommentar, 6. Aufl., Wiesbaden 2022.

Meyer, Hans, Demokratische Wahl und Wahlsystem, in: Josef Isensee / Paul Kirchhof (Hrsg.), Handbuch des Staatsrechts der Bundesrepublik Deutschland, Bd. II: Verfassungsstaat, 3. Aufl., Heidelberg 2004, § 45, S. 521–542.

Meyer, Hans, Das parlamentarische Regierungssystem des Grundgesetzes. Anlage – Erfahrungen – Zukunftseignung, VVDStRL 33 (1975), S. 69–119.

Michael, Lothar / Morlok, Martin, Grundrechte, 8. Aufl., Baden-Baden 2022.

Milker, Jens, Äußerungsbefugnis von Hoheitsträgern im Wahlkampf und darüber hinaus, JA 2017, S. 647–654.

Milker, Jens, Die Polizei auf Twitter – Brauchen wir ein Social-Media-Gesetz für staatliche Stellen?, NVwZ 2018, S. 1751–1758.

Möllers, Christoph, Gewaltengliederung: Legitimation und Dogmatik im nationalen und internationalen Rechtsvergleich, Tübingen 2005.

Möllers, Christoph, Demokratie – Zumutungen und Versprechen, Berlin 2008.

Morlok, Martin, Selbstverständnis als Rechtskriterium, Heidelberg 1993.

Morlok, Martin, Parteiverbot als Verfassungsschutz - Ein unauflösbarer Widerspruch?, NJW 2001, S. 2931–2942.

Morlok, Martin, Demokratie und Wahlen, in: Peter Badura / Horst Dreier (Hrsg.), Festschrift 50 Jahre Bundesverfassungsgericht, Bd. 2: Klärung und Fortbildung des Verfassungsrechts, Tübingen 2001, S. 559–608.

Morlok, Martin, Parteienrecht als Wettbewerbsrecht, in: Peter Häberle / Martin Morlok / Vassilios Skouris (Hrsg.), Festschrift für Dimitris Th. Tsatsos zum 70. Geburtstag, Baden-Baden 2003, S. 408–447 (zitiert: Morlok, in: FS Tsatsos).

Morlok, Martin, Kleines Kompendium des Wahlrechts, NVwZ 2012, S. 913–919.

Morlok, Martin, Neutralität des Staates und religiöser Radikalismus, in: Johannes Masing / Olivier Jouanjan (Hrsg.), Weltanschauliche Neutralität, Meinungsfreiheit, Sicherungsverwahrung, Tübingen 2013, S. 3–20.

Morlok, Martin, Parteiengesetz, 2. Aufl., Baden-Baden 2013.

Morlok, Martin / Schliesky, Utz / Wiefelspütz, Dieter (Hrsg.), Parlamentsrecht, Baden-Baden 2016.

Morlok, Martin, Notwendigkeit und Schwierigkeit eines Rechtes der Politik, DVBl 2017, S. 995–1002.

Möstl, Markus, Demokratische Willensbildung und Hoheitsträger. Grund und Grenzen öffentlicher Äußerungsbefugnisse von Repräsentanten des Staates, in: Arnd Uhle (Hrsg.), Information und Einflussnahme. Gefährdungen der Offenheit des demokratischen Willensbildungsprozesses, Berlin 2018, S. 49–80.

Muckel, Stefan, Neutralitätsgebot für Äußerungen von Mitgliedern der Bundesregierung („Fall Schwesig"), JA 2015, S. 715–718.

Muckel, Stefan, Religiöse Freiheit und staatliche Letztentscheidung, Berlin 1997.

Muckel, Stefan, Bürgerbegehren und Bürgerentscheid - wirksame Instrumente unmittelbarer Demokratie in den Gemeinden?, NVwZ 1993, S. 223–227.

Müller-Franken, Sebastian, Unzulässige Staatsmedien oder zulässige Informationstätigkeit?, AfP 2016, 301–308.

Müller-Franken, Sebastian, Demokratie als Wettbewerbsordnung, DVBl 2009, S. 1072–1082.

Münch, Ingo von / Kunig, Philipp (Hrsg.), Grundgesetz Kommentar, Bd. 1, Präambel, Art. 1–69, 7. Aufl., München 2021.

Münch, Ingo von / Kunig, Philipp (Hrsg.), Grundgesetz Kommentar, Bd. 2, Art. 70–146, 7. Aufl., München 2021.

Münch, Ingo von / Mager, Ute, Staatsrecht I, Staatsorganisationsrecht unter Berücksichtigung der europarechtlichen Bezüge, Stuttgart 2015.

Murswiek, Dietrich, Das Bundesverfassungsgericht und die Dogmatik mittelbarer Grundrechtseingriffe - Zu der Glykol- und der Osho- Entscheidung vom 26.6.2002, NVwZ 2003, S. 1–8.

Musil, Andreas, Wettbewerb in der staatlichen Verwaltung, Tübingen 2005.

Nellesen, Sebastian, Äußerungsrechte staatlicher Funktionsträger, Tübingen 2019.

Neumann, Johannes, Rechts- oder Glaubensstaat?, ZRP 1995, S. 381–386.

Nowrot, Karsten, Das Republikprinzip in der Rechtsordnungengemeinschaft, Tübingen 2014.

Obermayer, Klaus / Funke-Kaiser, Michael (Hrsg.), VwVfG, Verwaltungsverfahrensgesetz, Kommentar, 6. Aufl., München 2021.

Oberreuter, Heinrich, Bewährung und Herausforderung: zum Verfassungsverständnis der Bundesrepublik Deutschland, Olzog 1989.

Oebbecke, Janbernd, Die rechtlichen Grenzen amtlicher Einflußnahme auf Bürgerbegehren und Bürgerentscheid, BayVBl. 1998, S. 641-645.

Oebbecke, Janbernd, Amtliche Äußerungen im Bürgermeisterwahlkampf, NVwZ 2007, S. 30–33.

Oldiges, Martin, Bundesregierung als Kollegium: Eine Studie zur Regierungsorganisation nach dem Grundgesetz, Heidelberg 1983.

Ooyen, Robert van / Möllers, Martin (Hrsg.), Der Bundespräsident im politischen System, Wiesbaden 2012.

Ooyen, Robert van, Kompetenzüberschreitung des Bundespräsidenten?, RuP 2014, S. 127–130.

Oppermann, Thomas, Wahlprüfung, Wahlbeeinflussung und Wählernötigung, JuS 1985, S. 519–523.

Ossege, Stefan, Das Parteienrechtsverhältnis, Osnabrück 2012.

Ossenbühl, Fritz, Verbraucherschutz durch Information, NVwZ 2011, S. 1357–1363.

Ott, Yvonne, Der Parlamentcharakter der Gemeindevertretung, Baden-Baden 1994.

Pabel, Katharina, Parteiverbote auf dem europäischen Prüfstand, ZaöRV 2003, S. 921–944.

Papier, Hans-Jürgen, Drittwirkung von Grundrechten, in: Detlef Merten / Hans-Jürgen Papier (Hrsg.), Handbuch der Grundrechte in Deutschland und Europa, Bd. II: Grundrechte in Deutschland - Allgemeine Lehren I, Heidelberg 2006, § 55, S. 1331–1361.

Papier, Hans-Jürgen, Aktuelle Probleme des Versammlungsrechts, DVBl 2016, S. 1417–1422.

Payandeh, Mehrdad, Die Neutralitätspflicht staatlicher Amtsträger im öffentlichen Meinungskampf – Dogmatische Systembildung auf verfassungsrechtlich zweifelhafter Grundlage, Der Staat 55 (2016), S. 519–550.

Pfordten, Dietmar von der, Zum Begriff des Gemeinwohls, in: Ulrich von Alemann, Heike Merten, Martin Morlok (Hrsg.), Gemeinwohl und politische Parteien, S. 22–37, Baden-Baden 2008.

Pieroth, Bodo, Das Demokratieprinzip des Grundgesetzes, JuS 2010, S. 473–481.

Putzer, Max, Verfassungsrechtliche Grenzen der Äußerungsbefugnis staatlicher Organe und Amtsträger, DÖV 2015, S. 417–426.

Putzer, Max, Anmerkung zu OVG Nordrhein-Westfalen, Urt. v. 04.11.2016 - 15 A 2293/15 - Äußerungsbefugnis eines Oberbürgermeisters ("Licht aus!"-Aktion), DVBl 2017, S. 136–138.

Püttner, Günter, Zur Neutralitätspflicht des Beamten, in: Klaus König / Hans W. Laubinger / Frido Wagener, Öffentlicher Dienst – Festschrift für Carl Hermann Ule zum 70. Geburtstag, Köln 1977, S. 383–416 (zitiert: Püttner, in: FS Ule).

Radbruch, Gustav, Die politischen Parteien im System des deutschen Verfassungsrechts, in: Gerhard Anschütz / Richard Thoma (Hrsg.), Handbuch des deutschen Staatsrechts, Bd. I, Tübingen 1930, S. 285–294.

Raupp, Juliana / Kocks, Jan Niklas / Murphy, Kim (Hrsg.), Regierungskommunikation und staatliche Öffentlichkeitsarbeit. Implikationen des technologisch induzierten Medienwandels, Wiesbaden 2017.

Redeker, Konrad / v. Oertzen, Hans-Joachim (Begr.), Verwaltungsgerichtsordnung, 17. Aufl., Stuttgart 2021.

Reich, Andreas, Beamtenstatusgesetz, Kommentar, 3. Aufl., München 2018.

Renck, Ludwig, Zum rechtlichen Gehalt der Kruzifix-Debatte, ZRP 1996, S. 16–20.

Riklin, Alois / Hafen, Thomas, Die dauernde Neutralität der Schweiz, JöR 40 (1991/1992), S. 1–44.

Roth, Christian Tobias, Bundeskanzlerermessen im Verfassungsstaat, Berlin 2009.

Rousseau, Jean-Jacques, Der Gesellschaftsvertrag, übersetzt von Hermann Denhardt / Werner Bahner, 2. Aufl., Ditzingen 1988.

Röhrich, Wilfried, Der Parteienstaat der Bundesrepublik Deutschland, NJW 1981, S. 2674–2676.

Rupp, Hans Heinrich, Vom Wandel der Grundrechte, AöR 101 (1976), S. 161–201.

Rupp, Hans Heinrich, Grundfragen der heutigen Verwaltungslehre: Verwaltungsnorm und Verwaltungsrechtsverhältnis, Tübingen 1991.

Rupp, Hans Heinrich, Die Unterscheidung von Staat und Gesellschaft, in: Josef Isensee / Paul Kirchhof (Hrsg.), Handbuch des Staatsrechts der Bundesrepublik Deutschland, Bd. II: Verfassungsstaat, 3. Aufl., Heidelberg 2004, § 31, S. 879–927.

Rütters, Peter, Direktwahl des Bundespräsidenten: Sehnsucht nach präsidentieller Obrigkeit?, ZParl 2013, S. 276–295.

Sachs, Michael (Hrsg.), GG, Grundgesetz, Kommentar, 9. Aufl., München 2021.

Samour, Nahed, Rechtsreferendarin mit Kopftuch: Rosa Parks im Zuschauerraum des Gerichts, verfassungsblog.de, abrufbar im Internet unter: https://verfassungsblog.de/rechtsreferendarin-mit-kopftuch-rosa-parks-im-zuschauerraum-des-gerichts/ (zuletzt abgerufen am 20.05.2022).

Sarcinelli, Ulrich, Politische Kommunikation in Deutschland, 3. Aufl., Heidelberg 2011.

Schenke, Wolf-Rüdiger / Graulich, Kurt / Ruthig, Josef (Hrsg.), Sicherheitsrecht des Bundes, 2. Aufl., München 2019.

Scherzberg, Arno, Grundrechtsschutz und „Eingriffsintensität", Berlin 1989.

Scherzberg, Arno, Die Öffentlichkeit der Verwaltung, Baden-Baden 2000.

Scheuch, Erwin K. /Scheuch, Ute, Cliquen, Klüngel und Karrieren. Über den Verfall der politischen Parteien – eine Studie, Hamburg 1996.

Scheuner, Ulrich, Politische Repräsentation und Interessenvertretung, DÖV 1965, S. 577–581.

Scheuner, Ulrich, Das Amt des Bundespräsidenten als Aufgabe verfassungsrechtlicher Gestaltung, Tübingen 1966.

Scheuner, Ulrich, Das Mehrheitsprinzip in der Demokratie, Düsseldorf 1973.

Scheuner, Ulrich, Konsens und Pluralismus als verfassungsrechtliches Problem (1976), in: Joseph Listl / Wolfgang Rüfner (Hrsg.), Ulrich Scheuner – Staatstheorie und Staatsrecht, Gesammelte Schriften, Berlin 1978, S. 135–170.

Scheuner, Ulrich, Die Parteien und die Auswahl der politischen Leitung im demokratischen Staat. Zur verfassungsrechtlichen Stellung der Parteien (1958), in: Joseph Listl / Wolfgang Rüfner (Hrsg.), Ulrich Scheuner – Staatstheorie und Staatsrecht, Gesammelte Schriften, Berlin 1978, S. 347–359.

Scheuner, Ulrich, Der Bereich der Regierung (1952), in: Joseph Listl / Wolfgang Rüfner (Hrsg.), Ulrich Scheuner – Staatstheorie und Staatsrecht, Gesammelte Schriften, Berlin 1978, S. 455–501.

Schlaich, Klaus, Neutralität als verfassungsrechtliches Prinzip, Tübingen 1972.

Schlaich, Klaus, Art. Neutralität (II), in: Roman Herzog / Hermann Kunst / Klaus Schlaich / Wilhelm Schneemelcher (Hrsg.), Evangelisches Staatslexikon, Bd. II, 3. Aufl., Stuttgart 1987, Sp. 2239–2244.

Schliesky, Utz, Die Amtswürde im demokratischen Verfassungsstaat, in: Utz Schliesky / Christian Ernst / Sönke E. Schulz (Hrsg.), Die Freiheit des Menschen in Kommune, Staat und Europa, Festschrift für Edzard Schmidt-Jortzig, Heidelberg 2011, S. 311–328 (zitiert: Schliesky, in: FS Schmidt-Jortzig).

Schmidt, Thorsten Ingo, Kommunalrecht, 2. Aufl., Tübingen 2013.

Schmidt-Bleibtreu, Bruno (Begr.) / *Hofmann, Hans* (Hrsg.) / Henneke, Hans-Günter (Hrsg.), GG, Kommentar zum Grundgesetz, 15. Aufl., Köln 2021.

Schmidt-Jortzig, Edzard, Meinungs- und Informationsfreiheit, in: Josef Isensee / Paul Kirchhof (Hrsg.), Handbuch des Staatsrechts der Bundesrepublik Deutschland, Bd. VII: Freiheitsrechte, 3. Aufl., Heidelberg 2009, § 162, S. 875- 908.

Schmitt, Carl, Der Hüter der Verfassung, Tübingen 1931.

Schmitt Glaeser, Walter, Die grundrechtliche Freiheit des Bürgers zur Mitwirkung an der Willensbildung, in: Josef Isensee / Paul Kirchhof (Hrsg.), Handbuch des Staatsrechts der Bundesrepublik Deutschland, Bd. III: Demokratie – Bundesorgane, 3. Aufl., Heidelberg 2005, § 38, S. 229–261.

Schmitt Glaeser, Walter, Der freiheitliche Staat des Grundgesetzes, 3. Aufl., Heidelberg 2016.

Schmidt-Aßmann, Eberhard, Der Rechtsstaat, in: Josef Isensee / Paul Kirchhof (Hrsg.), Handbuch des Staatsrechts der Bundesrepublik Deutschland, Bd. II: Verfassungsstaat, 3. Aufl., Heidelberg 2004, § 26, S. 541–612.

Schmidt-Jortzig, Edzard, Meinungs- und Informationsfreiheit, in: Josef Isensee / Paul Kirchhof (Hrsg.), Handbuch des Staatsrechts der Bundesrepublik Deutschland, Bd. VII: Freiheitsrechte, 3. Aufl., Heidelberg 2009, § 162, S. 875–907.

Schoch, Friedrich, Informationszugangsfreiheit des Einzelnen und Informationsverhalten des Staates, AfP 2010, S. 313–324.

Schoch, Friedrich, Die Prüfungskompetenz des Bundespräsidenten im Gesetzgebungsverfahren, Jura 2007, S. 354–361.

Schoch, Friedrich, Entformalisierung staatlichen Handelns, in: Josef Isensee / Paul Kirchhof (Hrsg.), Handbuch des Staatsrechts der Bundesrepublik Deutschland, Bd. III: Demokratie – Bundesorgane, 3. Aufl., Heidelberg 2005, § 37, S. 131–227.

Schoch, Friedrich, Soll das kommunale Satzungsrecht gegenüber staatlicher und gerichtlicher Kontrolle gestärkt werden?, NVwZ 1990, S. 801–810.

Schoch, Friedrich / Schneider, Jens-Peter / Bier, Wolfgang (Hrsg.), Verwaltungsgerichtsordnung, Kommentar, 43. Aufl., München 2022.

Schönberger, Sophie, Juristische Trennung und tatsächliche Trennbarkeit von Partei und Fraktion, in: Martin Morlok / Thomas Poguntke / Ewgenij Sokolov (Hrsg.), Parteienstaat – Parteiendemokratie, Baden-Baden 2018.

Schrameyer, Marc, Das Verhältnis von Bürgermeister und Gemeindevertretung, Aufgaben – Machtverhältnisse – Rechtsstellung, Berlin 2006.

Schrameyer, Marc, Der kommunale Wahlbeamte. Die Rechtsstellung der kommunalen Wahlbeamten in Nordrhein-Westfalen nach der Reform der Kommunalverfassung, Münster 2004.

Schulze-Fielitz, Helmuth, Der informale Verfassungsstaat. Aktuelle Beobachtungen des Verfassungslebens der Bundesrepublik Deutschland im Lichte der Verfassungstheorie, Berlin 1984.

Schröder, Meinhard, Grundlagen und Anwendungsbereich des Parlamentsrechts. Zur Übertragbarkeit parlamentarischer Grundsätze auf Selbstverwaltungsorgane, insbesondere in der Kommunal- und Hochschulverwaltung, Baden–Baden 1979.

Schröder, Meinhard, Aufgaben der Bundesregierung, in: Josef Isensee / Paul Kirchhof (Hrsg.), Handbuch des Staatsrechts der Bundesrepublik Deutschland, Bd. III: Demokratie – Bundesorgane, 3. Aufl., Heidelberg 2005, § 64, S. 1115–1131.

Schröder, Meinhard, Die Bereiche der Regierung und der Verwaltung, in: Josef Isensee / Paul Kirchhof (Hrsg.), Handbuch des Staatsrechts der Bundesrepublik Deutschland, Bd. V: Rechtsquellen, Organisation, Finanzen, 3. Aufl., Heidelberg 2007, § 106, S. 387–407.

Schröder, Meinhard, Stellung der Parteien, in: Detlef Merten / Hans-Jürgen Papier (Hrsg.), Handbuch der Grundrechte in Deutschland und Europa, Bd. V: Grundrechte in Deutschland: Einzelgrundrechte II, Heidelberg 2013, § 119, S. 519–553.

Schröder, Ulrich Jan, Der Schutzbereich der Grundrechte, JA 2016, S. 641–648.

Schröder, Ulrich Jan, Das Demokratieprinzip des Grundgesetzes, JA 2017, S. 809–818.

Schürmann, Frank, Öffentlichkeitsarbeit der Bundesregierung, Berlin 1992.

Schürmann, Frank, Staatliche Öffentlichkeitsarbeit – unerwünschte Postwurfsendungen?, NJW 1992, S. 1072–1076.

Schütz, Erwin / Maiwald, Joachim (Hrsg.), Beamtenrecht des Bundes und der Länder, Kommentar, Loseblatt-Ausgabe, Stand: Juli 2021, Heidelberg.

Schwanenflug, Noreen von / Merkl, Simone, Ist die Neutralitätspflicht im öffentlichen Dienst auf kommunaler Ebene zeitgemäß?, KommJur 2021, S. 1–5.

Schweidler, Walter, Der gute Staat. Politische Ethik von Platon bis zur Gegenwart, 2. Aufl., Stuttgart 2004.

Schweitzer, Michael / Steiger, Heinhard, Art. Neutralität, in: Otto Brunner / Werner Conze / Rainer Koselleck (Hrsg.), Geschichtliche Grundbegriffe, Historisches Lexikon zur politisch-sozialen Sprache in Deutschland, Bd. 4, 2. Aufl., Stuttgart 1997, S. 315–370.

Seifert, Karl-Heinz, Die politischen Parteien im Recht der Bundesrepublik Deutschland, Köln 1975.

Shirvani, Foroud, Das Parteienrecht und der Strukturwandel im Parteiensystem, Heidelberg 2010.

Siefken, Sven T., Parlamentarische Frageverfahren – Symbolpolitik oder wirksames Kontrollinstrument?, ZParl 2010, S. 18–36.

Smend, Rudolf, Verfassung und Verfassungsrecht, in: ders. (Hrsg.), Staatsrechtliche Abhandlungen und andere Aufsätze, 4. Aufl., Berlin 2010, S. 119-276.

Sodan, Helge (Hrsg.), Grundgesetz, 4. Aufl., München 2018.

Sofsky, Wolfgang / Paris, Rainer, Figuration sozialer Macht. Autorität, Stellvertretung, Koalition, Opladen 1991.

Sommermann, Karl-Peter, Staatsziele und Staatszielbestimmungen, Tübingen 1997.

Spitzlei, Thomas, Die politische Äußerungsbefugnis staatlicher Organe, JuS 2018, S. 856–860.

Staps, Rose, Bekenntnisfreiheit – Ein Unterfall der Meinungsfreiheit, Baden-Baden 1990.

Starck, Christian, Grundrechtliche und demokratische Freiheitsidee, in: Josef Isensee / Paul Kirchhof (Hrsg.), Handbuch des Staatsrechts der Bundesrepublik Deutschland, Bd. III: Demokratie – Bundesorgane, 3. Aufl., Heidelberg 2005, § 33, S. 3–29.

Steiger, Heinhard, Organisationsrechtliche Grundlagen des parlamentarischen Regierungssystems, Berlin 1973.

Stein, Ekkehart / Frank, Götz, Staatsrecht, 21. Aufl., Tübingen 2010.

Stern, Klaus, Das Staatsrecht der Bundesrepublik Deutschland, Bd. I: Grundbegriffe und Grundlagen des Staatsrechts. Strukturprinzipien der Verfassung, 2. Aufl., München 1984.

Stern, Klaus, Das Staatsrecht der Bundesrepublik Deutschland, Bd. II: Staatsorgane, Staatsfunktionen, Finanz- und Haushaltsverfassung, Notstandsverfassung, München 1980.

Stern, Klaus, Das Staatsrecht der Bundesrepublik Deutschland, Bd. III/1: Allgemeine Lehren der Grundrechte, München 1988.

Stern, Klaus / Sachs, Michael /Dietlein, Johannes, Das Staatsrecht der Bundesrepublik Deutschland, Bd. IV/2: Die einzelnen Grundrechte, München 2006.

Stern, Klaus / Becker, Florian (Hrsg.), Grundrechte-Kommentar, Die Grundrechte des Grundgesetzes mit ihren europäischen Bezügen, 3. Aufl., Köln 2018.

Stelkens, Paul (Begr.) / *Bonk, Heinz Joachim* (Begr.) / *Sachs, Michael* (Hrsg.), Verwaltungsverfahrensgesetz: VwVfG, Kommentar, 9. Aufl., München 2018.

Stolleis, Michael, Parteistaatlichkeit – Krisensymptome des demokratischen Verfassungsstaats?, VVDStRL 44 (1986), S. 7–45.

Stöss, Richard, Parteienstaat oder Parteiendemokratie, in: Gabriel, Oscar W. / Niedermayer, Oskar / Stöss, Richard (Hrsg.), Parteiendemokratie in Deutschland, S. 13–36, 2. Aufl., Wiesbaden 2002.

Studenroth, Stefan, Wahlbeeinflussung durch staatliche Funktionsträger – Zur Abgrenzung zwischen staatlicher Öffentlichkeitsarbeit und privater Wahlwerbung in Äußerungen von Amtsträgern, AöR 125 (2000), S. 257–279.

Suhr, Oliver / Bogendörfer, Julia, Die Grenzen der Äußerungsbefugnis von Amtsträgern - Wer austeilt, muss auch einstecken können? - Zum Urteil des Verfassungsgerichtshofs des Saarlandes vom 8. Juli 2014, in: Samuel van Oostrom / Stephan Weth (Hrsg.), Festschrift für Maximilian Herberger, Saarbrücken 2016, S. 909–921 (zitiert: Suhr/Bogendörfer, FS Herberger).

Suslin, Alexander, Äußerungsbefugnisse kommunaler Wahlbeamter, KommJur 2020, S. 5–9.

Suslin, Alexander, Die Pflicht zur politisch neutralen Amtsführung, Hamburg 2018.

Tanneberger, Steffen / Nemeczek, Heinrich, Anmerkungen zum „Fall Schwesig“, NVwZ 2015, S. 215–216.

Thieme, Werner, Der Oberbürgermeister als Stadtoberhaupt – Bemerkungen zur neuen niedersächsischen Kommunalverfassung, DÖV 1997, S. 948–954.

Tinnefeld, Marie-Theres / Knieper, Thomas, MMR 2016, Karikaturen im Spiegel digitaler Meinungs-, Presse- und Religionsfreiheit – „Quid leges sine moribus?“, S. 156–161.

Thiel, Markus, Zur Einführung: Die „wehrhafte Demokratie“ als verfassungsrechtliche Grundentscheidung, in: Markus Thiel (Hrsg.), Wehrhafte Demokratie, Beiträge über die Regelungen zum Schutze der freiheitlichen demokratischen Grundordnung, Tübingen 2003.

Towfigh, Emanuel V., Das Parteien-Paradox. Ein Beitrag zur Bestimmung des Verhältnisses von Demokratie und Parteien, Tübingen 2015.

Tsatsos, Dimitris Th. / Morlok, Martin, Parteienrecht, Heidelberg 1982.

Tsatsos, Dimitris Th., Ein Recht auf innerparteiliche Opposition?, in: Martin Morlok / Hans-Rüdiger Schmidt / Dimitris Stefanos (Hrsg.), Dimitris Th. Tsatsos: Verfassung – Parteien – Europa, Baden-Baden 1999, S. 423–466.

Uerpmann, Robert, Das öffentliche Interesse, Tübingen 1999.

Uhlenbrock, Henning, Der Staat als juristische Person, Berlin 2000.

Unruh, Peter, Religionsverfassungsrecht, 4. Aufl., Baden-Baden 2018.

Vitzthum, Wolfgang Graf, Der funktionale Anwendungsbereich der Grundrechte, in: Detlef Merten / Hans-Jürgen Papier (Hrsg.), Handbuch der Grundrechte in Deutschland und Europa, Bd. II: Grundrechte in Deutschland – Allgemeine Lehren I, Heidelberg 2006, § 48, S. 1079–1127.

Volkmann, Uwe, Politische Parteien und öffentliche Leistungen, Berlin 1993.

Volp, Daniel, Parteiverbot und wehrhafte Demokratie. Hat das Parteiverbotsverfahren noch eine Berechtigung?, NJW 2016, S. 459–464.

Voßkuhle, Andreas / Kaiser, Anna-Bettina, Grundwissen – Öffentliches Recht: Der Grundrechtseingriff, JuS 2009, S. 313–315.

Voßkuhle, Andreas / Kaiser, Anna-Bettina, Grundwissen – Öffentliches Recht: Informationshandeln des Staates, JuS 2018, S. 343–346.

Voßkuhle, Andreas, Rechtsstaat und Demokratie, NJW 2018, S. 3154–3159.

Voßkuhle, Andreas, Der Wandel der Verfassung und seine Grenzen, JuS 2019, S. 417–423.

Voßkuhle, Andreas / Kaiser, Anna-Bettina, Grundwissen – Öffentliches Recht: Wehrhafte Demokratie, JuS 2019, S. 1154–1157.

Voßkuhle, Andreas / Kaiser, Anna-Bettina, Grundwissen – Öffentliches Recht: Der Bundespräsident, JuS 2021, S. 118–121.

Wahnschaffe, Thies, Zur Neutralität staatlicher Hoheitsträger gegenüber Organisationen ohne Parteienstatus, NVwZ 2016, S. 1767–1771.

Wahrig-Burfeind, Renate, Wörterbuch der deutschen Sprache, 7. Aufl., München 2018.

Weber, Albrecht, Direkte Demokratie im Landesverfassungsrecht, DÖV 1985, S. 178–185.

Weber, Max, Politik als Beruf, in: ders., Gesammelte Politische Schriften, hrsg. v. Johannes Winckelmann, 5. Aufl., Tübingen 1988, S. 505–560.

Wieland, Joachim, Öffentlichkeitsarbeit der Regierung in Zeiten der Digitalisierung, in: Julian Krüper (Hrsg.), Die Organisation des Verfassungsstaates, Festschrift für Martin Morlok zum 70 Geburtstag, Tübingen 2019, S. 533–549 (zitiert: Wieland, in: FS Morlok).

Wieland, Wolfgang / Albin, Wolf, Demokratiedefizite aus einer Verlängerung der Wahlperiode können aufgefangen werden, ZRP 2006, S. 76–78.

Wilrich, Thomas, Der Bundestagspräsident, DÖV 2002, S. 152–158.

Wittern, Andreas / Baßlsperger, Maximilian, Verwaltungs- und Verwaltungsprozessrecht, 20. Aufl., Stuttgart 2016.

Wittmayer, Leo, Die Weimarer Reichsverfassung, Tübingen 1922.

Wolf, Tanja, Rechtspopulismus. Überblick über Theorie und Praxis, Wiesbaden 2017.

Wolfrum, Rüdiger, Die innerparteiliche demokratische Ordnung nach dem Parteiengesetz, Berlin 1974.

Wollenschläger, Ferdinand, Verteilungsverfahren. Die staatliche Verteilung knapper Güter: Verfassungs- und unionsrechtlicher Rahmen, Verfahren im Fachrecht, bereichsspezifische verwaltungsrechtliche Typen- und Systembildung, Tübingen 2010.

Volkmann, Uwe, Leitbildorientierte Verfassungsanwendung, AöR 134 (2009), S. 157–196.

Voßkuhle, Andreas, Religionsfreiheit und Religionskritik – Zur Verrechtlichung religiöser Konflikte, EuGRZ 2010, S. 537–543.

Zeh, Wolfgang, Gliederungen und Organe des Bundestages, in: Josef Isensee/ Paul Kirchhof (Hrsg.), Handbuch des Staatsrechts, Bd. III: Demokratie – Bundesorgane, 3. Aufl., Heidelberg 2005, § 52, S. 769–806.

Zippelius, Reinhold / Würtenberger, Thomas, Deutsches Staatsrecht, 33. Aufl., München 2018.

Zippelius, Reinhold, Allgemeine Staatslehre, Politikwissenschaft, 17. Aufl., München 2017.

Zott, Christine, Aktive Informationen des Staates im Internet - Mittelalterlicher Pranger oder modernes Steuerungsinstrument?, Baden-Baden 2016.

www.ingramcontent.com/pod-product-compliance
Ingram Content Group UK Ltd.
Pitfield, Milton Keynes, MK11 3LW, UK
UKHW021838290926
8980IPUK00004B/528

9 783631 907368